Jürgen Ratzkowski

Keine Angst vor der Akquise!

Jürgen Ratzkowski

Keine Angst vor der Akquise!

Mehr Erfolg in Vertrieb und Verkauf

5., erweiterte Auflage

HANSER

Der Autor:
Jürgen Ratzkowski, Garmisch-Partenkirchen

Bibliografische Information der DeutschenNationalbibliothek
Die Deutsche Nationalbibliothek verzeichnet diese Publikation in der Deutschen
Nationalbibliografie; detaillierte bibliografische Daten sind im Internet über
http://dnb.d-nb.de abrufbar.

© 2011 Carl Hanser Verlag München
Internet: http://www.hanser.de
Lektorat: Lisa Hoffmann-Bäuml
Herstellung: Thomas Gerhardy
Umschlagdesign: keitel & knoch kommunikationsdesign, München
Umschlagrealisation: Stephan Rönigk
Druck und Bindung: Kösel, Krugzell
Printed in Germany

ISBN 978-3-446-42717-4
eBook-ISBN: 978-3-446-42886-7

Vorwort zur 5. Auflage

Keine Angst vor der Akquise, die fünfte (Auflage). Was vor neun Jahren mit zehn Kapiteln und 185 Seiten begann, hat sich heute auf 14 Kapitel und ca. 330 Seiten erweitert.

Nicht dass sich so viel Neues in der Akquisition entwickelt hätte. Ganz im Gegenteil. Das, was vor zehn Jahren eine erfolgreiche persönliche Akquisition ausgemacht hat, gilt auch für die heutige Zeit. Jedoch sind die Probleme größer geworden. Die individuellen Blockaden sind stärker verbreitet. Der Druck in der Gesellschaft, in den Märkten, in den Unternehmen ist größer als je zuvor. Parallel dazu steigen die Anforderungen an die Mitarbeiter und Führungskräfte, speziell an die, die nach außen agieren und Ergebnisse produzieren müssen. Immer mehr Überforderung, immer mehr Fluktuation, immer größere Nachwuchsprobleme im aktiven Vertrieb sind die Folge. Das Internet mit seinen technischen Möglichkeiten und den sozialen Netzwerken schien das Problem lösen zu können. Umsätze ohne persönlichen Kontakt. Keine lästigen, Stress auslösenden Besuche oder Telefonkontakte. Mehr Zeit für organisatorische Aufgaben. Ein Paradies. Doch leider sieht die Realität anders aus. Interviews in verschiedenen Branchen haben ergeben: Der Bedarf an persönlicher Akquisition und persönlichem Verkauf ist geblieben. Allerdings haben die Fähigkeiten der handelnden Personen, in Bezug auf diese Tätigkeiten, rapide abgenommen. Potenziert wird das Problem dadurch, dass es kaum jemand mehr machen möchte. Noch nie war der Markt so groß für aktive Verkäufer/ Akquisiteure wie heute. Diese Entwicklung verläuft seit Jahren schleichend, das heutige Ergebnis kann also nicht wirklich überraschen.

Durch viele eigene Projekte in den letzten Jahren sowie durch zahlreiche Studien zu diesem Dilemma wurde ich ermutigt, diesem Phänomen intensiver auf den Grund zu gehen. Das 13. Kapitel beleuchtet Hintergründe aus mehreren wissenschaftlichen Blickwinkeln und es liefert Ideen zur Lösung der einzelnen Blockaden und Fixierungen.

Es gibt also Lösungen. Sie anzugeben fordert und strengt an. Aber sie wirken auf eine nachhaltige Art und Weise, so dass sich diese Anstrengung qualitativ und quantitativ auszahlt.

Garmisch-Partenkirchen, Herbst 2011   *Jürgen Ratzkowski*

Vorwort zur 1. Auflage

Akquisition – allein das Wort treibt vielen Menschen, die vom Verkauf leben, einen kalten Schauer über den Rücken. Diese Disziplin des Verkaufens wird von den einen als „Klinkenputzen" bezeichnet und von den anderen als die „Königsdisziplin" im Verkauf. An dieser Tätigkeit scheiden sich die Geister. Einerseits braucht es jedes Unternehmen und jeder vom Verkauf lebende Mensch und andererseits wehren sich die meisten mit Händen und Füßen dagegen.

Ich bin diesem Phänomen bei den Recherchen für dieses Buch intensiv auf den Grund gegangen. Ich habe mit Vorständen und Geschäftsführern, Verkaufsleitern, Key account-, Großkunden- und Flottenmanagern, Verkaufstrainern und Beratern, Verkäufern verschiedener Produkte und Dienstleistungen und mit vielen Kunden intensiv darüber diskutiert.

Viele der Widerstände sind verbunden mit negativen Fantasien über das, was bei der Akquisition alles passieren kann. Diejenigen, die Erfahrungen mit dauerhafter, systematischer Akquisition haben, bewerten die Situation aufgrund selbst gemachter Erfahrungen natürlich anders und wissen, dass die meisten Fantasien völlig unbegründet sind.

Da bei den meisten Gesprächspartnern die Befürchtungen und negativen Fantasien überwogen, entschloss ich mich, dieses Buch zu schreiben, um die Hintergründe dieses blockierenden Verhaltens zu beleuchten und den positiven, unterstützenden Aspekt der Akquisition in den Vordergrund zu stellen.

Beim Schreiben des Buches überlegte ich oft, ob es vielleicht hilfreicher wäre, das Wort Akquisition zu ersetzen, um einen weniger erschreckenden Begriff zu finden, zum Beispiel Neukundengewinnung, Bestandskundenaktivierung, Kunden-Management, Aktive Kundenansprache etc., doch auch diese Begriffe lösten bei meinen Interviewpartnern dieselben Reaktionen aus. In diesem Moment fiel mir eine Parallele aus dem Sport ein. Der Marathonlauf. Auch dieser Begriff löst bei den meisten Menschen Befürchtungen, Ängste, Ehrfurcht und Fantasien aus. Bei denen, die schon häufiger Marathon gelaufen sind, ist dies nicht der Fall. Sie haben zwar Respekt, da sie die physischen und psychischen Belastungen kennen, aber sie haben eigene Erfahrungen damit gemacht, somit relativiert sich das Unbehagen. Auch hier würde eine Umbenennung des Begriffes keine Minderung der Befürchtungen und Fantasien ergeben. Es bleiben halt 42,195 km. Und es gibt noch mehr Parallelen zur Akquisition:

- Bis ein Marathon erfolgreich abgeschlossen wird, braucht es eine lange, systematische und kontinuierliche Arbeit – wie bei der Akquisition, wo wir einige Kontakte und Beziehungsarbeit leisten müssen, ehe sich der Erfolg einstellt.
- Bei der Vorbereitung zum Marathonlauf wie beim Wettkampf selbst gibt es viele Hochs und Tiefs (physisch und psychisch) – wie bei der Akquisition.
- Für die erfolgreiche Teilnahme am Marathonlauf sind verschiedene Faktoren verantwortlich (zum Beispiel systematisches Training, gesunde Ernährung, Erholung, unterstützendes Umfeld etc.) – für die Akquisition trifft das auch zu. Hier sind es zum Beispiel die Persönlichkeit des Akquisiteurs, die Unterstützung durch die Führung, akquisitionsfördernde Systeme etc.
- Beim Marathonlauf entscheidet nicht nur das Können über die erfolgreiche Teilnahme, sondern auch die innere Einstellung, der Umgang mit persönlichen Blockaden und Widerständen und dauerhafte Aktivität – wie bei der Akquisition, wo strategische und kommunikative Fertigkeiten in Verbindung mit der persönlichen Haltung greifen.

Es ließen sich sicher noch mehr Parallelen finden.

Nimmt man jedoch beide Aktivitäten, so gibt es eine große Gemeinsamkeit. Es braucht viel Mut, Ausdauer, Engagement und Disziplin beides erfolgreich zu meistern, aber der Erfolg, der aus dieser Arbeit resultiert, ist für viele Menschen süßer und nachhaltiger als der, der aus kurzfristiger Tätigkeit resultiert.

Ich selbst habe mich während des Schreibens dieses Buches auf den Hamburg Marathon 2002 vorbereitet. Es gab viele Ups und Downs, es war anstrengend, teilweise frustrierend und ich habe mich oft gefragt, ob ich es schaffe – und es war ein tolles Gefühl beides erfolgreich gemeistert zu haben. Und genau dieses Gefühl kenne ich auch, wenn die Akquisition eines unserer Kunden über Jahre gedauert hat, bis es zuerst zu einem Pilotprojekt und später zu einer erfolgreichen Zusammenarbeit gekommen ist.

Dieses Buch soll bei Ihnen die Lust und Freude an der Akquisition wecken und Ihnen Unterstützung dabei liefern, wie sie diese professionell und erfolgreich durchführen können.

Ich wünsche Ihnen dabei viel Spaß und Erfolg.

Bochum, September 2002   *Jürgen Ratzkowski*

Inhalt

1   Einführung

Wäre es nicht schön, wenn ein Kunde von sich aus mit den Worten auf Sie zukäme: „Guten Tag, ich habe von Ihren hervorragenden Produkten und Leistungen gehört, schicken Sie mir doch bitte Informationen zu!"

Leider passiert das nicht allzu oft. Im Normalfall liegt es an den Unternehmen, beziehungsweise Ihnen, ihren Akquisiteuren, auf potenzielle Kunden zuzugehen. Sie haben die schwierige Aufgabe, bei jemandem anzurufen, den Sie nicht kennen, den Sie womöglich aus der Arbeit reißen, der unter Umständen gar kein Interesse hat und mit Sicherheit erst einmal zurückhaltend reagiert. Ihn sollen Sie davon überzeugen, dass er gerade Ihr Produkt oder Ihre Leistung unbedingt braucht.

Kein leichter Job. Und es gibt nicht viele, die ihn mit Begeisterung ausüben. Dabei ist Akquisition eine Kernaufgabe jedes Unternehmens. Denn ohne neue Kunden, ohne die regelmäßige Aktivierung bestehender Kontakte kann kein Unternehmen überleben. Deshalb gibt es ja Unmengen an Werbebroschüren, Kundenaktionen, Spots, Plakaten und anderen Maßnahmen, die Bedarf und Kauflust potenzieller Kunden anregen sollen. Aber entscheidend, um neue Kunden zu gewinnen und Bestandskunden zu binden, ist in der Regel der persönliche Kontakt zwischen Akquisiteur und (potenziellem) Kunden.

Bedeutung der Akquisition steigt

Produkte und Dienstleistungen werden qualitativ immer besser. Außenstehende können sie von denen der Wettbewerber immer weniger unterscheiden. Auch die Rahmenbedingungen wie Preise, Lieferzeiten, Haltbarkeit oder Ästhetik ähneln sich mehr und mehr.

Die Repräsentanten des Unternehmens wie Verkäufer oder Manager sind besser informiert, trainiert und auch rhetorisch geschult. Die Kunden sind informierter, anspruchsvoller und verwöhnter – allerdings fällt ihnen die Auswahl auch schwerer, da sich die Produkte und Dienstleistungen ähnlicher werden, leichter zu verwechseln sind, und sie mit Informationen überschwemmt werden – von den Medien, dem Internet, den Arbeitskollegen oder aus dem privaten Umfeld. Somit steigt die Bedeutung eines Beraters, der Orientierung bietet und das Vertrauen des Kunden genießt.

Ein guter Akquisiteur muss nicht nur fachlich topfit sein, sondern auch in der Lage, sich „menschlich" von der Konkurrenz abzuheben. Er muss imstande sein, ein Klima zu erzeugen, in dem sich der Kunde/die Kundin wohl und respektiert fühlt, sich öffnet, Vertrauen fasst und in dem eine Beziehung entsteht. So, dass aus dem ersten Kontakt eine dauerhafte Geschäftsbeziehung wird. Das sind Selbstverständlichkeiten – die heute vielfach nicht mehr erfüllt werden. Der Kunde beobachtet aber sehr sensibel, ob der Akquisiteur oder Verkäufer diese Kriterien erfüllt. Es hat sich gezeigt, dass der „Hunger" nach persönlichem Kontakt zu einem Akquisiteur trotz Internet und anderer Entwicklungen eher zugenommen hat. Selbst Experten bekennen heute, dass die neuen Medien im Verkauf völlig überschätzt wurden. Sie unterstützen den Entscheidungsprozess, aber sie ersetzen kein persönliches Beratungsgespräch.

Die Persönlichkeit des Akquisiteurs wird also immer bedeutungsvoller – vor allem bei Produkten und Dienstleistungen, die sehr teuer sind, intensive Beratung und Service erfordern oder den Kunden lange ans Unternehmen binden.

Deshalb ist der Erstkontakt von großer Bedeutung. Er entscheidet darüber, ob der Akquisiteur jetzt oder in Zukunft beim Kunden eine Chance bekommt. Dieser prüft, bewusst und auch unbewusst, ob der Akquisiteur von sich und dem, was er sagt, wirklich überzeugt ist. Er prüft, ob er sich vorstellen kann, mit ihm zusammenzuarbeiten und was von ihm dann zu erwarten wäre. Unwillkürlich geht man immer davon aus, dass in der Art und Weise, in der sich jemand im Augenblick präsentiert, auch später der Geschäftskontakt verlaufen wird. Somit ist es für den Akquisiteur wichtig, „modellbildend" aufzutreten: „So, wie du mich heute erlebst, so erlebst du mich auch in unserer gemeinsamen Zukunft." Der Moment des Erstkontakts ist nicht wiederholbar. Einen negativen ersten Eindruck zu korrigieren ist meist unmöglich.

Der Akquisiteur ist der erste persönliche Eindruck, den ein möglicher Geschäftspartner vom Unternehmen erhält. Ist dieser freundlich, kompetent, umgänglich und in der Lage, den passenden Ton zu treffen, so entsteht beim Gegenüber auch die Bereitschaft, sich zu informieren und auf weitere Gespräche einzulassen. Gelingt dem Akquisiteur das nicht, freut sich die Konkurrenz.

Akquisition – ein ungeliebter Job

Akquisition ist ein verantwortungsvoller Job, aber auch einer, der mit Ängsten, Fantasien und Widerständen besetzt ist. Aus meiner über 13-jährigen Erfahrung in diesem speziellen Gebiet weiß ich, dass nur wenige Akquisiteure ihren Job wirklich gerne machen und sich voll damit identifizieren. Es kostet sie viel Mühe und Überwindung (wie andere Menschen auch), bei Fremden anzurufen und sie spontan für etwas zu motivieren. Viele Akquisiteure sind Meister im bewussten und unbewussten Verschieben dieser als unangenehm empfundenen Situation. Sie bleiben passiv und hoffen, entgegen aller Erfahrung, dass vielleicht doch der Kunde von selbst zu ihnen kommt.

Dass Akquisition in vielen Unternehmen ein „Stiefkind" des Verkaufs ist, hat eine Reihe von Gründen. Häufig betreiben Verkäufer oder Außendienstler Akquisition eher „nebenbei" und sind vorwiegend mit anderen Tätigkeiten beschäftigt. Oft erhalten sie von Vorgesetzten und innerhalb des Systems wenig Unterstützung. Vor allem in der schwierigen Anfangsphase, bis Routine gesammelt und ein Netzwerk aufgebaut ist, geben viele Akquisiteure auf oder sind froh, sich mit anderem ablenken zu können. Dazu kommt, dass die wenigsten eine fundierte Ausbildung und Begleitung erhalten, die auf die speziellen Anforderungen der Akquisition gezielt eingehen.

Akquisitionstechniken reichen nicht aus

Im heutigen Verdrängungswettbewerb sind aber alle vertriebsorientierten Unternehmen darauf angewiesen, dass ihre Akquisiteure aktiv und systematisch Kontakt zu neuen oder bestehenden Kunden aufnehmen. Und damit sind sie auch darauf angewiesen, dass ihre Akquisiteure über die dazu nötigen fachlichen, strategischen und vor allem sozialen Kompetenzen verfügen. Die kann man erwerben. Die Frage ist nur: Welche Kompetenzen sind wirklich wichtig?

Es gibt viele Seminare und Bücher über Verkauf, in denen Akquisition als ein Teil des gesamten Verkaufsprozesses abgehandelt wird. Akquisition ist aber nicht gleichbedeutend mit Verkauf. Ein guter Verkäufer ist noch lange kein guter Akquisiteur. Die Gewinnung neuer Kunden beziehungsweise die Aktivierung bestehender Kunden ist eine ganz andere und völlig neue Herausforderung und bereitet auch den meisten Verkäufern die größten Probleme.

Seminare und Bücher bieten zur Abhilfe überwiegend Techniken und Strategien an, mit deren Hilfe Kommunikation und Verhandlungsführung geschult werden kann. Im Coaching mache ich oft die Erfahrung, dass mit Akquisition beschäftigte Mitarbeiter diese Techniken logisch und völlig richtig wiedergeben können – und sie dennoch in der Praxis nicht umsetzen. Denn in der Stresssituation der Akquisition fallen sie in alte Muster zurück. Hinderliche innere Glaubenssätze bewirken, dass die erlernte Technik „saftlos" eingesetzt wird – ohne dass der Akquisiteur wirklich dahinter steht. Das merkt der Gesprächspartner natürlich, und der ganze Auftritt wirkt „erlernt" und wenig überzeugend.

Was macht erfolgreiche Akquisition aus?

Unter Akquisition verstehe ich die aktive und authentische Kontaktaufnahme zu einem potenziellen Kunden, um diesen für sich, für sein Unternehmen sowie seine Leistung zu interessieren und zu gewinnen. Dabei sind Techniken und Strategien hilfreich, aber nicht die entscheidenden Faktoren.

Wesentlich für den Erfolg in der Akquisition ist die Persönlichkeit des Akquisiteurs:

- Wirkt er nach außen überzeugend, weil er selbst überzeugt ist, von dem, was er sagt und anbietet?
- Identifiziert er sich mit seinem Beruf und spürt der Gesprächspartner diese selbstbewusste und professionelle Haltung?
- Ist er aktiv und geht voller Selbstvertrauen von sich aus auf potenzielle Kunden zu?
- Gelingt es ihm, rasch eine gute Beziehung zu Menschen aufzubauen?
- Hat er auch in Stresssituationen Zugriff auf sein Potenzial?

Wir haben speziell für dieses Buch viele Geschäftsführer, Vertriebsleiter, Personalchefs und im Verkauf tätige Führungskräfte aus großen sowie mittelständischen Unternehmen befragt. Wir wollten wissen, warum ihrer Ansicht nach Akquisition so wenig (oder gar nicht) betrieben wird, beziehungsweise oft erfolglos ist. Die Antworten decken sich mit meiner langjährigen Erfahrung in Akquisitionstraining und -coaching. Die so genannten „weichen" Faktoren sind ausschlaggebend für den Erfolg. Akquisition scheitert dadurch, dass Akquisiteure mit ihren inneren Befürchtungen und Ängsten nicht umgehen können, von sich und ihrer Rolle nicht überzeugt sind und Akquisition lieber vermeiden. Diese „weichen" Faktoren zu entwickeln und die Persönlichkeit des Akquisiteurs zu stärken, ist ausschlaggebend für den Erfolg. Nur so kann er, auch unter Stress, auf Techniken zurückgreifen und diese überzeugend anwenden.

Parallele zum Leistungssport

Sie können diese Situation mit der von „Trainingsweltmeistern" im Sport vergleichen. Ich habe etliche Jahre selbst Hochleistungssport im Mittel- und Langstreckenlauf sowie im Radrennsport betrieben und kenne dieses Phänomen aus meiner aktiven Zeit sowie aus meiner Erfahrung als Trainer in diesem Bereich. Manche Sportler bringen im Training Weltklasseleistungen – aber im Wettkampf versagen sie völlig. Wenn es drauf ankommt, sind sie nicht in der Lage, an ihre herausragenden Leistungen anzuknüpfen. Sie sind nervös, der Gegner jagt ihnen zu viel Respekt ein, die Erwartungshaltungen von außen legen sich als zentnerschwere Last auf ihre Schultern. Im inneren Dialog hadern sie während des Wettkampfs mit sich und sind nicht wirklich bei der Sache – kein Wunder, dass sie nicht die gleichen Ergebnisse erzielen wie im Training, wenn sie locker und konzentriert dabei sind.

Sowohl im Sport als auch in der Akquisition habe ich viele Menschen kennen gelernt, die vom Potenzial her alles mitbrachten, was nötig ist, um erfolgreich zu sein. Viele von ihnen konnten dieses Potenzial jedoch nicht im Wettkampf beziehungsweise in der Akquisitionspraxis abrufen. Sie scheiterten daran, dass sie entweder nicht wirklich überzeugt von sich und ihrer Tätigkeit waren. Oder sie ließen sich von überzogenen eigenen oder fremden Erwartungen lähmen. Die wenigsten scheiterten, weil sie nicht wussten, was oder wie sie es tun mussten.

Die Persönlichkeit ist entscheidend

Es sind daher weniger die Techniken als persönliche Faktoren, die systematische Akquisition be- oder verhindern. Wer bereit ist, nach innen zu schauen und seine Persönlichkeit zu entwickeln, hat sehr gute Chancen auf langfristigen Erfolg.

Was Ihnen dieses Buch bietet

Dieses Buch bietet Ihnen die Möglichkeit, sich selbst zu „coachen". Sie können sich und Ihre inneren Einstellungen reflektieren und verändern:

- **Ihre Identität als Akquisiteur:** Welche inneren Einstellungen und Erwartungen verhindern, dass Sie sich als Akquisiteur definieren und empfinden?

- **Innere Blockaden:** Was können Sie verändern, damit Sie Akquisition nicht mit latenten Angstgefühlen und Befürchtungen angehen?

- **Passivität:** Wie vermeiden Sie (bewusst oder unbewusst), Akquisition zu betreiben? Was können Sie tun, um sich in die Aktivität zu bringen?

- **Ihr professioneller Auftritt:** Wie gestalten Sie Ihren ersten Eindruck auf den Kunden positiv und überzeugend?

- **Beziehungsaufbau:** Wie stellen Sie rasch eine gute Beziehung zu einem (unbekannten) Menschen her?

- **Umgang mit Stress:** Wie können Sie auch unter Stress auf Ihre Ressourcen zurückgreifen?

Einfluss des Systems

Auch der fähigste und reflektierteste Akquisiteur wird sich schwer tun, in einem Umfeld erfolgreich zu sein, das seine Entwicklung nicht fördert und unterstützt. Das Unternehmen und seine Führungskräfte prägen dieses Umfeld von Akquisiteuren. Auch systemische Faktoren können viel dazu beitragen, dass Akquisition scheitert.

So leisten sich beispielsweise nur wenige Unternehmen „reine" Akquisiteure. Verkaufs- und Vertriebsleute sind neben anderen Tätigkeiten mit Akquisition beauftragt. Nicht selten beobachte ich in Unternehmen, dass diese Nebenjobs dann zur Kerntätigkeit werden, so dass für die Akquisition keine Zeit bleibt. Darüber hinaus sind oft Anforderungen und Vorgehensweisen unklar und Akquisiteure werden bei auftauchenden Problemen alleine gelassen. Bringen sie nicht innerhalb kurzer Zeit Erfolg, werden sie finanziell nicht mehr getragen, wenn nicht das finanzielle Risiko von vornherein schon auf sie abgewälzt wurde.

Es liegt also auch am Unternehmen, Rahmenbedingungen zu schaffen, unter denen ein Akquisiteur erfolgreich arbeiten kann:

- schlüssige Akquisitionsphilosophie,
- motivierende und aktivierende Führungskräfte,
- gute Grundausbildung und regelmäßiges Coaching für (unerfahrene) Akquisiteure und
- gute Rahmenbedingungen.

Was Unternehmen und Führungskräfte für ein förderliches Umfeld tun können, erläutere ich in den beiden abschließenden Kapiteln.

Lust auf Akquisition

Mein Anliegen ist, Fantasien, Ängste, Vorurteile und Widerstände gegen Akquisition zu hinterfragen und zu relativieren und Ihnen Lust auf ein neutrales, systematisches Ausprobieren neuer Verhaltensweisen zu machen. So können Sie die Erfahrung machen, dass diese funktionieren und dass es wesentlich effektiver ist, aktiv Akquisition zu betreiben, als darauf zu warten, dass jemand auf Sie zukommt.

Sie gewinnen eine andere Qualität des Arbeitens, wenn Sie Ihr Schicksal in die eigenen Hände nehmen und aktiv werden. Sie können positive Erfahrungen sammeln und damit alte Fantasien in den Hintergrund treten lassen. Sie können Ihr Potenzial ausbauen, schlummernde Ressourcen entdecken und mit einer überzeugten selbstbewussten Einstellung an Akquisition herangehen.

Basis für erfolgreiche Leistung

Die beiden Teile des Buches markieren damit die Eckpunkte für erfolgreiche Leistung. Wenn die Faktoren Persönlichkeit und Unterstützung durch das System zusammenwirken, dann können Sie ruhig und überzeugend Ihre ganze fachliche Kompetenz ausspielen. Oder anders gesagt:

Leistung = Bereitschaft x Möglichkeit x Fähigkeit.

Bereitschaft zur Leistung = „Das Wollen"

Voraussetzung für überzeugende Akquisition ist, dass Sie selbst von ihr überzeugt sind. Ihr Wille, Ihre Entschlossenheit, Ihre Dynamik und Ihre Motivation werden sich auf den Kunden übertragen. Ob Sie diese innere Bereitschaft
haben, hängt von Ihren inneren Einstellungen und Glaubenssätzen ab.

Möglichkeit zur Leistung = „Das Dürfen"

„Dürfen" Sie Ihre Begeisterung in Ihrem Arbeitsumfeld ausleben? Was trägt
das System zu Ihrer Motivation bei? Unter diese Aspekte fallen alle relevanten
äußeren Faktoren, die bedingen, ob die Leistung erbracht werden darf oder
kann: etwa Strukturen, Hierarchien, Führung, Rahmenbedingungen, Markt-
entwicklungen.

Fähigkeit zur Leistung = „Das Können"

Stimmen Einstellung und äußere Bedingungen, so werden Sie auch Ihr Fach-
wissen überzeugend transportieren. Dieses müssen Sie natürlich erwerben und
ständig aktualisieren. Auch Techniken und Strategien bezüglich Kommunikation und Vorgehen in der Akquisition sind hilfreich – sie „leben" aber erst
durch Sie und Ihre Persönlichkeit.

Ihr persönlicher Aktionsplan

Erkenntnisse gewinnen ist das eine – sie umzusetzen das andere. Um Sie bei
der Umsetzung in die Praxis zu unterstützen, finden Sie an den relevanten
Abschnitten einen Aktionsplan. Anhand von Fragen und Anregungen können
Sie sich und Ihre Arbeit überdenken und herausfinden, was Sie verändern
möchten. Ziel ist, dass Sie Ihren eigenen Akquisitionsstil entwickeln, der Ihnen
liegt und bei dem Sie sich nicht „verbiegen" müssen.

An wen richtet sich das Buch?

In den Unternehmen sind in der Regel nicht (nur) „ausgewiesene" Akquisiteure mit Akquisition befasst, sondern auch andere Mitarbeiter aus Vertrieb und
Verkauf, manchmal auch aus anderen Unternehmensbereichen. Akquisition
betreiben aber auch Selbständige und Freiberufler, die neue Kunden für sich
gewinnen wollen.

Meine Erfahrung mit Akquisition erstreckt sich auf mittelständische und große Unternehmen und auf Menschen, die in allen Hierarchiestufen mit Akquisition beschäftigt sind. In den Beispielen, die ich Ihnen im Verlauf des Buches gebe, berücksichtige ich sowohl die Akquisition von Endverbrauchern als auch die Akquisition im so genannten „B2B-Bereich", also im Geschäft, das Unternehmen untereinander abwickeln.

Was zeichnet erfolgreiche Akquisiteure aus?

Aus meiner Erfahrung und Beobachtung gibt es eine Reihe von Merkmalen, die einen erfolgreichen Akquisiteur auszeichnen. Wenn Sie die Liste durchgehen, werden Sie merken: Es sind überwiegend persönliche Eigenschaften, die den Erfolg ausmachen.

Merkmale erfolgreicher Akquisiteure

1. Sie haben Visionen und Ziele und entwickeln Ideen und Maßnahmen zu deren Umsetzung.
2. Sie identifizieren sich in hohem Maße mit ihrem Job, der Firma und den Leistungen/Produkten.
3. Sie sind authentisch: Sie haben ihren eigenen Stil entwickelt, beziehen und vertreten klar ihre Positionen und haben Zutrauen zu den eigenen Gefühlen, Meinungen und Wahrnehmungen.
4. Sie sind aktiv: Sie suchen offensiv ihre Chancen, gehen auf ihre Zielgruppen zu, handeln und denken unternehmerisch und führen aktiv Entscheidungen herbei.
5. Sie begegnen anderen mit Wertschätzung, lassen ihnen Raum, geben Hilfe zur Selbsthilfe und begegnen anderen möglichst neutral, das heißt ohne einschränkende Fantasien und Grundannahmen.
6. Sie wollen sich weiterentwickeln, haben Lust auf neue Erfahrungen und den Mut, Neues auszuprobieren.
7. Sie wollen Erfolg (bei allen Beteiligten) und sind konsequent in ihrem Verhalten.
8. Sie bewahren in Stresssituationen Ruhe und Übersicht.

Was bedeutet eigentlich Persönlichkeitsentwicklung?

An der Persönlichkeit zu arbeiten bedeutet, sich selbst besser kennen zu lernen. Mit dem Ziel, selbstbestimmt und spontan handeln sowie Beziehungen zu anderen, auch bisher unbekannten Menschen aufbauen zu können. Mit Hilfe des „Johari-Fensters", das die beiden Autoren Jo Luft und Harry Ingham entwickelt haben, lässt sich dieser Prozess des „Sich-selbst-Entdeckens" gut darstellen.

Um sich besser kennen zu lernen, ist es hilfreich, das Bild, das Sie von sich selbst gewonnen haben, durch Impulse von außen in Frage zu stellen. So ist es möglich, den eigenen „blinden Flecken" auf die Spur zu kommen und Anregungen für Veränderungen in inneren Einstellungen und Verhaltensweisen zu bekommen. Beides kann helfen, Situationen, die man bisher als schwierig erlebte, anders anzugehen und so andere und bessere Erfahrungen zu sammeln. Bild 1 kann Ihnen das verdeutlichen.

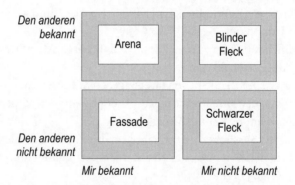

Bild 1 Prozess des „Sich-selbst-Entdeckens" (Johari-Fenster)

Arena

Dieses Feld bezeichnet den Bereich des freien Handelns: Man äußert seine Ansichten und Gefühle, auch spontan, weil man sich selbstsicher fühlt. Man respektiert die Meinung anderer, deren Feedback ist einem wichtig.

Fassade

Hier ist ein verborgener Bereich, über den man nicht sprechen möchte. Man gibt keine Informationen über sich preis und zeigt seine Gefühle nicht. Das Feedback von anderen Leuten ist einem unangenehm, weil einem Selbstvertrauen fehlt und Kritik zu sehr erschüttern würde. In der Kommunikation mit anderen spricht man über sachliche Dinge und erfragt deren Meinung, ohne einen eigenen Standpunkt zu vertreten.

Blinder Fleck

Dieser Bereich ist einem selbst nicht bewusst. Man ist so sehr von sich selbst überzeugt, dass man glaubt, man wüsste, wie alles gemacht wird, und glaubt, alle müssten es ebenso machen. Wenn einem dabei Fehler unterlaufen, fällt einem das auch deswegen nicht auf, weil man das Feedback der anderen nicht anhört oder ernst nimmt.

Schwarzer Fleck

In diesem Bereich schlummern ungeahnte Potenziale. Aufgrund mangelnden Selbstbewusstseins wurden diese aber noch nicht entdeckt. Man bewegt sich nur im Rahmen der bewussten und vertrauten Verhaltensweisen und probiert keine neuen, kreativen Möglichkeiten aus, weshalb man seine unentdeckten Potenziale noch nicht bemerkt hat.

Ziel ist, den Bereich der Arena zu stärken, das heißt, die Felder, die einem selbst nicht bekannt sind, zu verkleinern, indem man sich selbst hinterfragt oder sich von anderen Feedback geben lässt. Auch den Bereich der Fassade gilt es zu verkleinern. Letztlich sollte jeder Mensch so viel Selbstvertrauen haben, dass er zu seinen Ansichten und seinem Verhalten steht, Kritik annehmen kann und durch Fehler, die ja jedem unterlaufen, nicht aus der Bahn geworfen wird.

Die Ideen und Anregungen in diesem Buch, die Erfahrungen aus der Praxis sowie die Fragen und Anregungen zur Reflexion für Sie können Ihnen helfen, die drei Bereiche „Fassade", „Blinder Fleck" und „Schwarzer Fleck" zu verkleinern und den Bereich der „Arena" zu vergrößern – in Bezug auf Akquisition selbstverständlich. Wie Sie aber auch merken werden, lassen sich viele Inhalte dieses Buches auch auf andere Bereiche des Lebens beziehen und anwenden – schließlich geht es um Ihre Persönlichkeit!

Aktionsplan: Wie steht es um Ihre Akquisition?

Wenn Sie folgende Fragen beantworten, können Sie hinterfragen und selbst
einen Eindruck gewinnen, wie es um Ihre Akquisition bestellt ist:

	Ja	*Nein*
▶ „Fühlen" Sie sich als Akquisiteur? Können Sie sich mit Ihrer Tätigkeit identifizieren?	☐	☐
▶ Betreiben Sie systematisch und kontinuierlich Akquisition?	☐	☐
▶ Stehen Ihr Aufwand und der Nutzen Ihrer Akquisition in einem positiven Verhältnis zueinander?	☐	☐
▶ Erzielen Sie mit der Akquisition Ihrer bestehenden Kunden Zusatzgeschäfte (Cross-Selling)?	☐	☐
▶ Erhalten Sie viele Empfehlungen von Ihren Kunden?	☐	☐
▶ Fällt es Ihnen leicht, bei der Akquisition Ihre Geschäftspartner von Ihnen und Ihren Produkten/Leistungen zu überzeugen?	☐	☐
▶ Haben Sie immer genug Vorlauf an Erfolg versprechenden Kontakten?	☐	☐
▶ Ist Ihre Akquisitionsstrategie ganzheitlich angelegt, das heißt, bezieht sie alle Beteiligten mit ein?	☐	☐
▶ Unterstützen die Mitarbeiter der anderen Abteilungen beziehungsweise Ihre Führungskräfte Ihre Akquisitionsaktivitäten?	☐	☐
▶ Wissen Sie, wie Sie Ihre Akquisition optimieren können?	☐	☐

Ziehen Sie eine Bilanz Ihrer bisherigen Akquisition und schreiben Sie einige
Bereiche auf, in denen Sie Veränderungen vornehmen wollen.

2 Ihre Identität als Akquisiteur

2.1 Identifizieren Sie sich mit Ihrem Beruf?

Sie treffen die Entscheidung, welcher Job zu Ihnen passt und wie Sie ihn ausüben wollen. Wenn Sie sich für den Beruf des Akquisiteurs entscheiden, dann
sollten Sie ihn auch mit voller Hingabe und vollem Engagement ausüben. Hervorragende Akquisition lässt sich nur mit hundertprozentiger Identifikation
machen. Wenn Sie überdurchschnittlich erfolgreich sein und überdurchschnittlich verdienen wollen, müssen Sie auch überdurchschnittlich engagiert
und identifiziert arbeiten.

Ihr Gesprächspartner bekommt (bewusst oder unbewusst) sehr schnell mit,
wie Sie zu sich und Ihrer Tätigkeit stehen und reagiert sehr sensibel darauf.
Wenn Sie Unsicherheit, Angst oder Frust ausstrahlen, übertragen Sie das auf
ihn. Er wird dann garantiert keine Investition bei Ihnen tätigen – Sie bestätigen
durch Ihre Ausstrahlung, dass irgendetwas nicht stimmt. Wenn Sie dagegen
aktiv bleiben und Ihren Job überzeugt und überzeugend ausüben, wird sich
das ebenso auf Ihr Gegenüber auswirken – selbst wenn Ihnen starker Wind
entgegenbläst.

Die Frage der Identifikation ist deshalb *die* zentrale Frage in der Akquisition.
Hier geht es darum, wie Sie zu Ihrer Rolle als Akquisiteur stehen, wie Sie sie
interpretieren und mit wie viel Hingabe und Engagement Sie sie ausfüllen. Ihre
Antwort auf diese Frage bestimmt, wie Sie in der Akquisition auftreten und ob
Sie bei Ihren Gesprächspartnern Offenheit, Interesse und Respekt auslösen.

Dafür gibt es ein hervorragendes Beispiel aus dem Sport: Anfang des Jahres
2002 wurde Uli Hoeneß, Manager des FC Bayern München, 50 Jahre alt. Zahlreiche Beiträge in den Medien würdigten seine Person und seine Arbeit. Sie
beschrieben, wie stark er als Spieler und vor allem anschließend als Manager
den Verein beeinflusste, welche Visionen er hatte, mit welcher Kraft und

welchem Geschick er an deren Umsetzung ging und wie viele er erfüllen konnte. Hoeneß trat und tritt mit aller Macht für seinen Verein ein, auch wenn ihm das schon viele Konflikte eingebracht hat.

Alle zu diesem Anlass interviewten Personen, egal, ob sie ihm wohlgesonnen waren oder nicht, bestätigten, dass Uli Hoeneß für seinen Verein mit solcher Hingabe und Identifikation arbeitet, dass er quasi mit dem FC Bayern München personifiziert werden kann. Er macht den Eindruck, dass er sich nicht nur vollkommen mit seiner Rolle als Manager und Repräsentant des Vereins identifiziert, sondern auch hundertprozentig loyal zu seinem Arbeitgeber ist. Was nicht zuletzt zu dem Ergebnis führte, dass der schon vor Hoeneß' Zeit als Manager erfolgreiche FCB mit ihm auch wirtschaftlich der Marktführer in Europa wurde.

Es hängt ungemein viel davon ab, mit welcher Energie, Überzeugung und welchem Engagement Sie Ihren Beruf anpacken. Wenn Sie in Ihrem Innersten an sich selbst und an das, was Sie tun, glauben, dann strahlen Sie das auch aus. Identifikation mit Ihrem Beruf ist wesentlich für Ihren Erfolg darin.

Dieses Kapitel geht auf die Zusammenhänge und Hintergründe dieses Phänomens ein. Es kann Ihnen Anregungen liefern, wie Sie sich stärker mit Ihrem Beruf identifizieren können und welche Erwartungen und inneren Einstellungen Sie möglicherweise daran hindern, sich selbst für einen erfolgreichen Akquisiteur zu halten.

Positive Effekte einer Identifikation mit der Rolle des Akquisiteurs

1. Sie verändert Ihre eigene Haltung und anschließend auch die Ihrer Gesprächspartner.
2. Sie überträgt sich auf den Gesprächspartner und beeinflusst sein Verhalten.
3. Sie bestärkt den Gesprächspartner bei seinen Entscheidungen.
4. Sie wirkt auf den Gesprächspartner überzeugend und beeindruckend.
5. Sie trägt dazu bei, dass eintritt, was Sie sich positiv ausmalen.
6. Erfolgserlebnisse bringen Energie für neue Aufgaben.

2.2 Äußere Faktoren: Rolle und Erwartungen von außen

Sie können sich mit Ihrer Tätigkeit als Akquisiteur nur identifizieren, wenn Sie genau wissen, wie Ihre Rolle eigentlich aussieht. Das mag selbstverständlich klingen, ist es aber nicht. Wenn ich Vertriebsmitarbeiter, die mit Akquisition beauftragt sind, coache, höre ich oft, dass sie sich eigentlich gar nicht als Akquisiteure fühlen und ihnen die Tätigkeit irgendwie unangenehm ist. Wenn ich sie dann frage, was denn die Rolle des Akquisiteurs für sie beinhaltet, um zu verstehen, mit welchen Aspekten sie sich nicht identifizieren können, kommen meist vage Antworten: „Neue Kunden gewinnen", „Den Verkauf verbessern", „Neue Kontakte knüpfen." Das sind zwar wünschenswerte Ergebnisse, sagen aber nichts über die Ausübung der Rolle aus, mit der diese erreicht werden können.

Meist herrscht Unklarheit, welche Anforderungen und Erwartungen mit der Tätigkeit des Akquisiteurs verbunden sind. Weder das Unternehmen noch die einzelnen Personen machen sich die Mühe, die Rolle und ihre Inhalte genau zu definieren. Dass sich jemand dann darin unwohl fühlt, ist verständlich. Wie soll er sich mit seiner Tätigkeit identifizieren und sie überzeugend ausüben, wenn er sich im Unklaren darüber ist, wie diese genau aussieht und was von ihm genau erwartet wird?

Zunächst einmal müssen Sie deshalb wissen, worin Ihre Tätigkeit eigentlich genau besteht. Was machen Akquisiteure? Welche Anforderungen werden an Sie gestellt? Welche Erwartungen haben Sie selbst an sich und welche Erwartungen stellen andere an Sie?

Reflexion: Was verstehen Sie unter der Rolle Akquisiteur?

Sie können sich Ihr Rollenverständnis als Akquisiteur durch folgende Fragen vor Augen führen:
1. **Was müssen Sie tun?** Welche Pflichten und welche Normen haben Sie zu erfüllen?
2. **Was dürfen Sie tun?** Wie wollen Sie selbst Ihre Rolle inhaltlich ausgestalten?
3. **Was möchten Sie tun?** Welche Erwartungen haben Sie an sich?
4. **Was können Sie tun?** Wie schätzen Sie Ihre Fähigkeiten und Stärken ein, um Ihre Erwartungen zu erfüllen?

Hintergrundwissen: Rolle

Viele verwechseln den Begriff der Rolle mit der Aufforderung zu schauspielern. Doch dies ist nicht gemeint. Eine Rolle nehmen Sie automatisch ein, wenn Sie eine Position oder eine Aufgabe übernehmen. Als Rolle wird ein kohärentes System aus inneren Einstellungen, Gefühlen, Verhalten, Wirklichkeitsbezügen und Beziehungen bezeichnet, die von außen mit dieser Position oder Aufgabe verbunden sind. Wie Sie persönlich diese Rolle dann interpretieren, hängt von Ihren bisherigen (Beziehungs-)Erfahrungen, Ihren Einstellungen zu sich und anderen, Ihren Werten und Normen, Ihren Gefühlen bezüglich der Rolle und den Beteiligten, aber auch von Ihrem Verhalten und Ihren Wirklichkeitsbezügen (der Art und Weise, wie Sie die Welt sehen) ab.

Eine Rolle hat also

- **einen äußeren Aspekt**: Anforderungen und Erwartungen, die andere mit ihr verbinden und
- **einen inneren Aspekt**: wie Sie die Rolle ausfüllen und interpretieren.

Die gleiche Rolle kann bei verschiedenen Menschen und in verschiedenen Situationen unterschiedlich aussehen. Dennoch gibt es Gemeinsamkeiten – bestimmte Eigenschaften, Verhaltensweisen und Einstellungen, die „allgemein" mit dieser Rolle verknüpft werden und an denen man die Rolle als die erkennt, die sie ist.

Neben Ihrer Rolle als Akquisiteur nehmen Sie viele andere Rollen in Ihrem privaten und beruflichen Leben ein, zum Beispiel die Rolle des Vaters oder der Mutter, die der Ehefrau oder des Ehemanns, der Freundin, des Freundes, des Vorsitzenden im Sportverein, der politisch Engagierten, des Key-Account-Managers oder des Geschäftsführers.

Ausgestaltung einer Rolle

An Sie als „Rollenträger" werden also von außen bestimmte Erwartungen und Anforderungen gerichtet, wobei diese Erwartungen in ihrer Ausdifferenzierung durchaus variieren können.

Komplexität der Rolle

Je nachdem, wie klar die Rolle umrissen ist, nehmen Sie eine einfache oder komplexe Rolle ein:

- **Eine einfache Rolle ist klar definiert.** Etwa, wenn Sie eine detaillierte Aufgabenbeschreibung für Ihre Akquisitionstätigkeit haben und nur Neukunden einer festgelegten Größenordnung gewinnen und betreuen sollen.
- **Eine komplexe Rolle ist umfassender und nur vage definiert.** Zum Beispiel, wenn Sie mehrere Aufgaben zusätzlich zur Neukundengewinnung erledigen sollen, wie Bestandskundenpflege, Großkundengeschäft oder andere Aufgaben im Unternehmen.

Eine klare Beschreibung der Rolle und ihrer Schnittstellen zu anderen Mitarbeitern des Unternehmens, die ebenfalls Kundenkontakt haben, ist sehr wichtig. Sie verhindert, dass es zu unterschiedlichen Interpretationen und damit zur Überforderung oder gar zu Orientierungs- und Hilflosigkeit für den Akquisiteur führt. Je klarer Ihnen Ihre Rolle ist, desto besser können Sie beurteilen, ob Sie sie ausfüllen wollen und können. Das wiederum gibt Ihnen Sicherheit und Motivation – und Ihre Identifizierung mit der Rolle wächst.

> **Praxistipp: Klare Rollendefinitionen für unerfahrene Akquisiteure**
>
> Gerade unerfahrene Akquisiteure benötigen zu Beginn ihrer Tätigkeit eine klar definierte Rolle als Stütze. Sie gibt ihnen Sicherheit und Orientierung, auch wenn sie ihre Eigeninitiative einschränkt. Besteht von Beginn an bei allen Beteiligten Klarheit über Inhalte, Umfang und Leistungserwartung der Akquisitionstätigkeit, so sind Erfolg und Misserfolg des Akquisitionsprozesses schneller zu erkennen und einzelnen Personen zuzuordnen. Gibt es in Ihrem Unternehmen solche Rollendefinition noch nicht, so ist zu empfehlen, sie einzufordern und darüber zu verhandeln.

Komplexe Rollen brauchen Erfahrung

Komplexe Rollen verlangen von Ihnen mehr Eigeninitiative und Selbständigkeit: Sie bestimmen selbst, wo Sie Schwerpunkte setzen und wie Sie die einzelnen Aufgaben ausfüllen. Dabei besteht die Gefahr, dass Sie sich verzetteln und Prioritäten setzen, die nicht im Sinne des Unternehmens sind. Deshalb sollten Sie, ehe Sie eine komplexe Rolle übernehmen, mit allen Beteiligten, speziell Ihren Führungskräften, sorgsam prüfen, ob Sie schon über die entsprechenden Fertigkeiten und das Engagement verfügen. Selbständigkeit in der Aufgabenerfüllung ist zwar ein Anreiz für viele, kann aber auch, wenn die entsprechenden Erfahrungen fehlen, zu Überforderung führen.

Die Erwartungen anderer

Wollen Sie sich mit Ihrer Rolle als Akquisiteur identifizieren, so müssen Sie sich intensiv mit den Erwartungen, die von außen an Sie gerichtet werden, auseinander setzen, sich also dieser Erwartungen bewusst werden, also sie überhaupt erkennen. Und darüber hinaus sie für sich *an*erkennen, sie bewusst in die eigene Ausgestaltung der Rolle aufnehmen und sich mit ihnen identifizieren. Wenn Ihr Chef von Ihnen erwartet, dass Sie aktiv neue Kunden akquirieren, sich selbst aber bei der Auffrischung bestehender Kontakte am wohlsten fühlen, dann werden Sie über diese differierenden Erwartungen permanent Konflikte und Auseinandersetzungen mit Ihrem Chef haben. Oder aber, sofern Sie sich seinen Erwartungen fügen, Ihre Arbeit lustlos und unmotiviert ausüben. Es wird Ihnen schwer fallen, sich mit Ihrem Job zu identifizieren, solange er so unterschiedlich interpretiert wird.

Nicht jede Erwartung „zählt"

Sie gleichen, bewusst oder unbewusst, Ihre eigene Rollendefinition und Ihre Erwartungen an sich selbst permanent mit denen von Menschen ab, zu denen Sie privat und beruflich regelmäßig Kontakt haben. Je nach Situation und Gegenüber passen Sie sich diesen Erwartungen an.

Jedoch ist es ratsam zu prüfen, um wessen Erwartungen es sich dabei handelt und ob die Betreffenden überhaupt kompetent in der Akquisition sind. Sonst kann das fatale Folgen für den Erfolg Ihrer Akquisition haben. Viele der Menschen, mit denen Sie sich austauschen, haben wahrscheinlich nie selbst Akquisition betrieben, schon gar nicht kontinuierlich und systematisch.

Problematisch wird es, wenn so jemand großen Einfluss auf Sie ausübt und hohe Erwartungen hinsichtlich Ihres Erfolges hegt. Etwa eine Führungskraft, die mit anderen Aufgaben befasst ist, aber möglichst schnell möglichst viel Erfolg, sprich Umsatz, von Ihnen sehen will. Da sie die echten Anforderungen Ihrer Aufgabe aber nicht kennt, leistet sie nicht den von ihrer Seite aus notwendigen Beitrag zum Erfolg, wie etwa eine klare Aufgabenformulierung oder für die passenden Rahmenbedingungen zu sorgen. Bleibt der Erfolg in der vorgegebenen Zeit dann aus, reagiert die Führungskraft wahrscheinlich enttäuscht oder gar verärgert – obwohl sie selbst durch ihre Unkenntnis Ihrer Rolle und damit ihre unrealistischen Erwartungen dazu beigetragen hat, diesen zu boykottieren.

Es ist daher für Sie als Akquisiteur sehr wichtig, die Einflüsse von außen wahrzunehmen. Überprüfen Sie deren (positive und negative) Auswirkung auf Ihre Arbeit. Überlegen Sie kritisch, ob die Erwartungen realistisch und erfüllbar sind. Gegebenenfalls ist es notwendig, sich abzugrenzen und „falsche" Erwartungen frühzeitig zu konfrontieren.

Welche Erwartungen werden an Akquisiteure gestellt?

In zweierlei Hinsicht bestehen Erwartungen an Ihre Rolle:

1. Forderungen und Pflichten, die an die Rolle gebunden sind
   - Arbeitszeit,
   - Aktivitäten,
   - Zielvorgaben,
   - Dokumentation der Ergebnisse,
   - Teilnahme an Veranstaltungen,
   - Zusammenarbeit mit anderen,
   - Auftritt nach innen und nach außen,
   - Bezahlungssystem,
   - Gebiets- und Kundenschutz.

Diese Anforderungen werden in Stellenbeschreibungen, Unternehmensrichtlinien, Aufgabenprofilen und Anweisungen von Führungskräften an den Akquisiteur vermittelt.

2. Erwartungen, die an die Person gerichtet sind
   - Verkaufszahlen,
   - Erträge oder Umsatz,
   - Cross-Selling,
   - Beitrag zur positiven Unternehmensdarstellung,
   - Verbreitung der Unternehmensphilosophie,
   - Steigerung des Bekanntheitsgrades des Unternehmens sowie seiner Produkte und Leistungen,
   - Empfehlungsmanagement,
   - Aufbau von Kooperationen und Beziehungsnetzwerken,
   - Intensivierung der Beziehungen,
   - Stärkung der Kundenloyalität,
   - Umgang mit Reklamationen zur Zufriedenheit aller Beteiligten,
   - Beiträge zur Verbesserung von Prozessen, Produkten, Leistungen,
   - Einholen von Feedback zum Unternehmen und seinen Produkten beziehungsweise Leistungen.

Weitere Erwartungen mögen hinzukommen. Die Erwartungen gehen also weit darüber hinaus, dass „nur" neue Kunden gewonnen werden sollen. Außerdem sind Sie interpretierbar und nicht eindeutig. Umso wichtiger also für Sie zu klären, welche Erwartungen mit welcher Priorität an Sie gerichtet werden. Daran lässt sich der Erfolg Ihrer Arbeit deutlich erkennen. Sind Leistungs- und Bemessungskriterien unklar und unausgesprochen, so wissen Sie nie, ob Ihre Arbeit als „erfolgreich" bewertet wird oder nicht.

Offene und verdeckte Erwartungen

Nicht alle Erwartungen, die an Sie gerichtet werden, werden auch offen formuliert – selbst wenn ein Austausch über das Anforderungsprofil stattfindet. Neben den offenen Erwartungen gibt es auch verdeckte, die unausgesprochen im Verborgenen blühen. Das Fatale an ihnen ist, dass es vom Zufall oder Feingespür abhängt, ob Sie sie erfüllen oder nicht.

Beispiel: Der Geschäftsführer eines Autohauses erklärte seinem Akquisiteur, dass er von ihm erwarte, das gesamte Marktverantwortungsgebiet systematisch per Kaltakquisition zu bearbeiten. Er teilte ihm ferner mit, dass er dafür pro Tag 15 qualifizierte Kontakte (Kontakte mit Entscheidern) machen und ihm einmal wöchentlich Bericht erstatten solle. Ansonsten überließ er ihm die Auskleidung des Jobs.

Nach ein paar Wochen zitierte der Geschäftsführer den Akquisiteur zu sich und äußerte seine Unzufriedenheit mit dessen Arbeit. Als Begründung nannte er die schwachen Verkaufszahlen aus der Akquisition. Die im ersten Gespräch gar kein Thema gewesen waren!

Neben den klar kommunizierten Erwartungen über die Aufgabe, Anzahl der Kontakte und das Berichtswesen hatte der Geschäftsführer also noch eine unausgesprochene Erwartung gehegt: nämlich die, höherer Verkaufszahlen. Warum auch immer er das nicht klar aussprach – das Versäumnis führte zu unterschiedlichen Auffassungen hinsichtlich der Ausübung des Jobs.

Deshalb ist es ungemein wichtig, alle, auch selbstverständlich erscheinende Erwartungen anzusprechen, auszudiskutieren und zu prüfen, ob deren Erfüllung realistisch oder unrealistisch ist. Das muss nicht nur Aufgabe der Führungskraft sein. Auch Sie selbst können sich vor bösem Erwachen schützen, indem Sie rechtzeitig nachfragen und eine offene Auseinandersetzung über die zu erreichenden Ergebnisse nicht scheuen.

Checkliste: So erfragen Sie offene und verdeckte Erwartungen an Ihre Akquisitionsleistung

1. „Welche Erwartungen haben Sie an mich und meine Arbeit?"
2. „In welcher Zeit?"
3. „Welche Aspekte sind Ihnen noch wichtig bei der Durchführung der Akquisition?"
4. „Woran werden wir erkennen, ob meine Arbeit erfolgreich war oder nicht?"
5. „Woran werden Sie den Erfolg der Akquisition bemessen (kurz-, mittel- oder langfristig)?"
6. „Nach welchen Kriterien werden Sie entscheiden, ob meine Arbeit fortgesetzt wird oder nicht?"
7. „Auf welcher Grundlage, auf welchen Erfahrungen basieren diese Erwartungen?" (Halten Sie sie für unrealistisch, dann lassen Sie sich Beispiele geben, die zeigen, dass sie machbar sind.)
8. „Welches Frühwarnsystem können wir einrichten, um etwaige Abweichungen frühzeitig zu erkennen und zu korrigieren?"

Dies ist eine Auswahl von Fragen. Stellen Sie weitere zusammen, die auf Ihre Situation passen. Lieber stellen Sie eine Frage mehr, als dass Sie später negative Konsequenzen hinnehmen müssen.

Wichtig ist vor allem der Aspekt, wie realistisch/unrealistisch die Erwartungen sind. Oft entstehen unrealistische Erwartungen aus Unkenntnis darüber, was in der Praxis möglich und zu schaffen ist. Oder weil die Führungskraft selbst unter Druck steht und diesen an den Akquisiteur weitergibt. Wenn **Sie** nicht „Stopp" sagen und die Erwartungen unkommentiert hinnehmen, sind **Sie** am Ende derjenige, dem die Schuld in die Schuhe geschoben wird – auch wenn die Aufgabe möglicherweise von vornherein unerfüllbar war.

Schützen Sie sich vor zu hohen Erwartungen

Es gab in der Vergangenheit viele Versuche, systematische Akquisition in Unternehmen aller Bereiche zu integrieren. Die meisten Projekte scheiterten an zu hohen beziehungsweise unrealistischen Erwartungshaltungen. Von den Beteiligten wird in solchen Fällen erwartet (bewusst oder unbewusst), dass Akquisition umgehend viele Verkaufsabschlüsse bringen muss. Dabei wird völlig ausgeblendet, dass die meisten Gesprächspartner aktuell versorgt sind oder momentan aus unterschiedlichen Gründen keine Kaufentscheidung ansteht.

Den wahren Erfolg erkennen

Ich habe oft erlebt, dass Führungskräfte schon nach kurzer Akquisitionszeit Verkaufszahlen erwarten, die mindestens genauso hoch sein sollen wie im Ladengeschäft. Völlig ausgeblendet werden bei raschen Erfolgserwartungen oft die immateriellen Werte, die der Akquisiteur schon ab dem ersten Tag „erwirtschaftet" hat:

- Steigerung des Bekanntheitsgrades des Unternehmens,
- Werbung für das Unternehmen,
- Herausarbeiten von perspektivischen Chancen,
- Vorbereitung von Folgekontakten,
- Adressenqualifizierung,
- Bearbeitung des Marktverantwortungsgebietes beziehungsweise der bevorzugten Zielgruppen,
- Datensammlung und -archivierung,
- Empfehlungs-Management und
- Sicherheit in der Akquisition für den Akquisiteur, der so später noch qualifiziertere und erfolgversprechendere Kontakte knüpft.

Das wird von Führungskräften aber oft vergessen. Auch aus der Angst und Ungeduld heraus, erst einmal in die Akquisition investieren und schnelle Erfolge als „return on investment" vorweisen zu müssen. Dies führt dann zu immensem Druck auf die Akquisiteure. Bis hin zum raschen Abbruch von Akquisitions-Projekten, mit der Schlussfolgerung: „Das bringt doch alles nichts – ich wusste es gleich!"

Gerade bei der Akquisition gilt das Gesetz der großen Zahl – je mehr Sie in den Trichter oben einfüllen, desto mehr kommt unten heraus. Außerdem greift hier das Gesetz der Zeit für Wachstum und Entwicklung – auch die angebahnten Geschäftsbeziehungen brauchen Zeit und viel Pflege, ehe Vertrauen aufgebaut ist.

Systematische Akquisition braucht deshalb Zeit und kontinuierlichen Einsatz. Sie werden mehr Erfolg haben, wenn Sie Ihre Erwartungen an diesen Erfahrungen aus der Praxis ausrichten und nicht zu hoch schrauben!

Unterm Strich gibt es eine Vielzahl von offenen und verdeckten, realistischen und unrealistischen Erwartungen an den (teilweise schnellen) Erfolg. Diese Erwartungen werden potenziert durch die Angst des Akquisiteurs, sie nicht zu erfüllen. Und damit Angst vor Repressalien, vor Trennung oder Kündigung, vor Beziehungsabbruch oder vor Gesichtsverlust – eine teilweise enorme psychische Belastung für so manchen Akquisiteur. Dass jemand sich unter diesen Umständen nicht mit seiner Rolle identifizieren kann, ist verständlich.

Zu hoher Erwartungsdruck ...

Erwartungen können anspornen und im positiven Sinne verdeutlichen, welche Ziele erreicht werden sollen. Sie können aber auch belasten, wenn sie nicht realistisch sind. In allen Sportarten ist Erwartungsdruck (eigener und von außen kommender) die Hauptursache für Nervosität, Fluchtreaktionen und Passivität (siehe Kapitel „Passivität") – und in der Akquisition ist es nicht anders. Das größte Problem entsteht dann, wenn sich zu hohem Erwartungsdruck auch noch schlechte Leistung gesellt – und oft bedingt das eine das andere.

Natürlich gibt es Menschen, die genau diesen Druck oder „Kick" benötigen, um die besten Leistungen abrufen zu können (etwa Boris Becker oder der FC Bayern München). Aber die meisten Menschen reagieren auf zu hohen Erwartungsdruck mit einem Leistungsabfall. Das Erlebnis, die Erwartungen, Wünsche und Forderungen anderer nicht erfüllen zu können, knickt das Selbstvertrauen. Der ganze Mensch fühlt sich abgewertet. Von Identifikation kann keine Rede mehr sein. „Sieg und Niederlage werden im Kopf entschieden", heißt es im Sport – und das gilt in der Akquisition genauso.

... führt zu Abbruch und Verweigerung

In dieser Situation denken die meisten Menschen kaum über sich und ihr Tun nach. Sie beschäftigen sich wesentlich mehr mit ihren inneren Fantasien darüber, was die anderen über sie denken. Sie befürchten, abgelehnt, abgewertet und heftig kritisiert zu werden. Das kann so weit gehen, dass man sich gar nicht mehr auf seine Arbeit konzentriert, sondern nur noch darauf, was andere wohl (Schlechtes) über einen denken. Man ist ausgelaugt und lustlos. Was sich natürlich auf die Leistungsfähigkeit und die Ausstrahlung negativ auswirkt. („Angst essen Seele auf.")

Oft führt das dazu, dass man sich zurückzieht. Bei Vertriebsleuten also dazu, dass sie die Situation der Akquisition vermeiden. Sie befürchten, die hoch gesteckten Erwartungen nicht erfüllen zu können. Und lassen es dann lieber ganz bleiben. So vermeiden sie auch, mit ihren Ängsten oder tatsächlichem Versagen in Kontakt zu kommen. Als Begründung geben sie oft körperliches Unwohlsein an („Ich bin zur Zeit einfach nicht gut drauf!"), eine harte Zeit („Das ist im Moment alles nicht so leicht!") oder private Probleme. So können sie die drohenden Folgen eines Misserfolgs und den fantasierten Verlust an Akzeptanz und Selbstwert abschwächen oder vermeiden. Durch den Abbruch bleibt der Schein gewahrt, auch wenn er durch Selbstbetrug erkauft wurde. Der Preis ist allerdings die latente und zunehmende Unzufriedenheit mit sich selbst.

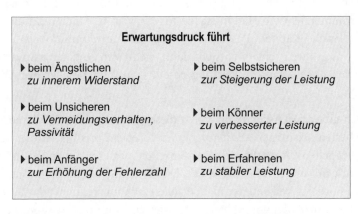

Bild 2   Auswirkungen von Erwartungsdruck sind vom Menschen abhängig

Wie sich Erwartungsdruck auf unterschiedliche Menschen auswirkt, verdeutlicht Bild 2. Sie sehen, dass der Umgang mit Erwartungsdruck sehr viel mit dem Selbstwertgefühl und einer positiven Einstellung zu sich selbst zu tun hat.

Missverständnisse führen zu Erwartungsdruck

Oft resultiert Erwartungsdruck gar nicht aus offen ausgesprochenen hohen Erwartungen, sondern aus einem Missverständnis zwischen dem Akquisiteur und seinem beruflichen und privaten Umfeld. Sie vermuten, dass diese oder jene Erwartung an Sie gestellt wird, was in Wirklichkeit aber gar nicht zutrifft.

Ein Grund mehr, um in offenen Gesprächen immer wieder für Klärung bezüglich der wechselseitigen Erwartungen zu sorgen. Passiert das nicht, besteht die Gefahr, dass Sie immer stärkeren Druck empfinden und in Situationen, in denen es drauf ankommt, etwa im Gespräch mit einem interessierten Kunden, plötzlich versagen.

Erfolg und eigene Erwartungen

Ob Sie etwas als Erfolg oder Misserfolg erleben, hängt nicht nur von den Erwartungen anderer ab. Auch die Erwartungen, die Sie an sich selbst haben, spielen eine Rolle.

Nicht jeder Erfolg ist mit einem Erfolgserlebnis verbunden. Nicht jeden Misserfolg erleben Sie als Misserfolg. Sie interpretieren ein und dasselbe Ereignis als Erfolg, das ein anderer vielleicht als Misserfolg bewerten würde. Abhängig von der Erwartung, die Sie an sich und Ihren Erfolg stellen.

Ein Akquisiteur einer Versicherung setzte sich das Ziel, dem Geschäftsführer eines großen Unternehmens beim Erstbesuch sich selbst und sein Unternehmen vorzustellen und ihm eine Zusammenarbeit anzubieten. Er traf auf die Chefsekretärin und trug ihr sein Anliegen vor. Die Frau war aufgeschlossen, gab ihm alle Informationen, die er wünschte und bot ihm an, einen Termin mit dem Geschäftsführer zu vereinbaren, da der Chef momentan nicht da sei. Dennoch war der Akquisiteur anschließend nicht zufrieden, weil er nicht selbst mit dem Geschäftsführer sprechen hatte können. Er empfand den positiven Verlauf, nämlich die Vereinbarung eines Termins, nicht als Erfolgserlebnis, da das hinter seinen Erwartungen blieb.

Ein Akquisiteur einer Firma für Kopiersysteme ging in eine Firma, die bisher nie für sein Unternehmen zu gewinnen war. Der Geschäftsführer war sehr distanziert und auf eine andere Marke fixiert. Der Akquisiteur setzte sich zum Ziel, den Geschäftsführer positiv für sich einzunehmen. Wie erwartet verlief das Gespräch kurz, der Geschäftsführer blieb seiner Marke treu – im Vergleich zu früher verlief das Gespräch aber wesentlich „wärmer" und der Akquisiteur bekam mehr Informationen zu den Hintergründen der Loyalität des Geschäftsführers zu seiner Marke. Der Akquisiteur war mit dem Ergebnis zufrieden und wertete es als Erfolg: Er konnte zwar den Geschäftsführer nicht für sein Produkt gewinnen, aber er erhielt Informationen, die ihm beim nächsten Versuch hilfreich sein könnten. Und er hatte erfolgreich an einer guten Beziehung zum Geschäftsführer gearbeitet.

Bild 3 zeigt, was sich in einem Menschen abspielt, wenn
- seine Leistungserwartung übertroffen wird oder
- seine Leistung hinter seiner Erwartung bleibt.

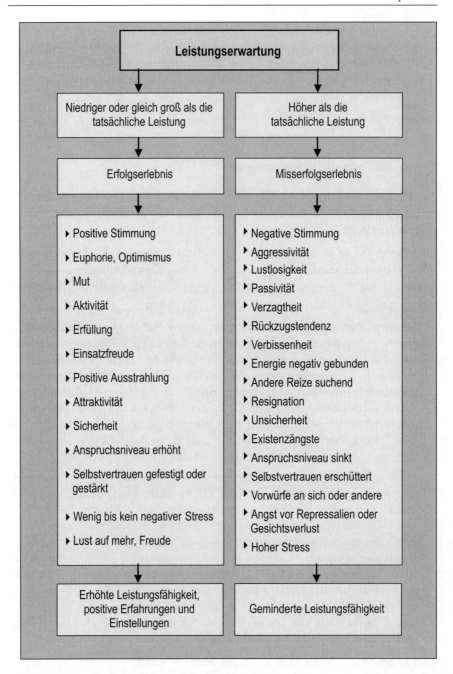

Bild 3   Mögliche Folgen der Leistungserwartung

Wie können Sie Erwartungen entsprechen?

Was können Sie tun, damit Erwartungen Sie motivieren und sich positiv in Leistungen umschlagen? Auch hier können wir vom Sport lernen. Professor Hans Eberspächer, der Hochleistungssportler mental trainiert, hat untersucht, was wettkampfstabile Sportler, denen es gelingt, hohen Erwartungen zu entsprechen, auszeichnet. Seine Ergebnisse lassen sich genauso auf leistungsstarke Akquisiteure beziehen. Unter Stresssituationen/Wettkampfbedingungen ist erfolgreich, wer

- selbst- und fremdgestellte Anforderungen angemessen einschätzen kann,
- eine tiefe Überzeugung von den eigenen Fähigkeiten und Fertigkeiten hat,
- auch in schwierigen Situationen von der Effektivität des eigenen Handelns überzeugt ist,
- in der Lage ist, sich die optimale Leistung zum geforderten Zeitpunkt zuzutrauen, also sie in dem Moment zu erbringen, wenn die Situation es erfordert, und nicht morgen oder irgendwann, und
- auch in schwierigen Anforderungssituationen seine innere Organisation und Ruhe mit Blick auf den optimalen Ablauf zur bestmöglichen Leistung behält.

Was bedeutet das für Sie? Ein Akquisitionsgespräch können Sie mit einem Wettkampf vergleichen. Im Moment des Gesprächs müssen Sie Ihre volle Leistung bringen. Ob Ihnen das gelingt, hängt bei Ihnen, wie bei Hochleistungssportlern, von Ihrer inneren Einstellung ab:

- Sehen Sie die Situation und die an Sie gerichteten (und mit Ihnen abgesprochenen) Erwartungen als Herausforderung an.
- Betrachten Sie sie als Chance zur Weiterentwicklung – persönlich wie beruflich.
- Je mehr solche Herausforderungen Sie sich suchen, desto schneller werden Sie davon profitieren (materiell und immateriell).

Trotzdem vermeiden viele Akquisiteure die Herausforderung. Sie bleiben lieber bei dem, was sie immer gemacht haben und trauen sich den Sprung in die höhere Liga nicht zu – wie viele talentierte Sportler auch, die trotz Begabung Trainingsweltmeister bleiben. Sie vermeiden den Wettkampf beziehungsweise die Akquisition von Neukunden aus folgenden Gründen:

- Die Einmaligkeit von Wettkampfsituationen schreckt sie. Ein Erstgespräch mit einem neuen Interessenten können Sie nicht wiederholen. Die Angst, hier einen negativen Eindruck zu hinterlassen, ist größer als die Erwartung, eine gelungene Vorstellung zu geben.

- Wettkampfsituationen gehen immer (bewusst oder unbewusst) mit einer Prognose über das erwartete Ergebnis einher. Trifft die Vorhersage ein, freut man sich. Liegt das Ergebnis darunter, ist man enttäuscht. Wer Wettkämpfe oder Akquisitionsgespräche vermeidet, hat hohe Erwartungen und glaubt nicht, dass er sie erfüllen kann. Bei gewohnheitsmäßig erledigten Arbeiten (wie im Training oder bei Routinegesprächen mit Altkunden) macht man übrigens diese Prognose nicht, weil einem das Ergebnis nicht so wichtig ist.

- Wettkampfsituationen haben immer Konsequenzen. Läuft die Akquisition gut, so entsteht Freude und Lust auf weitere Gespräche, eine positive Spirale entsteht. Läuft sie schlecht, zieht sie Ängste und Zweifel nach sich mit allen Folgen.

Stellen Sie sich der Herausforderung

Sie sehen also: Die Herausforderung, die schwierige Akquisition vor Ort, bewirkt enorme emotionale Unterschiede. Sie sind vorher nervöser. Und hinterher stolzer/geknickter als in vergleichbaren Routinesituationen. Nur, wenn Sie sich der Situation stellen, können Sie den „Kick" bekommen.

Im Training, in der Firma, bei Ihren gewohnten Arbeiten mögen Sie noch so erfolgreich sein – der Glaube an sich selbst, an Ihre Ausstrahlung und auch Ihre Identifizierung mit dem Beruf beeinflussen Sie nur, wenn Sie den „Wettkampf", sprich das Gespräch mit neuen Kunden, nicht scheuen.

Aus einem scheinbaren Misserfolg im Wettkampf lernen Sie am allermeisten. Werten Sie Misserfolge als Ratenzahlungen auf Ihren Erfolg. Suchen Sie sich Herausforderungen und geben Sie Ihr Bestes. Werten Sie dann Ihre Leistung aus und ziehen Sie Konsequenzen für den nächsten Wettkampf – denn der kommt bestimmt.

Treffen Sie klare Vereinbarungen über Ihre Rolle

Überlegen Sie sich, ob die Anforderungen und Erwartungen von außen überhaupt zu Ihnen passen, beziehungsweise welche Teile davon passen und welche nicht.

Es ist wichtig, dass Sie Ihre Rolle so ausüben, wie es von Ihnen erwartet wird. Sonst bekommen Sie Schwierigkeiten. Diese Abstimmung muss aber kein einseitiger Prozess sein – Sie können die Erwartungen, die an Sie gerichtet werden, mit beeinflussen. Treffen Sie mit Ihrem Chef eine genaue Vereinbarung über Ihre Rolle, damit die beiderseitigen Erwartungen und Rollenverständnisse konform gehen. Je mehr Auseinandersetzung darüber stattfindet, je mehr Feedback Sie dazu einfordern und erhalten, desto besser werden Sie sich anschließend auf Ihre Arbeit konzentrieren und sich mit ihr identifizieren können. Das funktioniert, wie das Beispiel zeigt.

Ein Akquisiteur bewarb sich bei einem Automobilhersteller, der zur Unterstützung seines Vertriebs bewusst einen branchenfremden Akquisiteur suchte. In der Stellenanzeige hieß es, der Akquisiteur solle neue Kunden für die Premium-Produkte des Unternehmens gewinnen.

Beim Einstellungsgespräch stellte sich heraus, dass das Unternehmen bisher noch keine Erfahrungen mit Akquisition gemacht hatte. Teilweise bestanden bei den zuständigen Führungskräften unrealistische Erwartungen an den Akquisitionserfolg.

Der Akquisiteur hinterfragte detailliert, auf welchen Annahmen diese Erwartungen begründeten, welche Faktoren das erwartete Ergebnis beeinflussen sollten und welche Unterstützung für ihn vorgesehen sei. Er initiierte dadurch einen Prozess, in dem sich beide Seiten sehr konstruktiv über die Rollen aller Beteiligten austauschten. Da menschlich ein guter Draht herrschte, wurde eine klare Vereinbarung über die künftige Arbeit des Akquisiteurs geschlossen. Vorgesehen war darin auch, diese regelmäßig zu reflektieren, Fragen, Irritationen und Erwartungen umgehend anzusprechen und auf Basis der vorher gemachten Vereinbarungen zu diskutieren.

Die Eingewöhnungszeit war für beide Seiten anstrengend und anspruchsvoll. Das System des Unternehmens wehrte sich, wie jedes System, gegen Veränderungen, seien sie noch so konstruktiv. Aber nach einiger Zeit stellten sich erste Erfolge ein, wodurch mehr Ruhe eintrat. Heute erzielt der Akquisiteur hohe Verkaufszahlen. Alle Beteiligten beglückwünschen sich dazu, die Diskussion so geführt zu haben. Für alle entstand Klarheit und das gegenseitige Vertrauen, sich aufeinander verlassen zu können. Da der Akquisiteur aufgrund seiner Erfolge nicht mehr das ganze Gebiet betreuen kann, soll nun ein zweiter Akquisiteur eingestellt werden. Mit dem gleichen Prozess der gegenseitigen Rollenklärung.

Checkliste: Welche Aspekte hat eine Vereinbarung zur Rollenklärung?

1. Klarheit bezüglich der Interpretation der Rolle durch die Führungskraft (einzelne Aufgaben sowie einheitliche oder unterschiedliche
   Ausübung dieser Aufgaben im Vergleich zu Kollegen).
2. Klärung der Inhalte: Was gehört dazu und was nicht? Wie ist der
   zeitliche und organisatorische Rahmen?
3. Klärung der Rollen anderer: Was sind die Aufgaben der anderen?
   Wo greifen deren Rollen in die eigene ein beziehungsweise über? Wo
   liegen die Schnittstellen, Gemeinsamkeiten und Grenzen?
4. Unterstützung bei der Einarbeitung/Ausübung der Rolle von der
   Führungskraft durch Trainings oder Coaching.
5. Identifizierung der Einflussfaktoren: Wer oder was beeinflusst die
   erfolgreiche Ausübung der Rolle? Wie können Sie damit umgehen?

2.3   Innere Faktoren: Einstellungen

Die Erwartungen, die Sie an sich selbst haben, sind von Ihrem inneren „Wertesystem" geprägt. Also von dem, was Sie, etwas salopp gesagt, von sich selbst
halten. Oft werden leistungsschwache Akquisiteure in Trainings geschickt,
damit sie sich hilfreiche Techniken und Strategien für die Akquisition aneignen. Diese nutzen aber nichts, solange ihre pessimistische innere Einstellung davon unberührt bleibt. Sie können die „Tools" gar nicht überzeugend
einsetzen.

Hintergrundwissen: Einstellungen und Glaubenssätze

Einstellung und Glaubenssätze sind verinnerlichte Überzeugungen, an die wir
– meist unbewusst – als unumstößliche Wahrheiten glauben. Sie helfen uns,
uns in der Welt zurechtzufinden. Sie geben wieder:

- wie wir die Welt sehen,
- wie wir über uns selbst und andere Personen und Situationen denken,
- woran wir glauben,
- was wir gut oder schlecht finden.

Einstellungen werden innerlich immer in ein Ordnungssystem gefasst, also etwa in gut/schlecht oder nützlich/nicht nutzbar eingeteilt. Eine innere Einstellung kann zum Beispiel sein: „Frauen sind offener im Kontakt." Was im persönlichen Ordnungssystem als gut oder nützlich bewertet wird. Solche Bewertungen ermöglichen eine schnelle Orientierung, vor allem in unbekannten Situationen. Was nicht bedeutet, dass damit die Situation „richtig" eingeschätzt wird. Die Einstellung ist nur die innere Haltung, mit der man an die Situation herangeht.

Welche Einstellungen jemand hat, zeigt sich in seinem Denken, Fühlen und Verhalten. Einstellungen und Glaubenssätze sind beeinflusst durch unsere Erziehung, durch die Umstände, in denen wir gelebt haben und noch leben, sowie durch die Menschen, mit denen wir uns umgaben oder noch umgeben. Da jeder Mensch unterschiedliche Erfahrungen in unterschiedlichen Umfeldern gesammelt hat, bewertet er Menschen und Situationen unter Umständen anders als andere.

Einstellungen können sich auf die Person selbst, auf andere Personen oder auf Situationen beziehen:

- **Auf sich selbst**: „Ich kann das nicht." „Ich bin dafür nicht geeignet." „Ich hasse Akquisition." „Ich bin kein Klinkenputzer."
- **Auf andere Personen**: „Ärzte, Rechtsanwälte und Apotheker sind arrogant und wissen alles besser." „Zu Steuerberatern brauche ich gar nicht erst zu gehen, die wollen eh nicht."
- **Auf die Situation**: „Akquisition funktioniert nicht." „Akquisition bringt eh nichts." „Wenn ich akquiriere, geht mir im Unternehmen ein wichtiges Geschäft verloren."

Natürlich gibt es auch positive innere Einstellungen. Sie bestärken und führen dazu, dass man auch in schwierigen Situationen an seine Ressourcen anknüpfen kann. Das Ziel ist letztlich, negative innere Einstellungen zu kennen und sich bewusst zu machen. Und sie in positive Einstellungen zu verwandeln. Wie das geht, werde ich Ihnen noch erläutern.

Welche Einstellung haben Sie zur Akquisition?

Folgende Fragen können Ihnen dabei helfen, sich Ihre innere Einstellung hinsichtlich Akquisition zu verdeutlichen:

- Welche Gefühle löst Akquisition bei Ihnen aus? Ist es Angst, Frust, Freude, Lust?
- Wie denken Sie über Akquisition? Welche Gedankengänge löst Akquisition bei Ihnen aus?
- Gibt Ihnen Akquisition Energie und bewirkt eine bessere Ausstrahlung und Vitalität? Oder entzieht sie Ihnen Energie, sorgt für Konzentrationsschwäche und Ausstrahlungsverlust?
- Können Sie Sätze formulieren, die Ihre Einstellungen zur Akquisition widerspiegeln?

Die Faktoren Gefühle, Gedanken und Spannkraft/Energie, die in diesen Fragen aufgegriffen werden, sind die drei grundsätzlichen Komponenten, die Leistung beeinflussen.

Ihre Einstellungen beeinflussen Ihre Leistung

Von Ihren Gedanken, Gefühlen und der Energie, mit der Sie an Akquisition herangehen, hängt ab, was Sie nach außen hin ausstrahlen. Und was Sie dann letztlich bewirken.

Solange Sie „gut drauf" sind, können Sie Ihr Verhalten steuern. Unter Umständen handeln Sie dann anders, als es Ihren inneren Einstellungen entspricht. Unter Stress jedoch handeln wir meist unreflektiert gemäß unseren inneren Glaubenssätzen. Haben Sie dann Einstellungen wie „Akquisition bringt nichts" oder „Ich schaffe das eh nicht", entfalten diese plötzlich ihre destruktive Wirkung.

Viele Verkäufer sind sehr erfolgreich bei guten Kunden – sie können alle für den Verkaufserfolg relevanten Faktoren mühelos abrufen und haben Zugang zu ihren Ressourcen. Sie fühlen sich sicher und konzentrieren sich auf das Gespräch und den Gesprächspartner. Werden diese Verkäufer aber mit „unsicheren" Situationen konfrontiert, etwa der Akquisition von Neukunden oder Widerständen bei schwierigen Gesprächspartnern, so sind sie nicht mehr wiederzuerkennen. Sie verlieren den Kontakt zu ihren Ressourcen, ihre Konzentration ist nach innen gerichtet und sie sind mit ihren Ängsten, Fantasien und Befürchtungen beschäftigt. Wahrscheinlich gibt es innere Glaubenssätze wie: „Fremden kann man nicht trauen" oder „Ich schaffe es nicht." Sie zu verdrängen kostet Kraft und Energie, die nicht für den Verkaufsvorgang zur Verfügung stehen. Dass dieser darunter leidet, ist klar.

Meiner Erfahrung nach besuchen beispielsweise die meisten Verkäufer ungern Akademiker, besonders Ärzte, Rechtsanwälte und Apotheker. Die wenigsten haben aber tatsächlich beruflichen Kontakt zu diesen speziellen Zielgruppen. Überwiegend handelt es sich um fantasierte oder von anderen überlieferte Vorurteile. Wenn ich im Coaching nach dem Hintergrund dieser Einstellung fragte, ergab sich bei den meisten, dass sie (bewusst oder unbewusst) diesen Zielgruppen unterstellten, mindestens genauso informiert über ihr Produkt zu sein wie sie selbst. In ihrer Fantasie war ein Doktor der Medizin auch gleichzeitig ein Doktor etwa der Automobilwirtschaft. Aus dieser Einstellung heraus gingen diese Verkäufer, sobald sie mit jemandem in Kontakt kamen, der „irgendwie akademisch" war oder wirkte, in die Unterwürfigkeit. Nach dem Motto: „Wenn ich mich kleiner mache und lieb und nett bin, kann mir nichts passieren." Der Gesprächspartner wünschte sich allerdings einen kompetenten, erwachsenen und auf gleicher Ebene agierenden Verkäufer. Deswegen war er an einem solchen Kontakt nicht interessiert. Die Verkäufer fühlten sich dann nach dem Gespräch in ihren Vorurteilen und Einstellungen bestätigt – obwohl sie das Ergebnis selbst mit ihrer Haltung provoziert hatten. So kamen zu den Fantasien noch reale Erlebnisse dazu, was die negative Einstellung gegenüber dieser Zielgruppe natürlich verstärkte.

Hinterfragen Sie Ihre Einstellungen

Negative Einstellungen verhindern, dass Sie sich positiv mit Ihrem Beruf identifizieren. Sie behindern Sie, Ihren Beruf mit Begeisterung, Engagement und Überzeugung auszuüben. Deshalb ist es wichtig, die eigenen Einstellungen zu hinterfragen und zu überprüfen. Positive Einstellungen zu schaffen und negative zu reduzieren erfordert viel Arbeit und eine Analyse der inneren Abläufe.

Überprüfen Sie Ihre inneren Einstellungen

Vergegenwärtigen Sie sich noch einmal Ihre Einstellungen zur Akquisition.

* Gilt Ihre Einstellung zur Akquisition für die gesamten Abläufe oder bezieht sie sich auf bestimmte Teile der Arbeit (zum Beispiel bestimmte Zielgruppen, Abläufe)?
* Welche Erfahrungen haben Sie gemacht, dass sich diese Einstellungen entwickeln konnten?
* Haben Sie sich möglicherweise Erfahrungen von anderen Autoritätspersonen zu Eigen gemacht und daraus persönliche Einstellungen entwickelt (Chef, einflussreiche Kollegen)?

- Sind diese Erfahrungen in Bezug auf aktuelle Situationen, vor denen Sie in der Akquisition stehen, realistisch oder unrealistisch?
- Üben Personen aus dem beruflichen und privaten Kontext starken Einfluss auf Sie und Ihre Arbeit aus? Übernehmen Sie deren Einstellungen?
- Welche Konsequenzen hat das für Sie und die Qualität Ihrer Arbeit?

Was „brachte" Ihnen Ihre Einstellung?

Sie können noch einen Schritt weiter gehen und sich fragen, was Ihnen Ihre Einstellung „bringt". Sie haben diese Einstellung erworben, weil Sie sie in irgendeiner Form nützlich fanden. Sie hat Ihnen Orientierung gegeben. Oder Ihnen geholfen, den Kontakt mit unangenehmen Gefühlen zu vermeiden. So kann die Einstellung „Akquisition bringt nichts" verhindern, dass man seine Ängste vor der Situation spürt. Aber sie werden auch nie verschwinden, solange die Einstellung bestehen bleibt.

Finden Sie heraus, welche Funktion Ihre Einstellung für Sie früher und heute noch hat. Dann können Sie sie „von den Wurzeln her" leichter verstehen und verändern. Mögliche Funktionen einer Einstellung können sein:

Die Ich-Verteidigungs-Funktion

Jeder Mensch hat ein bestimmtes Bild von sich. Je fester gefügt dieses Bild ist, desto schwieriger ist es, die zugrunde liegenden Einstellungen zu verändern. Greift jemand dieses Bild an, wehrt man sich und hält vehement an seinen Einstellungen fest.

Die ökonomische Funktion

Ihre Einstellungen helfen Ihnen, die Umwelt zu interpretieren, zu ordnen, sich auf sie einzustellen und sich zu orientieren. Somit ordnen Sie Ihre täglichen Erfahrungen und Eindrücke schon bekannten zu. Ansonsten würden Sie vor immer neuen Problemen und schwierigen Entscheidungen stehen.

Die instrumentelle Funktion

Ihre Einstellungen helfen Ihnen, bestimmte Ziele zu erreichen. Etwa das Ziel, von anderen anerkannt und geachtet zu werden. Wofür Sie eventuell auch deren Einstellungen übernehmen. Jeder Mensch hat das Bedürfnis, dass sein Handeln, seine Ziele und seine Einstellungen in Einklang miteinander stehen.

Die expressive Funktion

Seinen Einstellungen im Handeln Ausdruck zu verleihen, sei es durch Aktivitäten, in Gesprächsrunden oder in der Fantasie, hilft, innere Spannungen zu lösen. Einstellungen zu leben betont die Selbstentscheidung und Selbstverwirklichung.

Wie verändern Sie Ihre Einstellungen?

Oft ist es schwierig, alleine seine Einstellungen zu analysieren und zu verändern – dafür sitzen diese gelernten Programme zu tief. Hinzu kommt, dass jeder Mensch, wie eingangs erwähnt, „blinde Flecken" hat. Man sieht nicht, wenn man „auf der eigenen Leitung steht". Gute Ratschläge zur besseren Selbstprogrammierung, diesbezügliche Bücher oder Trainings greifen nur dann, wenn Sie diese Inhalte auf Ihre spezielle Lebenssituation umsetzen und anwenden. Kombinierte Trainings- und Coachingprogramme sind sicher die beste Hilfe. In ihnen erhalten Sie einerseits hilfreichen Input von neutralen und geschulten Dritten, andererseits wird der Transfer dieses Wissens in *Ihre* berufliche Praxis mit all ihren Einflussfaktoren unterstützt. Für die Veränderung Ihrer Einstellungen rate ich Ihnen deshalb, sich professionell von einem Coach oder zumindest von einem Freund oder Partner, dem Sie vertrauen, unterstützen zu lassen. Die folgenden Anregungen können Ihnen dabei helfen, Ihre Einstellungen zur Akquisition zu verändern.

Anregungen zur Änderung Ihrer Einstellungen

1. Identifizieren Sie Einflussfaktoren, die Ihre Einstellungen zur Akquisition negativ beeinflussen. Orientieren Sie sich an Menschen, die positive Einstellungen zur Akquisition haben. Personen, deren negative Einstellungen Sie beeinflussen, sollten Sie entweder meiden, oder mit ihnen ein Gespräch führen, welche Folgen diese negativen Einstellungen für Sie beide und Ihre Akquisitionsleistung haben und was sich daran ändern ließe.

2. Suchen Sie sich positive Vorbilder für Ihre Akquisition. Orientieren Sie sich nicht an Personen, die Akquisition selbst nicht, nicht regelmäßig und nicht professionell betreiben.

3. Konzentrieren Sie sich nicht auf Ihre Ängste, Befürchtungen und Fantasien. Überlegen Sie sich, was Ihnen an der Akquisition Spaß macht und was Sie daran reizt (siehe auch Abschnitt „Angst vor der Akquisition").

4. Überlegen Sie sich, welche Einstellungen Ihrem Akquisitionserfolg förderlich wären.

5. Erstellen Sie eine Liste mit Vorteilen, die die neuen Einstellungen für Sie hätten. Halten Sie sich diese Vorteile regelmäßig vor Augen – Sie werden mit der Zeit eine andere Perspektive gewinnen und viel davon profitieren.

6. Machen Sie sich umgekehrt klar, welche Folgen negative Einstellungen haben: Sie führen zu einer negativen Ausstrahlung und negativen Ergebnissen. Ist es das, was Sie erreichen oder vermeiden wollen?

7. Verknüpfen Sie gewünschte neue Einstellungen mit bewährten vorhandenen Einstellungen. Versuchen Sie nicht komplett, „Altes" durch „Neues" zu ersetzen – Ihr Unterbewusstsein wird sich dagegen wehren.

8. Schaffen Sie sich positive Formulierungen (so genannte Affirmationssätze) oder Symbole und Rituale, um eine Einstellungsänderung herbeizuführen: „Ich bin aktiv und behalte die Initiative." „Ich konzentriere mich ganz auf das Gespräch und den Gesprächspartner." „Ich werde mit Freude und Lust das Gespräch führen." „Ich freue mich auf diese Herausforderung."

9. Achten Sie bewusst auf Informationen, die positive Einstellungen bestätigen. Machen Sie es sich zur Aufgabe, nur auf das Positive zu schauen – statt selektiv alles wahrzunehmen, was Ihre negativen Anschauungen bestätigt.

10. Sagen Sie zu sich selbst „Stopp", wenn wieder negative Gedanken auftauchen (siehe auch Abschnitt „Innerer Dialog").

11. Belohnen Sie sich dafür, wenn Sie in einer Situation merken, dass sich eine ehemals negative Einstellung (zum Beispiel: „Ärzte sind immer sehr kritisch") in eine positive gewandelt hat („Ärzte sind eine tolle Herausforderung und gute Sparringspartner für Akquisition").

Ihre Einstellung zum „Nein" des Kunden

Viele Akquisiteure können sich mit ihrem Beruf schwer identifizieren, weil sie sich darin so oft eine „Abfuhr" einhandeln. Es liegt nun mal in der Natur der Akquisition, dass Sie von Ihren Gesprächspartnern häufiger ein „Nein" als ein „Ja" hören. Die meisten Gesprächspartner sind in ihren bestehenden Geschäftsbeziehungen zufrieden, möchten sich nicht verändern oder planen momentan keinen Kauf. Mit diesen häufigen Ablehnungen können viele Akquisiteure nicht umgehen. Sie sind ein Grund, warum sie diese Situationen scheuen. Ein ganz wesentlicher Faktor in der Akquisition ist deshalb Ihre Einstellung zum „Nein".

Ein „Nein" wird oft als Ablehnung, Herabwürdigung und vor allem als Misserfolg interpretiert. Was aber bei näherer Betrachtung nicht stimmt: Das vorrangige Ziel von Akquisition ist nicht, sofort Aufträge zu bekommen – weil das unrealistisch ist. Vorrangig ist, Beziehungen für die Zukunft aufzubauen und zu pflegen. Dieses Ziel können Sie auch dann erreichen, wenn ein Kunde zunächst „Nein" sagt. Denn jetzt kennt er Sie und Sie können den Kontakt zu ihm jederzeit wieder aufnehmen. Unter Umständen sagt er beim nächsten oder übernächsten Mal „Ja".

Wollen Sie schnelle Geschäftsabschlüsse realisieren, fassen Sie das Ziel von Akquisition viel zu kurzfristig. Bei manchen Kontakten mag das zwar möglich sein, weil dort die Voraussetzungen günstig sind – die Regel ist es sicherlich nicht. Wenn Sie ausbleibende Schnellgeschäfte dramatisieren, überbewerten und mit der damit verbundenen „Ablehnung" nicht klarkommen, bringen Sie sich um die Früchte einer konsequenten, dauerhaften Akquisition. Sie brechen frustriert ab und versäumen es, den Kontakt wieder aufzunehmen. Oder Sie lassen Ihren Ärger und Ihre „Kränkung" in das Gespräch einfließen und beeinflussen den Gesprächspartner dadurch negativ. Das kann einer zukünftigen Wiederaufnahme des Kontakts im Weg stehen.

Erschwerend kommt hinzu, dass Versagensängste immer größer werden, je kürzer die Zeit bemessen ist, in der sich Erfolg einstellen soll. Je weniger Zeit Sie haben, um Erfolge verbuchen zu können, und je häufiger Sie „Nein" hören in der kurzen Zeitspanne, innerhalb der Sie Erfolge vorweisen sollen, desto mehr steigt natürlich die Angst vor einem erneuten Misserfolg.

Beispiel: Ein Akquisiteur für EDV-Systemlösungen bezog in seiner neuen Firma ein auf sechs Monate befristetes Festgehalt, um in dieser Zeit den Markt zu bearbeiten, Kontakte zu knüpfen und Adressen zu qualifizieren. Danach sollte er mit seinem Chef die Ergebnisse besprechen und über eine mögliche Verlängerung des Festgehaltes diskutieren. Er nutzte die Zeit aber nicht intensiv und ließ sich durch andere Arbeiten ablenken. Der Tag X rückte immer näher und er hatte kaum Adressen, Kontakte oder sich anbahnende Geschäfte vorzuweisen. Schließlich bekam er Angst und reihte im Versuch, möglichst schnell noch Kontakte zu machen und Visitenkarten zu sammeln, Besuch an Besuch. Eine professionelle Gebietsarbeit fand natürlich nicht statt, von echten Kontakten konnte keine Rede sein. Entsprechend wenig Erfolge konnte er vorweisen – und entsprechend erhöhte sich seine Angst vor den Gesprächen und dem befürchteten Desinteresse.

Was erleben Sie als Misserfolg?

Es hat viel mit den eigenen Erwartungen zu tun, ob ein Erlebnis als Erfolg oder als Misserfolg bewertet wird, wie ich Ihnen dargestellt habe. Es hat darüber hinaus sehr stark mit den inneren Einstellungen zu tun, wie jemand mit einem Erlebnis, das für ihn ein Misserfolg ist, umgeht. Ist jemand unsicher und hat große Versagensängste, so verunsichern und frustrieren ihn Misserfolgserlebnisse immer mehr. Ist ein Akquisiteur dagegen erfolgsmotiviert und selbstbewusst, so lösen Misserfolgserlebnisse bei ihm eher verstärkte Anstrengungsbereitschaft und gesteigerten Leistungswillen aus. Das zeigt auch Bild 4.

Ist jemand erfolgsmotiviert, so spornen ihn gelegentliche Misserfolge an. Reaktionen wie: „Jetzt erst recht", „Das passiert mir nicht noch einmal", sind typisch. Nur regelmäßige Misserfolge können auch einen selbstsicheren Akquisiteur ins Zweifeln bringen, frustrieren und hemmen.

Ist ein Akquisiteur dagegen unsicher und hat Angst vor dem Scheitern, so zeigt er selbst bei nur gelegentlichen Misserfolgen eine eher skeptische Haltung bezüglich seines Erfolgs. Er erwartet vorsichtshalber gar nichts und kann sich vor lauter Sorge um künftige Probleme über Erfolge gar nicht freuen. Misserfolge dagegen bestätigen ihn sofort in seiner negativen Haltung: „Ich schaffe das nicht, das habe ich doch gleich gesagt", „Akquisition ist nichts für mich", sind dann typische Aussagen. Erleidet ein solcher Akquisiteur regelmäßig Misserfolge, dann wird er sich dauerhaft darauf einstellen, dass er es in der Akquisition zu nichts bringt. Und sie möglichst vermeiden.

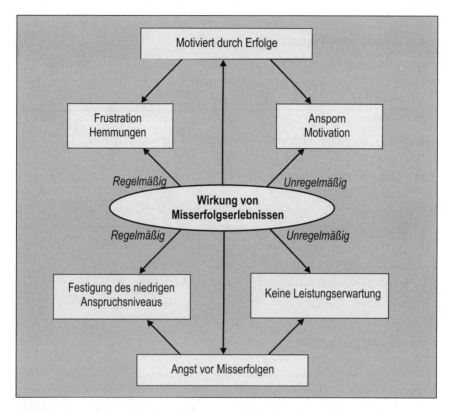

Bild 4   Auswirkungen von Misserfolgserlebnissen

Reflexion: Welche Einstellung haben Sie zu Misserfolgen?

1. Wie reagieren Sie auf Misserfolge: Werden Ihre Anstrengungen dadurch verstärkt oder schrauben Sie Ihre Aktivität eher zurück?
2. Was denken Sie nach einem Misserfolg über Ihre künftige Leistung?
3. Wenn Sie bei der Akquisition mit einem „Nein" des Gesprächspartners konfrontiert werden, werten Sie das grundsätzlich als Misserfolg?
4. Wann ist ein „Nein" ein Misserfolg? In welchen Situationen konnten Sie ein „Nein" auch als Erfolg werten?
5. Sehen Sie sich nach den bisherigen Erkenntnissen eher als jemand, der durch Erfolge motiviert wird, oder als jemand, der durch Misserfolge ängstlich wird?

Was brauchen Sie, um erfolgreich zu sein?

Wie stark ist Ihr Wunsch nach Erfolg? Wie groß Ihre Angst vor Misserfolg? Das Verhältnis zwischen dem Wunsch nach Erfolg und der Angst vor dem Versagen gibt Aufschluss darüber, was Sie brauchen, um erfolgreich zu sein:

1. Haben Sie einen starken Wunsch nach Erfolg und wenig Versagensängste, so sind Sie ein Gewinnertyp.
2. Haben Sie geringe Erfolgswünsche und starke Versagensängste, so benötigen Sie Stimulation und Motivation.
3. Haben Sie starke Erfolgswünsche und starke Versagensängste, so benötigen Sie Unterstützung im Abbau der Versagensängste.
4. Haben Sie geringe Erfolgswünsche und geringe Versagensängste, so können sich zwar mit Unterstützung Verbesserungen einstellen, Sie werden sich aber nicht zur Spitzenkraft entwickeln.

Einstellung zu Fehlern

Was für Ihre Einstellung zu Misserfolgen gilt, gilt auch für Ihre Einstellung zu Fehlern: Verschwenden Sie keine Energie mit Grübeln und Zweifeln, wenn Ihnen Fehler unterlaufen. Es gehört zur persönlichen Weiterentwicklung, Fehler zu machen: Ohne Fehler kein Lernen. Für die eigene Entwicklung braucht jeder Mensch auch das Recht, zeitweise zu versagen, Fehler zu machen oder Misserfolge zu erzielen. Das ist wichtig, um Ansporn zu kriegen, Erfahrungen zu sammeln, sein Handlungsrepertoire zu erweitern und sich weiterzuentwickeln. Wer sich nur auf sicherem Terrain bewegt, wird kaum in seiner Entwicklung voranschreiten. Misserfolge und Fehler tun weh, doch die meisten persönlichen Weiterentwicklungen, seien sie körperlich oder geistig/seelisch, sind mit Schmerzen verbunden.

Fehler sind unvermeidlich – das gilt besonders für die Akquisition. Gerade hier ist die Planbarkeit des Vorgehens sehr begrenzt. Jedes Gespräch und jeder Gesprächspartner ist anders – Fehleinschätzungen und Fehler sind daher zwangsläufig höher als in anderen Berufen mit festen Partnern. Entsprechend sind auch Fehlerursachen sehr unterschiedlich. Daher ist es wichtig, nach Gesprächen deren Gesamtablauf noch einmal zu reflektieren, Fehlerquellen zu analysieren und Lösungsideen zu entwickeln. Dann schaffen Sie es, in einer positiven Haltung zu sich und Ihrem Job zu bleiben und sich mit dem, was Sie tun, zu identifizieren. Grundvoraussetzung dafür ist eine positive Einstellung zu Fehlern und die Akzeptanz, dass Fehler zur Entwicklung dazugehören.

In der Akquisition gibt es unterschiedliche Fehlergruppen (Bild 5). Die abgebildeten Fehlerquellen betreffen sowohl die persönlichen Leistungsvoraussetzungen als auch äußere Einflussfaktoren auf die Akquisition. Bild 5 kann Ihnen dabei helfen, Ihre Fehler einzuordnen und so leichter zu bearbeiten. Oft entstehen nämlich durch die Analyse und Bearbeitung von Fehlerquellen neue Fehler, bis die Prozesse reibungslos verlaufen.

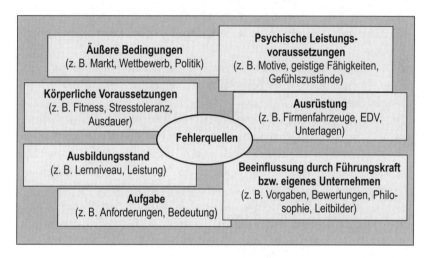

Bild 5   Unterschiedliche Fehlergruppen bei der Akquisition (angelehnt an Hannes Kratzer)

Bezogen auf Ihre Tätigkeit und aufgetretenen Fehler können Sie sich folgende Fragen stellen:
- In welche Gruppe lässt sich Ihr Fehler zuordnen?
- Wo sehen Sie die Ursachen des Fehlers?
- Welche Auswirkungen hatte der Fehler bisher?
- Was wurde bisher getan, um den Fehler abzustellen?
- Hat sich der Fehler danach verändert?
- Wer oder was hat Einfluss darauf, ob eine Abstellung des Fehlers erfolgreich verläuft?
- Welche Kultur hat Ihr Unternehmen im Umgang mit Fehlern?

Reflexion: Ihr Umgang mit Fehlern

1. Akzeptieren Sie die Bedeutung von Fehlern für Ihre eigene Entwicklung.
2. Entwickeln Sie den Mut, Neues auszuprobieren, andere Erfahrungen zu machen, etwas zu verändern – auch auf das Risiko hin, Fehler zu machen. Freude und Lust an der Tätigkeit verringern das Risiko von Fehlern – Stress und Ärger fördern das Risiko.
3. Setzen Sie sich Ziele und Teilziele für die Akquisition. Je überschaubarer die Aufgabe und das Teilziel, desto geringer ist die Wahrscheinlichkeit, dass Ihnen Fehler dabei unterlaufen.
4. Analysieren Sie Ihre Fehler, entwickeln Sie Lösungsideen und setzen Sie diese um. Dadurch entsteht ein kontinuierlicher Entwicklungsprozess.
5. Akzeptieren Sie, dass Fehlerkorrekturen niemals zur vollständigen Beseitigung aufgetretener Fehler führen. Jede Situation und jeder Gesprächspartner ist anders.
6. Prüfen Sie, wie in Ihrem Unternehmen mit Fehlern umgegangen wird und ob das für Sie hilfreich oder belastend ist. Es gibt Unternehmen, die Mitarbeiter bei Fehlern anklagen: „Sie machen das falsch!“ Andere leugnen Fehler: „Wir machen keine Fehler.“ Wieder andere machen Vorschriften in Bezug auf Fehler: „Wir dürfen keine Fehler machen.“ Und es gibt auch Unternehmen, die mit Neugier reagieren: „Ein Fehler? Was können wir daraus lernen?“ (Zur Möglichkeit, das „System“, also etwas im Unternehmen zu verändern, siehe Kapitel „Der Einfluss des Systems“.)

2.4 Herausforderung – Unterforderung – Überforderung

Sie können sich dann mit Ihrer Rolle als Akquisiteur identifizieren, wenn Sie sie als Herausforderung verstehen. Oft wird sie aber aufgrund zu hoher Erwartungen und negativer Einstellungen zur Überforderung – mit allen geschilderten Folgen. Das Gegenteil, die Unterforderung, ist schwerer zu erkennen, hat aber die gleichen demotivierenden Effekte.

Herausforderung ist der Reiz, eine Aufgabe zu lösen, die schwierig, aber lösbar ist. Sie haben dazu eine hohe Motivation, weil Sie an ein positives Ergebnis glauben. Ist jemand unterfordert, verringert sich der Reiz: Die Aufgabe wird als zu leicht und ohne Anstrengung jederzeit beherrschbar angesehen. Das eigene Potenzial wird kaum gefordert, man erlebt wenig Motivation. Bei Überforderung überschreitet eine Aufgabe die persönlichen Möglichkeiten. Es besteht die Chance zu scheitern, zu versagen oder sich zu blamieren – was im Extrem zum psychischen oder physischen Zusammenbruch führt, eher aber zur Vermeidung solcher Situationen. Die Motivation, die Aufgabe zu lösen, ist ebenfalls sehr gering.

Überforderung – Hektik

Lernen und Grenzen erweitern ist sinnvoll – aber es muss mit dem richtigen Maß geschehen. Was allerdings richtig für Sie ist, hängt wiederum von Ihrer individuellen Belastbarkeit ab. Gehen Sie zu stark über Ihre Grenzen, so besteht die Gefahr, dass Sie diffus handeln, Situationen nicht mehr realistisch einschätzen, nicht mehr klar denken können. Sie kommen mit anderen Menschen nicht mehr in den gewohnten Kontakt, sind entweder zu aggressiv, rücksichtslos oder zu distanziert. Auch private Probleme können zu dieser psychischen Überforderung beitragen.

Checkliste: Was tun bei Überforderung?

1. Sie können Ihre Strategie verändern: Etwa, indem Sie die Zielgruppe klarer definieren und eingrenzen.
2. Sie können eine geringere Kontaktfrequenz einführen: also weniger Kunden ansprechen und mit diesen ausführlicher reden.
3. Sie können häufiger zwischen Innen- und Außendienst wechseln: So haben Sie mehr Abwechslung und bearbeiten unterschiedliche Aufgaben.
4. Sie können sich bewusst ablenken durch Sport, Hobbys, mit Ihrer Familie oder Freunden, und so positive Energie tanken.

Häufen sich Situationen, in denen Sie psychisch überfordert sind, so kommt es zu psychischer Ermüdung. Etwa, wenn Sie zu viele Kontakte zu schnell hintereinander machen, ohne zwischendurch für Entspannung oder Erholung zu sorgen. Psychische Ermüdung macht sich unter anderem bemerkbar durch folgende Verhaltensweisen:

- geringe Konzentrationsfähigkeit,
- ständiges Abgelenktsein oder Bereitschaft, sich ablenken zu lassen,
- schneller Rückzug aus dem Akquisitionsgespräch,
- häufige Fehler in der Gesprächsführung,
- Unlust, Neukontakte zu machen, bis Gleichgültigkeit, Passivität,
- fehlende Frische, schwache Auftritte,
- höhere Aggressivität, Streitlust,
- Ausflüchte wie „schlechtes Produkt", „fehlende Unterstützung anderer".

Unterforderung – Monotonie

Das ewig gleiche Einerlei ist auf die Dauer genauso anstrengend wie Dauerstress. Wenn Sie immer den gleichen Ablauf, dieselben Gesprächseinstiege, dieselben Fragen und Interventionen wählen, dann stumpfen Sie ab. Sie haben keine Lust mehr, und dementsprechend verlieren Sie an Ausstrahlung.

Die extreme Steigerung der genannten Einflussfaktoren führt zur psychischen Sättigung. Vor allem, wenn zusätzlich Erfolgserlebnisse ausbleiben oder keine Leistungsfortschritte zu erkennen sind. Die Folge ist die so genannte Sinnkrise, die Frage, warum man das alles überhaupt tun soll, im Anschluss daran meist „Dienst nach Vorschrift" ohne jegliche Ausstrahlung und Engagement. Hier gilt es, die Spannung wieder zu erhöhen, für Abwechslung zu sorgen und die Aufgabe wieder stärker zu einer Herausforderung werden zu lassen. Meist ist man bei Unterforderung in einem bestimmten Schema gefangen. Daraus muss der Ausstieg gefunden werden, um wieder an Flexibilität zu gewinnen.

Checkliste: Was tun bei Unterforderung?

1. Woran liegt es, dass Sie unterfordert sind? Ist es die Tätigkeit an sich? Sind es Vorgaben Ihres Unternehmens oder Rahmenbedingungen, die die Unterforderung auslösen? Was fehlt Ihnen? Was möchten Sie gerne tun?
2. Probieren Sie Neues aus, variieren Sie Fragen und Gesprächseinstiege und erhöhen Sie Ihr Repertoire an hilfreichen Redewendungen.
3. Setzen Sie sich neue oder andere Ziele und Reize.
4. Suchen Sie größere Herausforderungen bei der Akquisition. Besuchen Sie größere Unternehmen oder schwierigere Zielgruppen.
5. Sprechen Sie mit Ihrem Chef. Analysieren Sie gemeinsam den Grund und Grad Ihrer Unterforderung. Suchen Sie gemeinsam nach neuen oder anderen Herausforderungen beziehungsweise Problemlösungen.

Aktionsplan: Ihre Identifikation mit Ihrer Rolle des Akquisiteurs

Um herauszufinden, wie Sie zum Beruf des Akquisiteurs stehen, empfehle ich Ihnen die Beantwortung der folgenden Fragen:

▶ Wie denken Sie über den Beruf des Akquisiteurs?

▶ Gefällt er Ihnen so, wie er ist?

▶ Was gefällt Ihnen gut, was fehlt Ihnen?

▶ Was sind die Vor- und Nachteile dieses Berufs?

▶ Wie sehr stehen Sie hinter dem, was Sie dort tun/tun müssen?

▶ Tun Sie das wirklich gern und überzeugt und aus freien Stücken oder „müssen" Sie das tun (zum Beispiel vom Chef gefordert, angeordnet)?

▶ Was versprechen Sie sich von diesem Beruf?

▶ Was tun Sie zusätzlich, um **noch besser** zu werden?

▶ Wie viel Energie gibt Ihnen die Tätigkeit, wie viel nimmt sie Ihnen?

Überlegen Sie sich, wie Ihre persönliche Akquisitionsphilosophie aussehen soll. Zum Beispiel:

▶ offensiv – Sie suchen aktiv den persönlichen Kontakt zu anderen;

▶ defensiv – Sie setzen Impulse durch Werbung, Mailing, Internet o Ä. und überlassen die Initiative dem potenziellen Kunden;

▶ bypassing – Sie nehmen Kontakt auf über Umwege wie Werbung, Aktionen, Preisausschreiben o. Ä.;

▶ Mal-zu-Mal-Akquisition – Sie werden sporadisch aktiv;

▶ kontinuierliche systematische Akquisition unter Nutzung aller Akquisitionsmöglichkeiten;

▶ spezialisierte beziehungsweise Nischenakquisition – Sie suchen sich bestimmte Zielgruppen/Branchen oder Großkunden, Key accounts o. Ä.;

▶ flächendeckende Akquisition – Sie beziehen in Ihre Akquisition alle ein, die in Ihrem Marktverantwortungsgebiet liegen.

3 Mut zur Akquisition

3.1 Barriere Angst

Um Akquisition zu betreiben, brauchen Sie eine gute Portion Mut. Denn Sie müssen fremde Menschen ansprechen und sie für etwas einnehmen, an dem Sie gar kein Interesse geäußert haben. Sie riskieren, abgelehnt zu werden. Viele Akquisiteure scheuen systematische Akquisition, weil sie Angst haben. Das würden allerdings die wenigsten zugeben. Oder so nennen.

Denn über Angst spricht man nicht. Statt sich oder anderen gegenüber Ängste einzugestehen, werden lieber Ausflüchte gesucht wie mangelnde Zeit, andere Dinge sind wichtiger oder Ähnliches. Diese Ausflüchte müssen nicht unbedingt bewusst sein – viele Akquisiteure sind sich ihrer Angst nicht bewusst und glauben tatsächlich, es liege an ihrer Überlastung oder anderen Gründen, dass sie für bestimmte Anrufe oder Besuche einfach keine Zeit finden. Andere behaupten kühn, vor nichts und niemandem Angst zu haben, um erst gar keine Diskussion über dieses Thema aufkommen zu lassen.

Angst ist ein Tabuthema. Deshalb wollen oder können auch viele Vorgesetzte nicht verstehen, dass ihre Mitarbeiter Angst vor der Akquisition haben. Manche Führungskräfte teilen dies auch deutlich mit. Weshalb Akquisiteure, da sie nun mal Angst verspüren, das Gefühl bekommen, nicht „richtig" zu sein und „aus Angst" vor Repressalien oder Gesichtsverlust über ihre Ängste schweigen.

Die meisten Akquisiteure, die ich coache, geben im vertraulichen Gespräch jedoch zu, dass es Situationen gibt, in denen sie Angst haben. Sie nennen es oft anders, sprechen von Befürchtungen, Sorgen, Kopfzerbrechen, unguten Gefühlen – letztlich empfinden sie Angst. Das heißt, sie haben unangenehme Gefühle, begleitet von körperlichen Reaktionen, die bewirken, dass die Betreffenden nicht souverän, überlegt, kontrolliert und mit vollem Zugang zu ihren Ressourcen handeln können.

Gründe genug gibt es in der Akquisition, um Angst zu haben:

- Angst vor Ablehnung durch den Gesprächspartner: Angst vor Absagen, verbalen Angriffen, Bloßstellungen, Beleidigungen, Abwertungen, Angst, mit bestimmten schwierigen Charakteren nicht zurecht zu kommen (Nörglern).
- Angst davor, nicht kompetent genug zu sein: Angst vor bestimmten Zielgruppen (Akademikern, Einkäufern, Sekretärinnen), vor Hierarchiestufen (Geschäftsführer), vor großen Firmen, vor mehreren Gesprächspartnern.
- Angst vor Rufschädigung und Blamage, sollte das Gespräch kein Erfolg werden.
- Angst, im Gespräch plötzlich zu versagen: hilflos, ohnmächtig und handlungsunfähig zu sein. Plötzlich nicht mehr zu wissen, wie man mit dem Gesprächspartner oder der Situation umgehen soll.
- Angst, als Akquisiteur nicht ernst genommen zu werden.

Viele Ängste in der Akquisition sind, von außen gesehen, unbegründet. Die Bedrohung ist tatsächlich gar nicht gegeben. Eine weit verbreitete unrealistische Angst ist etwa die vor den Konsequenzen eines schlecht verlaufenden Gesprächs. Meist, bevor selbiges überhaupt geführt wurde.

Ein Akquisiteur eines IT-Unternehmens gab im Coaching zu, enorme Angst davor zu haben, dass ein Arzt, den er im Rahmen einer Kaltakquisition besuchen sollte, ihn im Wartezimmer der Arztpraxis vor den versammelten wartenden Patienten und Arzthelferinnen anschnauzen würde: Was er sich denn erlaube, unangemeldet in die Praxis zu kommen usw. Erlebt hatte er eine solche Situation noch nie.

Egal, ob Ängste berechtigt oder unbegründet sind – wichtig ist, sie nicht unter den Tisch zu kehren. Tun Sie das, „rächen" sich die Ängste: Das merken Sie an Schweißausbrüchen oder plötzlichen Blackouts. Oder daran, dass Sie sich nicht auf Ihre Aufgaben konzentrieren können, weil Ihnen die wildesten Fantasien durch den Kopf jagen. Bestenfalls bleiben Sie erfolglos, weil sie angstbesetzte Situationen meiden.

Davor können Sie sich schützen: indem Sie sich selbst zugeben, dass es Situationen oder Personen gibt, die bei Ihnen unangenehme Gefühle, Befürchtungen, Zweifel, Sorgen – eben Angst auslösen.

Die positive Seite der Angst

Angst wird meistens als etwas Negatives angesehen. Das ist sie aber nicht. Angst ist ein Signal für Gefahr. Wenn Sie Angst haben, dann aufgrund Ihrer Erfahrung, dass in ähnlichen Situationen einmal eine Gefahr gedroht hat.

- Sie haben in der Vergangenheit erlebt, dass Situationen bedrohlich für Ihre Psyche waren: Sie wurden ausgelacht, nicht ernst genommen, beschimpft. Jetzt vermeiden Sie bewusst oder unbewusst ähnliche Situationen – auch wenn Sie die ursprüngliche Situation vielleicht längst „vergessen" haben.
- Andere Menschen haben Ihnen von unangenehmen Situationen erzählt. Etwa ein Kollege, der von einer Sekretärin am Telefon unsanft abgefertigt wurde. Jetzt befürchten Sie, dass Ihnen Gleiches passiert, kaum haben Sie eine Sekretärin am anderen Ende der Leitung.
- Sie haben miterlebt (oder vielleicht auch nur in der Zeitung gelesen), wie ein Bekannter seine Stellung verlor, seine Kreditraten nicht mehr bezahlen konnte, sein Haus verkaufen musste, die Ehe zerbrach ... Und jetzt trauen Sie sich nicht mehr, im Job irgendwelche Forderungen zu stellen, aus Angst, Ihnen könnte das Gleiche passieren.

Reflexion: Was hat Ihnen bisher Angst gemacht?

Es gibt viele Situationen, die Angst erzeugen können: Unfälle, Krankheiten, Konflikte, Trennungen. Sie haben sie selbst erlebt, bei anderen beobachtet oder von ihnen gehört oder gelesen. Überlegen Sie, welche Situationen (eigene oder fremde) Sie in der Vergangenheit so nachhaltig beeindruckten, dass Sie heute noch unangenehme Gefühle damit verbinden:

1. Gab es Situationen, in denen Sie/andere zurückgewiesen oder als inkompetent abgewertet wurden?
2. Gab es Situationen, denen Sie/andere sich nicht gewachsen fühlten: Prüfungen, Beförderungen, Wettkämpfe?
3. Gabe es Misserfolge, die Sie/andere erlitten haben?

Ein Akquisiteur aus der Immobilienbranche hatte Angst vor Zielgruppen, die einen akademischen Titel trugen. Er befürchtete, dass sie ihn aufgrund ihrer Bildung schlecht aussehen lassen, ihm seine „Unfähigkeit" und „Dummheit" vor Augen führen und ihn deshalb nicht ernst nehmen würden. Bei Nachfragen im Coaching stellte sich heraus, dass er in der Schule und in seiner Ausbildung solche Situationen erlebt hatte: Andere hatten sich auf seine Kosten amüsiert, wenn er Fragen nicht beantworten konnte oder Dinge nicht kannte. Diese Kränkung saß so tief, dass er bei jedem, den er für „geistig überlegen" hielt, befürchtete, die gleiche Erfahrung zu machen.

Fragen Sie sich dann: Wie sind Sie/die anderen mit diesen Situationen umgegangen? Oft übernehmen wir nämlich nicht nur die Ängste anderer Leute, sondern auch deren Reaktionsweisen darauf. Ganz sicher werden wir von unseren Eltern darin beeinflusst. Aber auch Verwandte, Freunde, Lehrer, Führungskräfte können uns stark beeinflussen.

Wie gehen Akquisiteure mit ihren Ängsten um?

Meiner Erfahrung nach gibt es bestimmte typische Arten, wie Akquisiteure mit ihren Ängsten umgehen. Überprüfen Sie einmal, ob Sie sich in einem der beschriebenen „Typen" wiedererkennen können:

1. Der „Held": Er hat vor nichts und niemandem Angst. Er hat auch kein Verständnis für Menschen, die überhaupt Angst haben. Angst gibt es nicht – die redet man sich nur selbst ein.
2. Der „Schwarzseher": Er sieht überall Gefahren und erwartet immer das Schlimmste. Seiner Meinung nach steht dieses auch unmittelbar bevor. Er übertreibt in Bezug auf die Folgen, die das Ereignis für ihn hat.
3. Der „Vermeider": Er meidet die angstbesetzte Situation von vornherein. Er weicht aus, um mit der Angst nicht in Berührung kommen zu müssen.
4. Der „Willige": Er will sich ja der Situation stellen, doch dafür braucht er noch sehr viel Know-how und Hilfe. Diese Unterstützung geht nie weit genug. Er fühlt sich nie so sicher, dass er sich der Situation stellen könnte.
5. Der „Fantast": Er hat selbst keine eigenen Erfahrungen gemacht. Er fantasiert nur darüber, wie schlimm es „da draußen" ist und welche Schwierigkeiten auftauchen können. Oft greift er bei seiner Begründung auch auf scheinbare Erfahrungen anderer zurück, die seine Behauptungen unterlegen.

6. **Der „Ehrliche":** Er gibt offen zu, Angst vor der Situation zu haben. Er will gerne dieses Problem lösen, braucht dafür allerdings Unterstützung.
7. **Der „Angstbeißer":** Er hat Angst, teilweise sogar sehr große. Der möchte er sich nicht stellen oder gar nach außen hin zugeben, überhaupt Angst zu haben. Deshalb verteidigt er sich vehement, um die angstbesetzte Situation nicht in Angriff nehmen zu müssen. Diese Verteidigung ist oft durch lautes, aggressives Auftreten bestimmt (Dackelmentalität). Meist macht er andere Menschen oder Ursachen dafür verantwortlich, dass er seine Aufgabe nicht erfüllen kann.

Hintergrundwissen: Ursachen von Angst

Die meisten unangenehmen Situationen können wir gut verarbeiten. Ängste entstehen dann, wenn Ereignisse als bedrohlich, unmittelbar bevorstehend, wahrscheinlich und mit schlimmen Folgen eingeschätzt werden. Gleichzeitig unterschätzt man seine Fähigkeiten, mit der Situation umzugehen.

Nach Kurt Teppenwein gibt es vier Arten von Angst:

- Angst aufgrund einer realen Gefahr/schwierigen Situation, die Sie erkennen und verstehen: Ein Akquisiteur fürchtet beispielsweise ein Gespräch, das er allein mit vier Vertretern eines Unternehmens führen soll.
- Angst aufgrund von Gefahrensignalen, die Sie (noch) nicht verstehen: Die Sekretärin bittet Sie mit mitleidigem Blick, in das Zimmer des Geschäftsführers zu treten.
- Angst aufgrund von Signalen, die Sie nicht bewusst wahrnehmen: Sie spüren vor einem Gespräch Unbehagen, das Sie sich nicht erklären können. Ihre Intuition warnt Sie vor etwas, was Sie noch nicht erkennen können.
- Angst aufgrund von Vorstellungen, Fantasien, Erwartungen oder unrealistischen Annahmen: Sie stellen sich vor, wie Ihr Gesprächspartner Sie kurzerhand mit verletzenden Bemerkungen hinausschmeißen wird.

Gruselfantasien trüben den Blick auf die Realität

Erfahrungsgemäß binden Ängste stark die Energie. Dies führt oft dazu, dass Sie sich zu richtigen „Gruselfantasien" entwickeln. Man entwickelt schreckliche Vorstellungen darüber, was bei der Akquisition Schlimmes passieren, was alles schief gehen kann – obwohl dies in der Realität so gut wie nie vorkommt. So kenne ich beispielsweise Akquisiteure, die erwarten, dass sie von ihren Gesprächspartnern erniedrigt oder eiskalt vor die Tür gesetzt werden. Das malen sie sich sehr lebhaft aus. Um dieser schlimmen „Erfahrung" aus dem Weg zu gehen, versuchen sie, sich im eigenen Unternehmen hinter anderen Aufgaben zu verschanzen.

Die Folge solcher Angstfantasien ist meist selektive Wahrnehmung: Man nimmt nur noch das wahr, was die eigenen Vorurteile und negativen Fantasien bestätigt und blendet andere positive Eindrücke und Beobachtungen aus. Das führt zur sich selbst erfüllenden Prophezeiung: Es tritt ein, was man vorher befürchtet hat, ausgelöst aber nicht durch äußere Umstände, sondern durch einen selbst.

Angst und Lust sind eng verwandt

Oft wünscht man sich das am meisten, wovor man sich am stärksten fürchtet. Angst und Lust sind enge Verwandte.

Misserfolge machen „froh"

So erstaunlich es klingen mag: Manchmal wünschen sich Menschen geradezu zu scheitern. Misserfolge können (unbewusst) Vorteile haben: Man wird bedauert, ist ein armes Opfer, und wird von anderen akzeptiert (weil man keine Bedrohung für sie darstellt). Scheitern ist auch eine Art, mit Menschen in Kontakt zu kommen.

> Ein junger Akquisiteur aus einer EDV-Firma wurde in einem Unternehmen angestellt, in dem bisher wenig Akquisition betrieben wurde. Er wurde von Anfang an von seinen neuen Kollegen bemitleidet, dass er jeden Tag auf fremde Menschen zugehen müsse, die sowieso nichts kaufen wollten. Er war ob seiner neuen Aufgabe sowieso schon unsicher, und diese Reaktion der Kollegen bestätigte ihn in seinen Zweifeln. Jedes Mal, wenn er nach einem Akquisitionsgespräch wieder ins Unternehmen zurückkehrte, fragten ihn seine Kollegen scheinbar besorgt und interessiert, wie schlimm es ihm heute wieder ergangen sei. Je weniger Erfolge er hatte, desto intensiver (und angenehmer) wurde der Kontakt zu den Kollegen. Konnte er dagegen an einem Tag einmal Erfolge vorweisen, dann zeigten die Kollegen wenig Interesse. Mit der Zeit ertappte sich der Akquisiteur bei Gedanken wie: „Okay, der Tag war schlecht, doch jetzt fahre ich Gott sei Dank ins Büro und werde wieder aufgerichtet." Auf Nachfragen im Coaching stellte sich sogar heraus, dass ihm der soziale Gewinn (Aufmerksamkeit der Kollegen bei Misserfolgen) wichtiger wurde als der Erfolg in der Akquisition.

Wenn Sie den Verdacht haben, dass Sie sich heimlich Misserfolge wünschen, dann fragen Sie sich:

- Welchen Vorteil hätte es für Sie, wenn Ihre Befürchtungen eintreten?
- Wie würde Ihr Umfeld reagieren? Wem würden Sie unter Umständen mit Ihrem Scheitern einen „Gefallen" tun?
- Was wünschen Sie sich tatsächlich von anderen? Welche anderen Wege gäbe es, dies zu bekommen?

Angst vor der eigenen Lust

Es gibt Menschen, die haben Angst davor, Spaß zu haben, mit Lust zu arbeiten, etwas Neues auszuprobieren, überhaupt das Leben zu genießen. Das, worauf Sie eigentlich Lust haben, ängstigt sie am meisten, weil sie es nicht dürfen. Meistens deshalb, weil sie früher die Botschaft empfingen, dass Spaß an der Arbeit verboten war oder sie physische oder psychische Strafen empfingen, wenn Sie das taten, worauf sie wirklich Lust hatten.

> Akquisiteure können in der Regel ihre Zeit im Außendienst bis auf bestimmte Rahmenbedingungen frei gestalten. Auch die längeren oder kürzeren Pausen, sei es das Mittagessen oder der Genuss eines Espresso zwischendurch – vor allem dann, wenn die Vorgaben (Besuchsanzahl, geplante Tour) erfüllt sind. Diese kurzen Pausen dienen der Regeneration, der Reflexion und der Steigerung der Lust auf die nächsten Kontakte. Viele Akquisiteure gönnen sich solche Pausen aber nicht und klotzen Besuch an Besuch. Dabei quälen sie sich ab, da es sie sehr viel Energie kostet, die Konzentration aufrechtzuerhalten. Aber Arbeit darf auch nicht wirklich Spaß machen, so denken sie, und deshalb ist es in ihren Augen verboten oder verpönt, sich zwischendurch auszuruhen. Obwohl sie es allzu gern tun würden. Ich kenne ausgezeichnete Akquisiteure, die weitaus weniger Arbeitszeit haben als ihre Kollegen – aber viel mehr Umsatz machen. Nicht zuletzt, weil sie rechtzeitig für ihren Ausgleich und Pausen sorgen.

Wenn Sie den Verdacht haben, dass Sie keinen Spaß an Ihrer Arbeit haben „dürfen", dann fragen Sie sich:

- Wer ist es, der Ihnen verboten hat, Spaß an der Arbeit und am Leben zu haben?
- Was ist Ihre Befürchtung, wenn Sie Lust und Spaß zulassen?
- Wenn es nur nach Ihnen ginge, was würden Sie am liebsten tun? Was würden Sie gerne anders machen?

Aktionsplan: Wie können Sie professionell mit Ängsten in der Akquisition umgehen?

Wenn Sie Ihre Ängste überwinden wollen, dann bearbeiten Sie sie: Finden Sie die Ursachen heraus und lernen Sie, mit ihnen professionell umzugehen.

Im Folgenden biete ich Ihnen Anregungen, Ideen und Fragestellungen an, mit denen ich im Coaching mit Akquisiteuren an deren Ängsten und Befürchtungen arbeite. Damit können Sie den professionellen Umgang mit Ängsten in der Akquisition üben.

Natürlich geht das nicht über Nacht. Geben Sie sich Zeit dafür.

Voraussetzungen für die Arbeit an Ihren Ängsten

▶ **„Ja" zu Veränderungen**: Um Ängste in der Akquisition zu bearbeiten, brauchen Sie die Bereitschaft zur Veränderung Ihres bisherigen Verhaltens. Das bedeutet kein komplettes Umkrempeln all dessen, was Sie bisher gemacht haben. Aber die Bereitschaft, neue Verhaltensweisen in Ihr bisheriges Repertoire zu integrieren.

▶ **Akzeptanz von Leistungskurven**: Bei der Umsetzung neuer Verhaltensweisen gibt es erfahrungsgemäß Rückschläge, Irritationen und innere Widerstände. Manchmal leidet darunter die Leistung, häufiger stagniert sie ganz einfach. Fortschritte sind nicht immer sofort zu erkennen. Es gilt trotzdem durchzuhalten. Wie beim Training im Sport: Auch hier stagnieren die Leistungen häufig nach den ersten schnellen Trainingserfolgen. Später steigen sie wieder sprunghaft an. Es ist daher wichtig, Leistungskurven zu akzeptieren und nicht umgehend Erfolge zu erwarten.

▶ **Lösungen finden, nicht Schuldige**: Es geht nicht darum, die für unsere Angst Verantwortlichen zur Rechenschaft zu ziehen. Ihre Vergangenheit, die Ursachen und Verursacher Ihrer Ängste sind nur insofern wichtig, als darin Lösungen lauern. Es geht um die Zukunft und um Lösungen, nicht um die Vergangenheit.

3.2 Drei Schritte zum Angstabbau

1. Schritt: Wahrnehmung

Der erste Schritt, um Ängste abzubauen, ist, sie wahrzunehmen. Ängste machen sich sowohl im Denken als auch im Fühlen und Verhalten bemerkbar. Meiner Beobachtung nach werden Ängste besonders häufig so ausgedrückt:

- **Denken:** Erinnerungen an Bilder oder Aussagen früherer Situationen schießen einem durch den Kopf. Im Selbstgespräch werten Sie sich ab („Das schaffst du nie!" „Bestimmt hält der mich für bescheuert!") (siehe auch Abschnitt „Innerer Dialog"). Negative Fantasien über die Situation verhindern, dass man sich mit dem Hier und Jetzt auseinander setzt.
- **Fühlen:** Gesichtsblässe, „rot" werden, Flecken im Gesicht, Hals oder Nacken, Magenbeschwerden, Zittern, Atemnot, schneller Puls, Schweißausbruch, wackelige Knie, Stimme wird gepresst, sehr hoch oder versagt ganz, die Augen tränen oder brennen, unkoordinierte Bewegungen.
- **Verhalten:** Aggressive Gesprächsführung, herausfordernde Statements, Ironie, Zynismus, viel und schnell reden, Vermeidung, schneller Rückzug aus Gesprächen, Zögerlichkeit, Unkonzentriertheit, fahrige Argumente, Rechtfertigungen, Entschuldigungen, Anspannung, Unterwürfigkeit.

Reflexion: Hören Sie auf sich

Versuchen Sie während Ihrer Arbeit, insbesondere in schwierigen Situationen, wahrzunehmen, was in Ihnen vorgeht. Hören Sie die Signale, die Ihnen Ihr Körper sendet. Beobachten Sie, welches Verhalten Sie an den Tag legen, wenn Situationen „brenzlig" werden. So kommen Sie jenen auf die Spur, die Ihnen Angst bereiten – wenn Sie sie nicht eh schon längst kennen.

2. Schritt: Analyse

Schauen Sie sich Ihre Ängste genauer an, um deren Ursachen zu erkennen.

1. Was befürchten Sie eigentlich in der Akquisition?

Notieren Sie sich all Ihre Befürchtungen und Fantasien, die Sie bewegen, wenn Sie zu einem potenziellen Kunden gehen oder ihn anrufen sollen. Die folgenden Fragen können Ihnen dabei helfen:

- Gibt es bestimmte Zielgruppen, Gesprächspartner, Hierarchiestufen, die Ihnen unangenehm sind?
- Sind es eigene oder fremde Erwartungen, die Ihnen Druck machen?
- Vor was haben Sie konkret Angst? Beziehen sich Ihre Ängste auf die Tätigkeit an sich? Oder eher auf die Folgen und Repressalien anderer Personen?
- Beziehen sich Ihre Ängste auf Situationen oder auf Menschen?
- Haben Sie das, was Sie befürchten, tatsächlich selbst erlebt? Oder haben andere Ihnen davon erzählt und Sie haben dazu Fantasien entwickelt?

2. Sortieren Sie jetzt diese Ängste nach Ihrer Bedeutung für Sie

- Welche rauben Ihnen am meisten Energie?
- Welche Ängste bringen zusätzliche Ängste mit sich (siehe Angst-Angst-Konflikt im Kasten)?
- Welche Bedeutung haben die Ängste für Sie? Sortieren Sie sie auf einer Skala von 1 (geringe Bedeutung) bis 10 (große Bedeutung).

Angst-Angst-Konflikte

Angst-Angst-Konflikte sind eine Zwickmühle: Egal, was Sie tun – Sie stehen einer Situation gegenüber, die Ihnen Angst macht. Die Akquisition trauen Sie sich nicht anzupacken. Aber ebenso befürchten Sie die Folgen, wenn Sie sie unterlassen. Meist führt das dazu, dass man zwar Akquisition betreibt, um den unangenehmen Folgen zu entgehen. Aber Ausstrahlung, Wahrnehmung und Präsenz im Gespräch sind aufgrund der Angst eingeschränkt, was die Leistung beeinträchtigt, so dass die befürchteten Folgen tatsächlich eintreten – so oder so. Schließlich haben Sie Angst vor Ihrer Angst – davor, dass diese Sie in entscheidenden Situationen lähmt und Ihren Erfolg verhindert. Die Ängste überlagern sich. Gelöst werden kann das Ganze aber nur, wenn die zugrunde liegende Angst vor der Akquisition überwunden wird.

3. Beschreiben Sie die Angst machende Situation möglichst konkret

Lassen Sie eine typische Situation, die Ihnen Angst macht, vor Ihrem geistigen Auge passieren:

- Was denken Sie in einer solchen Situation über sich, die anderen und die Welt im Allgemeinen?
- Was fühlen Sie?
- Welche körperlichen Symptome nehmen Sie wahr?
- Wie verhalten Sie sich in dieser Situation?

4. Prüfen Sie die Einflussfaktoren

- Wer in Ihrem beruflichen und privaten Umfeld schürt Ihre Ängste?
- Wer bestärkt Sie in positivem Sinn und versucht, Ihnen Ihre Ängste zu nehmen?
- Wer nimmt in welcher Weise Einfluss auf Ihre Akquisition (ermuntert, rät ab, gibt Rat)?

In einem Akquisitionstraining entwickelte eine selbständige Beraterin für sich stimmige Akquisitionsstrategien, die sie voller Energie und mit viel Lust ausprobieren wollte. Sie verließ am Ende des ersten Tages das Seminar in bester Stimmung, um sich am Abend mit ihrer besten Freundin zu treffen.

Am anderen Morgen kam sie traurig und in sich gekehrt in den Seminarraum. Ich fragte sie, was passiert sei und was ihre Stimmung so bedrücke. Sie antwortete, dass es „sehr heilsam" gewesen sei, sich mit ihrer Freundin zu treffen. Die habe sie wieder auf den Boden zurückgeholt. Sie habe ihr geraten, doch lieber so weiterzumachen wie bisher. Die neuen Ideen seien nichts für sie.

Die Freundin hatte ganze Arbeit geleistet: Von der positiven Aufbruchsstimmung war nichts mehr zu spüren. Die Beraterin strahlte Mutlosigkeit und Verunsicherung aus. Ich wand lakonisch ein, dass wir ja dafür Freunde haben, dass sie versuchen, die Unterschiede nicht zu groß werden zu lassen und Veränderungen im eigenen Umfeld zu verhindern. Das gab ihr zu denken.

Oft stehen die Angst der anderen vor Veränderungen, aber auch unbewusster Neid und Konkurrenzdenken hinter solchen „Ratschlägen". Deshalb ist es wichtig zu prüfen, wer welchen Einfluss auf einen ausübt und welche Motive diese Person bewegen könnten.

5. Was haben Sie bisher getan?

Wie sind Sie bisher in Angst machenden Situationen vorgegangen? Ehe Sie Ihre Strategien ändern können, brauchen Sie Klarheit darüber, was Sie bisher gemacht haben. Die folgenden Fragen können Ihnen dabei helfen, Ihre bisherigen Strategien kritisch zu hinterfragen:

- Haben Sie die Herausforderung angenommen und sich der Situation trotz Ihrer Befürchtungen gestellt?
- Was haben Sie ausprobiert, um mit Ihren Befürchtungen besser umzugehen? Was hat das bewirkt?
- Haben Sie nur die guten Kunden besucht und die schwierigen ausgelassen, beziehungsweise den Besuch bei diesen immer wieder verschoben?
- Haben Sie die Akquisition gemieden und sich auf andere Aufgaben konzentriert? Haben Sie andere dafür verantwortlich gemacht, dass Sie es nicht ausprobieren (den Markt, den Wettbewerb, die eigene Firma oder Abteilung, die eigenen Produkte/Dienstleistungen, den Gesprächspartner)?
- Sind Sie der Einzige, der Akquisition vermeidet oder haben Sie Verbündete?
- Haben Sie professionelle Unterstützung durch Training oder Coaching in Anspruch genommen?
- Haben Sie Akquisition schon insgesamt in Frage gestellt? Wer seine Angst nicht überwindet, stellt sich erfahrungsgemäß relativ schnell die Sinnfrage. Sie ist deshalb ein guter Indikator für schlummernde Ängste.

3. Schritt: Lösungswege

Wenn Sie die Fragen beantwortet haben, werden Sie besser verstehen, welche Hintergründe Ihre Befürchtungen haben. Jetzt ist es an der Zeit, nach Lösungen zu forschen. Ich möchte Sie vor allem dazu ermutigen, einen anderen Blickwinkel zu gewinnen, aus dem sich automatisch ein anderes Verhalten ergeben wird.

1. Wie realistisch sind Ihre Befürchtungen?

Hier geht es noch einmal um die Unterschiede zwischen tatsächlich Erlebtem (realistische Angst) und den Fantasien und Vorstellungen im Kopf, die Sie in der Realität nie erlebt haben.

- Welche Ängste gründen auf realen persönlichen Erlebnissen?
- Aus welchen Gründen beziehen Sie das, was andere negativ erlebt haben, auf sich? Wieso sollten Sie – ein anderer Mensch in einer anderen Situation – davor Angst haben?
- Wie wahrscheinlich ist, dass das, was Sie befürchten, tatsächlich eintritt? Wenn Sie 100 Akquisitionsgespräche führen würden, wie oft würde es eintreten?
- Welche Konsequenzen würden eintreten, wenn das Befürchtete Wirklichkeit werden würde? Auch hier: Wie wahrscheinlich ist es, dass diese Konsequenzen tatsächlich eintreten? Welche Anhaltspunkte haben Sie dafür?

2. Welche Chancen ergeben sich für Sie?

Wer Befürchtungen hegt, bindet seine Energie an negative Vorstellungsbilder. Man denkt nur an all das, was schief gehen könnte. Aber keine Situation ist nur schlecht. Die Chancen und Vorteile, die sie ebenso bietet, werden über all den Befürchtungen nur oft vergessen. Deshalb ist hilfreich, wenn Sie sich statt auf die zu befürchtende Situation samt ihren Folgen auf deren Möglichkeiten konzentrieren. Sie können die Chancen mit den Risiken vergleichen und erkennen, was Ihr Gewinn wäre, wenn alles gut geht. Was dazu motiviert, eine unangenehme Situation nicht zu meiden, sondern aktiv anzugehen.

- Was sind die Vorteile, wenn Sie ein Akquisitionsgespräch führen, vor dem es Ihnen „graut"? Welche Chancen bietet Ihnen ein solches Gespräch? (Zum Beispiel „überraschend" positive Erfahrungen machen und einen Kunden gewinnen, aus Fehlern lernen, neues Verhalten ausprobieren, gutes Übungsfeld, größere Selbstachtung usw.)
- Denken Sie an die 20 letzten Gespräche, die Sie geführt haben: Wie viele verliefen positiv, wie viele negativ?

Das Positive überwiegt – nur nicht in der Wahrnehmung

Erfahrungsgemäß ist die Quote der positiv verlaufenden Gespräche in der Akquisition wesentlich höher als die der schlecht verlaufenden. Was aber viel zu wenig beachtet wird. Zwei schwierige Gespräche bleiben stärker in Erinnerung als fünf gut verlaufene.

3. Stellen Sie sich vor, dass Sie Erfolg haben

Zwei Möglichkeiten, sich selbst den Rücken zu stärken, sind der innere Dialog und das geistige Vorstellen von Situationen (Visualisieren). Den inneren Dialog halte ich für so entscheidend, dass ich anschließend ausführlich darauf eingehe.

Visualisieren

Die Wirkung des Visualisierens beruht darauf, dass unser Zentralnervensystem keinen Unterschied zwischen tatsächlichem und eingebildetem Geschehen macht – weswegen ja auch negative Fantasien eine so große Wirkung entfalten können. Umgekehrt wirkt das aber genauso! Ihre bildliche Vorstellung von einer bestimmten Situation kann deren Ausgang spürbar und nachhaltig im positiven Sinne beeinflussen.

Spielen Sie deshalb gedanklich den positiven Ablauf eines Gesprächs durch, das Ihnen zunächst schwierig erscheint. Stellen Sie sich vor, wie Sie souverän, überzeugend, locker und selbstsicher mit dem Gesprächspartner reden. Stellen Sie sich vor, wie Sie ein zukünftiges Gespräch führen werden. Oder Sie gehen in Ihrer Erinnerung Gespräche durch, die Sie bereits erfolgreich geführt haben.

Wenn Sie diesen Film mit „happy end" öfters innerlich durchspielen, dann werden Sie merken, wie Ihnen das Sicherheit und Selbstvertrauen einflößt. Sie beschäftigen sich nämlich so verstärkt mit Ihren Fähigkeiten und Kompetenzen (statt mit dem, was Sie nicht können). Und haben so auch die Chance, in der Situation selbst an Ihre Stärken anzuknüpfen.

Probieren Sie das aus und schreiben Sie Ihre Erfahrungen nieder. Finden Sie heraus, welche Visualisierungen Ihnen helfen und optimieren Sie Ihr Vorgehen auf diese Weise.

4. Sammeln Sie positive Erfahrungen

Angst überwinden Sie durch positive Erfahrungen. Indem Sie merken, dass Ihre Befürchtungen unbegründet oder lange nicht so schlimm sind, wie angenommen. Letztlich ist entscheidend: Tun Sie es! Setzen Sie sich immer wieder Situationen aus, vor denen Sie Angst haben. Das ist die beste Möglichkeit zu sehen, dass es „gar nicht so schlimm" ist. Positive Erfahrungen geben Ihnen neuen Mut und Selbstbewusstsein, andere Situationen anzugehen, die Ihnen schwierig erscheinen.

Ein Akquisiteur eines Autohauses äußerte im Coaching seine Angst vor Steuerberatern. Er vermutete, bei ihnen würde sich alles nur um Zahlen und knallharte Fakten drehen. Er empfand sie als forsch, arrogant und distanziert. Er befürchtete, sich im Akquisitionsgespräch nicht gegen mögliche verletzende Äußerungen dieser Leute wehren zu können. Es stellte sich heraus, dass er bisher nur einen einzigen derartigen Steuerberater erlebt hatte – und zwar nicht in der Akquisition, sondern als Kind. Sein Onkel war Steuerberater und hatte sich so verhalten.

Wir besprachen nun die Möglichkeiten, wie er mit einem „realen" Steuerberater in der Akquisition umgehen könne. Detailliert legten wir fest, mit welchem Auftritt und welchem Gesprächsaufhänger er sich wohl fühlte, und skizzierten grob die Struktur seines Vorgehens. Im Anschluss daran übten wir die Sequenzen kurz im Vier-Augen-Gespräch. Danach visualisierten wir gemeinsam den positiven Gesprächsverlauf. Der Akquisiteur konzentrierte sich dabei besonders darauf, seine Aufmerksamkeit beim Gesprächspartner und dem Gesprächsverlauf zu behalten und nicht in die negativen Fantasien abzudriften.

Dann besuchten wir gemeinsam einen Steuerberater. Der Akquisiteur blieb in Kontakt zum Gesprächspartner und hielt auch den größten Teil der erarbeiteten Gesprächsstruktur ein. Das Gespräch war zwar holpriger, als ich es sonst von ihm kannte, aber es lief gut. Der Steuerberater verhielt sich in keinster Weise wie vom Akquisiteur befürchtet.

Anschließend besuchten wir den ganzen Tag über nur Steuerberater. Vor dem Gespräch setzten wir uns unterschiedliche Ziele und besprachen die Strategie, anschließend setzte er sie um. Von Gespräch zu Gespräch wurde der Akquisiteur sicherer – es gab kaum noch Unterschiede zu Gesprächen mit anderen Zielgruppen. Am Ende des Tages hatte er zwar seine Fantasien noch nicht gänzlich abgelegt, aber jede Menge positiver Erfahrungen gesammelt.

In den Wochen danach nahm er regelmäßig auch die Steuerberater in sein Besuchsprogramm auf. So ersetzte er mit der Zeit seine negativen Fantasien durch positive reale Erlebnisse.

Praxistipps zum Angstabbau

Für Ihre praktische Umsetzung gebe ich Ihnen im Folgenden noch ein paar Tipps, die sich bei den von mir betreuten Akquisiteuren immer wieder bewähren.

Konzentration auf das Wesentliche

Konzentrieren Sie sich vor dem Akquisitionsgespräch nur auf Ihre Aufgabe. Wenn Sie merken, dass Sie Befürchtungen über Dinge hegen, die schief laufen könnten, dann visualisieren Sie sofort den positiven Ablauf dieser Situation.

Gute Vorbereitung

Bereiten Sie Ihr Akquisitionsgespräch gut und detailliert vor:

* Wie werden Sie das Entree gestalten?
* Wie wecken Sie das Interesse des Gesprächspartners?
* Wie präsentieren Sie sich, Ihr Unternehmen, Ihr Produkt?
* Wie analysieren Sie den Bedarf Ihres Gesprächspartners?
* Wie werden Sie den Kontakt zum Gesprächspartner aufbauen und stärken?

Gehen Sie vor dem Gespräch mental die Phasen Ihrer Akquisition durch. Dadurch gewinnen Sie an Sicherheit – und Sie haben keine Zeit für negative Gedanken. Machen Sie es wie die alpinen Skifahrer: Vor dem Slalom fahren diese in Gedanken um jede Stange herum und prägen sich Wendungen, Abstände und Streckenverlauf ein. Nicht nur, um die Strecke gut zu bewältigen. Vor allem auch, um sich von ihrer Nervosität vor dem Start abzulenken.

Besorgen Sie sich regelmäßig Informationen über den Markt, den Wettbewerb, die eigenen Produkte und Dienstleistungen im Vergleich zu anderen und über Ihre Zielgruppen und deren Gewohnheiten. Informationen schaffen Sicherheit in der Vorbereitung und mindern die Angst.

Planen Sie vor dem Gespräch genug Zeit für die Anfahrt ein. Dann erscheinen Sie nicht gehetzt und haben Zeit, sich noch kurz mental vorzubereiten. Als hilfreich hat sich auch erwiesen, vor wichtigen Gesprächen wenig zu essen und zu trinken, damit man nicht kurz vor oder während des Gesprächs zur Toilette muss.

Manchen Akquisiteuren hilft es, sich ein Ritual zur Vorbereitung auf schwierige Akquisitionsgespräche zu schaffen. Das könnte zum Beispiel so aussehen:

> Legen Sie alle wichtigen Utensilien zurecht. Wählen Sie den passenden Anzug oder das passende Kostüm samt Accessoires. Hören Sie eine inspirierende Musik, einen Song, der Sie motiviert. Gehen Sie gedanklich noch einmal ein erfolgreiches Gespräch durch. Gehen Sie noch kurz in eine vertraute Espressobar, mit der Sie positive Gefühle verbinden.

Solche Vorbereitungsrituale „powern" Sie mental auf. Sportler haben meist vor Wettkämpfen ein Ritual von der Fahrt zum Wettkampf bis zur direkten Wettkampfvorbereitung. Es beruhigt durch die gewohnten und bewährten Abläufe. Sie haben dann das Gefühl, alles getan zu haben, was sie im Vorfeld tun konnten, um den Wettkampf erfolgreich zu bestehen. Prüfen Sie, welche Rituale Ihnen helfen können, sich zu beruhigen und Sicherheit zu geben.

Bewährtes mit Neuem abwechseln

Verlangen Sie nicht von sich, ständig Herausforderungen annehmen zu müssen. Wechseln Sie zwischen Situationen, die Ihnen Spaß machen, und solchen, die Ihnen Sorgen bereiten.

- Wählen Sie zwischendurch leichtere Aufgaben, bekannte Gesprächspartner, „einfachere" Zielgruppen, bei denen Sie sich entspannen können.
- Entwickeln Sie eine Strategie vom Einfachen zum Schwierigen. Gehen Sie nicht sofort zu den „Großkopferten", sondern beginnen Sie bei leichteren Aufgaben. Steigern Sie danach den Schwierigkeitsgrad. Erklimmen Sie Sprosse für Sprosse wie auf einer Leiter – da können Sie auch nicht gleich auf die fünfte Sprosse von unten springen.

Ein Akquisiteur für Finanzdienstleistungen hatte Angst vor der Akquisition. Auf Nachfragen stellte sich heraus, dass er bei Akquisition sofort an Großkonzerne, große mittelständische Unternehmen und Akademiker denkt – obwohl seine Leistungen auch von vielen anderen Zielgruppen genutzt werden. Im Coaching sammelten wir alle möglichen Zielgruppen, und ich fragte ihn, welchen Schwierigkeitsgrad er den einzelnen Berufsgruppen geben würde. So erhielten wir eine Liste mit „leicht" und eine mit „schwer" zu akquirierenden Zielgruppen. Wir entwickelten gemeinsam eine Strategie für die einzelnen Gruppen und fingen bei den Besuchen der „leichteren" Zielgruppen an. Nach jedem Gespräch wurden das Ergebnis und die Erfahrungen reflektiert und dann ging es ins nächste Gespräch. Immer dann, wenn er die Besuche sicher führte, erhöhten wir den Schwierigkeitsgrad. Nach ein paar Wochen besuchten wir gemeinsam „unfallfrei" die großen Firmen – ohne dass sie dem Akquisiteur noch Angst einjagten.

„Misserfolge" einplanen

Geben Sie sich selbst die Erlaubnis, auch ohne (sichtbaren) Erfolg aus einem Gespräch gehen zu dürfen. In der Akquisition müssen Sie nun mal häufig mit einem „Nein" rechnen – und haben möglicherweise langfristig doch etwas erreicht. (Siehe auch Abschnitt „Ihre Einstellung zum Nein".)

Austausch und Unterstützung

Suchen Sie nach Gleichgesinnten, mit denen Sie sich konstruktiv austauschen können. Das ermöglicht Ihnen, Ihre angstbesetzten Erfahrungen mit anderen zu reflektieren und zu erkennen, dass Sie nicht der oder die Einzige sind, die sich mit ihnen herumschlagen. Ein solcher Austausch ist auch eine ideale Börse für Ideen, die Sie in der Praxis ausprobieren können. Gehen Sie hin und wieder zu zweit akquirieren. Das mindert die Angst, fördert den Austausch und bringt Impulse von außen.

Gönnen Sie sich einen Coach. Manche Leistungssprünge sind allein nicht zu schaffen. In solchen Situationen ist Einfluss von außen nötig, um den nächsten Entwicklungsschritt gehen zu können. Prüfen Sie für sich, wo Sie ein externer, unbefangener und neutraler Coach unterstützen kann, was dieser dafür an Know-how und sonstigen Eigenschaften mitbringen muss. Erstellen Sie eine Checkliste darüber, was Sie brauchen und welche Qualitäten dafür vom Coach bereitzustellen sind. Mit dieser Liste können Sie sich auf die Suche begeben.

Checkliste: Anforderungen an einen Coach

1. Eigene Akquisitionsstärke/-erfahrung, selbst ein erfolgreicher Akquisiteur.
2. Eigene Erfahrungen mit Engpässen in der Akquisition.
3. Großes psychologisches Know-how, professionelle und fundierte Coaching-/Supervisionsausbildung (keine Coaching-Crash-Kurse übers Wochenende).
4. Systemischer Ansatz (das Ganze im Blick behaltend).
5. Ruhe, Lebenserfahrung, Standing – keine Selbstdarsteller, keine Patentrezepte.
6. Im Gespräch einfühlsam, zuhörend, problemlösungsorientiert, partnerschaftlich.
7. Entwicklung auf Dauerhaftigkeit gerichtet – nicht nur auf schnelle, kurzlebige Erfolge abzielend.
8. Fokus auf die individuelle Unterstützung des Einzelnen („Jeder ist anders").
9. Konfrontativ gegenüber eingefahrenen Vorgehensweisen und lieb gewonnenen Gewohnheiten, die den Erfolg blockieren.
10. Zeitlich begrenzte Beratung, keine dauerhafte Begleitung oder gar Abhängigkeit.

3.3   Der innere Dialog

Im inneren Dialog entscheiden Sie, ob Sie sich Ihren Ängsten, Befürchtungen und Zweifeln überlassen wollen. Oder ob Sie die positiven Aspekte und Chancen erkennen und sich selbst „anfeuern". Der innere Dialog ist ein ganz wesentliches Instrument, mit dem Sie sich und Ihre Ängste beeinflussen können.

Was ist ein innerer Dialog?

Wir alle führen Gespräche mit uns selbst. Wir formulieren Pläne für unser Handeln, geben uns Anweisungen, kommentieren unser eigenes Verhalten und bewerten Situationen und Personen – besonders uns selbst. Je beanspruchter wir von einer Situation sind, desto intensiver ist dieses Selbstgespräch. Der innere Dialog, den Sie mit sich selbst führen, kann sehr wesentlich dazu beitragen, wie Sie in der Akquisitionssituation auftreten und auf andere wirken.

Wenn Sie sich selbst beobachten, werden Sie vielleicht feststellen, dass Ihr inneres Gespräch in vielen Situationen nicht besonders aufbauend ist. Damit sind Sie keine Ausnahme: Meiner Erfahrung nach bestärken sich viele Akquisiteure in ihren inneren Dialogen eher in ihren Zweifeln und Ängsten, als dass sie sich Zuversicht „zusprechen" würden. Typische Äußerungen in diesen Selbstgesprächen, die mir gegenüber im Coaching genannt wurden, waren:

- „Ich schaffe das nicht."
- „Der Kerl ist zu gerissen für mich."
- „Der will bestimmt auch nichts kaufen."
- „Die Sekretärin erinnert mich an meine Schwiegermutter."
- „Ich bin zu blöd, nur eine einfache Frage zu stellen."
- „Das Gespräch gleitet mir total aus der Hand."
- „Wieder ein Beweis: Akquisition funktioniert nicht."
- „Habe ich das nötig, so einen Job zu machen?"
- „Ich fühle mich so unsicher."

Die negative Denkspirale

In schwierigen Situationen wechseln die Gedanken permanent zwischen Zuversicht und Zweifeln. Sind die Zweifel größer als die Zuversicht, dann wird der Kampf im Kopf verloren. Was wir von uns denken, macht sich in unserem

Verhalten bemerkbar. Und wirkt auch wieder auf das zurück, was wir über uns denken. Es entwickelt sich eine negative Denkspirale (Bild 6).

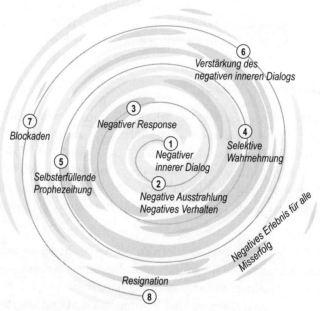

(1) Negativer innerer Dialog.

(2) Negative Ausstrahlung/negatives Verhalten.

(3) Negative Antwort des Gesprächspartners.

(4) Selektive Wahrnehmung: Nur das Verhalten bei sich und beim Gesprächspartner wird wahrgenommen, das negative Antworten des Gesprächspartners bestätigt.

(5) Selbsterfüllende Prophezeiung: Das Ergebnis ist unbefriedigend und bestätigt die negativen Annahmen: „Ich hab's doch gleich gewusst."

(6) Verstärkung des negativen inneren Dialogs durch die reale Erfahrung.

(7) Blockaden: „Dann eben nicht", „Jetzt geht nichts mehr." Die Aufnahme positiver Informationen ist völlig blockiert, man ist gedanklich nur noch im Negativen. Der Übergang zur Resignation ist fließend.

(8) Resignation: „Ich schaffe es nicht/wieder nicht", „Jetzt nichts wie raus hier."

Bild 6 Negative Denkspirale/Misserfolgsspirale

Ein Beispiel aus meiner Coachingpraxis kann das verdeutlichen:

Ein Akquisiteur für Büroeinrichtungen wollte den Einkäufer eines Großunternehmens besuchen und für seine Firma gewinnen. Es wäre ein großer Erfolg für ihn und würde sein Image im eigenen Unternehmen beträchtlich steigern. Doch der Einkäufer bereitete ihm Kopfzerbrechen und Ängste. Im inneren Dialog (1) fragte er sich: „Ob der mich wohl wirklich empfangen wird? Wenn ja, ob er sich für meine Dienstleistungen interessiert? Wahrscheinlich geht es dort wieder nur um den Preis. Einkäufer sind doch alle so. Oft sind Einkäufer von Großunternehmen auch zickig und arrogant. Hoffentlich kann ich dort bestehen."

Der Akquisiteur ging nun in das Großunternehmen und stellte sich der Sekretärin am Empfang vor. Er bat um einen Gesprächstermin mit dem Einkäufer und bekam ihn wider Erwarten sofort. Er wurde in das Büro des Einkäufers geleitet, sie stellten sich einander vor und ihm wurde ein Platz am Besprechungstisch angeboten.

Der Akquisiteur war sehr nervös und innerlich überzeugt davon, dass er den Einkäufer nicht gewinnen könnte. Er „erkannte" bei ihm sofort Züge von Arroganz (4) und eröffnete das Gespräch aus einer unterwürfigen Haltung, in der er sich für die wertvolle Zeit bedankte, die der Einkäufer ihm schenkte. Innerlich haderte er mich sich selbst, war deshalb unkonzentriert und argumentierte unlogisch, schwach und wenig überzeugend (2).

Der Einkäufer hörte ruhig zu, verzog keine Miene und entgegnete dem Akquisiteur nach dessen Darstellung, dass er schon einen Lieferanten habe und keinen Grund sehe, diesen zu wechseln (3).

Der Akquisiteur fühlte sich in seiner Befürchtung bestätigt, und übersah vollkommen alle positiven Signale. (Dass der Einkäufer sich Zeit genommen hatte, zeigte ja immerhin sein Interesse.) Der Akquisiteur nahm nur noch wahr, was seinen negativen inneren Dialog verstärkte: „Der schaut mich so prüfend an, richtig arrogant, der denkt wohl, ich habe nur Pipifax zu bieten." „Der will ja gar nicht wirklich." „Den kann ich nie überzeugen." (4)

Der Einkäufer blieb skeptisch und zurückhaltend – er konnte seinen Nutzen nicht erkennen. Und der Akquisiteur sah sich bestätigt (5) – er wusste doch gleich, dass der andere kein Interesse haben und arrogant sein würde. Er dachte sich: „Habe ich doch gleich gewusst, dass Einkäufer von großen Unternehmen nicht zu knacken sind." (6)

Schließlich fühlte sich der Akquisiteur völlig blockiert, er nahm den Gesprächspartner kaum noch wahr, war nur noch mit sich selbst beschäftigt. Seine Gedanken kreisten nur noch darum, dass er dabei war, einen Misserfolg zu erleiden (7). Er konnte seine Gedanken nicht mehr ordnen, seine Konzentration war weg.

Schließlich dachte er sich resigniert: „Ich schaffe es nicht. Ich gehe jetzt besser, bevor es noch schlimmer wird." Er hörte sich noch sagen, dass er dem Einkäufer Prospekte zuschicken würde und verabschiedete sich möglichst schnell (8).

Wer in der negativen Denkspirale gefangen ist, beschäftigt sich ausschließlich mit sich selbst. Man nimmt kaum noch wahr, was um einen herum passiert, geht aus dem Kontakt mit dem Gesprächspartner und wirkt nach außen unkonzentriert, unprofessionell, geistig abwesend und uninteressiert. Die anderen ahnen ja nicht, welchen inneren Kampf man gerade durchmacht ...

Die positive Denkspirale

Wenn es eine negative Denkspirale gibt, dann existiert auch das Pendant: die positive Denkspirale.

Sie können durch einen positiven inneren Dialog (1) eine positive Ausstrahlung bekommen und zielführendes Verhalten (2) zeigen. Dies löst beim Gesprächspartner in der Regel eine positive Reaktion aus (3). Dabei ist es im Gespräch wichtig, statt selektiver Wahrnehmung Neutralität und Offenheit zu bewahren, um möglichst viele Informationen wahrzunehmen, ohne diese sofort (negativ) zu bewerten und zu interpretieren (4). Da die Energie jetzt nicht mehr so sehr in negativen Gedanken gebunden ist, ist es möglich, den Verlauf des Gesprächs permanent zu reflektieren (5), ihn positiv zu verstärken oder gegebenenfalls zu korrigieren (6). Dies führt dann zur Erreichung des gesteckten Ziels wie der Anbahnung neuer Geschäftsbeziehungen oder der Vereinbarung von Folgekontakten (7).

Begeben Sie sich in die positive Denkspirale (Bild 7).

Das Führen positiver Selbstgespräche muss meiner Erfahrung nach von den meisten Akquisiteuren systematisch und kontinuierlich geübt werden. Sie sind gewohnt, sich ständig zu kritisieren und zu korrigieren. Sobald die Situationen schwieriger oder ungewohnt werden, kommen sie wieder in negative Spiralen.

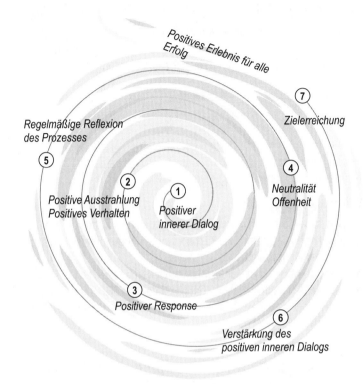

① Positiver innerer Dialog.

② Positive(s) Ausstrahlung/Verhalten.

③ Positiver Response.

④ Neutralität/Offenheit.

⑤ Regelmäßige Reflexion des Prozesses.

⑥ Positive Verstärkung oder gegebenenfalls Korrektur.

⑦ Zielerreichung.

Bild 7 Positive Denkspirale/Erfolgsspirale

Aktionsplan: So gestalten Sie einen positiven inneren Dialog

Auch hier gilt wieder: Wenn Sie an Ihrem inneren Dialog etwas verändern wollen, brauchen Sie Klarheit darüber, wie Sie mit sich sprechen. Beobachten Sie sich deshalb in verschiedenen Akquisitionsgesprächen und schreiben Sie auf:

▶ Vor der Akquisition

Was denken Sie
- über den Gesprächspartner,
- über sich, Ihre Kompetenzen, Fähigkeiten,
- über die Situation, die Sie erwartet,
- über Akquisition im Allgemeinen?

▶ Während der Akquisition
- Was sagen Sie sich innerlich während des Gesprächs?
- Was haben Sie beim Gesprächspartner wahrgenommen? Was haben Sie über ihn gedacht?
- Was haben Sie über den Erfolg des Gesprächs gedacht?
- Welche Schlussfolgerungen haben Sie gedanklich über sich, den Gesprächspartner, die Erfolgsaussichten des Kontakts und die Akquisition im Allgemeinen gezogen?

▶ Nach der Akquisition
- Was haben Sie sich gedacht, als Sie den Gesprächspartner verließen?
- Hat Sie das Gespräch in irgendwelchen Einstellungen und Gedanken bestätigt? In welchen? Waren das Gedanken, die Sie auch schon vor dem Gespräch hatten?

Es geht hier nicht nur darum, die negativen Gedanken festzuhalten. Notieren Sie auch Ihre positiven Selbstgespräche. Machen Sie sich jetzt eine Tabelle, in der Sie Ihre Gedanken sortieren:

Hemmende ablenkende Gedanken	Unterstützende aufbauende Gedanken
„Der schaut mich so kritisch an."	„Gestern habe ich einen guten Kontakt gemacht, heute klappt's auch."

In folgende Tabelle tragen Sie bitte ein, welche Gedanken immer wieder auftauchen. Notieren Sie, in welchen unterschiedlichen Situationen Sie diese Gedanken hatten:

Gedanke	Situationen
„Der hat bestimmt kein Interesse."	Im Auto bei der Anfahrt Bei der Begrüßung Nach meiner Präsentation

Registrieren Sie auch, welche Gedanken sich im Laufe des Gesprächs verändert haben. Beispielsweise stellen Sie fest, dass Sie vor dem Gespräch dachten: „Der hat bestimmt kein Interesse." Und danach: „Er wirkt doch ganz aufgeschlossen."

Gedanken vor dem Gespräch	Gedanken nach dem Gespräch

Was hat diesen Unterschied bewirkt? Vergleichen Sie mehrere Gespräche, die Sie geführt haben:

- Bei welchen Gesprächen sind Sie mit den gleichen Gedanken in das Gespräch reingegangen, mit denen Sie es auch beendet haben?
- Bei welchen Gesprächen haben sich Ihre Gedanken (positiv oder negativ) verändert?
- Was hat diese Veränderung bewirkt? (Zum Beispiel Charakter des Gesprächspartners, besondere Zielgruppen, Hierarchiestufen, Aufgabenstellung, Größe der Auftragserwartung etc.)

Jetzt haben Sie einen Überblick über die Abläufe Ihrer derzeitigen inneren Dialoge. Ich empfehle Ihnen, diese Übung regelmäßig in Ihre berufliche Praxis einzubauen, um Ihre Selbstgespräche bewusster zu erleben.

Einen positiven Dialog entwickeln

Zur Gestaltung eines positiven inneren Dialogs ist es wichtig, dem Gehirn klare, verständliche und präzise Anweisungen zu geben. Unbedingt sollten Sie auf das Wort „nicht" verzichten – unser Gehirn versteht dieses Wort nicht. Sie kennen vielleicht die Aufforderung, jetzt bitte nicht an einen Elefanten zu denken. Man tut es automatisch. Auch bei Kindern lässt sich beobachten, dass die Anweisung, etwas nicht zu tun, mit ziemlicher Sicherheit dazu führt, dass genau dies früher oder später getan wird.

In der Akquisition bewirken Gedanken wie „Ich werde jetzt nicht nervös", „Ich lasse mir nichts anmerken" oder „Ich lasse mich nicht ablenken" genau das Gegenteil. Wählen Sie statt dessen positive Formulierungen. Etwa:

- „Bleib ruhig und gelassen."
- „Konzentriere dich aufs Gespräch."
- „Lächle und schau den Gesprächspartner an. Hör ihm genau zu."

Wichtig ist auch, dass sich Ihr innerer Dialog auf die Gegenwart bezieht – nicht auf die Vergangenheit. Sie nutzen ihn für die im Moment zu erbringende Leistung.

> Ein Akquisiteur eines Pharmaunternehmens, der permanent im negativen inneren Dialog war und den seine Arbeit dadurch viel Energie kostete, sollte im Coaching einen positiven Dialog formulieren und ihn in seiner Akquisitionspraxis ausprobieren. Anhand von Fragen (siehe nachstehend) entwickelte er einen für sich stimmigen Dialog. Im Coaching probierten wir verschiedene Gesprächssituationen in Vier-Augen-Gesprächen aus, in denen er seinen inneren Dialog ausprobierte und verfeinerte. Als er sich sicher genug fühlte, gingen wir gemeinsam zur Akquisition und sammelten Erfahrungen. Nach dem Coachingtag empfand der Akquisiteur spürbare Verbesserung. Ich selbst erlebte ihn im Gespräch lebendiger, lockerer und zielgerichteter als vorher.

Fragen zur Entwicklung eines positiven Dialogs in der Akquisition

- Wie erleben Sie sich in Situationen, die erfolgreich laufen/verlaufen sind?
- Welche Gedanken und Gefühle hatten Sie dabei (vorher, währenddessen, nachher)?
- Wie liefen diese Gespräche ab?
- Welchen inneren Dialog hatten Sie während des Gesprächs?
- Wie können Sie diese positiven Einflüsse auch in die schwierige Situation übertragen?

- Was können Sie sich sagen, um sich in positive Stimmung zu bringen und zu halten?
- Was können Sie tun, um Ihre Konzentration im Gespräch und beim Gesprächspartner zu halten?
- Wie können Sie sich zwischendurch anfeuern, aufputschen und motivieren?

Nehmen Sie als Grundlage für Ihren inneren Dialog Situationen, die Sie erfolgreich gemeistert haben. Wenn Sie merken, dass Sie in negative Gedanken abgleiten, sagen Sie sich innerlich „Stopp", denken Sie an die erfolgreichen Situationen und konzentrieren sich wieder auf Ihre Aufgabe. Nutzen Sie kurze Sätze, Wörter, Metaphern, um sich innerlich positiv anzufeuern.

- „Zurück zum Gespräch, konzentriere dich, aufpassen!"
- „Es läuft gut!"
- „Bleib am Ball, dranbleiben, durchhalten!"
- „Du schaffst es!"
- „Ich bin sehr gut!"
- „Es läuft wie damals (positive Situation)!"
- „Das ist mein Tag, heute bin ich richtig gut!"
- „Auf geht's, los jetzt, zeig's ihnen!"
- „Das macht Spaß, bin ich froh."
- „Ruhig bleiben, entspann dich."

Diese oder ähnliche Sätze können Sie in unterschiedlichen Situationen der Akquisition nutzen, zum Beispiel kurz vor Gesprächsbeginn zur Aufmunterung, im Gespräch bei Konzentrationsverlust, zur Entwicklung von Freude und Lust, bei Widerständen etc. Mit der Zeit werden sie sich in Ihrem Unterbewusstsein festsetzen und automatisch ablaufen. Suchen Sie sich ein paar zu Ihnen passende Formulierungen für die unterschiedlichen Situationen in der Akquisition aus, formulieren Sie diese positiv und probieren Sie sie dann aus.

Das, was Sie im Augenblick tun, zählt!

In Akquisitionsgesprächen ist es wichtig, sich auf den Ablauf und auf die Beziehung zum Gegenüber zu konzentrieren, statt über Konsequenzen, Versagen oder Fantasien nachzudenken. Wenn das Gespräch gut läuft, werden auch die Folgen positiv sein. Es macht also keinen Sinn, sich über die Konsequenzen den Kopf zu zerbrechen – entscheidend ist das, was Sie im Augenblick tun.

Weitere Möglichkeiten zur Veränderung des inneren Dialogs

- Wenn von einem einzigen Akquisitionsgespräch „alles" abhängen soll, erzeugt das natürlich immensen Druck. Das birgt die Gefahr eines negativen inneren Dialogs. Wenn Sie mehrere Gespräche pro Tag führen oder sich ihre Erfolgsaussichten bei anderen Interessenten vor Augen führen, wird das Ergebnis eines einzelnen Gesprächs relativ und bekommt nicht mehr diese existenzielle Bedeutung mit all ihren negativen Begleiteffekten.
- Bedienen Sie sich Ihrer Affirmationssätze, um sich zu konzentrieren oder sich Ihrer Stärken zu erinnern.
- Verändern Sie Ihren Focus: Wenn Ihnen im Akquisitionsgespräch etwas viel Energie raubt, konzentrieren Sie Ihre Aufmerksamkeit auf etwas anderes, was Ihnen Energie zuführt. Wenn der Besprechungsraum Sie beispielsweise bedrückt, weil er zu dunkel oder zu voll ist, so konzentrieren Sie sich mehr auf den Gesprächspartner oder auf attraktivere Teile im Büro.

Umgang mit negativen Gedankenfetzen

Wenn Sie merken, dass Ihnen plötzlich negative, ablenkende oder Angst machende Gedanken durch den Kopf schießen, dann gibt es ein paar gedankliche Tricks, mit denen Sie diese wieder „loswerden" können.

Problembox

Stellen Sie sich eine Box, eine Mülltonne oder eine andere verschließbare Schachtel vor. In diese packen Sie in Ihrer inneren Vorstellung sofort jeden negativen Gedanken, der Ihnen in den Kopf kommt. Das heißt nicht, dass er dort für immer ruht (auch wenn das eine Möglichkeit ist). Sie können nach dem Gespräch diesen Gedanken wieder „auspacken" und nach Gründen suchen, aus denen er aufgetaucht ist. Aber auf diese Art bewahren Sie sich vor negativen Einflüssen während eines Gesprächs, die Sie nur ablenken und demotivieren.

Gedankenstopp

Überkommen Sie im Gespräch plötzlich negative oder abweichende Gedanken, so sagen Sie sich (im Stillen) „Stopp!" oder „Halt!" Das ist gleichzeitig eine Aufforderung an Sie selbst, sich wieder auf die Aufgabe zu konzentrieren.

Innerer Dialog mit dem Problem

Kennen Sie das Lied von Jürgen von der Lippe: „Guten Morgen, liebe Sorgen, seid ihr auch schon wieder da?" Ähnlich können Sie in einen kurzen inneren Dialog mit Ihren Ängsten und Zweifeln treten. Sie können sie begrüßen und anerkennen, dass sie Sie auf etwas Wichtiges hinweisen. Für die Auseinandersetzung mit ihnen verabreden Sie sich auf einen späteren Zeitpunkt.

> „Hallo Zweifel X, ich begrüße dich, gut, dass du da bist. Ich habe hier einen wichtigen Termin, auf den ich mich konzentrieren muss. Lass uns nach dem Termin noch einmal miteinander sprechen. Bis gleich."

Vielleicht klingt das albern für Sie – wählen Sie eine Formulierung, die für Sie passt. Der Sinn eines solchen „Gesprächs" ist, dass Sie die Existenz des Problems nicht negieren oder abwerten, sondern sich dem Thema stellen werden – nur eben nicht jetzt. Durch dieses Vorgehen gibt Ihr Unterbewusstsein nach und schaufelt das Problem nicht ständig wieder nach oben. Denn Sie haben sich selbst bewusst gemacht, dass Sie sich mit dem anstehenden Problem beschäftigen werden. Diese Taktik wirkt allerdings nur, wenn Sie dies im Anschluss auch tatsächlich tun.

Besänftigungstaktik

Sie können sich auch „besänftigen", indem Sie mit sich selbst einen „Deal" machen. Stellen Sie sich in Aussicht, sich nach dem erfolgreichen Gespräch etwas Gutes zu tun, etwa schön essen zu gehen, Musik zu hören, einen Spaziergang zu machen. Etwa so: „Okay, lasst uns hier alle zusammenarbeiten und uns auf das Gespräch konzentrieren. Anschließend gehen wir Eis essen."

4   Passivität

Eine deutsche Firma verabredete einmal mit einem japanischen Konkurrenten, jedes Jahr ein Wettrudern auf dem Rhein zu veranstalten – ein deutscher Achter gegen einen japanischen Achter. Beide Mannschaften bereiteten sich intensiv darauf vor und wollten das Rennen unbedingt gewinnen. Als der große Tag kam, waren beide topfit, legten sich mächtig ins Zeug – aber die Japaner gewannen leicht, mit einem Kilometer Vorsprung.

Nach dieser Niederlage waren das deutsche Team und sein Management sehr betroffen. Das obere Management gab der Analyse der Ursachen dieser Niederlage Top-Priorität. Ein Projektteam wurde eingesetzt, das das Problem untersuchen und geeignete Maßnahmen empfehlen sollte. Nach langen Expertisen, Gesprächen und Analysen fand man heraus, dass bei den Japanern sieben Mann gerudert und ein Mann gesteuert hatte, während bei den Deutschen ein Mann ruderte und sieben Mann steuerten.

Das obere Management engagierte daraufhin sofort eine Beratungsfirma, die eine Studie über die optimale Struktur des deutschen Teams anfertigen sollte. Nach einigen Monaten und beträchtlichen Kosten kamen die Berater zu dem Schluss, dass zu viele Leute steuerten und zu wenige ruderten. Sie empfehlen, die Teamstruktur zu ändern. In Zukunft sollte es vier Steuerleute, zwei Obersteuerleute, einen Steuerdirektor und einen Ruderer geben. Außerdem wurde ein Leistungsbewertungssystem eingeführt, um dem Ruderer mehr Ansporn zu geben: „Wir müssen seinen Aufgabenbereich erweitern und ihm mehr Verantwortung geben."

Im nächsten Jahr gewannen die Japaner mit einem Vorsprung von zwei Kilometern.

Das obere Management entließ den Ruderer wegen schlechter Leistungen, verkaufte die Ruder und stoppte alle Investitionen für ein neues Boot ...

Erinnert Sie das Beispiel an „echte" Begebenheiten? Sicher, die Situation ist überzeichnet. Aber häufig reagieren Unternehmen, Manager, aber auch Akquisiteure in dieser Art und Weise auf Probleme und Herausforderungen: Sie setzen alles Mögliche in Bewegung und erreichen im Ergebnis überhaupt nichts. Oder weniger als vorher. Sie betreiben Aktionismus. Was nicht mit Aktivität zu verwechseln ist. Etwas tun heißt noch lange nicht, dass wirklich etwas bewegt wird.

Im Grunde verhält sich das Management in der Geschichte hochgradig passiv. Das heißt, es bewegt nichts. Auch wenn es nicht den Anschein hat. Aber es unternimmt nichts, was das eigentliche Problem löst.

4.1   Passivität in der Akquisition

Das ist genau das Problem, vor dem viele Akquisiteure stehen. Sie unternehmen eine ganze Menge – aber der erhoffte Erfolg stellt sich nicht ein. Ganz offensichtlich tun sie nicht das, was wirklich notwendig wäre, um ihren Erfolg zu steigern. Selbst bei Akquisiteuren, die das nötige Know-how und die Unterstützung durch ihr Unternehmen haben, beobachte ich das immer wieder:

- Sie vermeiden Telefonate und Kaltakquise vor Ort und beschäftigen sich lieber mit den „guten" Kunden oder anderen Tätigkeiten – und akquirieren keine neuen Kunden.
- Sie verbringen ihre Zeit damit, an Angeboten zu feilen, zahllose Mailings zu verschicken oder Strategien für ihre zukünftige Vorgehensweise zu entwerfen, ohne je nachzufassen beziehungsweise ihre Pläne umzusetzen – und akquirieren keine neuen Kunden.
- Sie eröffnen in Gesprächen „Nebenkriegsschauplätze" (etwa lange Debatten um Details des Produkts) oder schieben die Schuld auf die „schwierigen" Gesprächspartner, um von ihren eigenen Schwächen abzulenken – und akquirieren keine neuen Kunden.

Man könnte auch sagen: Sie sind passiv. Das Konzept der Passivität kommt aus der Transaktionsanalyse und beschreibt das Phänomen, dass und wie Menschen (bewusst wie unbewusst) es vermeiden, nach Lösungen für ihre Probleme zu suchen und diese umzusetzen. Meistens, ohne dass ihnen das bewusst wäre.

Das muss aber nicht so sein. Mit Hilfe dieses Kapitels können Sie lernen, bei sich, aber auch bei anderen zu erkennen, wie sie Erfolg vermeiden, indem Sie passiv bleiben.

Hintergrundwissen: Arten der Passivität

Passivität tritt in unterschiedlichen Arten auf und ist nicht immer auf Anhieb zu erkennen.

Nichtstun

Am leichtesten ist Passivität zu erkennen, wenn jemand tatsächlich nichts tut. Der Akquisiteur leistet keinen eigenen Beitrag zur Akquisition: „Ich kann das nicht." Oder er schiebt es auf äußere Umstände, dass er die Akquisition nicht anpackt: „Ohne den Laptop XYZ ist gute Arbeit nicht möglich, da fange ich gar nicht erst an."

Etwas anderes tun

Der Akquisiteur unternimmt zwar eine ganze Menge und vermittelt den Eindruck, sehr geschäftig zu sein: Aber nichts von dem, was er tut, ist im Sinne einer erfolgreichen Akquisition. Entweder er lenkt sich mit anderen Beschäftigungen ab: „Ich habe so viel anderes zu tun, ich komme nicht dazu" oder er bleibt in den Vorarbeiten stecken: „Erst muss ich noch diese Unterlagen überarbeiten, dann kann ich sie einem Kunden anbieten."

Akquisiteure können sich aber auch sehr gut von den „eigentlichen" Aufgaben ablenken, indem sie Kundengespräche in die Länge ziehen, die längst entschieden sind, detailliert Akquisitionsstrategien entwerfen, die sie nie in die Tat umsetzen, oder sich intensiv um die Kollegen und das Betriebsklima besorgt zeigen, wodurch nicht viel Zeit für die Arbeit mit potenziellen Kunden bleibt. Nicht jeder, der sich geschäftig und agitierend gibt, ist also wirklich aktiv.

Überanpassung

Diese Art der Passivität ist oft schwer zu erkennen, da vordergründig durchaus etwas passiert: Der Akquisiteur geht zum Kunden und führt Gespräche – nur leider ohne Erfolg. Denn er tut es nur, weil er muss und dagegen keinen

Widerstand leistet. Er passt sich an. Aber es fehlen eigene Begeisterung, Motivation, Engagement – und deswegen kommt auch meist nicht viel dabei heraus. Das kann zum Beispiel passieren, wenn ein Vorgesetzter seinem Akquisiteur „Beine macht" und ihn zwingt, Termine zu vereinbaren und Kunden zu besuchen. Innerlich will der Akquisiteur aber nicht (aus verschiedensten Gründen) und deshalb macht er „Dienst nach Vorschrift": Er hakt die Termine ab. Keiner kann ihm vorwerfen, dass er nichts tun würde. Und doch ist das Ergebnis das gleiche. Er bemüht sich nicht selbst um Erfolg, und der stellt sich dann auch nicht ein.

Sich selbst unfähig machen – Gewalt gegen andere

Diese Art der Passivität ist sehr subtil, mag sie zunächst auch recht martialisch klingen. Die wenigsten Akquisiteure werden Gott sei Dank handgreiflich gegen sich oder andere oder suchen mit Gewalt und kriminellen Methoden einen Ausweg aus schwierigen Situationen. Das hier gemeinte Verhalten ist subtiler: Um die Situation der Akquisition zu vermeiden, bringt man sich (unbewusst) in einen Zustand, der es einem unmöglich macht, Akquisition zu betreiben: Man wird krank, verletzt sich oder bekommt ein psychisches Leiden. Das macht es einem – leider, leider – unmöglich, Akquisition zu betreiben – eigentlich würde man ja gerne.

> In einem Coaching hatte ich einmal den Auftrag, einen Innendienstverkäufer aus einem Automobilunternehmen auf einigen Kaltakquisitionsbesuchen zu begleiten. Als ich ihn morgens in seinem Unternehmen abholen wollte, kam er mir kreidebleich und mit wässrigen Augen entgegen. Er habe in der Nacht hohes Fieber bekommen, sei aber trotzdem gekommen, um nicht den Eindruck zu vermitteln, er wolle sich um das Coaching drücken, sagte er mir. In seinem Zustand könne er unmöglich Kunden besuchen, aber wir könnten uns gerne unterhalten. Ich schlug ihm vor, seine Akquisitions-Unterlagen mitzunehmen und in ein Café in der Nähe zu gehen.

> Dort unterhielten wir uns zunächst über Fußball und führten ein lockeres Gespräch. Dann fragte ich ihn, wie er den Tag angegangen wäre, wenn wir die Besuche gemacht hätten. Er holte einen Stadtplan heraus und zeigte mir ein neues Gewerbegebiet, das seiner Ansicht nach einiges hergeben würde. Wir diskutierten bald sehr angeregt verschiedene Situationen und Gesprächsabläufe, seine Ausstrahlung veränderte sich zusehends positiv.

> Ich fragte ihn, ob er nicht Lust hätte, einen Versuch zu starten, wohl wissend, wie krank er sei, einfach der Übung halber. Ich bot ihm an, sofort das Gespräch zu

übernehmen, wenn es ihm schlecht ginge. Etwas zögerlich ging er darauf ein, die Lust aufs Abenteuer siegte.

Wir führten das erste Gespräch, in dem er einen guten Einstieg wählte und einen angenehmen Kontakt zum Gesprächspartner herstellen konnte. Das Gespräch verlief positiv, der Akquisiteur strahlte danach über beide Wangen. Er hatte mit viel mehr Ablehnung und Schwierigkeiten gerechnet und gab zu, insgeheim ziemliche Ängste davor gehabt zu haben. Ich bestärkte ihn in seinem Erfolg und schlug ihm vor, noch einen Versuch zu machen. Diesmal stimmte er ohne Zögern zu.

An diesem Tag führten wir gemeinsam acht Gespräche, die insgesamt gut verliefen. Am Ende des Tages war das Fieber des Mannes wie weggeblasen.

Sie sehen, wie das Unterbewusstsein manchmal „Lösungen" liefert, etwa eine Krankheit, die zwar einen kurzfristigen Ausweg aus unangenehmen Situationen bieten, aber nicht wirklich das Problem lösen. Denn der Akquisiteur im obigen Beispiel wäre, wenn er sein Fieber auskuriert hätte, seine inneren Ängste und Befürchtungen vor der Akquisition nicht losgeworden. Nur die wiederholte positive Erfahrung konnte, zusammen mit meiner Unterstützung und Bestärkung, seine Ängste lindern. Geholfen hat ihm das Erlebnis, dass er in die Aktivität ging und etwas unternahm, was ihn seinem Ziel näher brachte.

Selbstverständlich sind nicht alle Krankheiten oder Verletzungen ein Zeichen dafür, dass etwas vermieden werden soll. Versuchen Sie bitte nicht in jedes Unwohlsein einen tieferen Sinn hineinzuinterpretieren. Aber wenn es öfters einen (zeitlichen) Zusammenhang zwischen unangenehmen Situationen und einer Krankheit oder Unpässlichkeit gibt, dann sollten Sie das ergründen. Möglicherweise lauert hier eine Lösung, die Ihre Gesundheit schont und Ihren beruflichen Erfolg voranbringt.

Alkohol, Zigaretten & Co.

Passives sich selbst schädigendes Verhalten kann auch die Einnahme von Tabletten, der übermäßige Konsum von Kaffee, Alkohol und Zigaretten oder die Einnahme von Drogen, Aufputsch- oder anderen Rauschmitteln sein. Man schädigt sich und seinen Körper, um sich von Problemen und Ängsten abzulenken und sie nicht als bedrohlich wahrnehmen zu müssen. Ihrer Lösung dient solches Verhalten nicht.

Reflexion: Vermeiden Sie Akquisition?

Denken Sie an Ihre Erkenntnisse aus dem vergangenen Kapitel zurück:
Welche Situationen in der Akquisition sind Ihnen unangenehm?

1. Gibt es Tätigkeiten, die Sie versuchen abzulehnen, an Kollegen
   abzugeben oder die Sie auf die lange Bank schieben?
2. Machen Sie sich eine Liste mit Tätigkeiten, die Sie pro Tag erledigen
   wollen. Beobachten Sie sich selbst über einige Zeit hinweg: Welche
   Tätigkeiten verschieben Sie von Mal zu Mal? Welche Situationen versuchen Sie zu vermeiden?
3. Notieren Sie sich Situationen, bei denen Ihr Körper mit Symptomen
   wie Kopfschmerzen, Magenbeschwerden, Schlaflosigkeit oder anderen
   Beschwerden reagiert. Sammeln Sie zunächst solche Vorfälle und
   ziehen Sie dann daraus Schlussfolgerungen auf die Situationen, die sie
   hervorrufen.

Fragen Sie sich jetzt: Wie vermeiden Sie, bewusst oder unbewusst,
bestimmte Situationen, die Ihnen unangenehm sind?

1. Wann betreiben Sie keine Akquisition? Aus welchen Gründen? Was
   tun Sie stattdessen?
2. Welche anderen Aktivitäten verhindern möglicherweise, dass Sie
   Akquisition betreiben?
3. Geben Sie es offen zu erkennen, wenn Sie Schwierigkeiten in bestimmten Situationen haben und Unterstützung brauchen? Oder beißen Sie
   die Zähne zusammen, nach dem Motto: „Augen zu und durch!" In
   welchen Situationen passiert das? Aus welchen Gründen äußern Sie
   sich nicht? Was wäre „eigentlich" hilfreicher in dieser Situation?
4. Greifen Sie in bestimmten Situationen verstärkt zu Zigaretten, Kaffee
   oder anderen Aufputschmitteln? Was sind das für Situationen?
   Welches Verhalten wäre „eigentlich" sinnvoller? Warum vermeiden
   Sie dieses Verhalten?

Ziel dieser Reflexion ist, dass Sie schneller merken, wann Sie eigentlich
nichts tun, auch wenn Sie meinen, Sie täten etwas.

Warum sind Sie passiv?

Passiv zu sein bedeutet immer, dass man etwas vermeidet. Man trägt nicht aktiv zu einer Lösung bei, sondern überlässt es anderen, die Initiative zu ergreifen und zu handeln. Natürlich nicht aus Trägheit oder weil man keine Lust hat. Das kommt zwar auch vor, ist aber eher die Ausnahme. Viel häufiger sind Akquisiteure passiv, weil sie tausend Erklärungen zur Hand haben, warum eine Situation so ist, wie sie ist. Sie meinen, sie könnten daran nichts ändern. Sie werten ihre eigenen Bedürfnisse ab („Ist doch alles ganz in Ordnung so") und hören nicht auf ihre Gefühle, die ihnen eigentlich etwas ganz anderes sagen („Naja, jeder hat so seine Tiefpunkte. Aber dann geht es schon wieder").

Umgekehrt gibt es auch viele Akquisiteure, die ihr Verharren im Status quo auf alles und jeden schieben – nur nicht auf sich selbst. Die Kollegen, der Chef, die Kunden oder die Umstände sind dann Schuld am Misserfolg. Sehr häufig kann man das übrigens auch beim Sport beobachten, wenn wieder einmal der Gegner zu stark, der Schiedsrichter unfair, das Wetter schlecht oder der Platz mangelhaft präpariert war. Beim nächsten Mal, so hofft der Sportler, wird alles anders. Eine trügerische Einschätzung, da sie vom eigentlichen Problem ablenkt – der eigenen Person.

Der blinde Fleck: Probleme werden abgewertet

Warum erkennen Akquisiteure Ihre Passivität nicht und ziehen sich selbst aus dem Sumpf? Weil sie an dieser Stelle einen blinden Fleck haben: Sie merken nicht, dass Sie ein Problem, etwa Schwierigkeiten in der Kaltakquisition oder im Umgang mit Sekretärinnen haben. Sie werten das Problem ab. Diese Abwertung kann in vier Stufen geschehen. Stellen Sie sich eine Treppe vor – je weiter Sie herabsteigen, desto geringer ist der Grad Ihrer Passivität.

1. Stufe: Existenz des Problems oder seiner Alternativen

Der Akquisiteur erkennt gar nicht, dass er vor einem Problem steht. Er sieht oder hört die Signale nicht und erklärt den ausbleibenden Erfolg mit anderen Gründen. Meist passiert das Menschen, die sich selbst gegenüber nicht zugeben dürfen, dass sie mit etwas Schwierigkeiten haben und schon das Wort „Problem" in Bausch und Bogen ablehnen:

- „Ich habe keine Angst vor der Akquisition."
- „Ich komme mit allen Zielgruppen gut zurecht."
- „Ich habe überhaupt keine Probleme."

Eine Variante dazu ist, dass der Akquisiteur zwar das Problem erkennt, aber bestreitet, dass es Alternativen dazu gäbe:

- „Mein Chef ist eben so.“
- „Auf diese Zielgruppen kann man nicht im Kaltkontakt zugehen.“
- „Akquisition funktioniert eh nicht.“

Kein Wunder, dass er mit diesem mangelnden Problembewusstsein nichts an seiner Situation ändert und passiv bleibt. Problemleugnung ist die höchste Stufe der Passivität.

2. Stufe: Bedeutsamkeit des Problems

Zwar erkennt der Akquisiteur, dass es ein Problem gibt, aber er misst ihm keinerlei Bedeutung zu. Nach dem Motto: „Ist doch alles nicht so wichtig.“ Denn was nicht wichtig ist, muss man ja auch nicht ändern.

- „Ich komme mit dem Kunden X ganz gut zurecht. Das klappt schon alles irgendwie.“
- „Akquisition ist nicht meine Stärke. Aber das macht ja nichts, ich habe ja sonst jede Menge zu tun.“
- „Ich brauche keine neuen Kunden zu akquirieren, ich habe doch genug Kontakte.“
- „So schnell ändert sich der Markt schon nicht.“
- „Es hat schon so viele Prognosen gegeben, was funktioniert und was nicht – das geht auch wieder vorbei.“

3. Stufe: Lösbarkeit eines Problems

Eine Stufe weiter, aber immer noch passiv, sind Akquisiteure, die das Problem sowie seine Bedeutung erkennen, aber nicht sehen, dass es eine Lösung dafür gibt.

- „Dieser Kunde kann nicht gewonnen werden, der ist fest in den Händen der Konkurrenz.“
- „Angst vor der Akquisition kann man nicht ändern, das gehört einfach dazu.“
- „Es gibt keine andere Alternative, das muss so durchgezogen werden.“
- „Was soll man da schon machen. Der Markt ist eben schwierig.“

4. Stufe: Eigene Kompetenz zur Lösung des Problems

Auf der niedrigsten Stufe der Passivität wird zwar das Problem sowie dessen Bedeutung erkannt und auch gesehen, dass es Lösungen dafür gibt – nur man selbst fühlt sich nicht in der Lage, diese umzusetzen. Der Akquisiteur wertet die eigenen Möglichkeiten, mit einem Problem konstruktiv umzugehen, ab.

- „Ich werde Akquisition niemals lernen."
- „Ich habe eben nicht die rhetorischen Fähigkeiten wie der Kollege XY. Bei mir klappt das einfach nicht."
- „Diesen Gesprächspartner knacke ich nie."
- „Diese Vorgaben kann ich nicht erfüllen."
- „Wenn ich das tue, dann bin ich nicht mehr ich selbst, dann kann ich nicht authentisch auftreten."
- „Auf diese Art und Weise kann ich nicht arbeiten."

Ein Verkäufer eines EDV-Unternehmens beklagte sich im Coaching darüber, dass seine Kundenfrequenz merklich nachgelassen hat. In der Diskussion wurde ihm klar, dass sich dieser Zustand in Zukunft nicht wesentlich ändern und von ihm mehr Akquisitionstätigkeit fordern werde. Obwohl er ein sehr erfolgreicher Verkäufer ist, glaubte er nicht, dass er Akquisition gut bewerkstelligen könne.

Ich hatte ihn im Kundengespräch in seinem Büro erlebt und wusste, dass er ohne Schwierigkeiten über die gesamte Palette erfolgreicher Verhandlungsführung verfügen konnte. Aber er war felsenfest davon überzeugt, dass ihn bei der Akquisition die Sekretärinnen gar nicht erst zum Entscheider vorlassen würden. Sollte er das durch Zufall doch schaffen, hatte er keine Idee, wie er in Gesprächen mit Entscheidern deren Bedarf wecken sollte. Und außerdem glaubte er, dass diese Tätigkeit gar nicht zu seinem Typ passe. Passivität auf der vierten Stufe in Reinformat!

Übung: Signale für Passivität

Typisch für Passivität ist, dass Außenstehende zwar die Zeichen der Zeit erkennen, nur man selbst oder das gesamte Team mit Blindheit geschlagen ist. Sprich, die Signale, die auf ein Problem hinweisen, nicht erkennt, und deshalb passiv bleibt.

Signale, die auf die Existenz eines Problems in der Akquisition hinweisen

- Schlechte Verkaufszahlen.
- Schwache Kundenfrequenz in der Firma.
- Wenig bis keinen Auftragsvorlauf.
- Schwache Konjunktur.
- Feedback Ihres Chefs, dass er mit Ihren Ergebnissen nicht zufrieden ist.
- Die Aufforderung Ihres Chefs, Sie sollten aktiver werden.
- Sie selbst haben das Gefühl, dass Ihre Aktivität nicht ausreicht oder dass es so, wie es bisher läuft, nicht lange gut geht.

Signale, die auf die Bedeutsamkeit eines Problems für Sie hinweisen

- Ihre Kollegen verändern sich schon wegen der Umsatzrückgänge.
- Ihr Chef hat Sie schon zahlreiche Male aufgefordert, aktiver zu werden.
- Ihre Kunden kaufen nicht mehr/nicht mehr so häufig.
- Es ist nicht absehbar, dass sich die Situation in nächster Zeit von allein so verändert, dass Sie es sich leisten können, zu warten.
- Die Tätigkeiten, die Sie ausüben, bringen Ihnen nicht die Lösung Ihres Problems (zum Beispiel Einnahmen, Aufträge).

Signale, die auf die allgemeine Lösbarkeit eines Problems hinweisen

- Es gab solche oder ähnliche Situationen in Ihrer Branche schon einmal, und dort wurden sie von Akquisiteuren aktiv gelöst.
- Sie kennen Menschen, die in ihren Lebensbereichen mit ähnlichen Problemen erfolgreich umgegangen sind.
- Es gibt die zur Lösung erforderlichen Rahmenbedingungen in Ihrem Unternehmen.

Signale, die darauf hinweisen, dass Sie selbst in der Lage sind, das Problem zu lösen

- Sie haben es in der Vergangenheit schon bewiesen.
- Sie haben andere oder ähnliche Probleme schon gemeistert.
- Tief im Inneren trauen Sie es sich auch zu.
- Sie haben gute Unterstützung.
- Alle für Sie erforderlichen Rahmenbedingungen sind vorhanden.
- Sie haben sich intensiv mit diesem Buch beschäftigt.

Analyse des eigenen Passivitätsniveaus

1. Wo sind Sie bei der Akquisition passiv (zum Beispiel Kaltakquisition, Nacharbeit der Kontakte, Wiedervorlage)?
2. Wie äußert sich diese Passivität? Auf welche der vier beschriebenen Arten äußert sich die Passivität (Nichtstun, Agitation, Überanpassung, sich unfähig machen)?
3. Welche Signale weisen darauf hin, dass Sie ein Problem nicht erkennen oder seine Bedeutung beziehungsweise Lösbarkeit abwerten?
4. Was tun Sie an Stelle der zielführenden Tätigkeit? Wie gestalten Sie Ihren Arbeitstag, um nicht Akquisition betreiben zu müssen?
5. Wie lautet Ihr innerer Dialog, wenn Sie keine oder keine ausreichende Akquisition machen?
6. Was ist Ihr Vorteil, wenn Sie passiv bleiben?
7. Welcher Konflikt entsteht daraus, dass Sie mit Ihrem derzeitigen Aktivitätsniveau Ihre Ziele nicht erreichen? Wie gehen Sie mit dem Konflikt um? Welche Konsequenzen sind zu erwarten?
8. Wer oder was könnte Sie dazu bringen, in Zukunft mehr Akquisition zu machen?

4.2 Umgang mit Passivität

„Es ist nicht genug zu wissen, man muss es auch anwenden.
Es ist nicht genug zu wollen, man muss es auch tun."

(Johann Wolfgang von Goethe)

Ziele setzen

Wenn Sie nicht wissen, was Sie wollen, werden Sie sich schwer tun, sich dafür engagiert einzusetzen. Deshalb ist die wichtigste Voraussetzung, um von der Passivität in die Aktivität zu kommen, dass Sie sich klare Ziele setzen. Ziele sind gewünschte Endzustände, auf die man sein Handeln ausrichtet. Wenn diese unklar sind, dann überrascht es nicht, wenn auch das Handeln diffus ist. In meinen Coachings höre ich immer wieder, mit welchen unklaren Zielsetzungen Akquisiteure an ihre Arbeit gehen:

- „Ich möchte so viel Geld wie möglich verdienen."
- „Ich möchte möglichst viel erreichen."
- „Ich möchte erfolgreich werden."

Setzen Sie sich klare, nachprüfbare Ziele, die Sie unmittelbar ins Handeln bringen:

- „Ich werde pro Tag 15 Neukontakte machen."
- „Ich werde zehn Ärzte und zehn Apotheker in der nächsten Woche besuchen und ihnen einen Vorschlag zur Zusammenarbeit machen."
- „Ich werde das neue Produkt in diesem Monat allen Bestandskunden anbieten."

Handlungsziele versus Ergebnisziele

Wichtig ist, dass Sie sich Handlungsziele und nicht Ergebnisziele vornehmen: dass also deutlich wird, was Sie tun werden, und nicht, was Sie erreichen wollen:

1. „Ich werde diese Woche 15 neue Kontakte machen." Das ist ein Handlungsziel. Welches Ergebnis Sie erreichen, wissen Sie noch nicht. Aber klar ist, was Sie tun werden.
2. „Ich werde nächste Woche 50 000 Euro Umsatz machen." Das ist ein Ergebnisziel. Es ist unklar, durch welche Handlungen Sie es erreichen wollen. Es kann Sie lähmen und frustrieren, wenn Sie merken, dass Sie dem Ziel mit ihren anvisierten Strategien nicht näher kommen.

Setzen Sie sich sowohl kurz-, mittel- und langfristige Ziele als auch Teilziele. Dann können Sie den Weg zum Ziel kontrollieren. Unterscheiden Sie auch zwischen selbst- und fremdbestimmten Zielen:

- **Selbstbestimmte Ziele** sind solche, die Sie sich selbst stellen und auch überprüfen. Sie richten sich dabei nach eigenen Standards und Werten.
- **Fremdbestimmte Ziele** sind solche, die von anderen an Sie gerichtet werden. Manche Menschen empfinden sie bindender als ihre selbstbestimmten Ziele. Umgekehrt kann es sein, dass Sie nicht den eigenen Werten entsprechen. Oder sie werden mit weniger Verantwortungsgefühl verfolgt.

Prüfen Sie für sich, bei welcher Art von Zielen Sie die größere Aktivität entwickeln und konsequenter vorgehen.

Setzen Sie sich realistische Ziele, also Ziele, die das eigene Leistungsniveau und die eigene Leistungsmotivation berücksichtigen. Zu niedrig gesteckte Ziele bringen kein Erfolgserlebnis und zu hoch gesteckte Ziele forcieren Misserfolge (siehe auch Abschnitt „Über-/Unterforderung"). Ihre Ziele sollten über Ihrem bisher erreichten Maximum liegen, aber Sie sollten innerlich davon überzeugt sein, dass Sie sie erreichen können. Das heißt: Es gilt zu unterscheiden zwischen Willen und Wunsch:

- **Beim Willen** setzen Sie sich ein Ziel und machen sich differenzierte Gedanken darüber, was Sie Schritt für Schritt tun müssen, um dieses Ziel zu erreichen – es setzt Eigeninitiative und Eigenleistung voraus.
- **Beim Wunsch** haben Sie zwar ein Ziel, unternehmen jedoch keine aktiven Schritte, um dem Ziel näher zu kommen. Da es sich meist um ein unrealistisches Ziel handelt, bleibt die Erfüllung des Wunsches in der Regel dem Zufall überlassen.

Nehmen Sie sich Zeit, um Ihre Ziele zu formulieren, zu entwickeln, ihre Wirkung zu spüren und Identifikation mit ihnen zu erzielen. Fragen Sie sich, ob Sie innerlich zutiefst von Ihren Zielen überzeugt sind. Nehmen Sie sich die Ziele nur vor, weil Ihr Chef es verlangt und das Zielesetzen zu Ihrer Arbeitsroutine gehört? Oder versuchen Sie gar, dadurch negativen Konsequenzen aus dem Weg zu gehen (zum Beispiel Konflikten mit dem Chef)? Ohne innere Überzeugung werden Sie solche Ziele mit großer Wahrscheinlichkeit nicht erreichen.

Fixieren Sie sie schriftlich. Beziehen Sie in die Vereinbarung andere Personen mit ein, um mehr Klarheit und Verbindlichkeit zu erzielen. Überlegen Sie sich auch, welche Gründe Sie haben, sich diese Ziele zu setzen, und welche Vorteile Sie sich davon versprechen. Was ist anders, wenn Sie Ihr Ziel erreicht haben?

Auch die äußeren Bedingungen, unter denen Sie Ihre Ziele realisieren wollen, spielen natürlich eine Rolle. Wägen Sie alle Bedingungen ab, die für die Zielerreichung wichtig sind, etwa persönliche und systemische Bedingungen (private/berufliche).

Schließlich ist es ratsam, dass Sie einen genauen Plan zur Umsetzung Ihrer Ziele fassen. Analysieren Sie regelmäßig Ihre Zielerreichung, den geplanten Weg dorthin und optimieren Sie die Prozesse, wann immer das erforderlich ist. Veränderte äußere Bedingungen wirken sich selbstverständlich auch auf Ihre Ziele aus, unter Umständen müssen Sie diese anders fassen.

So entwickeln Sie eigene Ziele für die Akquisition

1. Wo wollen Sie in fünf beziehungsweise zehn Jahren beruflich stehen (Vision)?
2. Welche Ziele verfolgen Sie in Ihrer Akquisition?
3. Formulieren Sie Ihre Ziele klar, konkret, positiv, überprüfbar.
4. Welche dieser Ziele sind kurz-, mittel- und langfristig?
5. Wie und woran werden Sie erkennen, ob Sie Ihre Ziele erreicht haben?
6. Was brauchen Sie, um diese Ziele zu erreichen?
7. Wer kann Ihnen dabei helfen, Ihre Ziele zu erreichen?
8. Wie kann diese Hilfe aussehen?
9. Welche Konsequenzen werden Sie ziehen, wenn Sie Ihre Ziele/ Teilziele nicht erreichen?
10. Wer könnte die Zielerreichung behindern/verhindern? Was werden Sie dann tun/lassen?

Und wenn das Ziel erreicht ist?

Der FC Bayern erreichte in der Saison 2000/2001 mit der deutschen Meisterschaft, dem Sieg in der Champions League und als Weltcupsieger so ziemlich alles, was im Fußball zu erreichen ist. Der Torwart des FC Bayern, Oliver Kahn, beschrieb einmal in einem Interview, er sei anschließend in ein tiefes Loch gestürzt. Das mag zunächst verwundern, weil es so klingt, als könne er sich nicht über all die Erfolge freuen. Aber tatsächlich ist dieses offene Bekenntnis nicht überraschend, und es geht nicht nur Sportlern so, wenn sie ihre hoch gesteckten Ziele erreichen: Plötzlich lässt die ganze Spannung nach. Das Ziel, auf das die ganze Aufmerksamkeit gerichtet war, ist weg und die große Frage taucht auf: Was jetzt? Bis ein neues Ziel entsteht, für das man sich wieder mit aller Kraft einsetzen will, fühlt man sich desorientiert, „ziellos" und unzufrieden.

Das spiegeln auch die fünf Phasen des Motivationsprozesses wider:

1. *Phase:* Ein Bedürfnis/Ziel entsteht.
2. *Phase:* Eine Bedürfnisspannung baut sich auf.
3. *Phase:* Energien werden freigesetzt und erzeugen Aktivitäten, mit denen das Bedürfnis gestillt werden soll. Vorausgesetzt, es besteht eine reale Chance dazu.

4. Phase: Abbau der Spannung während der Bedürfnisbefriedigung.
5. Phase: Es entsteht ein neues Bedürfnis.

In der vierten Phase kommt das „Loch" – und es besteht die Gefahr, hier passiv hängen zu bleiben, wenn kein neues Bedürfnis entsteht und man sich kein neues Ziel setzt.

Selbstcoachingprozess

Wenn Sie vor einer schwierigen Situation stehen oder eine Frage haben, bei der Sie nicht vorankommen, dann helfen Ihnen vielleicht die in Bild 8 aufgeführten Fragestellungen, um Ihre Gedanken zu sortieren.

Bild 8 Fragen zum Selbstcoaching

Aktionsplan: Fitness-Programm für Akquisiteure – So werden Sie aktiv

Vertrauen Sie darauf, dass Sie alle für die Akquisition nötigen Fähigkeiten und Fertigkeiten haben. Es fehlt Ihnen lediglich an der Erfahrung, an Kondition und der Fähigkeit, den inneren „Schweinehund" zu überwinden. Hier finden Sie eine Anleitung, mit der Sie eine Art „Fitness-Programm" für Aktivität in der Akquisition entwickeln können:

▶ **Aufwärmen**

„Erwärmen" Sie sich für die Akquisition: Suchen Sie nach den positiven Elementen der Akquisitionsarbeit. Meist wird der Fokus auf all das gelegt, was die Arbeit erschwert oder keinen Spaß macht beziehungsweise Angst auslöst. Akquisition ist jedoch mehr, zum Beispiel:

- Sie hilft uns, interessante und lukrative Geschäftsbeziehungen zu knüpfen.
- Sie entwickelt unsere Persönlichkeit durch immer wechselnde Herausforderungen.
- Sie lässt uns unsere Arbeitszeit frei gestalten.
- Sie bringt Abwechslung.
- Sie hilft uns bei kontinuierlichem Einsatz, Angst durch Spaß und Lust zu ersetzen.

Welche Elemente der Akquisition verschaffen Ihnen positiven Antrieb? Welche Aufgaben oder Akquisitionsstrategien können bei Ihnen Lust und Spaß auslösen? Welche machen Sie gerne?

Was können Sie tun, um intensive Unterstützung für Ihre Akquisition zu bekommen (privat/beruflich)?

▶ **Stretching**

Bestimmt haben Sie schon einmal Ihren „inneren Schweinehund" überwunden und sich selbst so zu Erfolgserlebnissen verholfen. Denken Sie an diese Erlebnisse zurück und ziehen Sie daraus Energie für die heutigen Herausforderungen. Haben Sie solche Erlebnisse noch nicht in der Akquisition gehabt, so suchen Sie nach anderen Beispielen aus dem Job, dem Sport oder dem Privatleben.

Wie waren dort die Erfahrungen und Erfolge und wie hat Sie das einen weiteren Schritt nach vorne gebracht (materiell und immateriell)?

> ▶ **Powern**
>
> Entwickeln Sie eine Strategie, wie Sie aktiver werden und wie Sie diese Aktivität immer wieder aufrechterhalten können.
>
> - Prüfen Sie, wer Sie dabei unterstützen kann.
> - Oder wer diese neue Entwicklung be- oder verhindern kann.
>
> So können Sie die Einflüsse auf Ihre zukünftige Aktivität besser steuern. Halten Sie sich auch hier die positiven Konsequenzen Ihrer neuen Aktivität vor Augen.

Setzen Sie Ihre Strategie um!

Wer aktiv ist und seine Chancen selbst sucht, ist freier als der, der aufgrund seiner Passivität von anderen abhängig ist. Sie können selbst entscheiden, mit wem Sie auf welche Weise zusammenarbeiten wollen.

Ein Verkäufer eines Autohauses saß tagtäglich im Autohaus und wartete auf Kunden. In den letzten Jahren ist die Kundenfrequenz in den meisten Autohäusern jedoch rapide zurückgegangen, worunter auch der Verkäufer zu leiden hatte. Die Kunden, die kamen, forderten teilweise unglaublichen Nachlass. Obwohl der Verkäufer provisionsabhängig bezahlt wurde, machte er immer mehr Zugeständnisse, um überhaupt Autos zu verkaufen. Darunter litt seine Ausstrahlung, die Kunden schienen zu spüren, dass er jedes Geschäft brauchte. Da er keine Alternativen zu haben glaubte, machte er seinen Job ohne Spaß und Engagement, mit immer schlechteren Ergebnissen.

Ein Kollege im selben Autohaus verbrachte einen Großteil seiner Arbeitszeit im Außendienst. Er knüpfte Kontakte zu Gewerbetreibenden, um seine Umsatzrückgänge im Autohaus zu kompensieren. Er hatte dabei schon einige Geschäfte getätigt, Empfehlungen erhalten und viele Absichtserklärungen für die nähere Zukunft bekommen. Diese Erfolge machten ihn stolz, was man ihm bei seiner Verkaufstätigkeit am Nachmittag im Autohaus auch anmerkte. Er trat selbstbewusst, locker und freundlich auf und kam mit seiner Art gut an. Auch er hatte es häufig mit Rabattjägern zu tun, doch aufgrund seiner Erfolge gab er nicht jeder Forderung nach. Auffällig war, dass weitaus weniger Kunden bei ihm Rabatte forderten als bei seinem Kollegen. Selbst wenn er Rabattwünsche abschlägig beschied, machte er oft trotzdem das Geschäft, weil der Kunde weniger Nachlass bei ihm akzeptierte.

Abklingen

Werten Sie Ihre Erfahrungen aus und überlegen Sie sich, was Sie ändern wollen, um Ihre Strategie zu verbessern.

- Was wäre ein erster kleiner, aber bedeutsamer Schritt zur Verbesserung?
- Woran würden Sie erkennen, dass das Problem verschwunden ist?

Zufriedenheit und Motivation

Wenn Sie Sport treiben, kennen Sie das Gefühl wahrscheinlich: Nachdem Sie sich ausgearbeitet haben, fühlen Sie sich wohlig müde und zufrieden mit sich und der Welt. Vielleicht stellt sich dieses Gefühl bei Ihnen nach einer langen Bergwanderung ein, nach zwei Stunden Fußballtraining im Verein oder nach einem langen Lauf allein durch den Wald.

Diese Zufriedenheit danach motiviert dazu, den „inneren Schweinehund" beim nächsten Mal wieder zu überwinden. Irgendwann plagt man sich dann gerne, weil man die angenehmen Gefühle, die anschließend entstehen, nicht mehr missen will.

Bei der Akquisition ist es nicht anders. Die Zufriedenheit, wenn Sie knifflige Situationen überwunden haben, ist die gleiche. Sie motiviert Sie, sich beim nächsten Mal wieder „zu trauen", einen Besuch zur Kaltakquisition zu machen, bei einem schwierigen Gesprächspartner nicht aufzugeben.

Durch welche Sportart Sie dieses Gefühl spüren, ist je nach Persönlichkeit unterschiedlich. So ist es auch in der Akquisition. Nicht alle Aspekte der Arbeit verschaffen die gleiche Zufriedenheit – finden Sie heraus, was Ihnen besonders liegt und Sie mit einem Gefühl der Zufriedenheit nach Hause gehen lässt:

- Welche Tätigkeiten in Ihrer Arbeit machen Sie zufrieden? Was daran bewirkt Ihre Zufriedenheit?
- Welche Tätigkeiten haben Sie verrichtet, was ist vorgefallen, wenn Sie mit einem unzufriedenen Gefühl nach Hause gehen?
- Welche Folgen hat es für Ihre Arbeit, wenn Sie ein zufriedenes Gefühl dabei haben?
- Was können Sie tun, um mehr Tätigkeiten auszuüben, bei denen Sie zufrieden sind?

- Was können Sie an „ungeliebten" Tätigkeiten ändern, damit Sie ein zufriedenes Gefühl haben?
- Wer kann Sie dabei unterstützen?

Mit diesen Fragen können Sie sich selbst auf die Spur kommen, wie Sie aktiv Ihre Zufriedenheit fördern beziehungsweise vermeiden können, dass Sie mit sich und Ihrer Tätigkeit unzufrieden werden.

Visualisieren und innerer Dialog

Diese beiden Methoden, die ich Ihnen im vergangenen Kapteil dargestellt habe, können Ihnen helfen, sich die angenehme Zufriedenheit danach vorzustellen beziehungsweise sich selbst in Worten auszumalen.

Belohnung

Wenn Sie Ihre Aktivität aufrechterhalten und gute Ergebnisse erzielen, dann belohnen Sie sich: Gehen Sie fein essen, machen Sie sich selbst ein Geschenk, gönnen Sie sich Entspannung und Erholung. Dann merken Sie immer wieder, „wofür" Sie das alles eigentlich tun, und registrieren Ihre Erfolge.

Umgekehrt sollten Sie sich auch in irgendeiner Weise zurechtweisen, wenn Sie merken, dass Sie in alte Passivitätsmuster zurückverfallen. Streichen Sie sich eine Belohnung oder zwingen Sie sich dazu, ein paar Kontakte mehr zu machen. Ziehen Sie Konsequenzen und treffen Sie mit sich selbst eine Vereinbarung, wie Sie in Zukunft wieder aktiv Leistungen erbringen können. Denn dann sind Sie schon wieder in der Aktivität.

4.3   Passivität bei Geschäftspartnern

Nicht nur Sie können in Passivität versinken – Ihre Geschäftspartner natürlich auch. Passive Menschen für sich zu gewinnen ist schwer. Denn es liegt in der Natur der Sache, dass sie am Status quo interessiert sind und nichts verändern wollen. Wenn Sie jemanden als Kunden gewinnen wollen, muss er aber aktiv werden. Deshalb müssen Sie ihn erst einmal aktivieren, ehe Sie ihn für sich gewinnen können. In diesem Abschnitt finden Sie Hinweise, wie Sie mit Passivität bei Geschäftspartnern umgehen können.

1. Schritt: Analyse der Passivität des Geschäftspartners

Analysieren Sie zunächst einmal die Passivität Ihres Gegenübers.

Art der Passivität

Auf welche Arten von Passivität treffen Sie bei Ihren Geschäftspartnern (nichts tun, etwas anderes tun, Überanpassung, sich oder andere unfähig machen)?

Zeitpunkt der Passivität

* Ist der Gesprächspartner über den gesamten Verlauf der Geschäftsbeziehung passiv?
* Oder „nur" zu bestimmten Zeiten, wie zum Zeitpunkt von Entscheidungen, bei Vereinbarungen oder anderen Situationen?

Hintergründe

* Welche Gründe nennt der Geschäftspartner für seine Passivität (Rechtfertigungen, Entschuldigungen etc.)?
* Welche Gründe vermuten Sie?

Gründe für die Passivität von Geschäftspartnern können beispielsweise die Angst vor (falschen oder allgemeinen) Entscheidungen sein, der Wunsch, bei Altem und Bewährtem zu bleiben, Angst vor Veränderung, Bequemlichkeit, befürchtete Widerstände im eigenen Unternehmen oder die fehlende Beziehungsebene zwischen Ihnen und dem Kunden.

Auswirkung der Passivität

Inwieweit beeinflusst die Passivität

* Ihre Beziehung zum Geschäftspartner (sowie zu anderen am Prozess beteiligten Personen),
* den gesamten Prozess der Geschäftsbeziehung,
* welche Auswirkungen gibt es dadurch?

Strategie des Geschäftspartners, um passiv zu bleiben

* Wie geht der Partner vor?
* Wie verhält er sich?
* Wie äußert er sich zu seinem Verhalten?
* Gibt es immer wiederkehrende Strategien?

Strategien, mit denen Geschäftspartner (und nicht nur diese!) in der Passivität verharren, sind beispielsweise

- sich verleugnen lassen,
- zu Beginn des Gesprächs lange jammern über die aktuelle Situation des Unternehmens, des Marktes, der eigenen Person oder anderes, um den Akquisiteur einzulullen, ihm die Motivation zu nehmen und zu verhindern, dass er Aktivität einfordert. Auch, um Erklärungen zu liefern, auf die er sich später zurückziehen kann,
- immer gehetzt, gestresst, unter Zeitdruck wirken, so dass es zu keinem konstruktiven Gespräch kommen kann,
- den Gesprächspartner, das Unternehmen, die Produkte und Leistungen angreifen, um einzuschüchtern; Distanz halten und so verhindern, dass Forderungen nach mehr Aktivität gestellt werden,
- sich als nicht entscheidungsbefugt darstellen,
- um Verständnis für seine eigenen Probleme und Schwierigkeiten werben, um in Ruhe gelassen zu werden.

2. Schritt: Analyse des eigenen Anteils an der Passivität des Geschäftspartners

- Wie tragen Sie zu diesem Zustand bei?
- Was forcieren Sie, was verhindern Sie?
- Wie und wodurch lassen Sie sich beeinflussen?
- Was sind die Hintergründe für Ihre Unterstützung der Passivität des anderen?
- Wie sind Sie bisher mit der Passivität des Geschäftspartners umgegangen?
- Mit welchen Ergebnissen?

3. Schritt: Umsetzungen individueller Lösungen zur Aktivierung des Geschäftspartners

Patentlösungen gibt es auch hier nicht. Was hilft, um Ihren Gesprächspartner „in Gang zu bringen", richtet sich nach der Art seiner Passivität, der Qualität Ihres Kontaktes zu ihm, der kurz-, mittel- und langfristigen Bedeutung der Geschäftsbeziehung sowie Ihren eigenen Neigungen und Präferenzen.

Vorbild

Am allerstärksten wirkt Ihr eigenes Vorbild: Ihr persönliches Engagement, Ihre Aktivität, Ihr professionelles Auftreten (wie Klarheit, Verlässlichkeit, Zielorientierung, Wertschätzung; siehe dazu auch Abschnitt „Der persönliche Auftritt") wirken auf Ihre Geschäftspartner mit Sicherheit motivierend.

Wenn jemand sich reinhängt, will man selbst meistens nicht nachstehen. Wenn Sie Ihrem Geschäftspartner zuhören, Verständnis für dessen Probleme entwickeln und dies auch äußern, wird er sich mit großer Wahrscheinlichkeit um eine ähnliche Haltung bemühen.

Vereinbarungen

Vereinbarungen sind ein guter Weg, um sicherzustellen, dass etwas gemacht wird. Treffen Sie deshalb klare Vereinbarungen. Halten Sie diese selbst ein und fordern Sie deren Einhaltung beim Gesprächspartner ein. Wird die Vereinbarung nicht eingehalten, so analysieren Sie gemeinsam die Hintergründe und treffen Sie erneut darüber eine Vereinbarung. Hilfreiche Fragestellungen dabei sind:

- „Was wollen wir konkret vereinbaren?"
- „Wer macht was bis zu welchem Termin?"
- „Wie werden Sie unser Projekt voranbringen/Ihrem Chef erläutern?"
- „Wie werden wir sicherstellen, dass eine aktive(re) Zusammenarbeit zustande kommt?"
- „Wie wollen wir unsere Zusammenarbeit gestalten?"

Aktivitäten anderer darstellen

Setzen Sie Referenzen ein: Wer nutzt noch Ihr Produkt? Das schafft Vertrauen. Das Vorbild von anderen, die aktiv wurden, wirkt oft anregend. Stellen Sie dar, wie andere Ihrer Kunden Ihr Produkt sinnvoll und gewinnbringend einsetzen. Dadurch kommt Ihr Geschäftspartner unter Umständen auf neue Ideen.

Zeigen Sie Unterschiede zu Mitbewerbern auf verschiedenen Ebenen auf (in Bezug auf Produkte/Dienstleistungen, die eigene Firma und ihre Leistungen, Ihr eigenes Engagement etc.).

Aktivitäten einfordern

Setzen Sie Aktionspläne ein, in denen festgehalten wird, was zu welchem Zeitpunkt von wem zu erledigen ist. Analysieren Sie genau die Ziele, Bedürfnisse, Wünsche und Probleme des Geschäftspartners und entwickeln Sie Ideen zur Lösung dieser Punkte. Unterstützen Sie Ihren Gesprächspartner dabei, selbst besser und effektiver zu arbeiten, indem Sie ihm Zusatznutzen liefern. Entwerfen Sie gemeinsam Strategien und Ideen für den Gesprächspartner und für eine gemeinsame Geschäftsbeziehung.

Aktivierende Fragen

Stellen Sie Fragen, die den Gesprächspartner zu einer Aktivität auffordern:

„Unter welchen Voraussetzungen wären Sie bereit ...?"
„Wie groß wäre die Chance ...?"
„Was müsste passieren, damit Sie ...?"
„Wie könnte Ihrer Meinung nach eine Zusammenarbeit aussehen?"
„Wie soll es jetzt weitergehen?"

Feedback einfordern

Lassen Sie sich vom Geschäftspartner Feedback auf Sie, Ihr Produkt, Ihre Firma oder anderes, einholen. Lassen Sie ihn Verbesserungsvorschläge machen. Dann muss er sich nämlich überlegen, was er will. Fragen Sie ihn danach, welchen Status Sie bei ihm haben: „Wie attraktiv ist unser Angebot, unsere Firma, bin ich selbst für Sie – auch im Verhältnis zum Wettbewerb?"

Dies ist ein Auszug von Möglichkeiten, die Sie zur Aktivierung von Geschäftspartnern nutzen können. Aus meiner Erfahrung ist die wichtigste Strategie die eigene und dem Partner vorgelebte Aktivität. Ihr eigenes Engagement, Ihre Hingabe und Interpretation des Jobs entscheiden maßgeblich über die Reaktion Ihres Gegenübers. Oder wie es in einem Spruch heißt, der am Trainingsgelände des englischen Fußballvereins Aston Villa steht:

„Jeden Morgen erwacht in Afrika eine Gazelle.
Sie muss schneller laufen als der schnellste Löwe, sonst wird sie getötet.
Jeden Morgen erwacht in Afrika ein Löwe.
Er muss schneller sein als die langsamste Gazelle, sonst verhungert er.
Ganz gleich, ob du eine Gazelle bist oder ein Löwe – sobald die Sonne aufgeht, ist es am besten, du läufst los."

5 Umgang mit Stress

5.1 Stress – ein alltägliches Phänomen

Was Stress bedeutet, muss ich Ihnen wohl nicht erklären: Den Zustand der geballten beruflichen Belastung, der sich nicht nur negativ auf die Arbeit, sondern auch auf die eigene Gesundheit und Zufriedenheit auswirkt, kennen Sie sicher aus eigener Erfahrung.

Gründe für Stress in der Akquisition gibt es genug: hohe Zielvorgaben, zu viele Termine, viel Lernstoff über neues Produktwissen oder Finanzierungsmodelle, negativ gestimmte, enttäuschte Kunden oder der Druck zur Neukundenakquisition. Dazu kommen unter Umständen Schwierigkeiten mit Vorgesetzten oder Kollegen, ein hektisches Umfeld, eigene Ängste vor Misserfolgen oder zu hohe Erwartungen von anderen.

Ein typisches Beispiel: Ein junger Immobilienakquisiteur wurde von seinem Chef mit der Erwartung konfrontiert, jeden Tag 15 Neukontakte zu machen, diese zu qualifizieren, ins Wiedervorlagesystem einzupflegen und daraus in kürzester Zeit Umsatz zu generieren. Der junge Mann war Branchenneuling und hatte noch nicht das erforderliche Know-how. Er fühlte sich überfordert, zumal sein Chef ihm im Vorstellungsgespräch Einarbeitungszeit zugesagt hatte. Diese Stelle und sein Erfolg darin bedeuteten ihm viel und die nicht zu bewältigende Belastung schlug sich in starkem Stress und Krankheitssymptomen bei ihm nieder.

Stress entsteht aber nicht nur durch Überforderung. Auch Unterforderung kann Stress auslösen: Langeweile, Routine und eintönige Arbeitsabläufe können ebenso stressen und körperlich wie seelisch angreifen.

Ein gerade eingestellter Akquisiteur hatte hohe Ziele, die er in seiner neuen Firma, einem Pharmaunternehmen, erreichen wollte. Im Einstellungsgespräch hatte er den Eindruck gewonnen, diese dort umsetzen zu können. Während der ersten Wochen legte ihm sein Chef jedoch nahe, noch nicht ins Gebiet zu fahren. Er solle erst einmal alle internen Abläufe bis ins Detail kennen lernen. Dieser Zustand hielt dann aber über Monate hinweg an. Obwohl sich der Akquisiteur fit für den Außendienst fühlte und motiviert war, Kundenbesuche zu machen, bremste ihn sein Chef weiter aus.

Kein Wunder, dass der Akquisiteur sich unterfordert fühlte, Langeweile und Monotonie verspürte und den Eindruck gewann, dass er seine hohen Ziele nie erreichen würde. Er war unzufrieden, angespannt und empfand die Situation als enorme Belastung.

Es gilt also, ein gesundes Mittelmaß zu finden. Das richtige Maß ist erreicht, wenn Sie eine Aufgabe als Herausforderung und als Ansporn empfinden.

Hintergrundwissen: Wie entsteht Stress?

Zu Stress kommt es, wenn ein Missverhältnis zwischen Wollen und Können besteht. Wenn also Ihr Umfeld (beruflich oder privat) an Sie Anforderungen und Erwartungen stellt, die Ihre Fähigkeiten und Mittel überfordern. Oder Sie selbst hegen diese überhöhten Erwartungen. Hat das Ergebnis für Sie eine hohe persönliche Bedeutung, so steigert sich der Stress beträchtlich. Unwichtige Dinge hakt man leichter ab, wenn man sie nicht erreicht.

Unterfordern die an Sie gestellten Anforderungen und Erwartungen Ihre Fähigkeiten und Mittel, so entstehen Monotonie und Langeweile. Das führt vor allem dann zu Stress, wenn das angestrebte Ergebnis für Sie von großer Bedeutung ist. Das Modell der Angst- und Monotoniezonen bei Stress (Bild 9) illustriert diesen Zusammenhang.

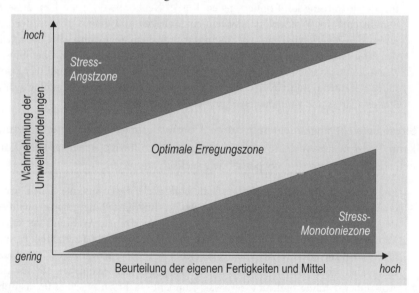

Bild 9 Angst- und Monotoniezonen bei Stress (nach Rainer Martens)

Stress – eine individuelle Sache

Es existiert also eine optimale Zone, in der die eigenen Fertigkeiten den Anforderungen von außen entsprechen – der Job ist weder zu langweilig noch überfordernd. Wo diese optimale Zone liegt, ist von Mensch zu Mensch verschieden. Es ist daher sehr wichtig, dass Sie sich selbst beobachten und herausfinden, wie viel Stress Sie „brauchen", um motiviert zu arbeiten. Akquisiteure mit hohem Selbstvertrauen und langjähriger Erfahrung können erfahrungsgemäß ein höheres Erregungsniveau tolerieren. Während Berufseinsteiger oder weniger erfahrene Akquisiteure mehr zu beachten, zu lernen und zu erfahren haben, und sie dies dann auch stärker unter Stress setzt. Je komplizierter eine Aufgabenstellung, desto geringer die Toleranz für hohe Erregungen. Hier kommt es am schnellsten zu Stress. Wenn der Organismus zu viel Stress verkraften muss, lassen Konzentrations- und Leistungsfähigkeit nach, da der Körper dann nicht zwischen künftigen Anforderungen und tatsächlichen Konflikten unterscheidet. Sie werden im Folgenden noch Gelegenheit haben, Ihren persönlichen Stresspegel zu überprüfen.

Konsequenzen von Stress

Unter Stress können Sie erforderliche Leistungen nicht mehr erbringen, weil Sie Ihr Potenzial nicht mehr abrufen können. Die Über- oder Unterforderung verunsichert, weckt Befürchtungen hinsichtlich der Konsequenzen und bewirkt, dass man sich nicht mehr auf die Tätigkeit selbst konzentriert. „Dumme" Fehler schleichen sich ein, man argumentiert nicht mehr präzise und logisch, fragt nicht nach, ist nicht mehr in der Lage, Beziehungen herzustellen.

> In einem Coaching begleitete ich einen Akquisiteur eines Logistikunternehmens, der unter starkem zeitlichen Stress stand, weil er sich so viele Termine aufgeladen hatte. Kam er zum Kunden, so stellte er sich kurz als Ansprechpartner für Fragen rund um das Produkt vor, händigte seine Visitenkarte aus und bot an, man könne ihn bei Bedarf gerne anrufen. Danach verabschiedete er sich rasch. Keine Fragen zu Bedarf, Lebensumständen, Wünschen und bereits genutzten Lösungen, kein Aufbau einer Beziehung. Auch keine Informationen über die eigene Firma, seine Alleinstellungs- und Unterscheidungsmerkmale, die eigenen Produkte und sich selbst. Es ergab sich verständlicherweise keine Geschäftsbeziehung aus diesem Kontakt. Womit sich der Stress des Akquisiteurs nur noch erhöhte, denn jetzt fühlte er sich gezwungen, noch mehr Termine wahrzunehmen. Übrigens auch ein Paradebeispiel für Passivität (Agitation).

Die Fähigkeit, Probleme zu lösen und Situationen richtig einzuschätzen, ist nachhaltig beeinträchtigt. Der Körper mobilisiert Energiereserven: Die Hormone Adrenalin und Noradrenalin werden in den Kreislauf geschüttet. Der läuft auf Hochtouren. Ein Ausnahmezustand, der eine Zeit lang aufrechterhalten werden kann, aber nicht für unbegrenzte Dauer. Ansonsten kann das zur Überlastung des psychischen oder physischen Systems führen, also zu Erschöpfungszuständen, Krankheit und sogar Tod oder zu Depressionen, psychischem Zusammenbruch und seelischen Krisen.

Als Reaktionen auf Stress sind drei Verhaltensweisen typisch:

- Kampfreaktion,
- Fluchtreaktion,
- Schreck- und Schockhaltung.

Kampfreaktionen

Akquisiteure, die mit einer Kampfreaktion auf Stress reagieren, beginnen zielgerichtet, positiv und offensiv zu kämpfen. Die Aufmerksamkeit und die Energie sind auf das Ziel und die Aufgabe ausgerichtet – sie fühlen sich selbstsicher, stark und offensiv. Der „Kämpfer" hat gelernt, leistungsorientiert vorzugehen und den Wettkampf/Wettbewerb anzunehmen. Er ist offensiv, sucht seine Chancen und konzentriert sich auf sein Ziel. Er ist getrieben von dem starken Willen, sich zu beweisen, sein Bestes zu geben, Herausforderungen anzunehmen und niemals aufzugeben – auch wenn dies manchmal sehr schwer fällt.

Fluchtreaktionen

Ein Akquisiteur mit Fluchtreaktionen versucht, der Belastungssituation zu entfliehen. Statt sich auf sein Ziel und seine Aufgabe zu konzentrieren, werden die Aufmerksamkeit und Energie zum Selbstschutz benutzt. Der Akquisiteur ist nur noch mit sich selbst beschäftigt – er fühlt sich unsicher, schwach und in die Enge getrieben. Er wird passiv, defensiv oder aggressiv und senkt seine eigene Erwartungshaltung rapide herab.

Der „Fluchttyp" mit defensiver Ausprägung hat gelernt, sich bei Konflikten und Stress zurückzuziehen, eigene Bedürfnisse zurückzuschrauben und Wettbewerb/Wettkampf eher defensiv anzugehen. Bei hohen Anforderungen flüchtet er oder meidet sie ganz. Fluchtverhalten löst Kettenreaktionen aus: Man wird apathisch, gleichgültig und fühlt sich nutzlos.

Die meisten Akquisiteure, die unter Stress Fluchtverhalten zeigen, entschuldigen sich mit fehlender Motivation, den schlechten Rahmenbedingungen, den schlechten Produkten oder dem Verhalten anderer. Oder sie werten die Bedeutung des Misserfolges ab, indem sie Ausreden wählen wie:

- „Ich war halt schlecht drauf."
- „Neues Spiel, neues Glück."
- „Na ja, bei der Zielgruppe kein Wunder."
- „Dann küsse ich halt den nächsten Frosch."
- „Heute geht gar nichts."
- „Der Gesprächspartner war ja wirklich schwierig."

Sie wollen dadurch sich selbst und ihrem Umfeld einreden, dass es sich um eine Ausnahme handelt und nichts über die eigene Schwäche und die eigene Fehleinschätzung aussagt. Die Realität sieht meist anders aus, da sich bei den Folgebesuchen (im Anschluss oder auch mit zeitlichem Abstand) die gleichen Vorgehensweisen beobachten lassen. Wenn man also versucht, bei Stress sein Unterbewusstsein mit Ausreden zu besänftigen, um sich nicht ändern zu müssen, dann wird es nie zu einer Entlastung kommen.

Aggressivität

Eine andere Art von Fluchtverhalten ist die Aggressivität. Der Akquisiteur fühlt sich im Grunde hilflos und schwach. Er überspielt das, indem er „zurückschlägt" – sozusagen als Ausgleich für und Frust über die eigene Schwäche.

> Ein Akquisiteur einer Bank war in der Akquisition wenig erfolgreich. Er arbeitete seine Kontakte nach den Vorgaben seines Chefs ab, ohne Hingabe und Engagement – mit entsprechend geringem Erfolg. Als sein Chef ihn aufgrund der schlechten Ergebnisse zur Rede stellte, fuhr der Akquisiteur ihn aggressiv an, dass seine Leistungen nun wirklich nicht an ihm lägen, sondern an den schlechten Voraussetzungen im Unternehmen, den schlechten Produkten und dem schwierigen Markt.

Schockzustand

Diese Reaktion lässt den Betroffenen in Belastungssituationen als „geschockt", passiv, gelähmt, hilflos oder „ohnmächtig" erscheinen. Der Schreck fährt einem wortwörtlich in die Glieder. Man kann nicht mehr über Problemlösungen nachdenken. Der Körper reagiert mit Absinken des Blutdrucks, Übelkeit, Atemnot, Kreislaufversagen etc. Körper und Geist sind in einem Alarmzustand. Hält dieser über längere Zeit an (auch das ist individuell verschieden), so kann es zu chronischen Schreckreaktionen kommen, die sich häufig in psychosomatischen Erkrankungen äußern.

Reflexion: Woran merken Sie, dass Sie Stress haben?

Aus meiner Erfahrung weiß ich, dass manche Akquisiteure ihren eigenen Stress gar nicht wahrnehmen. Sie denken dann, die Situation müsste so sein oder Sie könnten sie nicht ändern.

Der erste Schritt zur Änderung der Situation liegt aber darin, den eigenen Stress und die damit verbundenen Warnsignale wahrzunehmen.

Mögliche Anzeichen für Stress

1. **Gedanken:** schlechte Konzentration, Fehler, die man sonst nicht macht, Vergesslichkeit, Zögerlichkeit, Passivität, der Wunsch, sich auszuruhen oder lange Urlaub zu machen, Konfusion, Verwirrung, Dienst nach Vorschrift, nichts Neues mehr ausprobieren, wenig Gedanken an die Zukunft, an eigene Ziele o. Ä., keine schwierigen Situationen eingehen, Zukunftssorgen, Angst vor Verlust (zum Beispiel der Arbeit, des Partners, eines Kunden, des Status etc.), Unfähigkeit, Entscheidungen zu treffen oder herbeizuführen.

2. **Gefühle:** hohe Reizbarkeit, Aggressivität, Resignation, Ängste aller Art, Fluchtgedanken, schwaches Selbstwertgefühl, leer und ausgepumpt sein, Depressionen.

3. **Verhalten:** schnelles Sprechen, unklare Argumentation, nervöse Körpersprache (schnell, hektisch, unrhythmisch), Augenflackern, immer länger arbeiten, immer mehr arbeiten (zum Beispiel auch zu Hause), zu wenig oder gar nicht mehr arbeiten, Hektik, schwache Eigenorganisation, nach außen gerichtete Aggression, Gebrauch von Nikotin, Alkohol, Drogen, Beruhigungsmitteln, Schlaftabletten, Koffein etc., Ersatzbefriedigung wie zu viel Sport beziehungsweise übertrieben leistungsorientierter Freizeitsport, Ämter in Vereinen, neue oder zusätzliche Beziehungen, Vermeidung von Kontakten zu anderen, andere für Fehler oder Probleme verantwortlich machen.

4. **Körperliche Reaktionen**: erhöhter Herzschlag, hoher Blutdruck, Kreislaufprobleme, Schlafstörungen, Muskelverspannungen, Magenbeschwerden, Magengeschwüre, Verdauungsprobleme, Beeinflussung des Ess- und Trinkverhaltens, schnellere Atmung, Schweißausbrüche, Blutzucker- und Blutfettwerte erhöht, Kopfschmerzen.

Dies sind ein paar Beispiele von Stressreaktionen, die überwiegend durch Überforderung zustande gekommen sind, und die ich in Coachings bei Akquisiteuren festgestellt habe. Sie können Indizien dafür sein, dass Sie unter negativem Stress stehen.

Prüfen Sie Ihre Befindlichkeiten auf den verschiedenen Ebenen. In welchen Situationen tauchen die Symptome auf? Prüfen Sie, welche Form und Dosis von Stress für Sie leistungsfördernd ist und ab wann der Zustand unangenehm leistungsmindernd wird.

5.2 Stressbewältigung in der Akquisition

Wie können Sie mit Stress in der Akquisition umgehen? Was können Sie ändern, damit Sie gar nicht erst unter Stress geraten beziehungsweise sich aus der Stresssituation befreien?

Dafür gibt es keine allgemeine „How-to-do-Anleitung" – wie für keines der Probleme in der Akquisition, die ich in diesem Buch anspreche. Wieder liegt es an Ihnen, für sich die beste Lösung zu finden, indem Sie anhand meiner Fragen das Problem Stress von allen Seiten beleuchten und ergründen und anschließend einen individuellen Maßnahmenplan aufstellen.

Was macht Ihnen Stress?

Analysieren Sie zunächst, was bei Ihnen Stress auslöst und wie Sie damit bisher umgegangen sind.

- Wer und was genau löst bei Ihnen Stress aus (konkrete Beschreibung)?
- Wie wirkt sich der Stress auf Sie (auf allen Ebenen des Denkens, Fühlens, Verhaltens und des Körpers) und Ihr privates und berufliches Umfeld aus?
- Welche der Stressauslöser haben unmittelbar mit Ihren Visionen und Zielen zu tun? Viele Stressauslöser sind in Bezug auf Ihre Ziele total unwichtig.

Diese gilt es als Erstes zu reduzieren. Die Stressauslöser, die für Ihre Ziele von Bedeutung sind, gilt es zu analysieren und auf ihre hemmende beziehungsweise unterstützende Wirkung zu untersuchen.

- Wie sind Sie bisher mit Stress umgegangen?
- Mit welchem Erfolg und Misserfolg?
- Wie hat Ihr Umfeld auf diesen Umgang reagiert?
- Welche Ihrer Reaktionen auf Stresssituationen fanden Sie hilfreich und möchten Sie auch in Zukunft beibehalten?
- Was würden Sie gerne anders machen?

Holen Sie sich Unterstützung

Gerade unter Stress ist der Blick auf die Realität getrübt, und man kann die Lage nicht angemessen einschätzen. Deshalb ist es empfehlenswert, dass Sie sich in solchen Situationen von anderen unterstützen lassen. Am besten handelt es sich dabei um eine neutrale Person, die nicht selbst von Ihrer Stresssituation betroffen ist: (Ehe-)Partner, Kollegen und Chefs eignen sich meist nicht. Von einem Coach können Sie professionelle Hilfe erwarten, für die Sie bezahlen. Oft helfen aber auch gute Freunde, Mentoren oder entferntere Verwandte. Mit ihnen können Sie die hier aufgeführten Fragen durchgehen und einen persönlichen Aktionsplan erarbeiten (siehe nachstehend).

Unterstützung können Sie sich nicht nur für die Reflexion, sondern auch für die praktische Lösung der Stresssituation holen. Etwa, indem Sie Kollegen bitten, Ihnen Arbeit abzunehmen oder mit Ihrem Chef über die Ursachen Ihres Stresses reden. Das will gut überlegt sein, ist aber auf jeden Fall eine wichtige Strategie, um Stress zu reduzieren. Denn typisch für Stress ist, dass man meint, man müsse alles sofort und alleine lösen. Was natürlich eine grandiose Täuschung ist. Wer könnte das schon? Überlegen Sie also auch:

1. Wer könnte Ihnen dabei helfen, Ihren Stress zu reduzieren?
2. Wie könnte diese Hilfe aussehen?

Was können Sie beeinflussen?

Es gibt Stress erzeugende Umstände und Rahmenbedingungen, die Sie nicht oder nur in geringem Umfang verändern können: etwa Aufgabenvielfalt, Zielvorgaben, Druck durch Ihren Chef. Andere Umstände können Sie aktiv selbst gestalten und Veränderungen bewirken. Finden Sie heraus, welche Ihrer Stressauslöser Sie beeinflussen können. Seien Sie ehrlich zu sich selbst! Oft werden scheinbar unveränderbare Rahmenbedingungen als Entschuldigung benutzt, um die eigene Passivität zu verschleiern.

- Welche Stressauslöser sind von Ihnen nicht/kaum zu beeinflussen? Aus welchem Grund?
- Welche werden durch andere Situationen herbeigeführt (etwa durch private Probleme, finanzielle Engpässe aufgrund von Passivität oder Misserfolg)?
- Welche Stressauslöser können Sie ändern oder beseitigen?

Was „bringt" Ihnen der Stress?

Manche Menschen „lieben" Stress, weil sie so den Anschein erwecken, sie würden hart arbeiten. Auf diese Weise erhoffen sie sich, Lob und Anerkennung einzuheimsen. Manche Menschen arbeiten tatsächlich sehr hart und suchen sich kreativ immer neue Aufgaben. Viele unternehmen aber dabei auch Aktivitäten, die sie ihren Zielen nicht wirklich nahe bringen, bleiben also durch Agitation passiv (siehe auch Kapitel „Passivität").

Der Nutzen von Stress kann also zum einen Zuwendung wie Lob, Anerkennung, Bedauern, Mitgefühl oder Ähnliches sein. Durch Stress können aber auch ungeliebte Aufgaben vermieden werden.

Aktionsplan: Wie können Sie mit Stress in der Akquisition umgehen?

Vielleicht haben Sie durch die vorangegangenen Fragen bereits Lösungswege gefunden, die helfen, Ihren Stress zu reduzieren. Ich skizziere Ihnen im Folgenden weitere Möglichkeiten, mit deren Hilfe es Akquisiteuren, die ich coachte, gelang, Stress zu reduzieren beziehungsweise besser mit Stresssituationen umzugehen.

▶ **Verändern Sie die Stressauslöser**

Die Fragen, die ich Ihnen oben stellte, können Ihnen helfen, herauszufinden, was Ihre persönlichen Stressauslöser sind und welche davon Sie beeinflussen können. Erarbeiten Sie jetzt einen Plan, wie Sie schrittweise Ihre Situation verändern wollen. Überlegen Sie sich, was Sie sofort anpacken können. Beispielsweise können Sie sich Luft verschaffen, indem Sie eine Liste mit wichtigen unmittelbar anstehenden Terminen erstellen. Alle anderen Termine, die aktuell weniger Bedeutung haben, verschieben Sie.

Andere Aspekte können Sie möglicherweise erst mittelfristig verändern, etwa andere Zielvorgaben, das Umfeld. Hier gilt es, schrittweise Maßnahmen zu finden und umzusetzen, die daran etwas ändern können.

Erarbeiten Sie einen schriftlichen Plan, in dem Sie Ihre Maßnahmen zusammen mit einer eindeutigen Zeitangabe festhalten. Am besten lassen Sie sich dabei von einer neutralen Person (Coach, Freund) unterstützen. Sonst setzen Sie sich am Ende auch noch mit Ihren Lösungswegen unter Stress. Außerdem erreichen Sie so, dass es nicht beim Planen und Vornehmen bleibt. Wenn jemand regelmäßig nachfragt, setzt man erfahrungsgemäß seine Vorhaben auch tatsächlich um.

Checkliste: So verändern Sie Ihre Stressauslöser

- Listen Sie alle Tätigkeiten auf, die Sie ausüben müssen, um Akquisition erfolgreich auszuüben.
- Setzen Sie Prioritäten (A-B-C): Welche dieser Tätigkeiten haben welche Bedeutung?
- Welche der Tätigkeiten sind kurz-, mittel- und langfristig zu erledigen?
- Vergleichen Sie nun, für welche Tätigkeit Sie bisher welchen Aufwand betrieben haben (zeitlich, energetisch) und wo diese Tätigkeit in der Prioritätenliste angesiedelt ist.
- Prüfen Sie, welche der weniger wichtigen Tätigkeiten Sie an andere delegieren können, auf welche Sie insgesamt verzichten wollen oder können und welche Sie zeitlich anders terminieren können.
- Sorgen Sie in Gesprächen mit Ihrem beruflichen und persönlichen Umfeld für andere, veränderte, optimierte Rahmenbedingungen.

Aus meiner Coachingpraxis kann ich Ihnen ein paar Beispiele nennen, was Akquisiteure veränderten, um Ihren Stress zu reduzieren:

- Sie verlegten Termine bzw. zogen sie zeitlich weiter auseinander.
- Sie vereinbarten mit Ihrem Chef andere Aufgaben und Vorgaben, um die Zeit, die sie für Akquisition zur Verfügung hatten, zu erhöhen.
- Sie setzten Vertriebsassistenten ein.
- Sie planten ihre Routen besser.
- Sie hinterfragten und veränderten ihre innere Haltung zum Thema Stress und ihre Erwartungshaltungen bezüglich ihrer Leistung.

Viele dieser Punkte sind kurzfristig zu ändern, andere brauchen Zeit, da oft die Rahmenbedingungen in den Unternehmen eingefahren sind.

▶ Unterstützen Sie sich mit einem positiven inneren Dialog

Stress können Sie reduzieren, indem Sie ihn in Ihrem inneren Dialog anders verarbeiten. Die enorme Bedeutung von Selbstgesprächen, die jeder Mensch in jeder Situation führt, habe ich Ihnen bereits im Kapitel „Passivität" dargestellt.

Auch in Stresssituationen liegt es bei Ihnen, ob Sie sich innerlich „fertig machen" und den Stress noch verstärken. Oder sich selbst „gut zureden", beruhigen und sich selbst wieder in Kontakt mit Ihren Ressourcen bringen. Ihr innerer Dialog entscheidet darüber.

Dabei können Sie folgendermaßen vorgehen:

1. Beobachten Sie zunächst, zu welchen Gedanken und Selbstgesprächen Sie in Stresssituationen neigen. Notieren Sie sich alle Sätze, mit denen Sie sich selbst kritisieren und abwerten und auch solche, mit denen Sie sich bestärken und Mut machen. Welche kehren besonders häufig wieder?

2. Ersetzen Sie jetzt die häufigsten negativen Formulierungen durch positive, die Ihnen in der Situation helfen würden. Überlegen Sie sich, welchen Zuspruch Sie unter Umständen gerne von anderen hören würden. Solche Sätze können zum Beispiel sein:
   - „Ich bleibe ruhig und souverän."
   - „Ich habe das im Griff."
   - „Jetzt ruhig weitermachen."
   - „Ich werde die zur Verfügung stehende Zeit effektiv nutzen."
   - „Ich werde jetzt mein Bestes geben."
   - „Jeder Mensch ist stressanfällig – ich stehe nicht allein damit."
   - „Ich brauche jetzt eine Pause, und die nehme ich mir."

3. Stellen Sie sich immer wieder, wenn Sie Zeit und Muße haben, Stresssituationen vor, in die Sie häufig geraten. Verwenden Sie dabei Ihre positiven Formulierungen. Stellen Sie sich in Gedanken vor, wie Sie die Situation
   zu einem guten Ende führen. (Statt Gruselfantasien nachzuhängen, wie das
   so oft passiert!)

▶ **Sorgen Sie für Energie spendenden Ausgleich**

Da Ihnen negativer Stress Energie entzieht, ist es wichtig, einen positiven Aus-
gleich zu schaffen. Also bewusst Aktivitäten zu unternehmen, die Ihnen wieder
Energien zuführen. Wenn Sie dies unterlassen, wird früher oder später Ihre
Gesundheit darunter leiden, Ihre Leistungsfähigkeit stark eingeschränkt sein
und die Qualität Ihrer Beziehungen (privat oder beruflich) sich verschlechtern.
Dies führt dann erfahrungsgemäß zu noch mehr Stress.

Mögliche Energiespender

- Treiben Sie Sport, um sich zu entspannen, sich fit zu halten, zu medi-
  tieren, nachzudenken und auch, um andere Menschen und Einflüsse
  kennen zu lernen.
- Ernähren Sie sich bewusst und gesund.
- Meiden Sie ein Übermaß an Nikotin, Koffein, Alkohol etc.
- Machen Sie regelmäßig Pausen – arbeiten Sie nicht den ganzen Tag
  durch. Schlafen Sie sich immer wieder aus.
- Planen Sie Zeit für Ihre Hobbys ein.
- Fahren Sie regelmäßig in Urlaub, nutzen Sie Kurzurlaube.
- Pflegen Sie Ihren Freundes- und Bekanntenkreis, verabreden Sie sich zu
  Unternehmungen, die Sie ablenken.
- Nutzen Sie Entspannungsübungen durch autogenes Training, Yoga,
  Muskelentspannungstrainings, Massage, Wellness etc.

Sorgen Sie für Abwechslung im Job und im Privatleben – raus aus Monotonie
und Routine.

▶ **Optimieren Sie Ihren Arbeitsstil**

Stress macht meist fahrig und konfus. Man handelt planlos und verstärkt so den
Stress. Überprüfen Sie Ihren Arbeitsstil dahingehend, ob er Ihren Stress noch
verstärkt oder zu dessen Minderung beiträgt. Ein effektiver Arbeitsstil kann
sowohl Stress verhindern als auch in Stresssituationen enorm unterstützen.

- Setzen Sie sich klare Ziele und arbeiten Sie mit Aktionsplänen. Setzen Sie Prioritäten, unter Umständen schriftlich, wenn Sie merken, dass Ihnen das schwer fällt.

- Planen und organisieren Sie Ihren Arbeitstag kurz- und mittelfristig. Überlegen Sie von vornherein, wie viel Zeit ein Termin realistischerweise in Anspruch nimmt. Planen Sie Puffer für unvorhergesehene Anrufe oder Besprechungen ein. Machen Sie sich klar, dass es sinnvoller sein kann, nur ein Gespräch mit Energie und Überzeugungskraft zu führen, als drei in kurzer Zeit „durchzuhecheln". Sagen Sie „nein", wenn Sie merken, dass Ihnen vor lauter Terminen und Projekten keine Zeit mehr für Pausen bleibt. Kurzfristig mag das mal so sein. Auf Dauer führt das zu Stress mit allen skizzierten Folgen.

- Verringern Sie Ihre Stressdosis, indem Sie zum Beispiel Termine mit Zielgruppen variieren („leichtere" mit „schwereren" abwechseln), weniger Aufgaben übernehmen und mehr delegieren.

- Meiden Sie Personen und Situationen, die Ihnen Energie rauben. Dies gilt besonders für Menschen und Situationen aus Ihrem privaten und beruflichen Umfeld (Freunde, Kollegen, die sie „runterziehen", Veranstaltungen, zu denen Sie keine Lust haben). Die Akquisition oder potenzielle Kunden zu meiden, „weil sie Energie kosten", ist damit nicht gemeint!

- Verringern Sie die Wahrscheinlichkeit, in Stress zu geraten, indem Sie sich vor Terminen ausreichende Informationen beschaffen, sich gut vorbereiten und Ihre Erwartungshaltung regelmäßig auf ein realistisches Maß überprüfen.

- Klären Sie die Erwartungen Ihres Umfeldes, diskutieren und relativieren Sie diese, soweit Ihnen das möglich ist.

- Konzentrieren Sie sich auf die Handlung, nicht auf das Ergebnis: Verschwenden Sie nicht Ihre Zeit und Energie damit, über mögliche Konsequenzen nachzudenken. Sie investieren sie besser und haben weitaus größere Chancen, erfolgreich zu sein, wenn Sie sich nur auf Ihre aktuelle Aufgabe konzentrieren und diese so gut wie nur möglich machen.

Unternehmen Sie das, was Sie sich vorgenommen haben, mit Spaß und Freude. Auch das ist eine Sache des inneren Dialogs und des Blickwinkels: Sehen Sie das, was es Ihnen bringt. Richten Sie Ihr Augenmerk auf die Aspekte, die Ihnen Spaß machen. Nach den Anfangserfolgen werden Sie mit Sicherheit dauerhafte Freude an der Herausforderung Akquisition verspüren.

6 Ihr professioneller Auftritt

Für den ersten Eindruck gibt es keine zweite Chance – diesen Ausspruch kennen Sie wahrscheinlich. Tatsächlich entscheiden die ersten 180 Sekunden in einer Begegnung mit einem bisher unbekannten Menschen, ob die Aufnahme der Beziehung erfolgreich sein wird oder nicht. Drei Minuten also, die Sie aktiv und bewusst gestalten und zu Ihren Gunsten entscheiden können.

6.1 Der erste Eindruck ist entscheidend

Ihr Gegenüber schließt aus Ihrer äußeren Erscheinung, Ihrem Ausdruck und Ihrem Sprechverhalten darauf, was für ein Mensch Sie sind. Er schließt auch darauf, wie Sie sich im zukünftigen Verlauf einer Geschäftsbeziehung wohl verhalten werden. Sein Urteil kommt dabei eher aus dem Bauch als aus dem Kopf: Er vergleicht seine Wahrnehmungen mit Erfahrungen, die er in der Vergangenheit mit anderen Menschen gemacht hat. Und daraus zieht er wiederum seine Schlüsse über Sie.

Das erklärt auch, warum Sie sich bei manchen Menschen noch so sehr ins Zeug legen können und dennoch keine gute Beziehung entsteht. Irgendwann einmal hat er mit einem „Typen" wie Sie schlechte Erfahrung gemacht.

Meistens jedoch können Sie durch Ihr Verhalten mit darüber bestimmen, ob Sie beim Gesprächspartner positive Assoziationen auslösen. Ihr potenzieller Kunde sucht (und findet) in den ersten drei Gesprächsminuten Antworten auf folgende Fragen:

- „Sind dieses Gespräch und der Akquisiteur sinnvoll für mich?"
- „Wird meine Person gebührend respektiert?"
- „Möchte ich das Gespräch fortführen oder abbrechen?"
- „Wie wird der spätere Kontakt mit dem Akquisiteur verlaufen?"

Ein Akquisiteur eines Computerherstellers trat im Erstkontakt einem Einkäufer sehr dominant, teilweise schon arrogant gegenüber. Die Fragen des Einkäufers beantwortete er kurz. Einwände, die dem Einkäufer sehr wichtig waren, wehrte er durch Rechtfertigungen und Tiraden gegen die Mitbewerber ab. Der Einkäufer hatte den Eindruck, als fühle sich der Akquisiteur sofort persönlich angegriffen. Da er in seinem Geschäftsbereich häufiger mit Reklamationen umgehen musste, brauchte er einen verständnisvollen Partner. Verständnis und Toleranz konnte er im Auftritt des Akquisiteurs nicht feststellen. Er mutmaßte, dass der Akquisiteur später noch dreister auftreten werde, wenn er bereits beim ersten Kontakt einen derartigen Auftritt wählte. Deshalb war er an dem Geschäftskontakt nicht interessiert.

Es gilt also, diese ersten unausgesprochenen Fragen in Ihrem Sinne zu beantworten. Und dem Gesprächspartner möglichst wenig Interpretationsmöglichkeiten zu geben. Er soll nur die Fantasien entwickeln, die Sie beabsichtigen. Das ist nicht zu hundert Prozent möglich, eben weil, wie oben erwähnt, Erlebnisse aus der Vergangenheit in die erste Beurteilung einfließen. Und doch können Sie die Aufmerksamkeit Ihres Gesprächspartners steuern:

- Indem Sie dafür sorgen, dass er nicht abgelenkt wird.
- Indem Sie seine Aufmerksamkeit fesseln.

Ablenkungsmöglichkeiten ausschalten

Ablenkung stellt meist all das dar, was ungewöhnlich ist oder irritiert. Beispiele dafür sind:

- **Schlechte Kleidung**: unordentlich, in grellen Farben oder krassen, unharmonischen Zusammenstellungen. Der Betrachter kommt unweigerlich ins Rätseln über Ihren Geschmack, und schon hört er nicht mehr, was Sie über Ihr Produkt erzählen.
- **Unsaubere, unordentliche Unterlagen**: Der Gesprächspartner wird sich fragen, ob das typisch für Ihre Arbeitsweise oder gar die Qualität Ihrer Produkte ist.
- **Hektisches, chaotisches Verhalten**: Langes Suchen nach Broschüren, Visitenkarte, Block und Papier gibt Anlass zu zweifelnden Schlüssen hinsichtlich des Arbeitsstils.
- **Ausschweifendes Reden**: Ist der Gesprächspartner nicht aktiv am Gespräch beteiligt, hat er Zeit, sich Gedanken und Fantasien zu machen – worüber, wissen Sie nicht.

Sie kennen vielleicht die Szene von Loriot, in der ein Mann einer Frau im Restaurant eine Liebeserklärung macht. Leider hängt ihm an der Nase eine Nudel, die er nicht bemerkt. Diese wandert aufgrund seiner Gestik ständig durch sein Gesicht. Seine Angebetete ist völlig im Bann dieser Nudel und hört kein Wort seiner (sicherlich auch nicht gerade in fesselnden Worten vorgetragenen) Liebeserklärung.

Was ablenkt, kommt natürlich auf den Kontext an: Zu manchen Produkten oder Leistungen und ihren Zielgruppen passt ein Auftritt, der bei anderen völlig unmöglich wäre. Wichtig ist, dass Sie sich vorher darüber Gedanken machen, was fesselt und was ablenkt, und Ihren Auftritt absichtsvoll und überlegt gestalten. Dazu gleich mehr.

Aufmerksamkeit fesseln

Aufmerksamkeit zu fesseln bedeutet nicht, wie manche Menschen annehmen, ununterbrochen auf den Gesprächspartner einzureden. Sprache ist nur ein Medium, um Menschen für sich zu gewinnen. Ihre anderen „Werkzeuge" sind:

- **Lächeln**: Lächeln Sie freundlich und offen, aber nicht übertrieben oder anbiedernd.
- **Blickkontakt**: Dem anderen immer wieder in die Augen schauen und so Aufmerksamkeit und Interesse signalisieren. Am Blickkontakt können Sie auch erkennen, ob der andere „bei Ihnen" ist. Oder ob seine Augen glasig sind und er durch Sie hindurchschaut, also innerlich mit etwas anderem beschäftigt ist.
- **Offene Körperhaltung**: Durch verschränkte Arme oder ein über das Knie gelegtes Bein schotten Sie sich unbewusst vom Gegenüber ab. Durch eine offene und zugewandte Körperhaltung und einladende Handbewegungen signalisieren Sie dagegen Entgegenkommen. Achten Sie darauf, den Gesprächspartner dabei nicht zu berühren, das empfinden viele Menschen als grenzüberschreitend.
- **Korrekte Kleidung**: Kleiden Sie sich so, wie es in Ihrer Branche für offizielle Anlässe üblich ist. Ein gepflegtes Äußeres und ansprechende Kleidung erzeugen beim Gesprächspartner unbewusst den Eindruck, dass Sie Ihren Job ebenfalls korrekt erfüllen. Überlegen Sie selbst, welche Rückschlüsse Sie auf Menschen ziehen, deren äußeres Erscheinungsbild ungepflegt und schlampig ist.
- **Höfliches Benehmen**: Dazu gehören die korrekte Anrede mit Titeln bei der Begrüßung ebenso wie gute Tischmanieren oder das Ausredenlassen des Gesprächspartners. Höflichkeit ist aber nicht mit Unterwürfigkeit zu verwechseln.

Präsentable Unterlagen

Sie werden nicht nur nach Ihrem eigenen Erscheinungsbild beurteilt, sondern auch nach dem Ihrer Unterlagen. Bestehen die aus einer zufällig zusammengewürfelten Lose-Blatt-Sammlung, wird der Kunde daraus Rückschlüsse auf Ihre Leistungen und Arbeitsweise ziehen. Wichtig ist deshalb auch, dass Sie mit ordentlichen, kompletten und ansprechend aufbereiteten Unterlagen beim Kunden erscheinen. Wenn Sie längst weg sind, spricht Ihr Material immer noch den Kunden an – oder gegen Sie.

6.2   Wie gewinnen Sie an Ausstrahlung?

Wie Sie im Gespräch die Aufmerksamkeit Ihres Gegenübers fesseln und in eine echte Beziehung zu ihm oder ihr treten, stelle ich Ihnen im folgenden Kapitel ausführlicher dar (siehe Abschnitt „Vom Beobachten zum Führen"). An dieser Stelle geht es um die ersten drei Minuten, beziehungsweise um den ersten Eindruck, den Sie beim künftigen Kunden hinterlassen. Den beeinflussen Sie weit mehr durch Ihre Ausstrahlung als durch das, was Sie im Gespräch dann sagen. Ihre Ausstrahlung wiederum wird beeinflusst durch:

- Ihre Einstellung zu Ihrem Beruf als Akquisiteur,
- Ihre Kenntnisse über die Zielgruppe und
- die Kultur Ihres Unternehmens.

Ihre Einstellung zu Ihrem Beruf

Sie strahlen das aus, was Sie von sich selbst halten. Das kommt Ihnen inzwischen sicherlich bekannt vor: Wir sind wieder bei der Frage Ihrer Identifizierung mit Ihrem Beruf als Akquisiteur (siehe Kapitel „Ihre Identität als Akquisiteur"). Sie ist entscheidend für die spontane Wirkung, die Sie auf andere haben. Man sieht und spürt es sofort, ob jemand von dem überzeugt ist, was er tut, oder nicht. Wenn Sie identifiziert sind mit Ihrer Aufgabe, dann erhöht das ungemein Ihre Glaubwürdigkeit: Beim Gesprächspartner entsteht unmittelbar der Eindruck, dass Sie kompetent sind und es sich lohnt, Ihnen zuzuhören. Unabhängig von der Sympathie, die zwischen Ihnen beiden ad hoc entsteht (oder nicht), kann das ein Grund sein, warum er Ihnen interessiert zuhört.

Ihre Kenntnisse über die Zielgruppe

Versuchen Sie bereits vorab, möglichst viel über den Hintergrund des Gesprächspartners herauszufinden. Das bedeutet natürlich nicht, dass sich damit die Bedarfsklärung erübrigt. Aber Sie können Anhaltspunkte sammeln, worauf der potenzielle Kunde Wert legt. Worauf er im ersten Moment unwillkürlich achten wird und was sein Urteil über Sie und Ihr Produkt entscheidend beeinflussen wird. Haben Sie es zum Beispiel mit einer Zielgruppe zu tun, die erfahrungsgemäß Wert auf Etikette und Äußerlichkeiten legt, so ist es sinnvoll, das in die Wahl Ihres Auftritts einzubeziehen. So zeigen Sie auch Ihre Wertschätzung und Ihren Wunsch, in Kontakt zu kommen – auf der Ebene des Gesprächspartners. Wenn Sie andere für sich gewinnen wollen, dann orientieren Sie sich an deren Ritualen, Werten und Normen – Sie müssen diese ja nicht für sich übernehmen.

Hilfreiche Fragestellungen, mit denen Sie Ihre Kenntnisse über die Zielgruppe schon im Vorfeld erweitern können, sind:

- Was genau ist das für eine Zielgruppe?
- Was sind deren besonderen Persönlichkeitsmerkmale, Charaktereigenschaften, Vorlieben, Abneigungen, Gewohnheiten?
- Wo trifft sich diese Zielgruppe? Wo verkehrt sie?
- Worauf legt diese Zielgruppe Wert? Was ist ihr wichtig?
- Welche Rituale, Werte und Normen gibt es dort?

Die Kultur Ihres Unternehmens

In dem Unternehmen, bei dem Sie als Akquisiteur beschäftigt sind, gibt es offene oder unausgesprochene Regeln und Bräuche über die gewünschte Außendarstellung. Denen müssen Sie entsprechen, um es angemessen repräsentieren und sich integrieren zu können.

Umgekehrt hat auch Ihr Gesprächspartner bestimmte Erwartungen an Ihren Auftritt als Repräsentant dieses Unternehmens. Entsprechen Sie diesen Erwartungen, so wird er nicht weiter darüber nachdenken und sich auf das Gespräch konzentrieren. Sieht Ihr Gesprächspartner jedoch Widersprüche zwischen seinem Unternehmensbild und Ihrem Auftritt, dann wird er über die Bedeutung dieses Unterschieds nachsinnen und gedanklich nicht beim Gespräch sein. Etwa, um ein deutliches Beispiel zu wählen, wenn Sie als Akquisiteur einer großen Versicherungsgesellschaft in Jeans und Sweatshirt erscheinen.

Um herauszufinden, ob Ihr Auftritt dem Ihres Unternehmens entspricht, können Sie sich fragen:

- Wie tritt Ihr Unternehmen nach außen auf? Was verspricht es?
- Welche (un)ausgesprochenen Regeln gibt es in Ihrem Unternehmen in Bezug auf den persönlichen Auftritt der Mitarbeiter in der Außendarstellung?
- Sind der Außenauftritt des Unternehmens und Ihr persönlicher Auftritt kompatibel?
- Sind Sie mit der Außendarstellung Ihres Unternehmens identifiziert oder stimmen Sie mit bestimmten Aspekten nicht überein?
- Welche Reaktionen gab es bisher bei Ihren Gesprächspartnern und Seitens Ihres Unternehmens auf Ihren Auftritt? Welche Schlüsse ziehen Sie daraus?

6.3   Wie ist Ihre Wirkung auf andere?

Vielleicht sind Sie sich gar nicht sicher, welche Wirkung Sie auf Gesprächspartner haben. Es gibt zwei Möglichkeiten, sie zu analysieren:

1. Sie holen sich Feedback von anderen und fragen vertraute Gesprächspartner oder Kollegen nach deren Eindruck.
2. Sie analysieren Ihre Wirkung selbst anhand der folgenden Checkliste.

Am besten ist es sicherlich, wenn Sie beide Wege miteinander kombinieren. Denn das schlüssigste Selbstbild mag immer noch anders sein als Fremdbilder von außen – die sich wiederum auch voneinander unterscheiden. Je mehr Menschen Sie fragen, desto mehr Anhaltspunkte gewinnen Sie, aus denen Sie Ihren bevorzugten Auftritt „inszenieren" können.

Checkliste: Wie wirken Sie auf andere?

1. Wie erleben Sie Ihr Äußeres? Wie wirkt es auf andere? Welches Feedback haben Sie schon bekommen auf
   - Auftreten,
   - Kleidung, Schuhe,
   - Accessoires wie Schmuck, Brille, Krawatten, Tücher, Handtasche,
   - Frisur,
   - Einsatz von Farben und Stil und
   - körperliche Reaktionen wie Haltung, Gang, Sitzposition?

2. Was strahlen Sie aus? Was empfinden Sie selbst und was haben Sie als Feedback bekommen hinsichtlich
   – Freundlichkeit, Reserviertheit,
   – Hilfsbereitschaft, Distanz,
   – Zielorientierung, Ehrgeiz, Zufriedenheit,
   – Selbstsicherheit, Arroganz, Unsicherheit,
   – Engagement, Dynamik, Passivität,
   – Charme, Coolness, Kühle und
   – positiver Problemlöser oder Bedenkenträger?

3. Wie erleben Sie Ihre Begeisterungsfähigkeit? Wie wirken Sie auf andere hinsichtlich Ihrer
   – Begeisterung,
   – Motivation (sich selbst und andere),
   – Identifikation mit dem Job, Ihrer Firma und Ihren Produkten/Dienstleistungen?

4. Wie konzentriert sind Sie? Wie erleben andere Sie hinsichtlich Ihrer
   – Konzentrationsfähigkeit und
   – Ruhe und Übersicht vor allem in Stress-Situationen?

5. Wie gewissenhaft sind Sie? Wie erleben andere Sie bei
   – der sorgfältigen Lösung Ihrer Aufgaben,
   – dem Einhalten von Vereinbarungen,
   – Ihrer Zuverlässigkeit und Vertrauenswürdigkeit?

6. Wie empfinden Sie Ihre Kontaktfähigkeit? Wie nehmen andere Sie wahr?
   – Haben Sie Interesse an anderen Menschen?
   – Gehen Sie offen auf andere Menschen zu?
   – Verfügen Sie über viele Beziehungen oder Kontakte?
   – Sind andere Menschen gerne mit Ihnen zusammen?

7. Wie erleben Sie Ihr Selbstbewusstsein? Wie wirken Sie auf andere hinsichtlich
   – Ihrer Selbstsicherheit im Umgang mit anderen,
   – Ihrer inneren Ruhe auch in Konflikten oder bei Stress und
   – dessen, wie Sie Stellung beziehen und vertreten?

8. Wie ist Ihre Kommunikationsstärke? Wie wirken Sie auf andere in Bezug auf
   - Klarheit, Deutlichkeit, Verständlichkeit,
   - Direktheit (auf den Punkt kommen),
   - Offenheit (oder verdeckte Andeutungen),
   - Ihren Anteil am Gespräch (angemessen, zu hoch, zu niedrig) und
   - den Einsatz zielgerichteter Fragen, um Informationen zu bekommen?

9. Wie erleben Sie Ihre Aktivität? Wie wirkt sie auf andere?
   - Nehmen Sie Ihr Schicksal in die eigenen Hände?
   - Gehen Sie Ihre Ziele aktiv an, streben Sie Erfolg aktiv an, lösen Sie Probleme aktiv?
   - Arbeiten Sie an einer kontinuierlichen Verbesserung Ihres Potenzials?

10. Wie gehen Sie mit anderen Menschen um? Wie erleben das andere?
   - Ist Ihnen deren Meinung wichtig? Fragen Sie nach? Hören Sie zu?
   - Pflegen Sie einen wertschätzenden Umgang mit anderen?
   - Akzeptieren Sie Andersartigkeit?
   - Geben Sie den anderen Raum für ihre Wünsche und Erfahrungen oder stellen Sie sich hauptsächlich selbst dar?

Dies ist eine Auswahl von relevanten Fragen, mit denen Sie Ihre Wirkung auf andere überprüfen können. Vielleicht fallen Ihnen noch ergänzende ein.

Beantworten Sie diese Fragen schriftlich, so oft es Ihnen möglich ist. Bitten Sie andere um Feedback zu den einzelnen Punkten und gleichen Sie diese mit Ihrer Einschätzung ab. Dadurch können Sie lernen, in Zukunft bewusster zu beobachten, wie andere Menschen auf Sie und Ihr Verhalten reagieren. Sie merken: Was zieht die anderen an? Was stößt sie eher ab? Was ist Ihre größte Stärke bei Ihrer Wirkung? Was ist verbesserungswürdig?

Auf diese Weise erhalten Sie mehr Klarheit über Ihre Wirkung auf andere und können systematisch an einer Optimierung Ihres professionellen Auftritts arbeiten.

Aktionsplan: Wie können Sie Ihren persönlichen Auftritt verbessern?

Diese Frage können nur Sie alleine beantworten – denn was für Sie, in Ihrem Unternehmen, hinsichtlich Ihrer Zielgruppe angemessen ist, unterscheidet sich natürlich von Fall zu Fall. Sie erhalten hier aber einige Anregungen, mit denen Sie Ihren Auftritt möglicherweise noch verbessern können.

▶ **Benchmarking – von den Besten lernen**

In Unternehmen ist der Begriff Benchmarking derzeit populär. Er bedeutet so viel wie: Von den Besten lernen. Benchmarking können Sie auch in Bezug auf den persönlichen Auftritt ausüben. Suchen Sie sich Menschen aus Sport, Kultur, Wirtschaft, Medien oder Politik, die Sie schätzen und deren Auftritt Ihnen gefällt, die bei Ihnen oder anderen einen bleibenden Eindruck hinterlassen haben. Es gibt ja Menschen, mit denen man sich einmal unterhält, und dann erkennt man sie auch nach längerer Zeit sofort wieder, weil sie etwas Unverwechselbares haben.

Wenn Sie solche Menschen kennen, dann beobachten Sie, was genau Ihnen an deren Auftritt gefällt. Was ist das Besondere, Unverwechselbare und Anziehende an diesen Menschen? Diese Übung dient dazu, sich bewusst damit auseinander zu setzen, was Menschen außergewöhnlich und charakteristisch macht und sie neben anderen hervorstechen lässt.

Natürlich werden Sie nicht alles übernehmen können. Nicht alles mag Ihrem Charakter und Temperament entsprechen. Aber besonders, wenn Sie nach Menschen Ausschau halten, die Ihrer Persönlichkeit ähneln, finden Sie sicherlich Verhaltensweisen oder Äußerlichkeiten, die auch zu Ihnen passen und die Sie übernehmen können.

▶ **Leitfragen für Ihr unverwechselbares Profil**

Manche Menschen, die im Rampenlicht stehen, haben ein natürliches Talent, sich zu präsentieren und andere zu fesseln. Weitaus häufiger lassen sich Prominente von Imageberatern Tipps und Hinweise geben, wie Sie sich positiv darstellen können. Sie müssen nicht gleich einen Imageberater engagieren. Aber ganz von selbst ergibt sich ein unverwechselbares Profil auch nicht. Ich rate Ihnen, sich intensiv und immer wieder Gedanken darüber zu machen, was für ein Profil Sie für Ihre Auftritte wählen möchten. Wie Sie Ihre berufliche Rolle also nach außen hin gestalten wollen. Die folgenden Fragen können Ihnen dabei behilflich sein.

Persönliches Leitbild

- Was ist der Sinn Ihrer Arbeit?
- Was und wen wollen Sie damit erreichen?
- Worauf sind Sie stolz?

Persönliche Philosophie

- Wie und wer wollen Sie sein?
- Wofür wollen Sie stehen und sich einsetzen?
- Wie wollen Sie Ihr privates und berufliches Umfeld sehen?

Persönliche Ziele

- Was wollen Sie erreichen?
- Wie wollen Sie Ihre Existenz dauerhaft sichern?
- Was wollen Sie tun, um bei Ihren Kunden der Ansprechpartner Nummer 1 zu werden?

Persönliche Darstellung

- Wie stellen Sie sich dar?
- Woran soll man Sie erkennen?
- Wie wollen Sie sich von anderen unterscheiden?

Persönliche Organisation

- Wie arbeiten Sie mit anderen zusammen (firmenintern/-extern)?
- Wie sorgen Sie dafür, dass Sie Ihre Arbeit effektiv leisten?

Persönliche Kultur

- Wie gehen Sie mit anderen Menschen um?
- Wie leben Sie mit anderen Menschen zusammen, in Ihrem privaten und beruflichen Umfeld?
- Welche Werte und Normen sind Ihnen im Umgang mit sich und Ihrer Umwelt wichtig?

▶ **Tipps und Anregungen für Ihren professionellen Auftritt**

- Arbeiten Sie Schritt für Schritt an den Engpässen, die Sie an Ihrem Auftritt ausgemacht haben. Versuchen Sie nicht, quasi über Nacht einen neuen Menschen aus sich zu machen – das werden Sie nicht schaffen und das wird auch gar nicht nötig sein. Wenn Sie jede Woche eine neue Idee in Ihr Verhalten oder Ihr Erscheinungsbild integrieren, dann fahren Sie bereits ein hohes Veränderungstempo.

- Sorgen Sie für Ihre körperliche Fitness durch Sport, Entspannung, gesunde Ernährung etc. – es wird Ihre Ausstrahlung verbessern.
- Nutzen Sie die Erkenntnisse der Farb- und Stillehre. Holen Sie sich Input auf die Wirkung und den Umgang mit Farben und unterschiedlichen Stilmitteln.
- Arbeiten Sie an Ihren Umgangsformen. Besonders dann, wenn Sie es mit Zielgruppen zu tun haben, die darauf Wert legen. Wichtig kann zum Beispiel sein, wie Sie sich in Gesellschaften oder bei großen Geschäftsessen verhalten, wie Sie sich im Umgang mit dem anderen Geschlecht, mit Vorgesetzten, Älteren oder auch in anderen Kulturen benehmen. Es gibt auch Kleiderordnungen, die in manchen Kreisen eine große Rolle spielen: also, zu welchen Anlässen man welche Art von Kleidung trägt. Je nachdem, was in Ihrem Umfeld gewünscht wird und üblich ist, müssen Sie sich dieses Wissen durch Bücher oder Seminare aneignen.
- Sorgen Sie für Ausgleich zu Ihrer beruflichen Tätigkeit. Pflegen Sie Kontakte zu Freunden, Familie und Bekannten. Widmen Sie sich Ihren Hobbys. So entwickeln Sie eine Balance zwischen beruflichen und privaten Zielen, wirken ausgewogen und zufrieden.

- Setzen Sie sich nicht zu sehr unter Druck durch eigene oder fremde Erwartungshaltungen, finanzielle Aktivitäten oder negative Fantasien über sich und andere. Druck wirkt sich immer negativ auf die Ausstrahlung aus. Wenn Sie unter Druck stehen, versuchen Sie die Gründe dafür herauszufinden und zu verändern.

7 Die Basis für die Akquisition: Ihre Beziehung zum Kunden

7.1 Der Mensch – ein Beziehungswesen

Der Mensch ist auf Beziehung angelegt. Das heißt, wir alle haben ein natürliches Interesse daran, mit anderen in Kontakt und Beziehung zu treten. Auch ein (potenzieller) Kunde erwartet von Ihnen, dass Sie zu ihm in Beziehung treten. Bei „normalen" Einkäufen wie im Supermarkt oder Kaufhaus sind die Erwartungen eher gering. Aber bei teuren und erklärungsbedürftigen Produkten oder Leistungen, die den Kunden länger an das Unternehmen binden, sind die Erwartungen, dass eine Beziehung besteht, größer. Besonders hoch sind sie bei Käufen, die für den Kunden ein Erlebnis darstellen: also bei Reisen, Restaurantbesuchen, Autokäufen, Hotelaufenthalten etc. Die Qualität der Beziehung zwischen Akquisiteur/Verkäufer und Kunde gibt oft den Ausschlag für die Kaufentscheidung, beziehungsweise den Ausschlag dafür, ob die Leistung als positiv gewertet wird. („Das Hotel war ja wunderschön, aber der Service war wirklich unfreundlich ...")

Was bedeutet Beziehung in der Akquisition?

Im Wort Beziehung schwingt für viele gleich die Liebesbeziehung mit. Mit Beziehung ist aber jede Art von Kontakt zu anderen Menschen gemeint. Wenn Sie in Ihrem Beruf zu einem Einkäufer gehen und ihm Ihre Produkte vorstellen, dann treten Sie damit auch in Beziehung zu diesem Menschen. Ihr Gespräch mit ihm hat dann, wie jedes andere Gespräch auch, drei Ebenen:

- **Die Sachebene:** Hier reden Sie über Daten, Fakten und tauschen sachliche Argumente über den Markt, das Produkt oder die Wettbewerber aus.
- **Die emotionale Ebene:** Auf dieser Ebene sind Sie mit sich selbst beschäftigt: mit Ihren Gefühlen, Ihrem inneren Dialog, Ihren Wünschen und Ihren Befürchtungen. Wie Sie in den vorangegangenen Kapiteln gesehen haben, kann diese Ebene die Sachebene entscheidend überlagern.

- **Die Beziehungsebene:** Auf dieser Ebene geht es darum, wie Sie und Ihr Gegenüber miteinander zurechtkommen. Gibt es hier Störungen und Irritationen, dann beeinflusst das sowohl die emotionale als auch die Sachebene. Wenn diese Ebene nicht funktioniert, funktionieren die beiden anderen auch nicht.

Professionelle Kommunikation auf allen drei Ebenen

Sie erreichen andere Menschen am besten, wenn Sie auf allen drei Ebenen kommunizieren können. Dagegen kommen Sie schnell an Grenzen, wenn Sie nur auf der sachlichen Ebene Austausch pflegen. Dem Gespräch fehlt eine Dimension, wenn Emotionen nicht ausgedrückt oder auch berücksichtigt werden. Und Emotionen sind die Voraussetzung dafür, dass eine Beziehung aufgebaut und gepflegt werden kann. Lassen Sie die beiden wichtigsten Ebenen, die emotionale und die Beziehungsebene, deshalb nicht außer Acht: Hier liegt der Schlüssel zum Erfolg einer guten Geschäftsbeziehung.

Hintergrund: Welche Arten von Beziehung gibt es?

Nicht aus jedem Kontakt entsteht jedoch eine Beziehung. Wenn Sie sich Kontakte, die Sie mit Geschäftspartnern haben, genauer anschauen, werden Sie feststellen, dass manche Menschen sich nicht wirklich öffnen. Oder sie reden nur von sich selbst, ohne Sie wirklich wahrzunehmen oder auf Sie einzugehen. Sie sind dann nur scheinbar miteinander in Beziehung. Sie können vier verschiedene Arten unterscheiden, wie Menschen miteinander in Beziehung treten (nach Thomas Weil):

Ich-Du-Beziehung

Wenn Sie und Ihr Gesprächspartner sich wirklich aufeinander einlassen, entsteht eine Ich-Du-Beziehung. Es geht dann in Ihrem Gespräch nicht nur um die Sache, sondern auch um Persönliches. Sie sind beide daran interessiert, zu verstehen, was für ein Mensch Ihnen da gegenübersitzt. Ziel ist nicht nur, ein Produkt zu (ver)kaufen, sondern auch, bei oder von wem man es kauft.

Viele Menschen lassen sich auf eine solche persönliche Beziehung nicht ein, weil sie Angst vor Zurückweisung haben. Was, wenn Sie etwas Persönliches von sich zeigen und der andere macht sich darüber lustig oder ist überhaupt nicht interessiert? Diese Zurückweisung und Verletzung möchten sich viele Menschen ersparen und versuchen gar nicht erst, eine Ich-Du-Beziehung zu jemandem aufzubauen. Vielleicht haben sie auch in der Vergangenheit oder Kindheit schlechte Erfahrungen gemacht und verschließen ihr Inneres und ihre Persönlichkeit anderen gegenüber grundsätzlich.

Eine Ich-Du-Beziehung beinhaltet das Risiko der Kränkung und Verletzung. Andererseits ist sie die einzige Art, um von anderen verstanden und als Mensch angenommen zu werden. Nur wer sich auf eine Ich-Du-Beziehung einlässt, kann Vertrauen zu anderen gewinnen. Überprüfen Sie einmal: Zu Ihren treuesten Kunden werden Sie eine Ich-Du-Beziehung haben, also einen echten persönlichen Austausch pflegen, der auftauchende Schwierigkeiten übersteht.

Um Verletzung zu vermeiden, greifen viele Personen zu anderen Formen der Beziehungsgestaltung, die unverfänglicher, oberflächlicher und dadurch risikoärmer sind.

Ich-Es-Beziehung

Hier entsteht der Kontakt über ein Thema oder das Produkt. Es werden Daten, Zahlen und Fakten ausgetauscht. Aber der Betreffende gewährt seinem Gegenüber keinen Einblick in sein Innenleben. Eine persönliche Beziehung wird vermieden, intensives Interesse am Gegenüber besteht nicht. Nur die Sache, also das Produkt oder die Dienstleistung, verbindet Sie mit Ihrem Gesprächspartner. Mit dem Risiko, dass der Kontakt auch schnell wieder abreißt, wenn der Kunde durch ein anderes Produkt fasziniert wird. Die Ich-Es-Beziehung ist die erste Stufe zur Abwehr einer Ich-Du-Beziehung.

> Ein Akquisiteur für Büromaschinen besuchte einen Interessenten im Erstkontakt. Die beiden unterhielten sich sehr angeregt über die Palette der Büromaschinen. Der Akquisiteur hatte den Eindruck, dass er einen guten Kontakt zu seinem Gesprächspartner habe. Er stellte deshalb auch Fragen nach persönlichen Hintergründen des Gesprächspartners. Er war ehrlich daran interessiert, diesen besser kennen zu lernen. Dieser jedoch beantwortete alle persönlichen Fragen entweder kurz oder knapp oder lenkte sie durch Gegenfragen in eine sachliche Richtung. Eine Ich-Du-Beziehung war nicht möglich, da der Kunde sie „erfolgreich" abwehrte.

Ich-Ich-Beziehung

In einer Ich-Ich-Beziehung sind Sie gefangen, wenn Sie bei einem Gespräch hauptsächlich mit sich selbst beschäftigt sind, also sich in einem intensiven inneren Dialog befinden (siehe Abschnitt „Innerer Dialog",). Ihre Aufmerksamkeit und Konzentration ist nach innen gerichtet. Bei einem Gesprächspartner erkennen Sie diese Art der Beziehungsgestaltung daran, dass er kaum oder keinen Blickkontakt zu Ihnen hält, Ihre Informationen nicht wirklich aufnimmt, nicht darauf eingeht oder sie sofort wieder vergessen hat. Er fragt nicht nach und ist weder an Ihnen, noch an Ihrem Angebot wirklich interessiert. Auch dieses Verhalten ist eine innere Abwehr und verhindert, dass man eine Ich-Du-Beziehung mit anderen eingeht.

Nicht-Beziehung

Nicht-Beziehung bedeutet, dass es außer einem oberflächlichen Austausch keinen Kontakt gibt. Ihr Gegenüber vermeidet möglichst den Kontakt oder beschränkt den Austausch auf ein Minimum, ohne selbst daran innerlich Anteil zu nehmen. Oder aber er tritt scheinbar in Beziehung, weil es nützlich für ihn ist. Tatsächlich ist der Kontakt für ihn nicht wichtig.

> Typisch ist das Beispiel eines Gefängnispfarrers, der sich über den reißenden Absatz seiner Bibeln bei den Häftlingen und seine gute Beziehung zu ihnen freute. Bis er feststellen musste, dass die Bibeln nur aufgrund ihres dünnen Papiers so begehrt waren. Aus dem ließen sich nämlich hervorragend Zigaretten drehen. Das Interesse der Häftlinge galt also gar nicht dem Pfarrer, und er hatte in Wirklichkeit auch gar keine Beziehung zu ihnen (Beispiel nach Thomas Weil).

> Ähnlich kann es Ihnen gehen, wenn ein Kunde sich von Ihnen ein Angebot machen lässt, in Wirklichkeit aber gar nicht vorhat, bei Ihnen zu kaufen. Er will damit nur einen Konkurrenten unter Druck setzen.

Eine andere Form der Nicht-Beziehung ist, wenn Ihr Gegenüber nicht direkt mit Ihnen redet, sondern seinen Mitarbeiter anweist: „Sagen Sie ihm, dass ich das nicht brauche." Die Nicht-Beziehung ist eher selten anzutreffen.

Welche Art der Beziehung wollen Sie?

Die Unterscheidung in die vier Beziehungsarten kann Ihnen dabei helfen, Ihre Kontakte in Zukunft besser zu klassifizieren. Und da, wo es möglich ist, eine Ich-Du-Beziehung aufzubauen. Denn nur die Ich-Du-Beziehung kann tatsächlich zu einer dauerhaften und verlässlichen Geschäftsbeziehung führen. Sie ist anzustreben, aber natürlich nicht immer möglich. Dass Sie es alleine wollen und anbieten, reicht nicht: Der (potenzielle) Kunde muss ebenfalls den Wunsch empfinden, mit Ihnen diese Art von Beziehung aufzunehmen.

Auch eine Ich-Es-Beziehung kann zu guten Geschäften führen. Mit der Zeit mag sich aus ihr sogar eine Ich-Du-Beziehung entwickeln. Die Gefahr bei dieser Art von Beziehung ist aber, dass der Kunde schnell wieder abspringt. Sie als Akquisiteur oder Verkäufer sind ihm nämlich egal. Er bindet sich nicht an Sie. Ihm geht es um das Produkt.

Die beiden anderen Beziehungsarten – Ich-Ich-Beziehung und Nicht-Beziehung – werden zu keinen erfolgreichen Abschlüssen führen, wenn es Ihnen nicht gelingt, sie in eine der ersten beiden Beziehungsarten umzuwandeln. Ansonsten verschwenden Sie mit Kunden, die diese Arten von Beziehung pflegen, nur Ihre Zeit.

Analysieren Sie Ihre Beziehungsgestaltung

* Wie gestalten Sie Ihre Beziehung zu Ihren Gesprächspartnern und Kunden? Welche Art der Beziehung suchen beziehungsweise haben Sie?
* Was sind Ihre Motive und Ziele beim jeweiligen Gespräch?
* Was sind die positiven, was die negativen Aspekte bei der Art der Beziehung, die Sie pflegen?
* Was blenden Sie möglicherweise dabei aus? (Etwa die Bedeutung Ihrer Beziehungsgestaltung für die Zukunft; oder dass Sie Beziehung auch anders gestalten könnten, als Sie es gegenwärtig tun?)
* Was sind die möglichen positiven oder negativen Konsequenzen dieser Art der Beziehung?
* Was wären mögliche Alternativen?

Auf diese Weise können Sie jede Ihrer Kundenbeziehungen oder auch sich entwickelnde Beziehungen zu neuen Kunden analysieren und relativ schnell zu einer Einschätzung darüber kommen, was von diesem Partner zu erwarten ist. Sie entscheiden dann, ob es sich lohnt, in die Beziehung zu investieren und zu versuchen, sie in eine Ich-Du-Beziehung zu wandeln. Oder ob Sie damit nur unnötig Zeit und Energie verschwenden.

Was macht eine gute Beziehung aus?

Was der Einzelne unter einer „guten" Beziehung versteht, ist individuell verschieden. Für Sie bedeutet eine gute Kundenbeziehung vielleicht, dass man sich gegenseitig und über die Familie oder den letzten Urlaub austauscht. Ein anderer hält dann eine Kundenbeziehung für gut, wenn die Aufträge pünktlich, zuverlässig, begleitet von kurzen freundlichen Telefonaten abgewickelt werden. Das ist „Typsache" und variiert je nach persönlichen Faktoren. Dennoch gibt es einige allgemeine Kriterien, nach denen Kunden die Qualität einer Beziehung bemessen. Ich habe Ihnen die zehn wichtigsten Erwartungen und Beziehungsbedürfnisse, die von einem Gesprächspartner an einen Akquisiteur gestellt werden, zusammengestellt.

1. Vertrauen

Am Anfang jedes Kontakts geben sich die Gesprächspartner einen Vertrauensvorschuss. Wie hoch dieser ist, fällt individuell unterschiedlich aus: Empfehlungen durch andere, ein guter Ruf, spontane Sympathie beeinflussen dessen Höhe. Erst im Verlauf der Beziehung entwickelt sich tatsächlich Vertrauen. Ausschlaggebend dafür sind Verlässlichkeit, Klarheit, Einhalten von Versprechen und Vereinbarungen, Pünktlichkeit, Zuverlässigkeit, Transparenz und kontinuierliche Freundlichkeit (auch bei Problemen).

2. Glaubwürdigkeit

Sie entsteht durch Ehrlichkeit und Verlässlichkeit und steht in engem Zusammenhang mit Vertrauen. Glaubwürdigkeit entwickelt sich auch dadurch, dass jemand eine eigene Stellung bezieht und nicht zu allem „Ja und Amen" sagt. Zur Glaubwürdigkeit zählt auch, Fehler einzugestehen und nicht zu versuchen, sie auf andere abzuwälzen beziehungsweise sie zu vertuschen.

3. Bindung

Hiermit ist der Wunsch nach Aufrechterhaltung einer Beziehung gemeint. Zunächst entsteht ein Kontakt, der sich dann, durch mehr oder weniger intensive Folgekontakte, zu einer Beziehung entwickeln kann. Dadurch entsteht Bindung, verbunden mit dem Wunsch nach regelmäßigem Austausch, der auch über das Geschäftliche hinausgehen kann. In dieser Bindung braucht es ein gesundes Verhältnis von Nähe und Distanz. Die Mischung ist bei jedem unterschiedlich. Es gibt Menschen, denen wenig Kontakt zu anderen Menschen genügt, andere können nicht allein sein. Es ist daher bei einer Bindung wichtig herauszufinden, wie viel Nähe und wie viel Distanz der andere benötigt. Entwickelt sich ein Ungleichgewicht, so führt das zu Störungen.

Prüfen Sie deshalb, wie viel Nähe der Kunde tatsächlich möchte, sowohl was die Häufigkeit der Besuche betrifft als auch Ihre Beziehungsgestaltung im Gespräch. Kommen Sie jemandem zu nah, geht er auf Distanz – sowohl räumlich als auch emotional. Das liegt dann an ihm und seinen Bedürfnissen und nicht an Ihnen. Manchmal ist es sicher nicht leicht zu erkennen, ob jemand ein „normales" Bedürfnis nach Distanz hat oder mit dem Kontakt oder dem Gesprächsinhalt unzufrieden und deshalb zurückhaltend ist.

4. Geben und nehmen

Hier geht es um das Gleichgewicht, für jemanden etwas zu tun und auf der anderen Seite dafür auch etwas zurückzubekommen. Heutzutage sind viele Menschen darauf aus, möglichst viel für den geringsten Aufwand zu bekommen. Die Erfahrung zeigt aber, dass ein solches Verhalten im Geschäftsleben von wenig Erfolg geprägt ist. Wer nur nimmt, verliert entweder mit der Zeit seine Beziehungen, oder er zieht nur Leute an, die ähnlich denken und ihn hintergehen, übervorteilen und betrügen. Kunden wollen einen Gegenwert für ihr Vertrauen. Neben dem Produkt, das natürlich allen Ansprüchen gerecht werden muss, wollen Sie auch Engagement, Präsenz, Information, Glaubwürdigkeit, Freundlichkeit, Gewinn. Dann sind sie bereit, auch ihrerseits zu geben: ihr Vertrauen und Aufträge.

5. Zuhören

Zuhören bedeutet nicht nur, den Bedarf des anderen zu hören, um ihn später zu erfüllen. Zuhören ist eine innere Einstellung: nämlich die Bereitschaft, zunächst einmal hinzuhören und den Kunden auch über das für das Angebot Notwendige hinaus verstehen und wahrnehmen zu wollen. Nicht umsonst gibt es die Weisheit: „Ein guter Zuhörer ist der beste Gesellschafter." Allerdings gibt es auch Menschen, die das über die Maßen ausnutzen. Zuhören heißt nicht, sich „vollquatschen" lassen zu müssen.

6. Sicherheit

Ihr Gesprächspartner muss sich bei Ihnen „sicher" fühlen und sich so zeigen können, wie er es möchte. Er erwartet, dass Sie ihn nicht verletzen, abwerten, beleidigen, über ihn mit anderen schlecht reden oder gar hintergehen und belügen. Sicherheit ist eines der elementarsten Grundbedürfnisse der Menschen.

7. Anerkennung

Der Wunsch nach Anerkennung und Akzeptanz der eigenen Person und der eigenen Leistung ist bei jedem Menschen stark ausgeprägt. Der Gesprächspartner möchte gerne so akzeptiert werden, wie er ist. Er möchte als Mensch, als einmaliges Wesen anerkannt werden und nicht nur als jemand, mit dem Sie ausschließlich Geld verdienen.

8. Einfluss

Jeder Mensch möchte gern etwas bewirken oder beeinflussen. Dies ist im Privaten genauso anzutreffen wie im Beruflichen. Man möchte einen bleibenden Eindruck hinterlassen. Man möchte Einfluss auf Personen und Situationen nehmen, etwa durch das Ausloten von Grenzen, das Verhandeln von Rahmenbedingungen oder das Entwickeln von Geschäftsbeziehungen.

9. Erlebnis

Der Kunde möchte stimuliert werden. Er will, dass sein Interesse, seine Neugier und seine Lust geweckt werden. Die Befriedigung seiner Bedürfnisse will er als attraktives Erlebnis erfahren. Für die Akquisition bedeutet das, gerade beim Erstkontakt ein attraktives Entree zu wählen, um eine Chance für weitere Kontakte zu bekommen.

10. Sympathie

Sympathie ist sehr subjektiv und orientiert sich meist an Merkmalen wie Auftritt, Aussehen, Benehmen, Ausstrahlung. Auch hier haben die Menschen sehr unterschiedliche Auffassungen über die Wirkung anderer. Was für den einen ein sympathischer, wohlerzogener Mensch mit Etikette ist, kann für den anderen ein aalglatter Spießer sein. Diesen Aspekt können Sie nur begrenzt beeinflussen.

Diese Erwartungen sind am Anfang eines Kontakts in der Regel verdeckt und dem Gesprächspartner meist selbst nicht bewusst. Nur wenn sie nicht gestillt werden, hat er nach Ihrem Besuch oder mit der Zeit das Gefühl, das etwas fehlt.

Sie können eine solide und tragfähige Beziehung zu Ihrem Gesprächspartner schon vom ersten Gespräch an herstellen, wenn Sie in Ihrer Strategie und dem Feedback, das Sie dem Kunden geben, die zehn Beziehungsbedürfnisse berücksichtigen.

Reflexion: Berücksichtigen Sie die Beziehungsbedürfnisse Ihres Gesprächspartners?

1. Mit welchen Worten und Sätzen können Sie Vertrauen, Sympathie, Glaubwürdigkeit etc. fördern?
2. Mit welchen Ihrer Kunden ist eine Bindung entstanden? Was hat bewirkt, dass diese zustande kam? Was können Sie bei anderen/neuen Kunden tun, damit eine Bindung entstehen kann?
3. Was haben Sie über das Produkt/über Ihre Leistung hinaus Ihrem Gesprächspartner zu geben? Was erwarten Sie von ihm als Gegenleistung und wie drücken Sie ihm das aus?
4. Beobachten Sie sich nach einem Gespräch: Was wissen Sie wirklich über den Gesprächspartner? Wo haben Sie gar nicht zugehört, weil Sie mit sich beschäftigt waren? Was wollen Sie im nächsten Gespräch von ihm wissen?
5. Kritisieren Sie Ihre Gesprächspartner im inneren Dialog öfters? Im Zweifel strahlen Sie diese Haltung dann auch auf den Gesprächspartner aus. Damit geben Sie ihm wenig Sicherheit, sich Ihnen gegenüber zu öffnen. Fragen Sie sich, warum Sie ihn nicht so tolerieren können, wie er ist.
6. Wie drücken Sie in Gesprächen Ihrem Gegenüber Anerkennung aus?
7. Wie lassen Sie Ihren Gesprächspartnern Einfluss auf Sie ausüben?
8. Welche Ideen haben Sie bereits umgesetzt, um Ihre Leistungen/Ihr Produkt als Erlebnis zu verkaufen? Wie machen das Ihre Kollegen? Was könnten Sie an neuen Ideen ausprobieren?

„Beziehung ist doch nur was für Weicheier!"

Das Produkt ist gut, der Kunde soll kaufen. Das „Gequatsche" drum herum ist nur Zeitverschwendung – diese Einstellung zu Akquisition und Verkauf ist durchaus verbreitet. Doch wer auf Beziehungsaufbau verzichtet, zahlt einen hohen Preis dafür:

1. Der Kunde schaut nur noch auf die Qualität des Produkts, den Preis, den Nutzen für sich.
2. Er vergleicht Sie mehr mit dem Wettbewerb – und zwar nur auf sachliche Indizien hin.
3. Er ist weniger loyal zu Ihnen, seine Bindung besteht nur zu den Produkten. Er wechselt schneller, wenn ein anderer ihm ein besseres/attraktiveres Angebot macht.
4. Er wechselt, wenn ein anderer ihm bei vergleichbaren Produkten eine Beziehung anbietet.
5. Der Kunde wird Sie daran messen, welche Versprechungen Sie ihm im Erstkontakt gemacht haben. Haben Sie ihm Beziehung versprochen („Bei uns steht der Mensch im Mittelpunkt"), und er erlebt das dann im Geschäftsalltag nicht, wird er umso enttäuschter sein.
6. Autoritärer und unpersönlicher Verkaufsstil vermag Kunden zwar zunächst zu beeindrucken oder gar einzuschüchtern, hat aber erfahrungsgemäß die höchste Stornorate.

Im Coaching erlebe ich immer wieder Akquisiteure und Verkäufer, denen es selbst gar nicht auffällt, dass sie ganz auf sich selbst und ein schnelles Ergebnis fixiert sind. Ihr Kunde oder Gesprächspartner interessiert sie im Grunde überhaupt nicht. Welche Wirkung diese Haltung auf ihre Kunden hat, ist ihnen nicht bewusst – geschweige denn, dass diese negativ sein könnte. Sie meinen, mit einer guten Strategie kriegen sie den Kunden schon „rum". Kein Kommunikationsmodell und keine Akquisitionsstrategie kann Ihnen jedoch eine positive Wirkung auf Ihre Kunden bescheren, wenn Sie nicht echtes und ehrliches Interesse an ihnen entwickeln und sich auf eine menschliche Beziehung zu ihnen einlassen.

7.2 Wie können Sie Beziehung herstellen?

Jeder Mensch ist anders. Wie finden Sie also heraus, was bei Ihrem Gesprächspartner gut ankommt? Wie schaffen Sie es, ihn so zu behandeln, wie er sich gerne behandeln lassen möchte. Der eine mag es, wenn Sie erstmal etwas Smalltalk pflegen. Der andere hasst das und will gleich auf den Punkt kommen. Der eine braucht Zeit für seine Entscheidungen und will behutsam behandelt werden. Der andere entscheidet sich innerhalb einer halben Stunde.

Sie müssen den Kunden so behandeln, dass er sich wohl, also verstanden fühlt. Ohne dass Sie sich dabei selbst verleugnen. Ihr Benehmen soll authentisch und glaubwürdig wirken. Anbiedern ist sicher keine empfehlenswerte Strategie.

Sie finden hier deshalb keine „Anleitung", mit der Sie Ihre Beziehungsgestaltung wirkungsvoll gestalten können. Die kann es gar nicht geben. Je nach Situation, je nach Ihrer Persönlichkeit und der Ihres Gesprächspartners besteht die Kunst darin, den geeigneten Weg zu finden. Ihr Gespür und Ihre Erfahrungen helfen Ihnen dabei.

Aber vor allem hilft Ihnen Ihre Beobachtungsgabe. Denn Ihr Kunde gibt Ihnen vom ersten Augenblick an Signale. Mit deren Hilfe können Sie erkennen, welche Art der Ansprache er bevorzugt. Im Folgenden stelle ich Ihnen dar, wie Sie diese Signale erkennen und sich mit ihrer Hilfe auf den Kunden einstellen können.

Vom Beobachten zum Führen

Gute Verkäufer schaffen es, sich immer wieder neu auf jeden Kunden und jede Kundin einzustellen. Sie versuchen, sich in die Denkwelt des Kunden zu versetzen und zu verstehen, was er denkt und was ihm wichtig ist. Das bedeutet, sich so zu verhalten, dass es dem Kunden vertraut vorkommt und er sich verstanden fühlt.

Wenn Ihr Kunde Vertrauen zu Ihnen gefasst hat, können Sie ihn „führen". Ihn also durch Fragen und Angebote durch den Akquisitionsprozess hindurch geleiten. Diesen Prozess zeigt Bild 10.

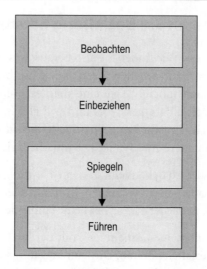

Bild 10   Stufenförmiger Prozess zum erfolgreichen Führen eines Kunden

Beobachten

Ihre wichtigste Tätigkeit neben der „eigentlichen" Akquisition ist das Beobachten und Zuhören. Sie bekommen nur dann ein Gefühl für Ihren Gesprächspartner und erkennen die entsprechenden Signale, wenn Sie sich nicht
nur mit sich selbst und Ihrem Angebot beschäftigen, sondern mindestens
ebenso stark mit Ihrem Kunden. Das vergessen viele Akquiseure. Sie sind so
auf das fixiert, was Sie dem Gesprächspartner nahe bringen wollen – und insgeheim noch mit Ihren Ängsten und Befürchtungen, dass Sie keine Energie
und Konzentration mehr für den Kunden aufbringen können. Und deshalb
die Signale nicht erkennen.

Einbeziehen

Vertrauen und Sympathie empfinden Menschen vor allem dann, wenn sie den
Eindruck haben, dass sie sich selbst in ein Gespräch einbringen können. Deshalb wird es Akquiseuren, die permanent selbst reden, schwer fallen, Vertrauen aufzubauen. Der Kunde kann sich nicht äußern und fühlt sich nicht
wahrgenommen und verstanden. Ziel muss es deshalb sein, den Kunden als
aktiven Partner in den Verkaufsprozess zu integrieren. Mit den folgenden
Möglichkeiten können Sie Ihren Kunden einbeziehen:

- **Offene Fragen stellen**: Das sind Fragen, auf die der Kunde nicht einfach mit „Ja" oder „Nein" antworten kann. Also die bekannten „W-Fragen": Warum, wie, was, wer, wodurch? Das lädt dazu ein, mehr über sich zu erzählen.
- **Vertiefende Fragen stellen**: Geben Sie sich nicht zufrieden mit oberflächlichen Antworten. Versuchen Sie zu ergründen, was der Kunde genau will: „Was gefällt Ihnen an dem Design?", „Inwiefern kommt die Maschine Ihren Bedürfnissen entgegen?" Lassen Sie sich Beispiele geben, bis Sie sich selbst eine klare Vorstellung davon machen können, was der Kunde meint. Dann können Sie in Ihrer Präsentation darauf eingehen.
- **Ausprobieren lassen**: Darüber reden ist das eine, es tun das andere. Lassen Sie Ihren Kunden, wenn möglich, ein Gefühl für Ihr Produkt oder Ihre Leistung entwickeln, indem er es ausprobiert oder für eine bestimmte Zeit probeweise nutzt. Wenn das nicht möglich ist, dann geben Sie ihm Beispiele von Kunden oder Unternehmen, die es ausprobiert haben – und zwar so lebensecht wie möglich. Vielleicht kann der Interessent ja einen Besuch im Unternehmen eines Ihrer Kunden abstatten, der mit Ihrer Leistung oder Ihrem Produkt bereits arbeitet. Durch solche Beispiele und das Ausprobieren kann er am besten den Nutzen des Produkts erfahren.
- **Über berufliche und private Dinge erzählen lassen**: Geben Sie dem Kunden Raum, über sich, seine Arbeit oder sogar sein Privatleben zu erzählen. Wenn er sich Ihnen als „ganzer Mensch" zeigen will, dann nutzen Sie die Chance und erkennen Sie es als Zeichen des Vertrauens. Und als Möglichkeit, in eine Ich-Du-Beziehung mit ihm zu treten.
- **Angebote des Kunden aufgreifen und vertiefen**: Wenn der Kunde von sich aus Angebote unterbreitet, unter welchen Bedingungen und Voraussetzungen er Ihr Produkt nutzen will, dann beweisen Sie Flexibilität und gehen Sie darauf ein, soweit es Ihnen möglich ist.
- **Auf Interessen eingehen**: Äußert der Kunde während des Gesprächs, dass er beispielsweise leidenschaftlich gerne golft oder ein Fan einer bestimmten Fußballmannschaft ist, dann gehen Sie darauf ein, sofern Sie sich kompetent fühlen. Oft schafft eine kurze Plauderei über ein Thema, das überhaupt nichts mit dem Geschäft zu tun hat, Gemeinsamkeit und Nähe. Das funktioniert aber nur, wenn Sie zu diesem Thema tatsächlich etwas zu sagen haben. Das Gespräch darf nicht gekünstelt oder anbiedernd wirken. Auch sollte es nicht zu lange dauern. Wenn sich jedoch ein solcher Aufhänger anbietet, dann nutzen Sie ihn.

Spiegeln

Jemanden zu spiegeln bedeutet nicht, ihn nachzuäffen. Spiegeln heißt, dass Sie sich auf die verbalen und nonverbalen Kommunikationsmuster Ihres Gesprächspartners einstellen: indem Sie seine Körperbewegungen, Gestik, Mimik, Lautstärke und Sprechgeschwindigkeit nachahmen. Sie sollen dem Gegenüber unbewusst vertraut wirken. Dabei dürfen Sie natürlich nicht übertreiben. Sie selbst müssen sich dabei wohl fühlen, und Ihrem Gegenüber darf Ihr Verhalten nicht negativ auffallen. Am besten üben Sie das behutsam und entwickeln ein Gefühl für seine Wirkung. Spiegeln können Sie beispielsweise, indem Sie ähnliche Kommunikationsmuster verwenden. Redet der Kunde wenig, dann verwenden Sie auch knappe, prägnante Erklärungen. Erläutern Sie dagegen Ihre Leistungen ausführlicher, wenn auch der Kunde sich viel Zeit bei der Beschreibung seiner Wünsche nimmt. Benutzt er viele sprachliche Bilder, dann versuchen Sie ebenfalls Ihre Erklärungen in Bilder zu verpacken – denn offensichtlich muss sich der Kunde etwas vorstellen können.

Ahmen Sie die Körperhaltungen Ihres Kunden nach – auf unbewusste Weise fühlt er sich dadurch vertraut und verstanden. Wenn er zurückgelehnt und entspannt dasitzt, dann nehmen Sie eine ähnliche Körperhaltung ein. Faltet er die Hände vor dem Körper, dann tun Sie ihm das nach. Natürlich dürfen Sie das nicht übertreiben und sofort jede Körperstellung imitieren, sobald Ihr Gesprächspartner seine verändert. Fällt ihm das auf, so kommt er sich veralbert vor. Beobachten Sie und übernehmen Sie die Haltungen etwas verzögert. Gehen Sie nicht auf jede kleine Veränderung ein, sondern beschränken Sie sich auf größere Abweichungen. Diese Beobachtungen dürfen Sie auch nicht in Ihrer Konzentration ablenken. Üben Sie es nach und nach, sich auch „körperlich" auf Ihren Kunden einzustellen.

Führen

Führen bedeutet, dass Sie den Kunden in Richtung Ihrer Ziele „lenken". Das kann der Abschluss des Geschäfts sein. Für Sie als Akquisiteur ist das Ziel eher, das Interesse zu wecken, den Bedarf zu eruieren, eine Beziehung aufzubauen, anknüpfen zu können. In diese Richtung führen Sie Ihre Gesprächspartner. Dabei müssen Sie sich auf das Tempo und die Bedürfnisse des Kunden einstellen. Achten Sie deshalb darauf, welche Gangart Ihr Gesprächspartner vorgibt – vom ersten Moment an.

Leiten Sie die nächste Phase des Gesprächs erst dann ein, wenn Ihr Kunde dazu bereit ist. Das Signal dafür ist, dass er Einverständnis mit den bisherigen Ergebnissen und dem Verlauf zeigt. Ihr wichtigstes Instrument, um das zu überprüfen, sind Kontrollfragen:

- „Entspricht das Ihren Vorstellungen?"
- „Haben Sie noch Fragen dazu?"
- „Wollen wir einen Schritt weitergehen?"

Zum Führen gehört also auch immer die Kontrolle dazu, ob Sie mit Ihrem Kunden noch auf dem richtigen Weg und in gutem Kontakt sind.

Menschliche Distanzzonen

Einen guten Kontakt zu jemandem aufbauen bedeutet, die Distanz zu verringern. Aber es gilt dabei, den richtigen Abstand zu wahren. Zu nahe treten wollen Sie Ihrem Kunden auch wieder nicht. Sonst zieht er sich zurück und fühlt sich bedrängt. Emotionale Nähe drückt sich auch im räumlichen Abstand zwischen zwei Menschen aus. Das sollten Sie am Anfang einer Beziehung beachten – und können es auch bewusst einsetzen.

Öffentliche Distanz

Bei einem Abstand von ungefähr vier Meter beginnt die öffentliche Distanz. Hier hat jede persönliche Beziehung aufgehört und man agiert als Einzelner.

Gesellschaftliche Distanz

Diese Distanzzone beträgt zwischen 1,50 und zwei Meter. Hier erledigen wir im Allgemeinen unsere unpersönlichen Angelegenheiten. Wir unterhalten uns mit fremden Menschen über allgemeine Themen. Emotionen werden in dieser Distanz kaum ausgetauscht. Bis auf diese Distanz kann man sich Menschen nähern, ohne dass man mit ihnen unbedingt in Kontakt treten müsste.

Persönliche Distanz

In diesem Abstand, zwischen 60 Zentimeter und 1,50 Meter, besprechen wir vertrauliche Dinge. Die Distanz ist typisch für Party- und Kneipengespräche oder Gespräche rund um einen (kleinen) Tisch. Man rückt sich näher, ohne intim zu werden. Diese Distanzzone erlaubt eine gewisse Vertraulichkeit, ohne dass dabei intime Dinge preisgegeben werden. Es kommt auch zu keinen Berührungen.

Intime Distanz

Alles, was unter einer Entfernung von 60 Zentimetern stattfindet, bewegt sich in der intimen Distanz. Sie erlaubt also auch körperlichen Kontakt. Wird diese Zone von Fremden durchbrochen, fühlt man sich unbehaglich oder unruhig. Daher resultiert auch das unangenehme Gefühl, in einem Fahrstuhl auf engem Raum mit anderen gedrängt zu sein. Meist vermeidet man den Blickkontakt, um die intime Zone zu schützen.

Die richtige Distanz im Akquisitionsgespräch

Empfehlenswert ist, dass Sie sich im Akquisitionsgespräch in der persönlichen Distanz, hart an der Grenze zur intimen Distanzzone bewegen. Nur hier entsteht die Beziehung, in der Ihr Gegenüber auch persönliche Informationen preisgibt. Für den Aufbau einer Beziehung ist sie also notwendig. In größerer Entfernung werden dagegen keine Emotionen und vertrauliche Informationen ausgetauscht. Allerdings dürfen Sie, wie erwähnt, Ihrem Partner nicht zu nahe treten. In der Phase der Begrüßung bestimmt der Kunde die Entfernung, in der er sich wohl fühlt. Durch die oben aufgezählten Maßnahmen können Sie ihm aber näher rücken – ganz wörtlich.

Praxistipps zum Aufbau von Beziehungen

Im Folgenden finden Sie noch einige Tipps, die Ihnen den Aufbau von wertschätzenden, lang anhaltenden Beziehungen erleichtern können.

Prüfen Sie Ihr Menschenbild

Überprüfen Sie, mit welcher grundsätzlichen Einstellung Sie auf andere Menschen zugehen. Vielleicht haben Sie schon einmal den Satz „Ich bin okay, du bist okay" des Transaktionsanalytikers Thomas Harris gehört. Er bezeichnet eine grundsätzliche wertschätzende Haltung sich selbst und anderen gegenüber. Sie bemessen den anderen die gleiche Wichtigkeit und Bedeutung zu wie sich selbst und respektieren andere wie sich selbst. Keiner ist unter- beziehungsweise überlegen. Wenn Sie mit dieser Haltung auf andere zugehen, wird Ihnen das nicht nur enorm erleichtern, in eine Ich-Du-Beziehung zu gehen. Diese Haltung ist auch eine Einladung an andere, Ihnen mit der gleichen Haltung zu begegnen – auch wenn sie es vorher nicht getan haben.

Abwertende Grundhaltungen

Häufig begegnen sich Menschen nicht in der Okay-Okay-Haltung. Wenn Sie gelegentlich in eine der drei unten beschriebenen Haltungen verfallen, ist das nur normal und allzu menschlich. Wenn Sie jedoch häufiger aus einer dieser Haltungen heraus mit anderen Menschen sprechen, dann sollten Sie sich Gedanken über die Hintergründe machen. Und alleine oder mit Hilfe eines Coaches etwas daran zu ändern versuchen.

„Ich bin okay, du bist nicht okay"
Diese Haltung zeigt eigene Überschätzung, Arroganz und Überheblichkeit. Man übersteigert die eigene Bedeutung und wertet andere in ihren Fähigkeiten und in ihrer Persönlichkeit ab.

„Ich bin nicht okay, du bist okay"
In der Umkehrung stellt man das eigene Licht unter den Scheffel, fühlt sich anderen unterlegen und erkennt den eigenen Wert nicht. Andere dagegen werden in ihren Kompetenzen und Gaben maßlos überschätzt.

„Ich bin nicht okay, du bist nicht okay"
Man hält nichts von sich selbst, aber die anderen sind auch nicht besser. Zyniker haben oft eine solche, alles gering schätzende Haltung. Im schlimmsten Fall endet diese Haltung im Selbstmord, weil nichts mehr Sinn macht.

Entwickeln Sie ernsthaftes Interesse an Ihrem Gesprächspartner

Seien Sie neugierig auf andere Menschen und deren Gewohnheiten. Fragen Sie nach, tauschen Sie sich aus. Sie bekommen dabei viele Informationen, mit denen Sie arbeiten können und stärken zudem die Beziehung zu Ihrem Gegenüber. Nutzen Sie andere nicht als Mittel zum Zweck: Sie werden es merken und sich entweder zurückziehen oder es Ihnen gleichmachen.

Halten Sie, was Sie versprechen

Wenn Sie Kontakt zu jemandem aufnehmen und ihm ein Beziehungsangebot machen, dann machen Sie keine leeren Versprechungen. Bieten Sie nur an, was Sie tatsächlich geben können und wollen. Lieber nichts sagen als Angebote machen, die Sie später zurückziehen müssen. Sie bringen sich unnötig unter Zugzwang. Wenn Sie Ihr Angebot revidieren müssen, verlieren Sie das Vertrauen Ihres Kunden – oder Geld, falls Sie es dann notgedrungen so stehen lassen.

Meiden Sie „Worthülsen" und „Überschriften"

Formulierungen wie „Wir haben einen sehr guten Service", „Mit uns machen Sie bestimmt gute Erfahrungen", „Wir sind sehr kundenorientiert", „Bei uns steht der Kunde noch im Mittelpunkt", „Ich bin Ihr persönlicher Ansprechpartner" finden Sie bei fast all Ihren Wettbewerbern. Was damit gemeint ist, bleibt unklar. Slogans überzeugen nur dann, wenn deutlich wird, was gemeint ist. Erklären Sie lieber, was bei Ihnen Kundenorientierung konkret bedeutet und welchen Service Ihr potenzieller Kunde erwarten kann. Ansonsten landen Sie in der gleichen Schublade mit Ihren Wettbewerbern.

Vergleichen Sie Kosten und Nutzen des persönlichen Kontakts

Welche Kosten (materielle und immaterielle) kommen auf Sie zu, wenn Sie den persönlichen Kontakt zu Geschäftspartnern ausbauen. Nicht immer ist diese Investition lohnenswert. Wenn nichts zurückkommt, Ihr (potenzieller) Kunde nicht interessiert ist, dann verschwenden Sie Zeit und Ressourcen. Prüfen Sie deshalb, welche Kosten andere Vorgehensweisen verursachen und was Sie auf diesen Wegen (kurz-, mittel- und langfristig) erreichen.

Nehmen Sie Ihre Rolle als Partner des Kunden ernst

Behandeln Sie Ihren Kunden wie einen Partner, an dessen Wohlergehen und Erfolg Ihnen gelegen ist. Geben Sie ihm Informationen, die ihm weiterhelfen, empfehlen Sie ihn weiter, unterstützen Sie ihn dabei, sein Geschäft effektiver zu betreiben. Bringen Sie sich ein, machen Sie sich für den Kunden als Partner wertvoll. Sie profitieren wiederum in zweierlei Hinsicht: Sie verstärken die Bindung zu Ihrem Kunden. Und je besser es ihm wirtschaftlich geht, desto interessanter ist er im Zweifel für Sie als Kunde und Geschäftspartner.

Ein Gespräch „führen"

So, wie Sie den Kunden durch das Gespräch führen, können Sie auch das Gespräch selbst „führen". Das bedeutet, dass Sie es bewusst in die Richtung Ihrer Ziele lenken. Dazu müssen Sie aber in der Lage sein, mit Widerständen im Gespräch umzugehen und es quasi über alle Hürden und Klippen hinweg zum guten Ende zu bringen.

Auch hierzu biete ich Ihnen keine Gesprächstechniken an. Für hilfreicher halte ich es, wenn Sie auch hier erkennen, dass Störungen in Gesprächen mit den Menschen zu tun haben, die sprechen.

Die vier Seiten einer Nachricht

Interessant in unserem Zusammenhang ist deshalb das Kommunikationsmodell von Friedemann Schulz von Thun. Er stellt dar, dass Missverständnisse in der Kommunikation häufig deshalb entstehen, weil man eine Nachricht „einseitig" hört und Untertöne nicht wahrnimmt. Sie hören beispielsweise, dass ein Interessent Ihnen etwas über seinen Bedarf mitteilt und sachliche Botschaften gibt. Mit seinen Argumenten verfolgt er aber unter Umständen noch eine weitere Absicht: nämlich Ihnen etwas über sich selbst, seine Bedeutung und seine Leistungen mitzuteilen, also sich selbst darzustellen.

Schulz von Thun macht mit seinem Modell deutlich, dass eine Aussage verschiedene Seiten haben kann. Und deshalb auf allen vier Ebenen,

- der Sachebene,
- der emotionalen Ebene,
- der Beziehungsebene und
- der Appellebene,

gehört werden muss. Mit ein und derselben Aussage, etwa: „Unsere Firma beschäftigt 65 Akquisiteure", kann etwas auf der sachlichen Ebene (Information), auf der emotionalen Ebene (etwa Stolz auf den eigenen Beitrag dazu), auf der Beziehungsebene (etwa: „Und Sie können der 66. werden, wenn ...") oder auf der Appellebene („Strengen Sie sich an, sonst sind es bald nur noch 64!") ausgesagt werden.

Es ist also wichtig, die Ohren zu schärfen und die verschiedenen Ebenen herauszuhören. Nicht nur die, die Sie als erstes wahrnehmen. Oft sind Sie dabei auf Ihre Interpretationen angewiesen, die Sie erst durch Nachfragen verifizieren müssen. Also: „Das hört sich so an, als seien Sie darauf sehr stolz?" Dann können Sie herausfinden, ob Ihre Annahme stimmt, und die Antwort Ihres Gesprächspartners gibt Ihnen Gelegenheit, ihn besser einzuschätzen.

Umgekehrt ist es wichtig zu berücksichtigen, dass auch Ihre eigenen Aussagen der Interpretation Ihres Gegenübers unterliegen und es wichtig ist, sie so eindeutig wie möglich zu übermitteln. Um, wie erwähnt, den Interpretationsspielraum so gering wie möglich zu halten (siehe Kapitel „Ihr professioneller Auftritt"). Schulz von Thun unterscheidet in seinem Modell vier Seiten, die jede Mitteilung haben kann:

- **Die sachliche Seite:** Hier werden sachliche Inhalte übermittelt. Es geht darum, dem anderen in kurzen, prägnanten Sätzen etwas zu verdeutlichen. Auch das Sprachtempo, die Artikulation oder die Wortwahl tragen dazu bei, dass die sachliche Seite einer Botschaft beim Gegenüber ankommt.
- **Die Selbstoffenbarung:** Wenn Sie etwas mitteilen, erzählen Sie damit auch etwas über sich selbst. Sie zeigen, welche Inhalte Ihnen wichtig sind. Andere würden über das gleiche Thema vielleicht ganz andere Aspekte berichten. Damit offenbaren Sie indirekt Ihre Werte, Normen, Wünsche oder Befürchtungen.
- **Der Beziehungsaspekt:** Hier geben und hören wir Aussagen darüber, was wir voneinander oder von der Beziehung zueinander halten. Oft wird dieser Aspekt nonverbal durch die Wortwahl, den Tonfall, die Mimik, den Augenkontakt oder den Umgang mit den Distanzzonen übermittelt. „Und Sie könnten der 66. sein!" kann abfällig oder aufmunternd mitgeteilt werden – und gibt jeweils eine völlig andere Einschätzung der Beziehung zu erkennen. Sie erhalten hier Informationen über Ihre Chance, die Beziehung zu anderen zu intensivieren.
- **Appell:** Jede Aussage enthält immer auch eine Aufforderung, einen Wunsch, eine Bitte oder ein Verbot. Zweckfreie Kommunikation gibt es nicht. Auch der Appell wird meist eher indirekt durch nonverbale Ausdrucksmittel an die andere Person übermittelt – so wirkt sie oft viel stärker. Wenn Sie diese Seite einer Aussage hören, dann schärfen Sie Ihr Bewusstsein dafür, was Ihr Gesprächspartner von Ihnen will und welche Bedeutung das für ihn hat. Darauf können Sie dann Ihre Strategie aufbauen.

Umgang mit Widerstand im Gespräch

Sie wissen selbst: Gespräche laufen nicht immer so, wie Sie sich das vorher vorgestellt haben, auch wenn Sie sich noch so gut vorbereitet haben. Es gibt etliche Widerstände, mit denen Sie rechnen müssen. Einige davon habe ich Ihnen bereits dargestellt:

- Der Gesprächspartner ist passiv (siehe Kapitel „Passivität").
- Die Beziehungsebene wurde vernachlässigt beziehungsweise der Gesprächspartner ist nicht zu einer Ich-Du-Beziehung zu bewegen. Dann fragen Sie sich kritisch, ob der Kontakt sich für Sie (materiell und immateriell) rentiert.

Einige weitere typische Blockaden im Dialog stelle ich Ihnen im Folgenden dar.

Abwertung

Abwertung ist die mangelnde Beachtung (das Übergehen, Übersehen, Nicht-ernst-Nehmen) von Bedürfnissen, Anliegen, Gefühlen und Meinungen:

- **Der eigenen Person**: Sie lassen im Gespräch ihre eigenen Anliegen, Gefühle oder Wünsche unbeachtet. Dann wird aller Wahrscheinlichkeit nach sowohl das Gespräch als auch die Beziehung auf Ihre Kosten gehen. Denn sie geben klein bei, worüber Sie sich dann doch im Stillen ärgern, und irgendwann bringt ein Tropfen das Fass zum Überlaufen. Sie können keine tragfähige Beziehung zu einem anderen Menschen aufbauen, wenn Sie sich und Ihre Interessen nicht angemessen vertreten.
- **Des Gesprächspartners**: Wenn Sie den Gesprächspartner oder seine Bedürfnisse, Gefühle etc. missachten, wird er irgendwann gegen dieses einseitige Verhältnis (offen oder verdeckt) Widerstand leisten.
- **Abwertung der Situation** ist die dritte Form der Abwertung. Sie nehmen das Gespräch oder die Beziehung zu anderen nicht ernst, messen dem keine Bedeutung bei und erkennen den Nutzen oder Vorteil nicht.

Umdeuten (Redefinieren)

Wenn jemand seine Wahrnehmung der Realität verzerrt, damit diese in sein Weltbild passt, dann deutet er die Ereignisse um oder blendet sie aus. Dies geschieht meist, wenn die eigenen Werte bedroht werden oder bedroht zu werden scheinen. Auch das typische „Ja-aber-Spiel" gehört dazu, in dem der

Gesprächspartner die andere Meinung durch das „aber" in Frage stellt und seine eigene Meinung mit Nachdruck nachschiebt. Auch Rechtfertigungen passen in diese Kategorie. Ein solches Verhalten hilft zwar nicht, ein Problem zu lösen oder ein Gespräch oder eine Beziehung positiv zu gestalten. Aber es hilft, den im inneren Dialog fantasierten Schaden für die eigene Person abzuwenden.

> Ein Akquisiteur besuchte zum ersten Mal den Einkäufer eines mittelständischen Unternehmens. Er hatte das Ziel, Kontakt herzustellen, den Bedarf zu ermitteln und erste Ansatzpunkte zur Zusammenarbeit zu identifizieren. Im Gespräch mit dem Einkäufer erfuhr er, dass der andere bereits einen Lieferanten hatte, der aber zu höheren Preisen lieferte. Der Akquisiteur witterte seine Chance und stellte dem Einkäufer die Preisunterschiede dar. Der Einkäufer, der sich im Gespräch vorher als kühler Rechner und guter Stratege darstellte, verlor etwas die Gesichtsfarbe und erklärte dem Akquisiteur, dass da noch andere Parameter ausschlaggebend seien, und lenkte das Gespräch auf Randbedingungen, deren Bedeutung letztlich aber keine Rolle spielte. Sein Selbstbild als kühl kalkulierender und wacher Stratege war plötzlich ins Wanken geraten. Dass er zu überhöhten Preisen einkaufen könnte, wollte er einfach nicht wahrhaben. Er rechtfertigte das mit anderen Faktoren, die von außen nicht nachvollziehbar waren, was ihm selbst aber nicht bewusst war. Ihm half diese Umdeutung der Realität, sein Selbstbild zu wahren.

Überrationalisieren

Menschen, die sich zu sehr auf der Sachebene bewegen und keinerlei Emotionen zulassen, überrationalisieren. Sie blenden ihre Emotionen völlig aus. Damit werten sie auch die Gefühle der anderen ab. Dies wiederum blockiert zielführende Gespräche und tragfähige Beziehungen.

Überemotionalisieren

Das Gegenteil davon ist das Überemotionalisieren. Hier bewegen sich Menschen hauptsächlich auf der Gefühlsebene, nehmen alles persönlich, suchen für alles sofort Klärungsbedarf in der Beziehung und erleben jede Auseinandersetzung als Bedrohung für die Beziehung. Eine solche Ausprägung blockiert sowohl Gespräche als auch den Aufbau von Beziehungen, weil sich in der Sache nichts vorwärts bewegt und oft ein Ungleichgewicht von Nähe und Distanz entsteht.

Übergeneralisieren

Manche Menschen benutzen nur Formulierungen wie „man", „einer", „im Allgemeinen", „durchschnittlich" etc. Sie dokumentieren, dass eine statistische Anzahl von Menschen der gleichen Meinung ist (auch wenn das keineswegs so ist). Sie verallgemeinern, wo sie nur können, und vermeiden tunlichst, das Wort „ich" zu verwenden.

„Da spricht man nicht drüber."

„Es geht einem ja oft so, dass man müde wird, wenn man zu viel liest."

„Bei der Akquisition geht man besser nicht nach der Kaltakquisition vor, die bringt einem nichts als Ärger."

Sie haben Probleme, ihre eigene Meinung zu vertreten, dazu zu stehen und auch die Verantwortung dafür zu übernehmen. Lieber verstecken sie sich hinter anderen. Verallgemeinerungen sind „Weichspüler" der eigenen Aussagen. Sie blockieren Gespräche und Beziehungen, weil der Mensch dahinter und seine Interessen gar nicht greifbar werden.

Überdetaillieren

Hier blockiert jemand ein Gespräch, indem er alles bis ins letzte Detail erörtern muss (die letzte Zahl hinter dem Komma, die kleinste Schraube) und zwar nicht einmal, sondern immer wieder. Oft wird diese Strategie gewählt, um Entscheidungen hinauszuzögern oder zu vermeiden, Stellung zu beziehen. Solange noch Details ungeklärt sind, muss man sich nicht entscheiden und nichts vereinbaren. Dies wirkt sich auf einen Dialog und natürlich auch auf eine Beziehung negativ aus.

Mangel an Direktheit

Hiermit ist das so genannte „Reden um den heißen Brei" gemeint. Man umkreist das Thema, streift es, spricht es kurz an und holt wieder weit aus. Der Gesprächspartner braucht immense Aufmerksamkeit und Geduld, um überhaupt folgen und verstehen zu können. Diese Strategie wird auch gewählt, um Dinge zu verwässern, zu verschleiern. Der häufigste Grund ist aber der Wunsch, die Kontrolle im Gespräch zu besitzen. Wenn er spricht, kann niemand anderes gleichzeitig sprechen und ihn nicht mit Dingen konfrontieren oder überraschen, die er nicht kennt oder die ihm unangenehm sind. Ein weiterer Aspekt dieser Strategie ist die Dauer, die man dadurch mit jemandem in

Beziehung bleiben kann. Wenn man redet und redet und die anderen zuhören müssen, bekommt man Aufmerksamkeit. Wenn man nun sehr lange und ausführlich redet, bekommt man noch mehr (zeitliche) Aufmerksamkeit. Ausgeblendet wird dabei, dass es für den Gesprächspartner sehr anstrengend und belastend ist, wenn ihm die Zeit und der Raum zur eigenen Entfaltung, und somit auch die Anerkennung durch andere geraubt wird. Somit blockiert ein Mangel an Direktheit den Dialog, aber auch die Beziehung.

Mangel an Ehrlichkeit

Hiermit ist nicht die Lüge gemeint, obwohl sie natürlich auch Dialog und Beziehung blockiert. Hier geht es um Aussagen und Verhaltensweisen, die plausibel sind, aber Ihnen nicht stimmig erscheinen. Die Argumente passen nicht in den Kontext und nicht zur Beziehung. Offensichtlich spielt einer der Gesprächspartner falsch und interpretiert die Beziehung weniger partnerschaftlich. Dieser entwickelt dann eigene Fantasien und traut dem anderen nicht mehr. Dialog und Beziehung werden stark belastet.

Wie können Sie mit Dialogblockaden umgehen?

Analysieren Sie in Gesprächen und Beziehungen, auf welche Art und Weise blockiert wird, welche Strategien bevorzugt gewählt werden und in welcher Situation das am häufigsten auftritt. Natürlich nicht nur beim anderen – auch Sie selbst sind wahrscheinlich nicht dagegen gefeit, Dialoge auf die eine oder andere Art zu blockieren.

- Fragen Sie nach und hören Sie zu: Auch hier sind die „Standards" im Umgang mit Widerständen besonders hilfreich. Wenn Sie die Art der Blockade erkannt haben, fragen Sie nach, was genau der andere meint, was er will, wie er dazu kommt – und hören Sie genau zu. Stellen Sie aber die Fragen so sensibel, dass Ihr Gesprächspartner sein Gesicht wahren kann. Unterstellen Sie ihm mit seiner Strategie keine Absicht – fast alle Dialogblockaden laufen unbewusst ab, es sind über Jahre gelernte und gefestigte Programme.
- Bleiben Sie in Kontakt mit Ihrem Gesprächspartner: Dialogblockaden haben das nach außen erkennbare Ziel, das Gespräch und die Beziehung zu be- oder verhindern. Im tiefen Inneren aber will Ihr Gesprächspartner im Zweifel eine gut funktionierende Beziehung. Viele Strategien sind darauf angelegt, das Umfeld zu „prüfen". Man will testen, ob man wirklich mit

dem anderen zusammenarbeiten will. Wenn Sie also in Kontakt bleiben (verbal oder nonverbal) und dadurch Interesse am anderen bekunden, wird sich sein Verhalten wahrscheinlich ändern. Erfahrungsgemäß lassen andere dann von der Strategie ab. Manchmal braucht diese Änderung allerdings etwas Zeit. Kein Wunder, diese Strategien sind ja auch gut gelernt (zum Schutz vor persönlichen Verletzungen).

- Beachten Sie: Prozess geht vor Inhalt. Wenn Sie im Verlauf (Prozess) des Gesprächs/der Beziehung eine Störung erleben und diese nicht behoben wird, macht es keinen Sinn, inhaltlich weiterzumachen. Lassen Sie dann Zahlen, Daten und Fakten beiseite und kümmern Sie sich um den Prozess. Führen Sie Klärung herbei, indem Sie nachfragen, zuhören, Perspektiven austauschen.

Reaktionsmöglichkeiten auf Dialogblockaden

Bestätigen/Bekräftigen

Sie bestärken den Gesprächspartner in dem, was er tut (verbal/nonverbal), um sein Selbstwertgefühl zu heben. So kann er Vertrauen und Sicherheit gewinnen. Vermeiden Sie dabei aber Übertreibungen und Superlative, wenn Sie nicht angebracht sind.

> *„Das hätte ich genauso gemacht."*
>
> *„Wenn Sie so weitermachen, entwickelt sich hier etwas ganz Tolles."*
>
> *„Ich finde das sehr professionell."*

Beraten

Sie unterstützen den Gesprächspartner in einer für ihn wichtigen Sache. Sie muss nichts mit dem Grund des Akquisitionsbesuches zu tun haben. Ziel ist es, ihm einen Zusatznutzen zu bieten. Damit investieren Sie in die gemeinsame Beziehung und der andere kann von seinen Blockaden ablassen. Möglichkeiten sind

- ihm Tipps geben, hier effektiver zu arbeiten oder Konflikte zu lösen, und
- ihm von Ihren Erfahrungen in ähnlichen Bereichen zu erzählen.

Schweigen

Sie geben dem Gesprächspartner die Möglichkeit, entweder über seine eigene Blockade oder Ihre darauf folgende Antwort nachzudenken oder zu reagieren. Indem Sie nicht sofort reagieren, lassen Sie ihn die Wirkung seiner eigenen Blockade reflektieren. Manchmal fällt dem Gesprächspartner dadurch auf, was er da ausgelöst hat und reagiert selbst korrigierend oder einlenkend.

Feedback

Sie geben dem Gesprächspartner eine Rückmeldung darauf, wie Sie ihn wahrnehmen beziehungsweise was seine Blockade bei Ihnen ausgelöst hat. Wichtig ist hierbei, dass Sie sich vorher vergewissern, ob er von Ihnen eine Rückmeldung haben will. Fragen Sie, ob er hören will, wie seine Botschaft bei Ihnen angekommen ist. Wenn er das bejaht, geben Sie ihm auf wertschätzende Art eine Rückmeldung. Lassen Sie dabei Vorsicht und Sensibilität walten, damit er nicht sein Gesicht verliert.

Unterschiede feststellen

Sie betonen die Diskrepanz zwischen den Aussagen und Botschaften des Gesprächspartners und Ihren eigenen Erfahrungen (beziehungsweise denen Ihrer Kunden). Dadurch wird der Partner veranlasst, nochmals in verschiedene Richtungen zu denken und zu vergleichen. Der gemeinsame Austausch verstärkt auch die Beziehung.

> *„Mir fällt auf, dass Sie in Ihren Darstellungen einen anderen Fokus setzen als ich. Ich halte die neue Entwicklung des Marktes für eine große Chance …"*

Konfrontation

Sie decken Widersprüche auf und stellen sie zur Diskussion. Dadurch können Sie einen kontroversen Austausch anstoßen, um eine bessere Gesprächsbasis zu erhalten. Bleibt der andere bei seiner Haltung, können Sie für sich entscheiden, ob Sie eine andere Intervention wählen wollen oder den Dialog beenden.

Fokus schärfen/spezifizieren

Hier unterstützt man den Gesprächspartner dabei, seine Haltung deutlicher zu erklären beziehungsweise auf den Punkt zu bringen.

> *„Was genau ist der Hintergrund dieser Behauptung?"*
> *„Was meinen Sie konkret damit?"*
> *„Was verbirgt sich dahinter?"*

Den Beitrag des Gesprächspartners nutzen (Utilisieren)

Sie nutzen einen Beitrag des Gesprächspartners, der von ihm mit viel Energie vorgetragen wird, um damit die gemeinsamen Ziele herauszustellen. Diese Intervention ist das Gegenstück zur Konfrontation.

„Wenn Sie also Ihre alte Lieferantenbeziehung beibehalten wollen, schlage ich vor, dass Sie uns alternativ testen, um eine sinnvolle Ergänzung Ihrer Produktlinie zu erhalten."

Provokation

Die Provokation kann eingesetzt werden, wenn der Gesprächspartner auf seiner Meinung beharrt, keine andere zulässt, teilnahmslos oder lethargisch ist. Provokationen sind sehr sorgfältig zu überlegen. Ziel ist es, den anderen wachzurütteln.

„Ich finde es wichtig, dass Sie bei Ihrer Meinung bleiben."

„Wenn Sie mit dieser Einstellung wirklich erfolgreich werden, stellen Sie alle Expertenmeinungen auf den Kopf."

Paradoxe Intervention (Widersinnigkeit)

Wenn der Gesprächspartner in seiner Meinung, Einstellung oder in seinem Problem festhängt, können Sie auch paradox reagieren. Sie provozieren damit Irritationen, Rückfragen und meist beim anderen ein Aha-Erlebnis. Aber auch die paradoxe Reaktion sollten Sie selten und wohldosiert einsetzen.

„Wenn Sie Ihre Geschäfte genauso passiv vorantreiben, werden Sie sehr erfolgreich."

„Wenn Sie mit Ihren Kunden genauso abwertend umgehen, werden Sie in der Beliebtheitsskala bestimmt bald vorne sein."

„Wie kann ich Sie dabei unterstützen, keine Entscheidung treffen zu müssen?"

„Welche Argumente brauchen Sie noch von mir, damit Sie passiv bleiben können?"

Aktionsplan: Erarbeiten Sie Ihre Verhandlungsstrategie

Besonders bei der Kaltakquisition, aber auch bei jedem anderen Akquisitionsgespräch ist es wichtig, dass Sie eine Strategie verfolgen, die Sie wie ein roter Faden durch das Gespräch führt. Das gibt Sicherheit und macht einen souveränen Eindruck. Sie verhindern, dass Sie von Ihrer Nervosität oder Ihren Befürchtungen dominiert werden. Und Sie können sich Schritt für Schritt auf das Gespräch vorbereiten und wissen jederzeit, in welchem Stadium Sie sich befinden. Die Strategie für Ihre kommenden Gespräche können Sie anhand des folgenden Leitfadens individuell erarbeiten. Die folgenden Punkte müssen nicht alle in ein und demselben Gespräch abgehandelt werden.

▶ **Gute Vorbereitung**: (Minimal-/Maximal-)Ziele festlegen, Informationen über die Zielgruppe beschaffen, Interessen der Zielgruppe abwägen, eigene Interessen klären, entsprechende Inhalte erarbeiten.

▶ **Einstellung überprüfen**: Die eigene Einstellung zu sich, seinem Beruf, seinen Angeboten, zum Gesprächspartner und zum Gespräch selbst klären. Eventuell mit einem Coach. Ziel: Identifizierung, Motivation, Überzeugung von sich und seinem Angebot, Lust auf Akquisition.

▶ **Anliegen vorbringen**: Höflich, freundlich, gelassen, ruhig und übersichtlich übermitteln Sie Name, Unternehmen und Anliegen kurz, klar und präzise.

▶ **Erster Kontakt**: Nehmen Sie erst nach Aufforderung oder nach dem Gastgeber Platz. Berücksichtigen Sie, dass Sie einen „Reviereinbruch" begehen. Wenn Sie also Ihre Unterlagen auf seinem Schreibtisch ausbreiten oder sich mit den Händen darauf aufstützen, kann er das als Übergriff empfinden. In dieser Phase versteht sich. Nehmen Sie angebotene Getränke höflich entgegen.

▶ **Smalltalk**: Gehen Sie auf Angebote des Gastgebers, kurzen Smalltalk zu machen, ein. Sie können höfliche, anerkennende Bemerkungen über Büro oder Einrichtungsgegenstände machen – aber bitte keine Schmeicheleien.

▶ **Gesprächseröffnung**: Lassen Sie den Gastgeber das Gespräch eröffnen, und gehen Sie auf seinen Vorschlag über das Vorgehen ein. Auf seine Aufforderung hin machen Sie selbst einen Vorschlag. Klären Sie, welcher Zeitrahmen zur Verfügung steht und welche „Spielregeln" gelten (zum Beispiel Rauchen, Umgang mit Telefonanrufen, Protokoll etc.). Beginnen Sie behutsam, sein Verhalten zu spiegeln.

▶ **Notizen**: Machen Sie Notizen, um keine Informationen zu vergessen. Fragen Sie vorher anstandshalber um Erlaubnis.

▶ **Präsentation**: Geben Sie eine kurze, aussagefähige und attraktive Präsentation der eigenen Firma, der Dienstleistung, des Produkts und des Angebots.

▶ **Bedarfsklärung**: Geben Sie dem Gastgeber viel Raum zur Selbstdarstellung, Information, Nennung von Kaufmotiven und zum Beziehungsaufbau. Stellen Sie sich auf den Gesprächspartner durch bewusstes Spiegeln in Wortwahl, Mimik und Gestik ein, ohne zu übertreiben.

▶ **Das System verstehen**: Erkunden Sie Informationen über den Hintergrund, das Unternehmen, informelle Strukturen, Machtverhältnisse und die Unternehmenskultur, soweit dies für Sie relevant und möglich ist.

▶ **Die eigene Strategie im Auge behalten**: Rufen Sie sich während des Gesprächs innerlich immer wieder die eigenen Ziele ins Gedächtnis und gleichen Sie sie mit dem Prozess ab. Erkennen Sie Chancen und „spielen" Sie sie aus.

▶ **Nachfragen**: Nehmen Sie sich Zeit für Nachfragen, machen Sie keine vorschnellen Interpretationen. Intensivieren Sie die Beziehung.

▶ **Eigenen Status testen**: Testen Sie durch persönlichere Fragen die Bereitschaft des Gegenübers zu einer intensiveren (Ich-Du-)Beziehung. Verringern Sie eventuell die räumliche Distanz, ohne aufdringlich zu sein. Beginnen Sie, durch Fragen in Richtung der eigenen Ziele zu führen. Finden Sie den eigenen Status für den Gesprächspartner heraus.

▶ **Bedeutung des Produkts/der Leistung testen**: Klären Sie, welche Bedeutung die Dienstleistung/das Produkt für den Gesprächspartner hat und wie wichtig ihm die Lösung seines Problems ist. Erfragen Sie seine Ideen und Gedanken bezüglich Umfang und Investition.

▶ **Zusammenfassung**: Machen Sie ein Fazit der wichtigsten Punkte und klären Sie mögliche Missverständnisse; Sie haben die Gelegenheit, die Beziehung zu verstärken, indem Sie den Bedarf des Kunden wiederholen. Stellen Sie die Attraktivität des Angebots heraus. Prüfen Sie, ob das Ergebnis für alle Beteiligten bisher in Ordnung ist.

▶ **Entscheidungsphase**: Hier sind hohe Aufmerksamkeit und Sensibilität erforderlich. Unterbreiten Sie Ihr Angebot mit Preis und Verhandlungsspielraum. Nehmen Sie keine unrealistischen oder kompetenzfremden Aufträge an. Führen Sie die Entscheidung aktiv herbei.

▶ **Umgang mit Widerstand**: Analysieren Sie die Hintergründe des Widerstands. Diskutieren Sie gemeinsam stimmige Lösungen. Geben Sie auf keinen Fall vorschnell auf! Nehmen Sie den Widerstand nicht persönlich. Sie können die Beziehung durch Spiegeln stärken. Achten Sie darauf, die Beziehung und Sache voneinander zu trennen (freundlich zum Menschen, hart in der Sache).

▶ **Vereinbarung treffen**: Treffen Sie klare Vereinbarungen über alle wichtigen Daten und Fakten.

8   Der Einfluss des Systems

8.1   Akquisition im Kontext einer Umwelt

Sie haben gemerkt: Es ist mein Anliegen in diesem Buch, Ihnen zu vermitteln, dass *Ihre* Einstellung, *Ihre* Aktivität und *Ihre* Begeisterung für Ihren Job entscheidend dafür sind, wie Sie ihn ausüben. Und damit auch entscheidend dafür, ob Sie Erfolg darin haben. Viel zu oft wird die „Schuld" am Misserfolg auf andere geschoben, auf den Kunden, auf das berufliche oder private Umfeld oder auf andere Umstände – statt bei sich zu forschen und konstruktiv an sich selbst zu arbeiten.

Aber natürlich wäre es vermessen zu behaupten, dass „alles" nur von Ihnen steuerbar ist. Sie werden selbstverständlich auch von dem System beziehungsweise dem Unternehmen beeinflusst, in dem Sie arbeiten. Nur sollte man es sich eben nicht zu leicht machen und vorschnell den äußeren Umständen die Schuld für mangelnde Akquisitionserfolge zuschieben.

Erfolgreiche Akquisition findet im Spannungsfeld zwischen Ihnen, dem Kunden und Ihrem System oder Unternehmen statt. Bild 11 verdeutlicht die gegenseitige Abhängigkeit und die Wechselwirkungen.

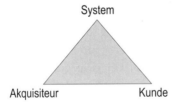

Bild 11   Akquisiteur, System und Kunde sind voneinander abhängig und beeinflussen sich gegenseitig

Das System kann zu Ihrem Erfolg beitragen – oder Ihnen Steine in den Weg legen durch seine Rahmenbedingungen wie Abläufe, Entlohnung oder Zielvereinbarungen. Und auch durch die Kultur, die im Unternehmen herrscht:

die Philosophie, die vorherrschenden Glaubenssätze, Regeln und Normen, der Umgang miteinander. Und natürlich auch durch die Menschen, mit denen Sie arbeiten: Ihre Kollegen, Ihre Mitarbeiter und Ihre Führungskräfte. Letztere üben entscheidenden Einfluss aus, weshalb ich mich mit ihnen im anschließenden Kapitel ausführlicher befasse.

Sie können sehr erfolgreich an sich arbeiten und sich mit Ihrem Job als Akquisiteur hundertprozentig identifizieren – wenn Sie im Umfeld nicht auf entsprechende Bedingungen stoßen, dann werden Sie früher oder später enttäuscht sein. Ein ständiger Konflikt, was getan werden soll, darf oder kann, führt zu immer größerem Energieverlust. Dies wiederum führt zu innerbetrieblichen Auseinandersetzungen, zu Frustration und Ärger und zu Ausstrahlungsverlust bei der Akquisition. Was wiederum Misserfolg in der Leistung nach sich zieht. Daraus gibt es nur zwei Auswege: entweder das System verändern oder aus diesem aussteigen und sich ein geeigneteres Umfeld suchen.

In diesem Kapitel gehe ich auf die Faktoren im System ein, die eine erfolgreiche Akquisition fördern oder behindern können. Sie können anhand dieser Faktoren überprüfen:

- ob Ihr Umfeld generell unterstützend ist oder ob es Aspekte gibt, die noch verbesserungsfähig sind,
- ob Ursachen für mangelnden Erfolg möglicherweise im System liegen und was Sie daran verändern können – und was nicht, und,
- sofern Sie in einem neuen Unternehmen beginnen, was Sie von diesem erwarten können und ob das neue Umfeld für Sie attraktiv ist.

Es ist das Privileg der Mächtigen, also der Unternehmensführer, zu bestimmen, was wie in ihrem Unternehmen gemacht werden soll. Dafür tragen sie die Verantwortung und auch das Risiko. Die Mitarbeiter haben zwar oft die Möglichkeit, eigene Ideen mit einzubringen. Ein Recht darauf haben sie nicht. Je klarer Sie jedoch Veränderungsvorschläge begründen können, desto größer sind die Chancen auf Realisierung, sofern Veränderung grundsätzlich erwünscht ist.

Es gibt Unternehmen, in denen die Beibehaltung des Status quo das einzige (unausgesprochene) Ziel ist. Hier (rasche) Veränderungen im System bewirken zu wollen, wäre aufreibend und wenig Erfolg versprechend.

Was können Sie tun, wenn das System nicht optimal ist?

Sind Sie in einem Unternehmen, dessen Umfeld und Rahmenbedingungen Ihnen nicht behagen und Ihrem Erfolg und Ihrer Entwicklung nicht förderlich sind, gibt es vier Möglichkeiten, wie Sie sich verhalten können:

1. **Leave it:** Sie können das Unternehmen verlassen und woanders ein passenderes System finden. Oder Sie machen sich selbständig und stellen eigene Regeln auf.
2. **Love it:** Sie können trotz der Einschränkungen und Andersartigkeit die Akquisition innerhalb des begrenzten Rahmens durchführen und sich damit arrangieren.
3. **Change it:** Sie können versuchen, die Rahmenbedingungen zu ändern, indem Sie mit Ihrem Vorgesetzten diskutieren und ihn von der Richtigkeit Ihrer Ideen überzeugen. Zum anderen können Sie Ihre eigene Einstellung ändern, indem Sie nicht alles oder keine so genannten „K.-o.-Rahmenbedingungen", also solche, die im Unternehmen unantastbar sind, verändern wollen.
4. **Use it:** Sie können vorhandene Ressourcen nutzen, um sich auszuprobieren, Erfahrungen zu sammeln und erfolgreich zu werden. Vielleicht wird durch Ihren Erfolg die Unternehmensleitung aufmerksam und zeigt schließlich Bereitschaft, auf Ihre Vorschläge einzugehen.

Die letztgenannte Verhaltensoption zeigt, wie wichtig es ist, zuerst Leistung zu erbringen und dann die für seine Arbeit optimalen Rahmenbedingungen einzufordern, wenn dies zu Beginn noch nicht möglich ist. Hat jemand Erfolg, erhöht das meist automatisch seinen Einfluss.

Ich kenne viele Akquisiteure, die schon zu Beginn ihrer Tätigkeit optimale Rahmenbedingungen im Unternehmen wollten und diese vehement einforderten. Dabei verletzten sie betriebsinterne Regeln oder brüskierten Personen im Unternehmen. Das belastete oder vergiftete nicht nur die Atmosphäre, sondern bewirkte auch, dass sie sich plötzlich einer immens gestiegenen Erwartungshaltung gegenübersahen, nach dem Motto: „So, jetzt hat er alles, jetzt muss alles optimal verlaufen ..." Das können Sie verhindern, indem Sie einen „systemischen Blick" entwickeln: Behalten Sie bei allem, was Sie tun, das Ganze im Auge. Alles ist miteinander verbunden und voneinander abhängig, wie Sie im Folgenden sehen werden.

Ich möchte Sie mit diesem Kapitel für die internen und externen Einflüsse auf die Akquisition sensibilisieren, damit Sie über die verschiedenen Einflussfaktoren größere Klarheit gewinnen. So können Sie erste Ideen entwickeln, um leistungsbegrenzende Einflüsse zu verändern. Wie das System und die Prozesse im Unternehmen von vornherein angelegt werden müssen, um eine systematische Akquisition dauerhaft zu etablieren, kann in diesem Rahmen aber nicht detailliert dargestellt werden.

8.2 Wenn Akquisition neu für das System ist

Zuvor möchte ich noch auf eine spezielle Situation näher eingehen: die Neueinführung von Akquisition in einem Unternehmen, das diese vorher nie systematisch und konsequent betrieben hat. Denn nie sind die Widerstände größer. Das bekommen vor allem die Akquisiteure zu spüren, die mit dieser neuen Aufgabe betraut sind. Beispiele wie das folgende sind keine Seltenheit:

Ein neu eingestellter Akquisiteur in einem Autohaus wurde zunächst von den „Platzhirschen" im Innendienst belächelt. Als er jedoch erste Erfolge vorweisen konnte, wandelte sich das Verhalten vehement: Die Kollegen verweigerten jede Zusammenarbeit und Unterstützung, und gaben Informationen nicht weiter. Während er im Außendienst unterwegs war, wurden Interessenten, die er zuerst kontaktiert hatte, von ihnen „abgegriffen". Der Versuch des Akquisiteurs, im Gespräch eine Klärung zu erwirken, scheiterte. Also wandte er sich an seinen Chef. Dieser wollte es sich aber mit seinen langjährigen Innendienst-Mitarbeitern nicht verderben und bezog keine Stellung. Die Innendienst-Mitarbeiter verstanden die Passivität ihres Chefs als Aufforderung, ihr destruktives Verhalten zu forcieren. Nach ein paar Monaten gab der Akquisiteur entnervt auf und kündigte.

Der Chef beklagte sich im Coaching darüber, dass Akquisition „nicht funktioniere" und er wieder nicht den richtigen Mann gefunden habe. Es stellte sich heraus, dass die Innendienst-Mitarbeiter schon andere Akquisiteure auf ähnliche Art „verschlissen" hatten, um ihren Ausnahmestatus zu wahren. Der Chef erkannte zwar auch die Problematik, hatte aber Angst, die Mitarbeiter zu konfrontieren, da sie sonst kündigen könnten und er keinen geeigneten Ersatz finden würde.

Ich habe öfters erlebt, dass Innendienst-Mitarbeiter erfolgreich die Einführung von Akquisition boykottierten. Denn hätte ein Akquisiteur Erfolg, dann könnte der Chef ja auf die Idee kommen, demnächst alle verstärkt in den Außendienst zu schicken. Alle Ausreden wären dann hinfällig. Also muss verhindert werden, dass das „Pilotprojekt Akquisition" Erfolg hat.

Boykottmaßnahmen sind auch oft in der Angst begründet, den eigenen Status zu verlieren, wenn Akquisition plötzlich einen hohen Stellenwert im Unternehmen bekommt. Das könnte die bisherige Hierarchie, die informelle „Hackordnung" durcheinander bringen. Der Einfluss und das Ansehen der „alten Hasen" könnte schwinden. Egal, ob es dann tatsächlich passiert. Die Fantasie genügt oft schon, um Widerstand zu wecken.

Manchmal versuchen Unternehmen aufgrund der angespannten Marktsituation, ihre Verkäufer zu mehr Außendienstaktivität, insbesondere der Akquisition von Neukunden, zu bewegen. Diesen gravierenden Eingriff in ihre Komfortzone quittieren diese dann mit den unterschiedlichsten Arten, Widerstand zu leisten:

- Selbst wenn die Verkäufer tatsächlich bereit sind, Akquisition zu machen, haben sie eine unrealistische Erwartungshaltung an den Erfolg – vor allem an die kurzfristigen Einnahmen. Dabei blenden sie die mittel- und langfristige Wirkung von Akquisition aus und sind so recht schnell von Akquisition enttäuscht. Und können (was vielleicht der unbewusste Wunsch war) möglichst schnell zum alten „akquisitionslosen" Zustand zurückkehren.
- Manche Verkäufer machen scheinbar mit und versuchen die Rahmenbedingungen zu ihren Gunsten zu verändern. Sie fordern mehr Geld, mehr persönliche Unterstützung, mehr Freiheiten und anderes. Auch in der Hoffnung, dadurch würde der Chef von seinem Vorhaben lassen. Wird auf die gewünschten Bedingungen eingegangen, so ist sehr oft zu beobachten, dass sich das Verhalten der Verkäufer trotzdem nicht wirklich verändert.
- Andere weigern sich offen, Akquisition zu betreiben, und führen zahllose Argumente ins Feld, weshalb Akquisition nicht funktionieren könne oder wie viel andere Arbeit sie hätten. In der Hoffnung, dass ihr Chef irgendwann entnervt von seinem Vorhaben ablässt – was dann oft auch passiert.
- Gibt er nicht auf und erweist sich als unbelehrbar, so werden die Bandagen oft härter. Die Verkäufer bilden Allianzen und bündeln ihre Kräfte. Sie drohen offen mit Kündigung und bauen dabei auf die Angst des Chefs, seine „guten" Mitarbeiter zu verlieren. Oder sie werden krank und nehmen „strategische" Auszeiten. Andere machen Dienst nach Vorschrift, ohne Herz, Engagement und Erfolg. Sie verteilen lustlos ihre Visitenkarten und beweisen sich und anderen, dass Akquisition sinnlos ist. Wer sowieso schon kurz vor der inneren Kündigung stand, wird jetzt in diese gehen. Schließlich gibt es noch die Kategorie der Hartgesottenen, die auf offenen Konfrontationskurs gehen, demonstrativ im Innendienst bleiben und

abwarten, was der Chef dann macht (oft genug nichts). Wie auch immer sie sich verhalten, alle verbreiten damit schlechte Stimmung, viele suchen vermehrt nach Problemen im Unternehmen, im Markt, bei den Produkten, bei der Marke etc., mit dem Hintergrund, dass Akquisition deswegen ja nicht funktionieren kann. Das ganze System kann darunter leiden oder in einen negativen Sog gezogen werden.

Das sind nur Beispiele, wie sich Widerstand gegen die Einführung von systematischer, kontinuierlicher Akquisition meiner Erfahrung nach äußert. Deshalb tun sich auch viele Unternehmen so schwer damit. Der Widerstand gegen diese Veränderung ist oft so groß, dass die Unternehmen das Thema Akquisition gar nicht erst anpacken – aus Angst vor möglichen Konsequenzen für das ganze System, mit denen sie nicht umgehen können oder wollen. Auf der Strecke bleiben dabei die Vorteile (materiell und immateriell), die eine professionelle Akquisition bietet.

Ehe Sie einen Job als Akquisiteur annehmen, sollten Sie sich also erkundigen, ob Sie damit ungewollt eine Vorreiterrolle übernehmen und das Unternehmen bis dato noch gar keine Erfahrungen mit Akquisition gewonnen hat. Ist das der Fall, so ist das kein Grund, den Job nicht anzutreten. Aber Sie sollten die Rahmenbedingungen einem intensiven Check unterziehen. Nach welchen Kriterien stelle ich Ihnen im Folgenden dar.

Checkliste: Welche Erfahrungen hat das Unternehmen mit Akquisition?

1. Wie steht das Unternehmen zum Thema Akquisition (Erfahrungen, Einstellungen, Stellenwert)?
2. Findet das Thema Platz in der Unternehmenskultur (Leitbildern, Visionen)?
3. Wie geht das Unternehmen insgesamt mit Veränderungen um? Welche Veränderungen wurden bisher an anderen Stellen vorgenommen, mit welchem Erfolg?
4. Auf welche Art und Weise sollen Kunden gewonnen und gebunden werden, wenn nicht durch Akquisition?
5. Was sind die Ziele des Unternehmens?

Solche Fragen können sowohl dem System als auch dem Einzelnen helfen, Klarheit zu gewinnen und daraus die Entscheidung für oder gegen Akquisition beziehungsweise den Job als Akquisiteur zu treffen. Akquisition, die halbherzig, alibimäßig oder als „nice to have" eingeführt wird, ist meiner Erfahrung nach selten mit Erfolg gekrönt. Ganz zu schweigen, dass alle Beteiligten dabei unglücklich werden.

8.3 Kriterien für eine erfolgreiche Unterstützung durch das System

Welche Faktoren müssen also positiv zusammenwirken, damit Akquisition vom System unterstützt wird und so erfolgversprechend wird? Vorausgeschickt sei, dass wohl in keinem Unternehmen alle die nachfolgend geschilderten Kriterien ideal zusammenwirken. Wichtig ist, sie überhaupt in ihrer Bedeutung zu erkennen, um das Ausmaß ihres positiven oder negativen Einflusses abschätzen zu können.

Bild 12 zeigt, aus welchen vier Säulen das System besteht. Sie bilden quasi die Stütze einer erfolgreichen Akquisition. Sind sie „angeknackst", bricht die Akquisition zusammen oder kann gar nicht erst aufgebaut werden. Die Skizze kann Ihnen dabei helfen, die Komplexität des Systems, in dem Sie arbeiten, zu erkennen und dieses auf unterstützende und hemmende Einflüsse bezüglich Ihrer Akquisition zu prüfen. Je nach Rolle und Verantwortung, die Sie innehaben, können Sie auf Veränderungen hinwirken.

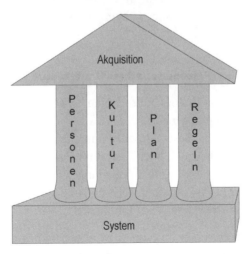

Bild 12 Akquisition baut auf den Säulen des Systems auf

Der Einfluss von Personen im System

Menschen aus allen Hierarchiestufen können Einfluss auf die Akquisition nehmen, nicht nur die Führungskräfte oder gleichrangige Kollegen: vom Geschäftsführer und Vertriebsleiter über den Innendienstverkäufer, den Großkundenverkäufer/Key-Account-Manager, den Vertriebsassistenten bis zum Sekretariat, der Auftragsabwicklung und der Personalentwicklung wie auch den Mitarbeitern des Kundenservice. Diese Menschen, oder einige unter ihnen, können die Akquisitionstätigkeit erschweren, boykottieren oder gar verhindern. Je nach Hierarchiestufe können Sie es selbst tun oder durch Strategien die Entscheider dahingehend beeinflussen.

Die Motive sind vielfältig: Sie mögen sich selbst nicht mit Akquisition identifizieren oder nicht verstehen, wie sie funktioniert (Motto: „Was ich nicht verstehe, muss ich beseitigen"). Sie mögen „politische" Gründe haben (Macht verteidigen, mehren, ausbauen, beschneiden), ihre persönlichen Animositäten hegen (Neid, Missgunst) oder Besitzstandswahrung vornehmen (eigenen Einfluss und eigene Mittel verteidigen). Vielleicht haben sie ganz einfach Angst vor Veränderung oder Mehrarbeit.

Selbstverständlich kommt es auch vor, dass die Personen im System, mehrheitlich oder komplett, Akquisition als wichtigen Beitrag zu den Unternehmensergebnissen verstehen, Sinn und Notwendigkeit erkennen und die Akquisiteure nicht als Bedrohung erleben. Und sie deshalb nach allen Kräften unterstützen.

Welchen Einfluss üben Personen aus Ihrem Umfeld aus?

- Welche Menschen in Ihrem Unternehmen haben Einfluss auf Ihren Akquisitionserfolg? Wodurch genau?
- Welchen Status haben diese Menschen im Unternehmen? Wodurch? (Kraft ihrer tatsächlichen Leistung oder Kraft ihrer Position, Unternehmenszugehörigkeit, alten Verdienste, guten Beziehungen zu Entscheidern?)
- Wie wirkt dieser Einfluss leistungsfördernd und leistungshemmend?
- Was sind die Hintergründe dieser Einflussnahme?

Das Verhalten der Personen im System ist immer in engem Zusammenhang mit den Werten und Normen des Unternehmens zu sehen. Die Kultur kann Blockierung beziehungsweise Unterstützung gestatten und fördern oder verbieten. Deshalb ist es auch immer interessant, darauf zu achten:

- Toleriert das Unternehmen, wenn seine Mitarbeiter sich gegenseitig blockieren, oder schreitet es ein?
- Belohnt und fördert das Unternehmen Unterstützung, oder ist es ihm gleichgültig?

Wer hat Einfluss auf wen?

In einem Unternehmen sind alle Mitarbeiter irgendwie voneinander abhängig. Veränderungen, die in einer ganz anderen Abteilung angestoßen werden, wirken sich vielleicht morgen schon auf Ihre Arbeit aus. Manche Abteilungen, Teams, Netzwerke oder Gruppen haben dabei größeren Einfluss als andere. Lernen Sie, diese Wechselwirkungen und Abhängigkeiten zu durchschauen und frühzeitig zu erkennen. Dann werden Sie von Entwicklungen nicht so leicht überrascht und können rechtzeitig darauf Einfluss nehmen. Hilfreiche Fragen dabei sind:

1. Von wem ist die Akquisition am meisten abhängig?
2. Welche Themen schlagen im Unternehmen erfahrungsgemäß die höchsten Wellen? Wer löst diese Wellen in der Regel aus?
3. Wenn Sie oder Kollegen Erfolge/Misserfolge in der Akquisition haben – in welchen Bereichen löst das welche Reaktionen aus? Wie stehen diese Menschen zu Ihnen?
4. Wer sind Ihre größten Unterstützer, wer Ihre größten Gegner? Welchen Einfluss hat deren Tätigkeit auf die Ihre?

Beziehungen

Erfolgreiche Akquisition können Sie nicht im Alleingang vollbringen. Sie sind auf die Unterstützung der anderen angewiesen. Wenn es also Probleme mit Akquisition gibt, kann es daran liegen, dass Sie nicht genügend Unterstützung durch andere haben.

Wichtig: Bauen Sie deshalb gute Beziehungen zu Einzelnen oder Gruppen auf. Bilden Sie Netzwerke. Sichern Sie ab, dass Sie Informationskanäle haben, über die Sie informelle Neuigkeiten über Veränderungen erhalten.

Achten Sie darauf, dass Sie gute Beziehungen zu Kollegen pflegen, die einen guten Draht zum Chef haben. Wie Sie im oben erwähnten Beispiel gesehen haben, kommt es vor, dass ein Chef die Leistung eines Akquisiteurs so wahrnimmt, wie es ihm wichtige langjährige Mitarbeiter weitertragen. Manche Akquisiteure sind daran gescheitert, dass sie keine gute Beziehung zu jemandem hatten, der einen hohen Status beim Chef genoss.

Fragen Sie sich also:

- Wer trägt was weiter?
- Inwieweit übernimmt der Chef die Meinung der anderen?
- Wie werden Sie von denen unterstützt?
- Wie und durch den Kontakt zu welchen Personen können Sie sich vor schlechter Publicity schützen? Wie können Sie Werbung für sich machen?
- Wie sind Ihre Beziehungen zu einflussreichen Mitarbeitern und wie könnten Sie diese verbessern?

Schlechte Beziehungen – hohe Fluktuation

Hohe Fluktuationsraten sind oft gerade in vertriebsorientierten Unternehmen ein Signal dafür, dass schlechte Beziehungen der Mitarbeiter untereinander herrschen. Die Mitarbeiter können kein Netzwerk aufbauen. Es fehlt die Bindung aneinander und damit auch an das Unternehmen.

Auch die Frage, wie sehr Ihre Kollegen mit Ihrer beruflichen Rolle identifiziert sind, hat Auswirkungen darauf, wie sehr Sie sie unterstützen werden (siehe Kapitel „Ihre Identität als Akquisiteur"). Besteht auf allen Seiten Klarheit über die eigene Rolle und können sich die Mitarbeiter mit diesen Rollen identifizieren, wird ein weitaus größerer Zusammenhalt bestehen. Er ist dann auf der gemeinsamen Begeisterung und Überzeugung vom Sinn der Akquisition gegründet. Auch deshalb ist es wichtig, alle Rollen rund um die Akquisition zu verteilen, exakt zu beschreiben, Rollenkonfusionen zu vermeiden und die Einhaltung der Rollen zu überprüfen.

Prüfen Sie für sich:

- Wer hat Einfluss auf Ihre Akquisitionsleistung?
- Welche Rollen haben diese Menschen?
- Wie sind sie mit ihren Rollen identifiziert?
- Wie verstehen/interpretieren sie ihre Rollen?
- Ist dies für Sie als Akquisiteur förderlich oder hinderlich?

- Sind die Rollen im Unternehmen bezüglich der Akquisition und deren Unterstützung klar definiert?
- Halten sich alle daran? Wer bricht aus? Warum?

Wie wird miteinander geredet?

Die Qualität der Beziehung wird durch die Qualität der Kommunikation bestimmt. Es gibt Unternehmen, in denen fast ausschließlich über E-Mail kommuniziert wird. Der persönliche Austausch kommt dabei zu kurz. Man knüpft keine tragfähigen Beziehungen zu anderen, wenn man nur geschäftsmäßige Mails austauscht.

In manchen Unternehmen wird nicht alles an jeden kommuniziert – so kann es sein, dass ein Akquisiteur seine innerbetrieblichen Ansprechpartner kaum kennt und jeder Information hinterherlaufen muss, um arbeitsfähig zu sein.

Überprüfen Sie, ob diese wesentliche Grundlage für Ihre Akquisition in ausreichendem Maß gegeben ist:

- Wie schätzen Sie Ihre Kommunikation mit Kollegen, Mitarbeitern (auch aus anderen Abteilungen) im Hinblick auf eine erfolgreiche Abwicklung der Akquisition ein?
- Bekommen Sie alle relevanten Informationen?
- Was können Sie in diesem Bereich verbessern?

Integration ins Unternehmen

Ist das Akquisitionsteam oder die Abteilung im Unternehmen isoliert und arbeitet ganz selbstbezogen, können daraus Konflikte entstehen. Bei der Abwicklung von Angelegenheiten mit anderen Abteilungen wird viel Zeit verloren, weil keine routinierten Ansprechpartner zur Verfügung stehen. Um eine erfolgreiche Akquisition zu gewährleisten, müssen die entsprechenden Abteilungen und Teams zum Wohle des Ganzen miteinander verzahnt sein.

So können Sie die Integration Ihres Teams überprüfen:

- Wie läuft die Zusammenarbeit mit anderen Abteilungen und Teams bei Ihnen?
- Was läuft gut, wo gibt es Probleme?
- Wer sind die treibenden Kräfte (+/–)?

Qualifizierung auf dem gleichen Niveau

Was nutzt es Ihnen, wenn Sie hochqualifiziert und sehr erfahren in der Akquisition sind und mit Kollegen zusammenarbeiten, die mittelmäßig ausgebildet sind – ohne Aussicht auf Verbesserung. Deshalb sollten die Anforderungen an jeden Mitarbeiter in einem Profil dargestellt, das vorhandene Potenzial zur Erfüllung dieser Anforderungen überprüft und die notwendigen Qualifizierungsmaßnahmen angeboten sowie deren Umsetzung kontrolliert werden.

Kultur

Die Kultur Ihres Unternehmens ist quasi das Ambiente, in dem Sie tagtäglich arbeiten. Diese Kultur kann motivieren. Sie kann aber auch die Atmosphäre eines Gefängnisses erzeugen, in der sich jeder eingesperrt und überwacht fühlt.

Selbstverständlich sollte diese Kultur so beschaffen sein, dass sie Akquisition unterstützt. Ebenso selbstverständlich können Sie als Einzelner diese Kultur in relativ geringem Ausmaß verändern. Sie können aber, wenn Sie die Kultur und deren Einfluss auf Ihre Arbeit verstehen, ganz im Sinne des „leave it", „love it", „change it" oder „use it", persönliche Entscheidungen treffen, wie Sie mit ihr umgehen wollen. Im Folgenden stelle ich Ihnen in Kürze dar, welche Faktoren die Kultur eines Unternehmens beeinflussen. In der Checkliste „Ist die Unternehmenskultur Ihrer Akquisition förderlich?" können Sie sie mit Hilfe der Reflexionsfragen auf Ihr eigenes Unternehmen beziehen, um herauszufinden, wie die Kultur Ihres Unternehmens Ihre Arbeit beeinflusst.

Vision

Die Vision ist das Leitziel des Unternehmens. Sie drückt aus, was das Unternehmen in Zukunft – in Anbetracht der eigenen Kompetenzen, der gesellschaftlichen Situation und der eigenen Inspiration und Ideen – erreichen will. Wenn sich Führungskräfte und Mitarbeiter mit den Visionen des Unternehmens identifizieren, ist das ein starker Antrieb für ihr Handeln und ihren Einsatz für das Unternehmen.

Die Vision ist für Sie interessant, weil Sie daraus die Bedeutung, die Akquisition im Unternehmen hat, erkennen können. Legt die Vision beispielsweise starke Akzente auf die Verbesserung interner Prozesse und meidet sie Aussagen über das Verhältnis zum Kunden, so können Sie davon ausgehen, dass Akquisition nicht besonders hochgehalten wird.

Ein Unternehmen aus der IT-Branche gab in seiner Vision der Optimierung der eigenen Produkte und Prozesse vorrangige Bedeutung. Dagegen wies kein einziger Hinweis auf einen Außenstehenden (Kunden), für den diese Entwicklungen gemacht werden sollten. Alle Beschreibungen richteten sich auf das Innenverhältnis des Unternehmens. In einem solchen Unternehmen hat es naturgemäß jemand schwer, dessen Geschäft darin besteht, zur Außenwelt Kontakt aufzunehmen.

Viele Unternehmen haben aber gar keine Vision. Oder sie kommunizieren sie nicht an die Mitarbeiter. Wenn es also die Kultur im Unternehmen ist, die eigenen Mitarbeiter über den Sinn und den Antrieb des Unternehmens gar nicht zu informieren: Welches Engagement, welche Identifikation soll sich daraus entwickeln? Prüfen Sie für sich:

- Hat Ihr Unternehmen eine Vision? Wie lautet Sie?
- Welchen Stellenwert haben Kundengewinnung und -bindung darin?
- Gibt es Unterschiede zwischen den Inhalten der Vision und der vom Unternehmen eingeschlagenen Richtung?

Welche Haltung prägt Ihr Unternehmen?

Die Kultur eines Unternehmens ist auch geprägt vom vorherrschenden Wertesystem. Hier spiegelt sich wider, welche Werte im Unternehmen geschätzt werden und das Handeln beeinflussen und welchen Sinn die Arbeit (des Unternehmens, des Einzelnen) macht.

Auch die zugrunde liegende Ethik zeigt sich in der Kultur: Was ist erlaubt? Wo gibt es Grenzen und Tabus? Manche Unternehmen bevorzugen das Motto: „Der Zweck heiligt die Mittel." Alles ist erlaubt, um erfolgreich zu sein. Andere stellen eigens ethische und moralische Grundsätze auf, die ihnen wichtiger sind als der geschäftliche Erfolg.

Auch Unternehmen folgen „inneren" Glaubenssätzen, in denen sich ausdrückt, welches Weltbild vorherrscht: Was wird als gut und schlecht, zielführend und -hemmend angesehen? Wo sieht man die Chancen und die Risiken und was überwiegt?

Die Kultur spiegelt auch das im Unternehmen vorherrschende Menschenbild. Wird der Einzelne nur als Mittel zum Zweck gesehen oder wird ihm mit Wertschätzung und Respekt begegnet? Daraus ergeben sich dann auch der Umgang der Menschen untereinander und das allgemeine (leistungsfördernde oder -hemmende) Klima.

Auch das Verhalten der Führungskräfte, so unterschiedlich es bei Einzelnen sein mag, wird von der Unternehmenskultur beeinflusst. Eine autoritär geprägte Kultur wird sich nur Leute holen, die einen solchen Führungsstil haben. Die Art, wie Führungskräfte mit Menschen umgehen, ist für die übrigen Mitarbeiter vorbildhaft und bestimmt auch deren Umgang untereinander (siehe auch Kapitel „Wie Führungskräfte die Akquisition beeinflussen").

Als Akquisiteur müssen Sie die Werte des Unternehmens nach außen repräsentieren. Wollen Sie sie glaubwürdig vermitteln, dann müssen Sie sich auch mit diesen Werten identifizieren. Erkennt der Kunde einen deutlichen Unterschied zwischen den in einem Leitbild nach außen getragenen Unternehmenswerten und den persönlichen Werten des Akquisiteurs, so wird ihn das irritieren. Der Bruch ist für die Gesprächspartner spürbar und beeinflusst die Entscheidung meist negativ.

Konflikte und Umgang mit Fehlern

Die Unternehmenskultur bestimmt auch, wie mit Konflikten und Fehlern umgegangen wird. Werden sie offen angesprochen und professionell gelöst? Oder werden sie unter den Teppich gekehrt? Gibt es gar nachträgliche Konsequenzen wie Mobbing, Zurückstufungen oder Eintragungen in Personalakten? Werden Fehler bestraft? Oder werden sie als zur Entwicklung gehörend angesehen?

Dies ist entscheidend für das Verhalten aller Mitarbeiter – je nachdem, werden sie Fehler (und damit neue Verhaltensweisen) aus Angst vor Repressalien meiden oder sie bei ihren Entscheidungen in Kauf nehmen. Für die Akquisition gehören Fehler einfach dazu, da der Job nicht immer kalkulierbar ist. Daher ist es wichtig, dass sie Ihnen auch zugestanden werden (siehe Abschnitt „Ihr Umgang mit Fehlern").

Eng verbunden damit ist, wie hoch die Bereitschaft im Unternehmen ist, Risiken einzugehen. Wenn jede Entscheidung endlos von Führungskräften abgewogen wird, um ja jedes Risiko auszuschließen, werden auch die Mitarbeiter in ihren Arbeitsbereichen risikoscheu. Zum normalen unternehmerischen Mut gehört aber auch die Vorab-Investition in die Akquisition – ehe damit Erfolge verbucht werden können. Ein risikoscheues Unternehmen bekommt erfahrungsgemäß auch einen risikoscheuen Akquisiteur.

Wie steht das Unternehmen zum Kunden?

Ihre Beziehung zum (potenziellen) Kunden steht in engem Zusammenhang mit der Kultur Ihres Unternehmens im Umgang mit Kunden. Ist der Kunde König und Partner oder „Cashcow" und „Neutrum", das man nun mal leider für den Absatz braucht? Diese Haltung gegenüber dem Kunden entscheidet darüber, mit welchem Auftritt, mit welcher Haltung und welchem Engagement Sie Ihren Kunden begegnen – und wie Ihr Unternehmen ihn dann später behandelt.

Dürfen Sie sich entwickeln?

In manchen Unternehmen ist es, so widersinnig das sein mag, verpönt, wenn Mitarbeiter sich in ihren Kompetenzen entwickeln und ein persönliches Wachstum durchlaufen. Meistens sind das Unternehmen, die auch selbst nicht wachsen wollen, sondern deren Messlatte der Erhalt des Status quo ist. Andere Unternehmen verfallen ins andere Extrem: Sie wollen auf jeden Fall und um jeden Preis wachsen. Die einzige Devise, die zählt, ist „höher, weiter, schneller". Auch wenn die Ressourcen nicht ausreichen oder das bisher Erreichte durch das Wachstum gefährdet werden kann.

Beide Extreme sind der Akquisition, wie dem ganzen Unternehmen und Ihnen persönlich, abträglich. Denn in beiden Fällen können Sie nicht in „natürlichem" Tempo wachsen.

Zum Wachstum gehört auch die Beförderung. Auch in diesem Aspekt gibt es ganz unterschiedliche Kulturen in Unternehmen: Folgt sie einem klar definierten und transparenten System oder gibt es immer wieder Überraschungen? Wenn Leistung nicht oder weniger als andere Kriterien die Bemessungsgrundlage für Beförderungen ist, entwickelt sich eine sehr eigene Dynamik. Leistungsverweigerung, Mobbing oder Bespitzelungen sind oft das Resultat. Es ist daher sehr wichtig, die Kriterien offen zu legen.

Checkliste: Ist die Unternehmenskultur Ihrer Akquisition förderlich?

1. Wie spiegelt sich Akquisition in der Unternehmensphilosophie? Wird sie auch so in die Praxis umgesetzt?
2. Welches Menschenbild besteht in Ihrem Unternehmen? Passt es zu Ihrem persönlichen Menschenbild?

3. Lässt sich Akquisition im gegebenen Klima positiv ausüben?
4. Mit welchem Leitbild tritt das Unternehmen nach außen? Wie präsentiert es sich seinen Kunden? Können Sie sich damit identifizieren?
5. Wie produktiv ist die Führungskultur in Ihrem Unternehmen für die Akquisition?
6. Ist die Kultur im Umgang mit Konflikten akquisitionsfördernd?
7. Was passiert, wenn Sie in der Akquisition Fehler machen?
8. Welche der Glaubenssätze in Ihrem Unternehmen unterstützen oder blockieren Ihre Arbeit und wie tief sind diese Überzeugungen?
9. Wie geht man in Ihrem Unternehmen mit Risiko um? Gibt es auch Ausnahmen? Welchen Einfluss hat das auf Ihre Akquisitionstätigkeit? Welche Reaktionen gab es, wenn Sie ein Risiko eingegangen sind?
10. Welchen Stellenwert haben die Kunden in Ihrem Unternehmen? Wie wirkt sich das auf die Beziehung zu ihnen und die Akquisition aus?
11. Wie viel Wachstum (beim Unternehmen und beim Einzelnen) ist erlaubt? Was passiert bei Abweichungen? Inwieweit beeinflusst das Ihre Akquisition?
12. Ist das Beförderungssystem in Ihrem Unternehmen transparent? Ist es vorrangig auf Leistung orientiert oder gibt es Ausnahmen? (Wann?)

Plan und Strategie

Die Mission des Unternehmens beeinflusst die Art und Weise, wie Sie Akquisition betreiben. Missionen sind prägnant und klar, etwa: „Ihr erster Ansprechpartner für ...", „Ihr schneller Service", „Ihre Fachberater für ...". Als Akquisiteur müssen Sie die Mission nach außen hin leben und mit Inhalt füllen. Das heißt: Sie müssen an sie glauben.

Um seine Mission zu erfüllen, hat sich das Unternehmen bestimmte Ziele gesteckt: Rentabilitätsziele, finanzielle Ziele, Marktstellungsziele, soziale Ziele sowie Markt- und Prestigeziele. Sie umfassen sowohl materielle als auch immaterielle Aspekte. Es erreicht diese Ziele nur, wenn es diese Ziele in konkrete Teilziele für seine Mitarbeiter „herunterbricht". Doch das ist nicht selbstverständlich, denn viele Unternehmen formulieren keine genauen Ziele, höchstens noch Ziele, die den Umsatz oder Ertrag betreffen. Andere wiederum entwickeln genaue Zielkataloge für unterschiedliche Bereiche.

Je differenzierter, klarer und messbarer die Ziele, desto effektiver und überprüfbarer ist die Arbeit des Akquisiteurs. Eindeutige Ziele geben Ihnen Klarheit und Orientierung, was in welchem Ausmaß von Ihnen erwartet wird. Bestenfalls werden die strategischen Ziele durch Kennzahlen verständlich und präzise zum Ausdruck gebracht – und sind so Messgrößen für die Erreichung der Ziele.

Strategie

Sind die Ziele klar, müssen Wege, Pläne und Maßnahmen ersonnen werden, um sie zu erreichen. Diese Strategien orientieren sich zum einen am Unternehmen selbst, zum anderen an den Ressourcen der Abteilung und des Einzelnen.

Optimal ist, wenn Sie gemeinsam mit Ihren Vorgesetzten Ziele und Strategien entwickeln, mit denen der Markt bearbeitet werden soll. Dafür stehen ihnen Analyse-, Entscheidungs-, Planungs- und Überwachungstechniken zur Verfügung, die in verschiedenen Phasen eingesetzt werden und unterschiedliche Aufgaben und Funktionen haben. Viele Akquisiteure werden aber allein gelassen und entwickeln entweder selbst eigene Strategien oder sie akquirieren ins Blaue hinein. Um dann für ihre Vorgehensweise und Ergebnisse kritisiert zu werden – von Vorgesetzten, die sich vorher nicht darum kümmerten.

Die Umsetzung einer Strategie erfordert Ressourcen, also auch ein Budget. Ist der Etat knapp bemessen, schränkt das Ihre Handlungsfähigkeit ein. Einige Aktionen lassen sich dann nicht durchsetzen. Ist der Etat großzügig angelegt, so besteht die Gefahr, dass zu viel gemacht wird und nicht jede Investition intensiv auf ihren tatsächlichen Nutzen geprüft wird.

Controlling

Hier geht es einmal um die Überwachung, Beaufsichtigung und Kontrolle der Ziele, aber auch um Steuerung und Führung. Ihre Aktivitäten und Leistungen werden von Ihren Führungskräften gemessen und gesteuert, damit die gewünschten Ergebnisse herauskommen. Findet zu viel Kontrolle statt, blockiert es Ihre Akquisition. Ohne Kontrolle häufen sich erfahrungsgemäß Fehlinterpretationen, Misserfolge und auch Passivität.

Entlohnungssysteme

Das Entlohnungssystem ist für Akquisiteure ein wichtiges Thema. Es kann sie, besonders in der Anfangsphase enorm unterstützen – oder unter Druck setzen. Wählen Sie ein hohes Fixgehalt, schafft das die Sicherheit, die Sie für die Eroberung eines fremden und neuen Marktes brauchen. Manchmal hat es aber den Nachteil, dass Akquisiteure durch diese Sicherheit passiv werden und zu viele Zugeständnisse machen, die ja nicht ihre Provision schmälern. Bei einem hohen Provisionsanteil mit geringem Fixum stehen Sie dagegen mehr unter Zugzwang und Druck. Manche Akquisiteure können damit umgehen und brauchen diesen Antrieb. Andere wiederum lähmt er und beeinträchtigt ihre Leistungen.

Das Entlohnungssystem muss Ihre spezielle Situation berücksichtigen und den Markt, Ihr Potenzial, die Besonderheiten Ihres Produktes, die Geschwindigkeit des Produktabsatzes etc.

Checkliste: Werden Sie von der Unternehmensstrategie unterstützt?

1. Mit welcher Mission tritt das Unternehmen nach außen? Wie setzen Sie diese in die Praxis um? Wird Ihre Akquisition dadurch erschwert oder erleichtert? Passt sie zu Ihrer eigenen Überzeugung?
2. Kennen Sie die Ziele Ihres Unternehmens? Kennen Sie Ihre eigenen Ziele? Sind diese klar, präzise, nachprüfbar? Wird die Erreichung all Ihrer Ziele und somit auch die Qualität Ihrer Arbeit kontrolliert oder nur der Umsatz? Welche Kennzahlen gibt es für Ihre Akquisitionsleistung? Wie transparent, verständlich und präzise sind sie?
3. Wie werden in Ihrem Unternehmen Strategien entwickelt? Wie eingebunden ist dort die Akquisition beziehungsweise Sie selbst? Welchen Einfluss hat die Strategieentwicklung auf Ihren Akquisitionserfolg?
4. Welche Planungssysteme unterstützen Ihre Strategiefindung? Wie hilfreich sind diese Systeme?
5. Wie ist die Budgetplanung für Ihre Akquisition geregelt? Lässt sie Ihnen genug Raum für eine erfolgreiche Arbeit oder schränkt sie Sie stark ein? Was würden Sie gerne mehr oder anders machen? Wie könnten Sie es bekommen? Wie könnte es sich amortisieren?
6. Motiviert Sie das geltende Belohnungssystem oder lähmt es Sie? Welches System würde Sie anspornen?
7. Wie wird in Ihrem Unternehmen die Akquisition kontrolliert und gesteuert? Wo ist dies leistungsfördernd, wo ist es hemmend?

Strukturen und Regelungen

Schließlich beeinflussen auch die herrschenden Strukturen und Prozesse Ihre Akquisitionsleistung. Ist nicht geregelt, wie und von wem beispielsweise der Kunde, nachdem er „akquiriert" wurde, betreut wird, dann bringt die beste Akquisition nichts. Wichtig ist deshalb, dass Prozesse in Ihrem Unternehmen klar geregelt sind. Die Arbeitsschritte, die erforderlich sind, um Akquisition wie vom Unternehmen gewünscht durchzuführen, müssen klar definiert sein. Dann wissen die Mitarbeiter, was von ihnen in welchem Maße erwartet wird. Das gibt allen Beteiligten Orientierung und Sicherheit. Es gibt Unternehmen, die solche Prozesse auch für Akquisition definiert haben. Genaue Standards beschreiben dann, wie die Schritte konkret durchgeführt werden sollen. Weitere Regeln, von denen Sie als Akquisiteur betroffen sind, sind in der Geschäftsordnung festgehalten sowie in mündlichen und schriftlichen Verträgen und Absprachen.

Die Kompetenzen und Verantwortlichkeiten jedes Einzelnen sollten nicht nur in einer eindeutigen Rollenbeschreibung jeder Tätigkeit festgehalten sein:

* in der Aufbauorganisation (die hierarchische Gliederung des Unternehmens nach Funktionen, zum Beispiel Vertrieb, Produktion etc., nach Produkten oder nach Regionen) und
* in der Ablauforganisation (Regelung von Abläufen und Prozesse, wie zu erledigende Arbeiten, Kommunikations- und Informationswege etc.).

Und schließlich hängt die Effektivität Ihrer Arbeit auch von einem funktionierenden Berichtswesen ab. Für die Akquisition gibt es unterschiedliche Systeme in den verschiedenen Branchen. Hauptsache ist, es gibt eines.

Checkliste: Strukturen und Regelungen

1. Welche Prozesse gibt es speziell für Ihren Bereich? Welche Standards? Wie hilfreich und ausführlich sind sie?
2. Sind Ihnen die Verantwortlichkeiten, die Aufbau- und Ablauforganisation in Ihrem Unternehmen bekannt? Welchen Einfluss haben sie auf Ihre Arbeit?
3. Welche Regeln und Strukturen behindern Ihre Arbeit, welche unterstützen Sie? Was würden Sie ändern?
4. Wie sollen die Aktivitäten archiviert werden? Mit welcher Ausführlichkeit, in welcher Norm? An wen im Unternehmen geht welche Information? Welche Medien werden eingesetzt? Wie aktuell sind diese und wie werden sie weiter aktualisiert?

Aktionsplan:
Wie können Sie mit begrenzenden Einflüssen des Systems umgehen?

▶   Auf den letzten Seiten habe ich Ihnen viele Anregungen und Fragen an die
Hand gegeben, mit denen Sie das System, in dem Sie arbeiten, hinterfragen können. Prüfen Sie, was Ihre Akquisition behindert oder einschränkt,
in welchem Ausmaß und mit welchen Konsequenzen. Entwickeln Sie daraus Veränderungswünsche und -vorschläge und finden Sie heraus, ob Sie
dafür Unterstützung von Kollegen finden.

▶   Entwickeln Sie eine Strategie, wie Sie im Gespräch mit Ihrem Vorgesetzten
Einflüsse des Systems ansprechen können. Zeigen Sie die Konsequenzen
auf und unterbreiten Sie Vorschläge zur Änderung. Vorgesetzte reagieren
auf Veränderungswünsche von Mitarbeitern oft nicht mit Beifall. Tragen Sie
dem Rechnung, indem Sie sich gut vorbereiten. Je klarer Ihnen selbst die
Zusammenhänge und Hintergründe aller Einflussfaktoren sind, desto überzeugender können Sie sie ansprechen.

▶   Wenn Sie nicht über den Status und die Macht verfügen, Veränderungen
herbeizuführen oder anzustoßen, dann ist es wichtig, es bei diesem Gespräch zu belassen. Wenn Ihre Führungskräfte nichts verändern wollen,
können Sie nicht mehr viel tun. Außer für sich selbst die Entscheidung
fällen, ob Sie in diesem Umfeld bleiben wollen.

▶   Besteht allgemein Veränderungswille, so können Sie und die Betroffenen
anhand der vier Säulen des Systems Alternativen entwickeln. Besonders
bei Veränderungen, die andere Abteilungen im Unternehmen betreffen,
dürfen Sie nicht aus dem Auge verlieren, diese einzubeziehen und sich
Unterstützung zu sichern.
Veränderung kann man anderen nicht verordnen.

9 Wie Führungskräfte die Akquisition beeinflussen

Führungskräfte können erheblich dazu beitragen, dass Ihre Mitarbeiter systematische und konsequente Akquisition betreiben. Sie können motivieren, Rollen und Ziele klären, unterstützen und ihre eigenen Erfahrungen zur Verfügung stellen. Sie können aber umgekehrt auch bremsen, blockieren und demotivieren, wenn sie ihre Führungsrolle nicht angemessen wahrnehmen.

In unseren Interviews mit Vertriebsvorständen, -direktoren, Geschäftsführern und Vertriebsleitern großer wie mittelständischer Unternehmen verschiedener Branchen trafen wir nicht selten auf erhebliche Vorbehalte gegenüber Akquisition. Die meisten schätzten zwar die Bedeutung der Akquisition für das Unternehmen, vor allem in Zeiten einer schwierigen Wirtschafts- und Marktsituation, als sehr hoch ein. Aber viele wollten selbst keine professionelle kontinuierliche Akquisition einführen, aufgrund oft sehr diffuser Bedenken wie: „Ich lege mich doch jetzt nicht mit den Verkäufern an, nachher leiden auch noch deren Verkaufszahlen", „Ich glaube, bei uns geht das nicht", „Ich will nicht, dass meine Verkäufer rausgehen, was sollen die Leute denken. Nachher glauben die, ich hätte es nötig", „Meine Führungskräfte können und wollen das doch nicht."

Wenn schon die Führungskräfte Akquisition nicht wollen oder nur halbherzig unterstützen, ist es kein Wunder, wenn sich die Akquisiteure – da wo Akquisition betrieben wird – schwer tun, erfolgreich zu sein. In diesem abschließenden Kapitel möchte ich deshalb darstellen, was speziell Führungskräfte beitragen können, um ihren Akquisiteuren zum Erfolg zu verhelfen.

Die Einstellung der Führungskraft zur Akquisition

Viele Führungskräfte haben Akquisition in ihrer Vertriebstätigkeit selbst eher selten gemacht, schon gar nicht systematisch. Ihre sporadischen, mehr oder weniger erfolgreichen Besuche sind aber oft die Messlatte, an der sie die Möglichkeiten der Akquisition messen. Wenn Sie selbst unter Befürchtungen und

Ängsten hinsichtlich der Ansprache von „Fremden" leiden, können sie natürlich auch keinen Akquisiteur glaubhaft unterstützen, der diese ebenfalls empfindet (siehe Kapitel „Mut zur Akquisition"). Aus Angst, die eigene „Achillesferse" zu outen und einen schlechten Eindruck bei den Mitarbeitern zu hinterlassen, weichen viele dem Thema Akquisition aus. Damit fahren Sie die gleiche Strategie wie ihre Mitarbeiter. Sie vermeiden das Thema, indem sie „keine Zeit" dafür haben und sich anderen Aufgaben widmen. Das hat sich in Coachings immer wieder bestätigt.

Erschwerend kommt hinzu, dass viele Führungskräfte für ihre Aufgabe keine fundierte Ausbildung in Mitarbeiterführung bekommen haben. Viele sind durch „Handauflegen" zu Führungskräften geworden, weil sie die stärksten Verkäufer oder am längsten im Unternehmen waren. Dann wurden sie mit ihrer neuen Aufgabe alleine gelassen.

Für Führungskräfte gilt das, was in den bisherigen Kapiteln über Identifikation, Ängste und Passivität erläutert wurde deshalb gleichermaßen. Oder noch viel mehr, weil sie ja eine Vorbildfunktion ausüben. Dazu kommt, dass Kenntnisse in Mitarbeiterführung unabdingbar sind, wenn Führungskräfte Mitarbeiter im Umgang mit Schwierigkeiten und inneren Blockaden, wie es für die Akquisition so typisch ist, effektiv unterstützen sollen.

> Ein Akquisiteur erlebte in Akquisitionsgesprächen immer wieder Misserfolge: Er ließ sich von Sekretärinnen abweisen, hatte Schwierigkeiten, Termine auszumachen und konnte sein Anliegen nicht rüberbringen. Er fühlte sich hilflos und ohnmächtig und wusste nicht, wie er aus diesen Situationen herauskommen sollte. Er bat seinen Chef um Unterstützung, schilderte ihm die Situationen und fragte – zunehmend fordernder –, was er denn da tun solle. Die Führungskraft fühlte sich aufgrund der schnellen, teilweise konfusen Darstellung und der permanenten Forderungen, eine Lösung zu präsentieren, in einen Sog von Ohnmacht und Hilflosigkeit gezogen. Seine Vorschläge und Ideen quittierte der Akquisiteur mit den Worten: „Hilft nicht, habe ich alles schon probiert."

> Der Chef konnte aufgrund mangelnder Kenntnisse in Mitarbeiterführung das „Spielchen" des Akquisiteurs weder erkennen, geschweige denn daraus ausbrechen. Dem Akquisiteur ging es nämlich weniger um eine praktische Lösung, sondern darum, eine emotionale Entlastung zu erfahren, nach dem Motto: „Wenn selbst der Chef keine Lösung weiß, dann ist es auch nicht lösbar und dann muss ich mir darüber keine Sorgen machen." Er selbst konnte, indem er seinen Chef dazu „zwang", Lösungsvorschläge zu unterbreiten, die er umgehend verwarf, passiv bleiben.

Deshalb gehört zu den wichtigsten Voraussetzungen, wenn systematische und kontinuierliche Akquisition in einem Unternehmen eingeführt und umgesetzt werden soll, dass die Führungskräfte entsprechend geschult sind.

Wenn der Kollege zum Chef wird

Im Verkauf oder Vertrieb ist es üblich, dass ein erfolgreicher Verkäufer zum Chef seiner Kollegen gekürt wird. Ich habe nicht selten erlebt, dass die betroffenen Mitarbeiter darüber nicht einmal umgehend informiert wurden. Sehr häufig muss der neue Chef dann mit erheblichen Widerständen rechnen und sich erst einmal Akzeptanz verschaffen. Manche Führungskräfte sehen sich als Freund oder Kumpel ihrer ehemaligen Kollegen und sind sich nicht bewusst, dass ihre Rolle als Chef mit dieser persönlichen Nähe nur schwer vereinbar ist. Wenn ein Akquisiteur passiv ist und schlechte Ergebnisse erzielt, muss man dann „in aller Freundschaft" Klartext reden – meist gelingt das nicht. Entweder kommt die Kritik nicht an und zeigt keine Konsequenzen, oder die „Freundschaft" geht in die Brüche und wendet sich in empörten persönlichen Widerstand. Erfolgreiche Trainer aus dem Sport, etwa Ottmar Hitzfeld oder Udo Lattek, bewegen sich auf einem schmalen Grat von Nähe und Distanz. Sie sind einerseits in einem guten Kontakt mit ihren Spielern, andererseits so distanziert, dass sie ihnen kritische Rückmeldungen geben können, ohne die Beziehung zu gefährden.

Was können Sie von Ihrer Führungskraft erwarten?

Ihr Chef sollte Sie in Ihrer Akquisition unterstützen. Was genau können Sie von ihm erwarten?

Dass er mit Ihnen die Zielsetzung klärt

Was soll mit Ihrer Akquisition erreicht werden:

- Welche Ziele hat das Unternehmen/die Abteilung?
- Welche Ziele sollen Sie kurz-, mittel- und langfristig erreichen?
- Welche Teilziele vereinbaren Sie?
- Wie werden Sie selbst, wie wird Ihr Chef die Zielerreichung überprüfen?
- Woran werden Sie beide merken, dass Sie Ihre Ziele erreicht haben?

Dass er mit Ihnen die Umsetzung plant

Planen Sie die Strategie zur Zielerreichung:

- Wie könnten die Ziele erreicht werden?
- Welche Mittel (Budget, Personen) brauchen Sie, kann Ihr Chef Ihnen zur Verfügung stellen?
- Welche Rahmenbedingungen brauchen Sie zur Zielerreichung (siehe Kapitel „Einfluss des Systems")?
- Was könnte eine erfolgreiche Umsetzung beeinflussen beziehungsweise verhindern?
- Wie können Sie sich davor schützen beziehungsweise darauf vorbereiten?

Dass er zu seiner Entscheidung steht

Nachdem sie nun wissen, wohin sie wollen und wie sie dieses Ziel erreichen können, entscheiden sich beide Seiten bewusst, die Ziele umzusetzen. Die Führungskraft muss ihre Entscheidung nicht nur allen Beteiligten kommunizieren. Sie muss auch bei Widerstand dazu stehen.

Dass er die Umsetzung mitverfolgt

Sie sind jetzt für eine erfolgreiche Akquisition gut aufgestellt und unternehmen die ersten Schritte. Sie werten diese aus, prüfen sie auf Tauglichkeit, optimieren die Organisation und kommen so Ihrem Ziel immer näher. Vereinbaren Sie mit Ihrem Chef, in welchem Abstand Sie mit ihm Gespräche führen, um die Umsetzung gemeinsam zu besprechen. Holen Sie sich die Zusicherung, im „Notfall" umgehend mit ihm sprechen zu können.

Dass er die Ergebnisse und Aktivitäten angemessen kontrolliert und anerkennt

Eine regelmäßige Überprüfung des Erreichten ermöglicht schnellere Korrekturen, Optimierungen und verhindert starke Abweichungen. Vereinbaren Sie mit Ihrem Chef, wer welche Ergebnisse wie überprüft. Tun Sie dies regelmäßig, um zu starke Abweichungen zu verhindern, die dann schwer zu korrigieren wären. Betrachten Sie Kontrolle nicht als etwas Negatives, sondern als etwas, das Ihnen hilft, nicht vom Kurs abzukommen.

Dass er Sie informiert

Es ist wichtig und unverzichtbar während des ganzen Prozesses, dass Sie von Ihrer Führungskraft über den aktuellen Stand, Entwicklungen, Änderungen informiert werden. Und dass Sie selbst ihn ebenso informiert halten.

Was ist Ihr Beitrag zu mangelnder Unterstützung durch Ihre Führungskraft?

Fühlen Sie sich von Ihrem Chef nicht unterstützt, mag das daran liegen, dass er wenig Erfahrung, wenig Ausbildung oder persönliche Schwächen hat. Meist beruht schlechte Führung aber auf „Gegenseitigkeit" – auch der Mitarbeiter hat seinen Anteil daran, dass er nicht geführt wird. Führung ist keine Einbahnstraße. Sie können Ihren Beitrag leisten, indem Sie auf die hier dargestellten Formen, „Widerstand zu leisten", bewusst verzichten. Ich beobachte häufig, wenn die Beziehung zwischen Führungskraft und Akquisiteur gestört ist, dass die Mitarbeiter auf eine oder mehrere Formen des Widerstands zurückgreifen – was äußerst unproduktiv ist.

1. Tatsachen nicht sehen (wollen)

Sie wollen nicht einsehen, beziehungsweise erkennen nicht die Notwendigkeit, dass Sie etwas verändern sollen. Sie ignorieren die Signale, die eine Veränderung deutlich machen, und verweisen auf das, was die Beibehaltung des gegenwärtigen Zustandes rechtfertigen soll. Argumente der Führungskraft versuchen Sie mit allen Mitteln zu widerlegen.

2. Absicherungsverhalten/Risiko scheuen

Sie verwalten Ihre bestehenden Kunden, bleiben überwiegend im Unternehmen, kontaktieren vor allem bestehende Kunden und gut bekannte Interessenten und meiden die Aufnahme neuer Kontakte. Sie gehen kein Risiko ein, damit nichts schief geht, und Sie sich kein negatives Feedback Ihres Chefs einhandeln.

3. Klagen und Beschwerden

Sie beschweren sich über angebliche organisatorische Probleme, klagen über den schlechten Markt, den starken Wettbewerb oder die eigenen schwachen Produkte. Ihr Ziel ist, von eigenen Unzulänglichkeiten abzulenken und keine Akquisition machen zu müssen.

4. Hinhalten/Passivität

Sie versprechen, „später" Akquisition machen zu wollen, wenn andere Projekte abgeschlossen sind. Damit versuchen Sie, die Führungskraft hinzuhalten beziehungsweise zu beruhigen und zu besänftigen. Oder Sie sorgen dafür, dass Sie permanent überlastet sind und „keine Zeit" haben (siehe auch Kapitel „Passivität").

5. Kontaktabbau

Sie meiden den Kontakt zur Führungskraft. Sie gehen ihr aus dem Weg, sprechen nicht oder kaum noch mit ihr. Das Verhältnis erkaltet zunehmend. Sie unternehmen nichts, um das zu ändern.

6. Passiver Widerstand

Sie machen „Dienst nach Vorschrift", erledigen Ihre Arbeit gerade so, dass man Sie dafür nicht bestrafen kann. Jedes weitere, früher vielleicht gezeigte Engagement wird eingestellt.

7. „Schwarzer Peter"/Sündenbocksuche

Dieses Vorgehen ist noch massiver als Klagen und Beschwerden. Sie suchen aktiv jemanden, der für Ihr Problem verantwortlich ist. Dies können Kollegen sein, das private Umfeld, auch Kunden – aber meistens sind es die Führungskräfte.

8. Drohungen

Dazu gehören die Androhungen zu kündigen, einen schlechten Job zu machen, krank zu werden, Geheimnisse auszuplaudern, dem Wettbewerb Informationen zu liefern etc.

9. Streik

Entweder Sie stellen die Arbeit ein oder Sie werden „krank". Unter Umständen versuchen Sie, Kollegen dazu zu bewegen, es Ihnen gleichzutun.

10. Sabotage

Sie führen absichtlich schlechte und erfolglose Akquisitionsgespräche, um so zu beweisen, dass Akquisition nicht funktioniert. Sie reden im Unternehmen oder bei Kunden schlecht über Ihren Vorgesetzten, hintertreiben seine Arbeit, plaudern Firmengeheimnisse aus oder zerstören Equipment.

Anhand dieser Liste können Sie sich selbstkritisch hinterfragen, ob ein möglicherweise schlechtes Verhältnis zu Ihrem Chef auch von Ihnen auf die eine oder andere Weise gefördert wird. Wenn ja, dann ist sicherlich der beste Weg, das destruktive Verhalten einzustellen und konstruktiv nach einer Lösung zu suchen. Sonst wird sich die Situation verschlimmern und irgendwann eskalieren. Das kann nicht in Ihrem Interesse sein.

10 Akquisitionsstrategien erfolgreicher Verkäufer

10.1 Kundenwerbung: Ohne Wenn und Aber

Viele Verkäufer denken bei dem Wort Akquisition zunächst nur an Neukundengewinnung und hier speziell an die allseits gefürchtete Kaltakquise. Akquisition ist aber mehr – sie behandelt die Kundenwerbung in jeder Situation, bei jeder Gelegenheit, unter Einsatz verschiedener Methoden. Hier unterscheiden wir zwischen direkten und indirekten Methoden.

Direkte Methoden sind all die, bei denen der Adressat direkt persönlich angesprochen wird, sei es schriftlich (per Mailing, Einladung, Fax oder E-Mail), per Telefon oder per persönliche Kontaktaufnahme. Die direktesten Methoden sind die Ansprache per Telefon und das persönliche Gespräch (vor allem die Kaltakquise).

Indirekte Methoden sind all die, bei denen der potenzielle Interessent erreicht wird, ohne dass ihn jemand zunächst direkt anspricht.

Diese Methoden werden oft zu Beginn genutzt, um sich bekannt(er) zu machen und Aufmerksamkeit auf sich zu ziehen – um dies später in eine direkte Ansprache umzuwandeln oder die Kontaktaufnahme durch andere initiieren zu lassen.

Direkte Methoden

- Telefonakquise
- Kaltakquise
- Ansprache auf Empfehlung
- Ansprache auf Messen und Veranstaltungen
- Mailing, Einladung, Fax, E-Mail-Ansprache direkt an den Entscheider

Indirekte Methoden

- Empfehlungen einholen oder von Empfehlungsgebern ansprechen lassen
- allgemeines, nicht direkt adressiertes Mailing, Fax o. Ä.
- Werbung in Medien
- Veröffentlichungen, Bücher
- Mitgliedschaften in Vereinen, Verbänden, Vereinigungen, Clubs
- Einsatz von Hauszeitschriften, Unternehmensbroschüren, Prospekten etc.
- Hausmessen, Tag der offenen Tür
- Aktionen in der eigenen Firma
- Einsatz von Multiplikatoren und Vorwerbern
- Messen, Ausstellungen
- Seminare, Workshops, Tagungen, Symposien, Vorträge
- Internetpräsentationen
- Zeitungsannoncen (Fachzeitschriften, regionale und überregionale Presse)
- Zusammenarbeit mit Medien
- Sponsoring
- Verkäuferclubs
- Kundenclubs
- Events/Incentives
- Kooperationen

Es gibt also eine Vielzahl von Möglichkeiten, Ihre Zielgruppen zu treffen und anzusprechen, sei es direkt oder indirekt. Die effektivste Akquisitionsstrategie ist abhängig von den eigenen Fertigkeiten und Präferenzen, der Philosophie des eigenen Unternehmens, den Besonderheiten der zu akquirierenden Zielgruppen sowie der individuellen Situation des Marktes, des Wettbewerbs, der Region und der eigenen Rahmenbedingungen.

Schauen Sie also danach, wo Sie am besten Ihre Zielgruppen antreffen und wie Sie sie am besten ansprechen. Es gibt drei Säulen, auf denen eine professionelle Akquisition aufgebaut ist (Bild 13).

Bestehende Kunden

Hierzu zählen alle, die Sie als Kunden gewonnen und zu denen Sie regelmäßig Kontakt haben bzw. die bei Ihnen regelmäßig kaufen.

Ziele, die Sie mit dieser Zielgruppe verfolgen, sind:

1. Intensive Kundenpflege

Indem Sie diese Menschen regelmäßig anrufen oder besuchen, um die Beziehung zu stärken, die Loyalität zu erhöhen, Informationen auszutauschen und Veränderungen in der Kundenwelt zeitnah wahrzunehmen, können Sie sofort reagieren.

Die Kontaktfrequenz bei bestehenden Kunden ist von Branche zu Branche unterschiedlich. Sie liegt zwischen zwei und zwölf Kontakten pro Jahr durch den verantwortlichen Verkäufer. Dazu kommen meist Aktionen durch Ihre eigene Firma und/oder dem Hersteller selbst.

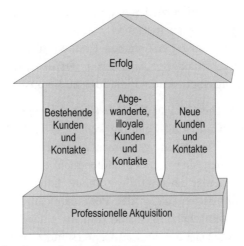

Bild 13   Die drei Säulen einer professionellen Akquisition

Es ist wichtig, darauf zu achten, dass bei Kunden keine Reizüberflutung stattfindet und dass die verschiedenen Aktionen aufeinander abgestimmt sind. Nichts ist schlimmer, als wenn Sie als Verkäufer den Kunden besuchen und dieser gerade vom Hersteller eine neue Information bekommen hat, von der Sie nichts wissen – das macht auf den Kunden keinen professionellen Eindruck.

Des Weiteren ist es wichtig, dass Sie als Verkäufer persönlich Kontakt zu Ihren Kunden halten, um die Beziehung zwischen Ihnen zu intensivieren. Es gibt viele Verkäufer, die diese Beziehungspflege einem Call-Center überlassen, und es gibt Unternehmen, die ein Call-Center (intern oder extern) für diese Arbeit einsetzen, weil ihre Verkäufer das aus den unterschiedlichsten Gründen nicht tun. Der Vorteil für das Unternehmen ist, dass überhaupt jemand den Kontakt aufnimmt und dem Kunden das Signal gibt, dass er für das Unternehmen wichtig ist. Die Bindung zum Unternehmen wird gefördert. Der Nachteil für den Verkäufer besteht darin, dass die Kunden nur eine Bindung zum Unternehmen aufbauen, nicht aber zu dem Verkäufer selbst, weil dieser den persönlichen Kontakt nicht hält. Es ist daher wichtig zu prüfen, ob Sie selbst einer solchen Gefahr ausgesetzt sind. Jeder persönliche Kontakt erhöht bzw. stabilisiert Ihre Bindung zum Kunden. Haben Sie diese Bindung nicht, bewertet der Kunde Ihre Leistungen ausschließlich nach sachlichen, fachlichen Kriterien, d. h. damit der Kunde loyal bleibt, braucht es ein einzigartiges bzw. konkurrenzloses Produkt. Haben Sie auch das nicht, besteht die Gefahr, dass der Kunde sich einem Verkäufer zuwendet, der seine emotionalen Bedürfnisse zusätzlich befriedigt (siehe auch Kapitel 7 „Ihre Beziehung zum Kunden"). Wenn Sie aber ausreichend persönlichen Kontakt zu ihm haben, kann ein Call-Center Sie bei verschiedenen Anlässen unterstützen (z. B. Terminvereinbarung, Ankündigung einer Aktion, Einladung zu Veranstaltungen o. Ä.).

Prüfen Sie auch, welche Qualität Ihr Call-Center hat. Es gibt oft Reibereien zwischen Verkäufern und Call-Centern, weil diese nach Verkäuferaussagen manchmal zu große Versprechungen machen, um einen Termin zu bekommen, diese Versprechen aber vom Verkäufer nicht eingehalten werden können. Oder das Call-Center bewertet die Verkaufschancen nach einem Telefonat wesentlich euphorischer, als es der Verkäufer dann real erlebt. Hintergrund für solche Fehleinschätzungen sind zum einen der Erwartungsdruck des Unternehmens auf die Leistung des Call-Centers und zum anderen die höhere Bereitschaft der Kunden, einem Termin zuzustimmen, der von einem Call-Center-Mitarbeiter vereinbart wird (z. B. wegen o. a. Versprechen). Sehr häufig ist zu beobachten, dass die Termintreue (Kunde erscheint tatsächlich zum Termin) eines vom Call-Center angerufenen Kunden/Interessenten geringer ist, als wenn der persönlich betreuende Verkäufer dies selbst tut. Es scheint so, als fühlte sich der Angesprochene bei seinem Verkäufer mehr in der Pflicht.

Meist handelt es sich bei diesen Konflikten zwischen Verkaufer und Call-Center um Missverständnisse, die in persönlichen Gesprächen ausgeräumt werden können. Wenn Sie also mit der Arbeitsweise des anderen nicht einverstanden sind, sprechen Sie dies zeitnah an und suchen Sie gemeinsam nach Lösungen. Dies ist besser, als wenn Sie, wie es leider sehr viele Verkäufer tun, im inneren Dialog die Arbeit des Call-Centers abwerten und die Termine nicht bzw. nicht ernsthaft wahrnehmen, nach dem Motto: „Die Termine von denen bringen doch sowieso nichts."

2. Folgeaufträge generieren (Cross Selling)

Die Lebensumstände Ihrer Kunden ändern sich permanent. Das betrifft die Ziele und Wünsche, die Meinungen und Einstellungen, die Rahmenbedingungen und vieles mehr.

Das, was bei Ihrem letzten Kontakt zu Ihrem Kunden noch den Auftrag verhindert hat, kann heute schon völlig anders sein (z. B. neue Einnahmequellen des Kunden, personelle Veränderungen im Kundenunternehmen, neue Investitionswünsche des Kunden, andere Ansprechpartner oder veränderte Hierarchieebenen etc.). Es ist daher wichtig, kontinuierlich persönlichen Kontakt zum Kunden aufzunehmen, um solche Veränderungen wahrzunehmen und geeignete Lösungen dafür anzubieten.

3. Empfehlungen einholen

Zufriedene Kunden empfehlen Sie gerne weiter. Manche tun es von sich aus, indem sie in ihrem Freundes- und Bekanntenkreis darüber reden und diese Menschen dann manchmal von sich aus Kontakt zu Ihnen aufnehmen.

Die meisten Kunden tun dies allerdings nicht, auch wenn sie Ihnen gegenüber zugesagt haben, Sie weiterzuempfehlen. Der Hintergrund liegt oft in der Bequemlichkeit des Kunden, andere Menschen für Sie zu gewinnen (siehe auch Kapitel „Passivität"), aber auch in dem Risiko, dem sich diese Menschen aussetzen können. Wie Verkäufer Blockaden haben, andere Menschen anzusprechen (obwohl sie darauf trainiert sind), so ist dies bei Ihren Kunden nicht anders (zumal die meisten von ihnen nicht darauf trainiert sind). Dazu kommt das Risiko, dass, wenn der Kunde eine falsche Empfehlung ausspricht, es auch negative Konsequenzen für seine Beziehung zu dem Empfohlenen geben kann – bis hin zum Abbruch des Kontaktes. Bei diesen vom Kunden erwarteten Risiken ist ihm meist der Einsatz zu hoch – und deshalb bleibt er bei der Empfehlungsansprache passiv.

Wenn Sie also Empfehlungen einholen wollen, ist es wichtig, die Initiative selbst zu übernehmen. Lassen Sie sich von Ihrem Kunden die Namen potenzieller Interessenten geben, erfragen Sie Hintergründe zu diesen Menschen und sprechen Sie die Vorgehensweise Ihrer Kontaktaufnahme mit Ihrem Kunden ab. Viele Verkäufer fragen ihren Kunden nach dem Verkaufsgespräch, nachdem dieser Zufriedenheit mit dem Produkt oder der Dienstleistung geäußert hat, wer ihnen nun noch einfällt, diese Leistungen in Anspruch nehmen zu können. Selbst ein aufgeschlossener Kunde selektiert nun im inneren Dialog alle dafür in Frage kommenden Personen. Es wägt ab, er zweifelt, er ist sich nicht sicher. „Brauchen diese Leute das wirklich? Haben die überhaupt das Geld dafür? Wollten die nicht in Urlaub fahren?" Um keine falsche Entscheidung zu treffen, sagt er dem Verkäufer, dass er noch einmal überlegen muss und Ihnen dann die betreffenden Personen nennt oder dass er selbst diese Personen anspricht, so dass sich diese dann beim Verkäufer melden können.

In den wenigsten Fällen kommt es dann tatsächlich zu Empfehlungen. Wir haben einmal Kunden befragt, wieso sie sich so schwer tun, Empfehlungen auszusprechen. Die Risiken einer falschen Empfehlung liegen für sie einmal darin, dass man den Verkäufer nicht mit einem Desinteressierten enttäuschen möchte, und zum anderen darin, den Kontakt zu dem Empfohlenen nicht zu gefährden. Die Kunden befürchten, dass die von ihnen Empfohlenen es als unangemessen empfinden könnten, dass ihr Name an einen fremden Verkäufer weitergereicht wird, der sie dann belästigen könnte. Eine weitere Befürchtung liegt darin, dass der Empfohlene das Produkt kauft, schlechte Erfahrungen macht und den Kunden dafür mitverantwortlich macht, nach dem Motto: „Und du hast mir das auch noch empfohlen." Und zu guter Letzt haben viele Kunden ein Problem damit, dass der Empfohlene denken könnte, der andere hätte an dieser Empfehlung etwas verdient.

Sie sehen, hier ist großer Erklärungsbedarf.

Bewährt hat sich in der Praxis folgende Vorgehensweise:

1. Vergewissern Sie sich, dass Ihr Gesprächspartner mit dem Produkt, der Dienstleistung sowie Ihrer Beratung zufrieden ist.
2. Sorgen Sie dann dafür, dass Ihnen Ihr Gesprächspartner zuerst Namen nennt, ohne zu wissen, worauf Sie tatsächlich hinauswollen.
   Zum Beispiel:
   – Wer wird Sie für diesen Kauf am meisten bewundern?
   – Wer wird Sie dafür am meisten beneiden?
   – Wem werden Sie das Auto zuerst zeigen/präsentieren?
   – 75 % aller Menschen informieren sich in ihrem Freundes- und Bekanntenkreis über Geldangelegenheiten.
   Wer informiert sich bei Ihnen?
   Wo informieren Sie sich?

Der Vorteil dieser Methode ist, dass der Kunde Ihnen Namen nennt, ohne diese im inneren Dialog vorzuselektieren – er weiß ja noch nicht, um was es Ihnen geht.

3. Nachdem der Kunde Ihnen die Namen genannt hat, fragen Sie ihn, ob Sie Kontakt zu diesen Personen aufnehmen können, um sie auch zu beraten.

   Zum Beispiel:
   – Wie wäre es für Sie, wenn ich es Ihren Freunden auch ermögliche, diese Vorteile zu nutzen?
   – Was halten Sie davon, wenn Herr Meier auch so ein Fahrzeug fahren würde?
   – Wäre es für Sie in Ordnung, wenn ich Kontakt zu diesen Menschen aufnehmen würde, um Sie auch so gut zu beraten, wie ich das bei Ihnen getan habe?

4. Erklären Sie nun Ihrem Kunden, wie Sie den anderen ansprechen werden. Fragen Sie, worauf Sie achten müssen, und vereinbaren Sie gemeinsam eine Strategie.

   Hinterfragen und klären Sie aufkommende Befürchtungen und Fantasien Ihres Gesprächspartners.

   Wenn Sie das tun, wird Ihr Kunde erleichtert sein. Er weiß aus eigener Erfahrung mit Ihnen, wie Sie mit Kunden umgehen, und er hört nun von Ihnen, wie Sie mit seinen Empfehlungen umgehen werden.

   Manche Kunden möchten vorsichtshalber zuerst mit diesen Personen reden. Das ist in Ordnung. Besprechen Sie mit dem Kunden, was er dem anderen sagen möchte, und geben Sie Tipps. Bleiben Sie aber am Ball. Treffen Sie zeitliche Vereinbarungen für die Ansprache, um die mögliche Passivität Ihres Kunden zu verhindern.

5. Vereinbaren Sie mit Ihrem Kunden, dass Sie ihn über den Verlauf und das Ergebnis des Gesprächs mit seiner Empfehlung umgehend informieren werden. Er möchte erfahrungsgemäß sofort wissen, wie der andere reagiert hat, ob er zufrieden und aufgeschlossen war oder ob die nächste Feier ohne den Kunden stattfinden wird, weil ihm der andere die Empfehlung übel genommen hat (das kommt aber, Gott sei Dank, fast nie vor).

6. Bedanken Sie sich bei Ihrem Kunden für die ausgesprochene Empfehlung, vor allem dann, wenn es erfolgreiche Abschlüsse gegeben hat.

   Neben dem verbalen Dank (eine Selbstverständlichkeit in allen Fällen der Empfehlung) sollte es eine Aufmerksamkeit oder ein Geschenk an ihn geben. Schenken Sie etwas, was den Kunden interessiert, was zu seinen Hobbys und Interessen passt. Gutscheine für Serviceleistungen oder Zubehör

Ihres Hauses sowie Bargeld wirken oft viel weniger als eine Flasche ausgesuchten Rotweins für den Weinliebhaber, eine VIP-Karte für das nächste Bundesligaspiel seines Vereins oder eine Eintrittskarte für das nächste Konzert seines Lieblingsstars.

Der Preis für diese exklusiven Geschenke muss nicht zwangsläufig höher sein als der Geldwert, den Sie selbst vorgesehen haben. Die Wirkung ist aber viel höher, der Kunde wird emotional viel mehr angesprochen, das Erlebnis wirkt viel mehr nach („Stell dir vor, ich war gestern beim FC Bayern in der VIP-Loge, es war toll. Und das habe ich von meinem Verkäufer geschenkt bekommen ...). Die Erfahrung zeigt auch, dass die Bereitschaft, in Zukunft vermehrt Empfehlungen auszusprechen, deutlich steigt. Natürlich hätte Ihr Kunde sich von 50 Euro, die Sie ihm vielleicht zuerst schenken wollten, auch eine Karte oder eine Flasche Rotwein kaufen können. Die meisten hätten dies allerdings nicht getan. Sie hätten es in die Geldbörse gesteckt und es wäre im täglichen Leben irgendwann ausgegeben worden – ohne dabei unbedingt an Sie zu denken.

Dieses Beispiel zeigt auch noch einmal sehr deutlich die Wichtigkeit einer Bedarfsanalyse über die sachlichen, fachlichen Faktoren hinaus. Man kann tatsächlich mit kleinen Dingen große Freude bereiten.

Und durch die vielen Empfehlungen ist die Freude auf allen Seiten groß.

Abgewanderte, illoyale und passive Kunden

Hierzu zählen alle, die Sie einmal als Kunden gewonnen haben, die Ihnen aber aus unterschiedlichen Gründen den Rücken zugewandt haben bzw. aktuell keine Geschäfte mehr mit Ihnen machen.

Ziele, die Sie mit dieser Zielgruppe verfolgen, sind:

1. Beziehungen wieder aufbauen und stärken

Kundenbefragungen haben ergeben, dass die meisten Kunden ihre Loyalität zu ihrem Verkäufer aufgeben, wenn sie schlechte Erfahrungen gemacht haben oder sich vernachlässigt fühlten, wobei der fehlende Kontakt zum Verkäufer eine größere Rolle spielte als die schlechten Erfahrungen, denn die hätten im Gespräch mit dem Verkäufer ausgeräumt werden können. Es gibt Verkäufer, die zwei Jahre und mehr keinen Kontakt zu ihren Kunden aufgenommen haben und die sich ungehalten darüber wundern, dass der Kunde zwischenzeitlich bei einem anderen Anbieter gekauft hat. Dieses Phänomen gibt es besonders in Branchen, in denen der Kunde ein Produkt oder eine Dienstleistung sehr lange nutzt (z. B. in der Automobilbranche, Banken und Versicherungen, Krankenkassen u. a.). Hintergrund ist meist das Gefühl des Verkäufers, der Kunde wird sich schon selbst melden, wenn er wieder etwas braucht. Man glaubt, den Kunden sicher zu haben. Man glaubt nicht, dass er wechseln könnte. Dass sich inzwischen die Lebensumstände des Kunden ändern können oder ein aktiver Wettbewerber um den Kunden buhlt, kommt vielen Verkäufern nicht in den Sinn. Wenn man nun die Verkäufer befragt, warum sie nicht aktiver Kontakt halten, so hört man oft die Antwort, dass im Tagesgeschäft so viel zu tun sei. Widersprüchlich ist dabei, dass sowohl die Verkaufsergebnisse als auch die Aussagen der Führungskräfte eine andere Sprache sprechen. Es ist oft reine Bequemlichkeit (siehe Kapitel „Passivität"). Dabei ist es sehr wohl möglich, abgewanderte oder vernachlässigte Kunden zurückzugewinnen bzw. passive Kunden wieder zu aktivieren.

Der erste Schritt ist die Wiederaufnahme des Kontaktes, um die Beziehung zu klären, neu aufzubauen und wieder Vertrauen zu entwickeln.

Der nächste Schritt ist die regelmäßige Pflege dieses „neuen" Kontaktes, denn der Kunde wird nun sehr sensibel die Entwicklung der Beziehung beobachten.

2. Analyse des aktuellen Kundenstatus

In der Zeit zwischen den vergangenen und wieder aufgenommenen Kontakten haben sich meist viele Dinge verändert bzw. neu entwickelt. Es ist daher wichtig, die aktuelle Kundensituation zu analysieren und die eigenen Datenbanken zu aktualisieren.

Gehen Sie bei der Datenaufnahme sehr behutsam und sensibel vor, manchmal braucht die Beziehung noch etwas Zeit, ehe der Kunde wieder offen alle Fakten mitteilt. Viele Verkäufer, die zu früh vorgeprescht sind, haben die Erfahrung gemacht, dass der Kunde ihnen unterstellt hat, sie hätten den Kontakt nur wieder aufgenommen, um sofort wieder Geschäft zu generieren. Dies hat die Beziehung dann entweder stark belastet oder gar sofort wieder zerstört. Gestalten Sie den Analyseprozess so, dass Sie die relevanten Fragen im Gespräch elegant verpacken, nicht zu viele Fragen auf einmal stellen und, wenn die Zeit noch nicht reif ist, auf Ihre Chance in den Folgeterminen warten.

3. Individuelle Beratung und Betreuung

Nachdem Sie also wieder im Rennen sind, analysieren Sie, welche Strategie bei den jeweiligen Kunden angewandt werden muss, um wieder Neugeschäft zu generieren und Empfehlungen einzuholen. Bedenken Sie dabei, dass der Kunden Sie jetzt genauer beobachtet, Sie vielleicht testet und prüft, ob Ihre Vereinbarungen und Versprechungen eingehalten werden. Einen weiteren Fauxpas wird er Ihnen in der Regel nicht verzeihen.

Neue Kunden

Hierzu zählen alle, mit denen Sie noch kein Geschäft gemacht haben. Es kann sich dabei um völlig fremde oder Ihnen bekannte Menschen handeln.

Ziele, die Sie mit dieser Zielgruppe verfolgen, sind:

1. Beziehungen aufbauen und intensivieren

Hier geht es darum, sich kennen zu lernen, Informationen auszutauschen, Gemeinsamkeiten und Unterschiede festzustellen, Wünsche und Bedarfe zu klären, Interesse zu wecken und zu qualifizieren und vor allem darum, einen guten persönlichen Kontakt herzustellen, als Basis für eine erfolgreiche Geschäftsbeziehung.

2. Aufträge generieren

Auf der Basis der gewonnenen Daten und Eindrücke wird der Kunde individuell beraten. Oft starten Sie als Verkäufer mit einem Pilotprojekt, um dem Kunden zu beweisen, wie gut Ihre Produkte und Dienstleistungen sind und auf welche Art und Weise Sie arbeiten. Dadurch gewinnt der Kunde Vertrauen, und wenn er zufrieden ist, bekommen Sie weitere Aufträge, bis Sie irgendwann für ihn strategischer Partner oder Hauptlieferant werden.

3. Empfehlungen einholen

Wenn sich der Kunde von Ihren Leistungen überzeugt hat, ist die Zeit reif, ihn aktiv auf Empfehlungen anzusprechen. Fragen Sie ihn nach Adressen potenzieller Interessenten, besprechen Sie mit dem Kunden die weitere Vorgehensweise und nehmen Sie selbst Kontakt zu den genannten Personen auf.

4. Intensive Kundenpflege

So wie mit allen Ihren Kunden werden Sie auch mit den Neukunden regelmäßig persönlichen Kontakt aufnehmen, um sich auszutauschen, die Loyalität zu erhöhen sowie Veränderungen in der Kundenwelt zeitnah wahrzunehmen.

Die klassische Rangfolge in den meisten Betrieben ist:

1. die Sicherung und der Ausbau bestehender Kunden- und Interessentenbeziehungen,
2. die Rückgewinnung profitabler Kunden und
3. die Neukundengewinnung.

Vom Schwierigkeitsgrad und von der Erfolgsaussicht macht diese Rangfolge absolut Sinn. Es ist wesentlich leichter, eine bestehende, über Jahre bewährte Beziehung zu intensivieren und auszubauen, als einen neuen Kontakt aufzubauen, zu pflegen, Vertrauen zu entwickeln und von einem Wettbewerber zu erobern – erst recht in einer Zeit, in der sich viele Menschen ungern verändern wollen und eher auf das Alte, Bewährte zurückgreifen.

Prüfen Sie einmal für sich, wie effektiv Sie bereits die drei Säulen der Akquisition nutzen und wo für Sie die größten Potenziale schlummern.

Hier nun ein paar erfolgreiche Beispiele aus der Praxis, wie Verkäufer aus verschiedenen Branchen die unterschiedlichen Zielgruppen für sich gewonnen bzw. zurückerobert haben.

10.2 Gewinnung neuer „high-potentials"-Kunden durch anspruchsvolle Events

Ausgangssituation

Der Bereich des Private Banking erhält in Großbanken eine zunehmend größere Bedeutung. Es handelt sich hierbei um vermögende Privatkunden, die für die bankeigenen Konzepte gewonnen werden sollen.

Bisher wurden die potenziellen Interessenten zu anspruchsvollen Events eingeladen, um sich dort kennen zu lernen und später diese Beziehung zu intensivieren.

Solche Events konnten sein:

- anspruchsvolle Diners in Schlössern, Burgen oder in Mehr-Sterne-Restaurants,
- Weinproben in Klöstern,
- Kochkurse in First-Class-Restaurants,
- Fahrtrainings mit exklusiven Automarken,
- Golf-, Tennis- oder Reit-Events.

Diese Veranstaltungen waren sehr aufwendig organisiert, es musste jedes Detail stimmen, da die Wunschzielgruppen hohe Ansprüche an solche Events haben. Da sie zudem auch viel Geld kosteten, knüpften die Führungskräfte der Bank hohe Erwartungen an den Erfolg dieser Akquisitionsmethode. Die Mitarbeiter sehen solche Events oft als Belastung und zweifeln den Erfolg der Maßnahme an. Sie entwickeln hohen Widerstand und erfüllen nur widerwillig ihre Aufgaben vor, während und nach der Veranstaltung.

Folgende Verhaltensweisen wurden dabei beobachtet:

- Die Mitarbeiter bereiteten sich nicht auf die Veranstaltung vor, sie kannten nicht die eingeladenen Personen, die Tischordnung, den Veranstaltungsablauf, die Aufgabenstellung für den Abend etc.
- Die aufwendigen Vorbereitungsaufgaben, wie Adressenselektion, Einladung der Gäste, Auswahl und Präparation des Veranstaltungsortes, Vergabe von Aufträgen wie Drucken von Einladungskarten, Erstellen von Menüvorschlägen etc., wurden anderen überlassen.
- Zu den Events kamen sie zehn Minuten vorher und gingen vor allen Gästen.
- Sie ignorierten die vorher festgelegte Kleiderordnung.
- Während der Veranstaltung standen sie ausschließlich mit ihren Kollegen zusammen, statt sich um die Gäste zu kümmern.
- Die Gäste wurden während des Events nicht angesprochen, obwohl das Sinn und Zweck der Veranstaltung war.

Die Folgen waren fatal. Einige Gäste unterhielten sich zwar untereinander, vor allem wenn sie sich schon vorher kannten, aber die meisten bezogen sich nur auf ihre Begleitung und verließen sofort nach dem Hauptprogrammpunkt die Veranstaltung. In fast allen Fällen fand kein Kontakt zu einem Bankmitarbeiter statt. Befragungen im Nachhinein ergaben, dass die Gäste den Rahmen der Veranstaltung, die Qualität der Speisen und Getränke und die aufgetretenen

Künstler als sehr ansprechend bewerteten – die Betreuung durch den Gastgeber wurde sehr bemängelt. Es gab auch Führungskräfte in den Banken, die erzählten, dass es sehr schwer bis unmöglich wurde, einige dieser Gäste zu ähnlichen, später stattfindenden Events wieder einzuladen. Die gemachte schlechte Erfahrung saß noch zu tief. Die ursprünglich nach den Events geplanten Folgekontakte fanden kaum statt. Zum einem fehlte den Mitarbeitern die persönliche Basis zu den Gesprächspartnern, da sie beim Event keinen Kontakt zu ihnen hatten, und zum anderen fehlten ihnen aus demselben Grund die Aufhänger für ein Folgegespräch. Es gab also nur wenige Folgetermine bzw. Beratungsgespräche. Das führte dazu, dass die Bank kaum ein Return on Investment hatte und ein riesiges Defizit verzeichnete. Die einzigen „Gewinner" waren die Mitarbeiter, denn die hörte man des Öfteren in der Bank sagen: „Wir haben doch gleich gesagt, dass das nicht funktioniert ..." Die Banken wollten aber nicht auf diese Klientel verzichten und so gingen einige dazu über, die Events professioneller unter den Akquisitionsgesichtspunkten vorzubereiten, zu gestalten und nachzuarbeiten.

Zielsetzung

- Professionellere Organisation der Events mit dem Fokus auf die Kundengewinnung.
- Aktive Ansprache und Betreuung der Kunden bei den Events.
- Konsequente Bearbeitung aller Kontakte nach dem Event (aller Gäste und aller Personen, die der Einladung zum Event nicht folgen konnten).

Strategieumsetzung

1. Bei der Organisation wurden die Aufgaben den Mitarbeitern namentlich zugeteilt. Es wurde ein Aktionsplan eingesetzt und die Mitarbeiter wurden von Führungskräften bei der Umsetzung unterstützt. So wurde gewährleistet, dass alle ihren Beitrag leisteten.
2. Der Organisationsplan beinhaltete u. a.
   - die Versendung der Einladungen und die Nachtelefonate,
   - die Sitzordnung beim Event – an jedem Tisch saß mindestens ein Mitarbeiter der Bank, der die Aufgabe hatte, sich mit den Gästen zu unterhalten (allerdings keine Gespräche über Produkte und Dienstleistungen der Bank) und Gespräche untereinander zu fördern,
   - einen kleinen Exkurs in Benimmregeln, auch deshalb, weil die Wunschzielgruppe einen bestimmten Umgang gewohnt ist,

- eine Kleiderordnung – je nach Event wurde der Rahmen für die Kleidung festgelegt – auch hier, um den Ritualen und Gewohnheiten der Wunschzielgruppe zu entsprechen,
- der Einsatz von Namensschildern und Visitenkarten wurde geregelt,
- Fahrdienste wurden organisiert, Fotografen wurden gewonnen, um Erinnerungsfotos zu machen, sowie
- Programmablauf, Zuständigkeiten und Personaleinsatz.

Es wurde eine Checkliste erstellt, die alle relevanten Aufgaben beinhaltete. Jeder Mitarbeiter wusste, was zu tun ist.

3. Die Mitarbeiter und die Führungskräfte wurden intensiv auf den Event und die Nachbearbeitung vorbereitet. Dies geschah durch Trainings und Begleitung vor Ort.

   Inhalte der Trainings waren u. a.
   - Förderung der Identifikation mit der Aufgabe beim Event,
   - Sensibilisierung der Mitarbeiter für die Bedeutung dieser Events für die Bank, für den Kunden und für die Mitarbeiter (Chancen und Risiken einer solchen Veranstaltung),
   - Umgang mit Widerständen, Fantasien und persönlichen Blockaden der Mitarbeiter und Führungskräfte,
   - Gestaltung von Gesprächen/Small Talk beim Event,
   - „Knigge" für Events und
   - Ansprache der Kunden nach den Events (telefonische Nacharbeit sowie Gestaltung der persönlichen Gespräche beim Kunden).

   Bei diesen Trainings wurde viel ausprobiert und diskutiert. So wurden viele Bedenken zerstreut und wurde der Blick für den Nutzen der Bank und für den Kunden geschärft. Die Mitarbeiter bekamen zunehmend Lust auf die Veranstaltung.

4. Beim Event wurden die Mitarbeiter unterstützt von Führungskräften und Trainern (interne und externe), die Feedback gaben, Fragen beantworteten, Sicherheit vermittelten und Tipps gaben.

5. Nach dem Event gab es einen durch Trainer geleiteten Erfahrungsaustausch und es wurden individuelle Ansatzpunkte für die Ansprache der Gäste erarbeitet.

   Dann wurde von allen nachtelefoniert.

   Diejenigen, die beim Event dabei gewesen sind, wurden gefragt, wie es ihnen gefallen hat. Im Anschluss daran wurde ein Termin vereinbart, um ihnen das beim Event gemachte Erinnerungsfoto auszuhändigen.

Diejenigen, die nicht zum Event kommen konnten, wurden angerufen, um die Chance zu einem persönlichen Gespräch zu bekommen. Im Vordergrund stand hier, sich kennen zu lernen und die Beziehung zueinander auszubauen.

6. Die vereinbarten Termine wurden wahrgenommen. Die Erinnerungsfotos wurden ausgehändigt, der Event wurde noch einmal diskutiert und es entwickelte sich ein angenehmes Gespräch, indem auch über die Möglichkeit einer zukünftigen Geschäftsbeziehung gesprochen wurde. Zum Abschluss wurden konkrete Vereinbarungen über die nächsten Schritte getroffen.

7. Einige Wochen später fand ein Erfahrungsaustausch mit allen Beteiligten des Projektes statt. Dabei wurden die Ergebnisse der Veranstaltung evaluiert und wurde über persönliche Erfahrungen der Einzelnen diskutiert.

Ergebnisse

- Die Zusagen auf die schriftlichen Einladungen (in Verbindung mit telefonischen Folgekontakten) lagen bei 30 %. Davon erschienen nahezu 100 % zum Event.
- Die Gesprächsbereitschaft nach dem Event lag bei 80 %.
- Die Bereitschaft zu einem persönlichen Beratungsgespräch bei den Personen, die nicht zum Event kommen konnten, lag bei 25 %.
- Innerhalb der ersten sechs Monate nach dem Event wurden Einzellösungen wie Baufinanzierungen, geschlossene Fonds, Depotüberträge, Altersvorsorgelösungen u. a. verkauft sowie Individualfonds in mehrstelligen Millionenbereichen.
- Darüber hinaus lagen bei einem Drittel der Neukunden geplante Aufträge wie Finanzplanung, Stiftungsmanagement, Erbschaftsplanungen und Unternehmensnachfolgeregelungen vor.
- Zu den materiellen Erfolgen gab es noch zahlreiche immaterielle Erfolge:
    - Auf Grund der Erfolge entwickelten viele Mitarbeiter eine höhere Aktivität in der Akquisition sowie eine höhere Identifikation mit der neuen beruflichen Rolle eines aktiven Beraters.
    - Das Auftreten der meisten Mitarbeiter bei der Gesprächsführung wurde gegenüber Kunden sicherer, freundlicher und professioneller.
- Des Weiteren wurden aus der Maßnahme heraus zahlreiche Empfehlungen erworben, aus denen zusätzliches Geschäft generiert wurde.

- Durch den von der Bank geförderten Kontakt entwickelten einige Gäste erfolgreiche Geschäftsbeziehungen zu anderen Gästen, was den Erfolg des Events für die Beteiligten zusätzlich aufwertete.
- Zu den Kunden zählten zahlreiche Multiplikatoren, bekannte Persönlichkeiten aus Politik, Kultur, Wirtschaft und Sport, die wiederum ihre eigenen Beziehungsnetzwerke zur Verfügung stellten.
- Durch die rundum gelungenen Veranstaltungen erhielt die Bank ein sehr gutes Feedback in den Medien und in der Mund-zu-Mund-Propaganda.
- Die Bereitschaft, auch in Zukunft zu Veranstaltungen der Bank zu kommen, wurde von den Gästen in hohem Maße signalisiert.

Checkliste: Was macht den Erfolg solcher Events aus?

1. Eine gute, nach Checklisten strukturierte Organisation, in der alle für den Erfolg relevanten Faktoren aufgenommen und an die für die Umsetzung verantwortlichen Mitarbeiter übertragen werden.
2. Führungskräfte, die die Umsetzung der Aufgaben unterstützen und den Mitarbeitern Feedback geben.
3. Eine gute Einstimmung der Mitarbeiter durch die Führungskräfte:
   - Was soll mit dem Event erreicht werden?
   - Welche Bedeutung hat der Event für die Kunden, die eigenen Mitarbeiter und für das Unternehmen selbst?
   - Wer hat welche Aufgaben zu übernehmen?
   - Welche Unterstützung gibt es für die Mitarbeiter?
   - Welche Ideen haben die Mitarbeiter, die den Erfolg des Events steigern können?
4. Eine gute Vorbereitung der Mitarbeiter auf die folgenden Aufgaben durch Training und Begleitung vor Ort (bei den Events, bei der Telefonakquise vor und nach dem Event und ggf. bei den Beratungsgesprächen). Bei dieser Vorbereitung geht es nicht nur um die Vermittlung des erforderlichen Know-hows und das intensive Üben der verschiedenen Anforderungen, sondern auch um das Einstimmen auf die unterschiedlichen Kundentypen, die spezielle Atmosphäre bei solchen Events und die psychische Anspannung bei dieser Art von Kundengewinnung.
5. Eine gelungene Veranstaltung mit attraktiven Themen, bei der die Mitarbeiter aktiv den Kontakt zu ihren Gästen aufnehmen und Ge-

spräche untereinander in Gang bringen. Wichtig ist, dass es hier nicht um Gespräche über Geschäfte geht, sondern um Small Talk – lockere Gespräche über den Event, Sport, Kultur etc.

6. Eine konsequente Nacharbeit der Kontakte. Idealerweise betreut jeder Berater die Kunden, für die er bei der Veranstaltung verantwortlich war. Diese Nacharbeit sollte ein bis maximal zwei Wochen nach dem Event stattfinden. Die Führungskraft sollte den zeitlichen Ablauf und die konsequente Durchführung permanent im Blick haben.

7. Eine intensive Erfolgskontrolle, bei der sowohl die materiellen als auch die immateriellen Werte reflektiert werden. Gradmesser sind die vor der Maßnahme entwickelten Kennzahlen für die verschiedenen Werte.

10.3 Rückgewinnung abgewanderter Kunden in der gesetzlichen Krankenversicherung

Ausgangssituation

Seit ein paar Jahren hat jeder die Möglichkeit, seine gesetzliche Krankenkasse frei zu wählen. Das führt dazu, dass die gesetzlichen Krankenkassen versuchen, mit attraktiven Beiträgen und intensiven Werbefeldzügen die Zahl Ihrer Kunden zu erhöhen.

Für den Kunden geht es in den meisten Fällen um den niedrigsten Beitrag. Er ist der Meinung, dass es zwischen den gesetzlichen Krankenkassen kaum Unterschiede gibt, so dass er überwiegend nach finanziellen Aspekten entscheidet.

Interessanterweise gibt es bundesweit bei den Krankenkassen große Beitragsunterschiede. Besonders reizvoll scheinen hier kleinere Betriebskrankenkassen zu sein, die mit den niedrigsten Beiträgen werben. Die Folge: Es gibt eine hohe Wechselbereitschaft der Kunden. Erleichternd kommt dazu, dass die meisten Kunden keinen Kontakt zu Beratern der Krankenkasse haben – es also keine persönliche Beziehung gibt.

Einige Krankenkassen lassen ihre Kündiger (so werden sie im Fachjargon genannt) ziehen, ohne den Versuch zu unternehmen, diese zurückzugewinnen. Sie sehen diese Art der Akquisition als zu aufwendig und zu wenig effektiv an. Sie versuchen, durch Neukundengewinnung dieses Defizit auszugleichen. Andere Krankenkassen widmen Kündigern mehr Aufmerksamkeit. Sie suchen das persönliche Gespräch, um den Kunden zurückzugewinnen. Eine große gesetzliche Krankenkasse ging dabei sehr beharrlich vor.

Zielsetzung

- Ansprache aller Kündiger, um den Hintergrund der Kündigung zu erfragen und Informationen zu den unterschiedlichen Leistungen der Krankenkassen zu kommunizieren.
- Rückgewinnung dieser Kunden – entweder direkt am Telefon oder in einem persönlichen Beratungsgespräch.
- Einholen von Empfehlungen bei den Kunden, die zurückgewonnen wurden.

Strategieumsetzung

1. Zuerst wurden die Dienstleistungen der eigenen und der anderen Krankenkassen analysiert. Es wurden Gemeinsamkeiten und Unterschiede herausgestellt. Dies galt für die Dienstleistung „gesetzliche Krankenkasse" und für den Service, der den Kunden vom Unternehmen gewährt wird.
2. Im Anschluss daran wurden so genannte „Argumenter" erstellt. Sie beinhalten alle Stärken und Schwächen sowie Alleinstellungsmerkmale und Unterschiede zwischen den verschiedenen Krankenkassen. Des Weiteren wurden Vorteil-Nutzen-Argumentationen für die Dienstleistungen erstellt.
3. In einer speziellen Akquisitionsmaßnahme wurden die Berater intensiv auf die anstehende Rückgewinnungsaktion vorbereitet.
   Zentrale Themen waren hier:
   - Stärkung der vertriebsorientierten Identifikation der Berater, die in ihrem Verständnis noch Sozialversicherungsangestellte waren und wenig Vertriebsdenken hatten.
   - Schärfung des systemischen Blickes, um den Beratern klar zu machen, wie wichtig gerade in der heutigen schwierigen Marktsituation eine hohe Kundenzahl für das Unternehmen ist (und letztlich auch für sie selbst).
   - Einstimmung und Vorbereitung auf die speziellen Herausforderungen bei den „Kündiger-Haltegesprächen" (Umgang mit persönlichen Blockaden, Befürchtungen, Fantasien etc.).
   - Intensives Training der „Rückholgespräche" per Telefon und per persönliches Gespräch (Gesprächseröffnung, Argumentation, Unterschiede zum Wettbewerb, Umgang mit speziellen Fragen und Widerständen bei

Kündigern, Argumentation der Beitragssätze, Empfehlungsansprache etc.).
- Live-Telefonate mit Trainer-Feedback (nach vorheriger Adress-Selektion).
- Regelmäßiger Erfahrungsaustausch, Ergebniskontrolle und Datensicherung.
- Unterstützung der Teamleiter und der internen Trainer bei der Führung der Berater.
- Begleitung bei den persönlichen Gesprächen in der „Kündiger-Haltearbeit" mit anschließendem Trainer-Feedback.

4. Nach der Trainingsmaßnahme, in die die Gespräche mit den Kündigern integriert waren, wurden die Berater weiter gecoacht und bei den Akquisitionsgesprächen begleitet (von Führungskräften sowie internen und externen Trainern).
5. Zum Abschluss dieses Projektes wurde eine Veranstaltung organisiert, bei der Erfahrungen und Ergebnisse ausgetauscht wurden. Auf Grund der tollen Ergebnisse spendierte die Krankenkasse für die erfolgreichen Berater und deren Führungskräfte ein großes Fest.

Ergebnisse

- Die „Kündiger" reagierten sehr positiv auf die Initiative der Krankenkasse – sie teilten ihre Beweggründe für den Wechsel offen mit und viele bedankten sich für die neu gewonnenen Informationen durch den Berater.
- Die Zahl derjenigen, die einem persönlichen Beratungsgespräch zustimmten, lag, je nach Qualität des Beraters, zwischen 35 und 55 %.
- Die Zahl der zurückgewonnenen Kunden lag nach drei Monaten bei 32 %, dies waren 450 Mitglieder, die gehalten wurden.
- In diesen Haltegesprächen wurden durch die gezielte Initiative der Berater zahlreiche Empfehlungen ausgesprochen.
- Die Erfolge diese Maßnahme und der Spaß, der diese Arbeit allen Beteiligten bescherte, sorgte für eine länger andauernde Aktivität, auch über dieses Projekt hinaus (sowohl in der Haltearbeit als auch in der Neukundengewinnung).
- Auch hier wurden durch Einstellungsveränderungen, Verbesserungen im persönlichen Auftritt und Steigerungen der Argumentationssicherheit wichtige immaterielle Werte erzielt.

Checkliste: Was macht den Erfolg von Rückgewinnungsaktionen aus?

1. Das A und O ist auch hier eine intensive Bindung zum Kunden. Wenn der Kunde, wie hier im Krankenkassenbeispiel keinen Kontakt zum Unternehmen hat, es sei denn, er muss die Dienstleistung im Krankheitsfall in Anspruch nehmen, so reduziert sich seine Wahrnehmung auf die sachlichen, fachlichen Faktoren. Sind diese in seiner Wahrnehmung sehr ähnlich oder gar identisch, greift er meist auf das für ihn günstigste Angebot zurück. Bei den Krankenkassen gibt es aber einige Unterschiede, die nur den meisten Verbrauchern unbekannt sind. Für die bedeutet gesetzliche Krankenkasse, dass das Gesetz Einheitlichkeit vorschreibt. Dass eine kleine Betriebskrankenkasse weniger Personal hat, also auch viel weniger Service leisten bzw. bei Krankheitsfällen nicht so schnell reagieren kann, bemerkt der Kunde erst dann, wenn es zu spät ist. Da nutzt ihm der niedrige Beitragssatz herzlich wenig.

   Diese Unterschiede gilt es zu vermitteln, und nicht erst dann, wenn der Kunde weggelaufen ist. Es ist daher eminent wichtig, regelmäßigen Kontakt zu seinen Kunden zu pflegen.

   Die meisten Kunden wechseln dann, wenn dieser Kontakt nicht besteht und ein anderer ihnen zu dieser Zeit „das Blaue vom Himmel" verspricht, um ihn für sich zu gewinnen.

2. Es ist oft leichter, einen Kunden wieder zurückzugewinnen, als einen neuen zu erobern. Die Beziehung zum Kunden war schon einmal tragfähig und man hat vielleicht schon über Monate oder Jahre erfolgreich zusammengearbeitet. Der Kunde kennt die Leistungsfähigkeit Ihres Unternehmens.

   – Sollte ein Konflikt der Grund für den Wechsel des Kunden gewesen sein, so können Sie diesen im Gespräch klären und oftmals ausräumen, so dass eine Basis für einen Neubeginn geschaffen ist. Dies ist sinnvoller, als wenn Sie in Ihren Fantasien annehmen, der Kunde kommt sowieso nicht zurück.

   – Sollte Abenteuerlust oder die Verführbarkeit des Kunden durch die Versprechungen des Mitbewerbers der Grund für den Wechsel sein (wie bei unserem Krankenkassenbeispiel), so können Sie im Gespräch die Unterschiede herausarbeiten, Chancen und Risiken eines Wechsels diskutieren und Ihre langjährig bewährte Beziehung in die

Waagschale werfen. Machen Sie ihm ein neues Angebot und intensivieren Sie Ihre Beziehung.

3. Bereiten Sie sich argumentativ auf diese Kontakte vor.
   - Analysieren Sie noch einmal die Entwicklung der Kundenbeziehung. Schauen Sie auf mögliche Gründe für einen Wechsel. Gab es einen Konflikt, eine Reklamation, eine Preiserhöhung, einen Schadenfall o. Ä.? Recherchieren Sie den Sachverhalt. Suchen Sie nach Ansatzpunkten, wie Sie die Situation mit dem Kunden lösen können.
   - Stellen Sie die eigenen Leistungen noch einmal gegen die Ihrer Mitbewerber und suchen Sie nach Argumenten, die für eine Rückkehr des Kunden sprechen.
   - Entwickeln Sie einen Fragen- und Argumentationskatalog, mit dem Sie im Gespräch die tatsächlichen Hintergründe des Wechsels ergründen und einen von Ihnen nach der Klärung gewünschten Wechsel des Kunden begründen können.

4. Bereiten Sie sich mental auf diese Kontakte vor.
   - Manche Verkäufer werden von einer solchen Aufgabe richtig gestresst. Sie befürchten, der Kunden beschimpft sie oder er bricht die Beziehung zum Verkäufer ganz ab. Deshalb meiden sie diese Kontakte und hoffen, dass sich das Problem irgendwann von selbst löst bzw. der Kunde irgendwann von sich aus reumütig zurückkommt. Aus der Erfahrung heraus weiß ich, dass das sehr selten passiert. Lieber geht der Kunde danach zu einem ganz anderen Anbieter.
   - Manche Verkäufer entwickeln den Mut, den Kunden zur Rückgewinnung anzurufen, aber sie wählen die falsche Strategie. Es gibt einige, die den Kunden von Beginn an mit Argumenten für einen Wechsel bombardieren, ohne dem anderen die Chance zu geben, auf die jeweiligen Argumente zu reagieren. Die Wirkung ihrer Neubeziehungsangebote wird dadurch nicht abgeprüft. Diese Verkäufer vermeiden zudem jegliche Ansprache der Wechselgründe des Kunden. Es ist ihnen unangenehm, dieses Thema wieder aufzukochen, aus Angst, sie könnten darauf nicht argumentieren oder der Kunde könnte sich wieder so ärgern, dass eine gütliche Einigung nicht mehr möglich ist. Was diese Verkäufer dabei außer Acht lassen, ist die Tatsache, dass

ein nicht angesprochener Konflikt immer noch schwelt (bewusst oder unbewusst). Kundenbefragungen haben ergeben, dass es ihnen viel lieber ist, wenn der Verkäufer dem Kunden den Raum gibt, über die Hintergründe des Konfliktes zu reden. Nicht, um dem Verkäufer eins auszuwischen oder sich bei ihm zu revanchieren. Sie möchten ihren Unmut, ihre Kränkung oder Enttäuschung an der richtigen Stelle zum Ausdruck bringen. Sie möchten sich dadurch entlasten und gleichfalls eine ähnliche Situation in Zukunft vermeiden.

Meidet also der Verkäufer die Aufarbeitung des Konfliktes, so fehlen ihm zum einen die richtigen Ansatzpunkte für die erfolgreichere Gestaltung der Kundenbeziehung und zum anderen verweigert ihm der Kunde die Gefolgschaft, weil er das emotionale Erlebnis des Konfliktes totschweigt.

Für die meisten Verkäufer ist diese Art von Gespräch eine „black box". Sie wissen nicht, was den Kunden zum Wechsel antrieb und wie er sich ihnen gegenüber verhalten wird. Im inneren Dialog wird aber nur das Negative fokussiert, bis hin zur Entwicklung von Gruselfantasien („Der wird mich richtig fertig machen"). Dies setzt die Verkäufer derart unter Stress, dass nur wenige dabei die Übersicht und Professionalität behalten (siehe Kapitel „Umgang mit Stress"). Deshalb ist es wichtig, sich auf diese Gespräche neutral vorzubereiten und den inneren Dialog zu verändern.

5. Nehmen Sie nun Kontakt auf und halten Sie die Erfahrungen und Ergebnisse fest.

Fragen Sie den Kunden nach seinen Wechselgründen. Hören Sie gut zu, lassen Sie ihn ausreden. Gehen Sie nicht in die Rechtfertigung oder in eine Verteidigungshaltung – dadurch eskaliert manches Gespräch, was eine weitere Zusammenarbeit erschwert oder gar unmöglich macht.

Ergreifen Sie weder Partei für den Kunden noch für Ihr Unternehmen – vor allem dann nicht, wenn Sie nicht alle Fakten kennen.

Nehmen Sie seine Emotionen ernst, äußern Sie Ihr Bedauern und zeigen Sie Verständnis für seine Enttäuschung, seine Kränkung oder seinen Ärger – auch wenn Sie selbst diesen Vorfall des Kunden anders bewerten. Er hat ihn halt so erlebt, wie er es Ihnen jetzt schildert. Nach dieser Klärung können Sie nun den Versuch unternehmen, die Beziehung wieder zu neuer Qualität zu entwickeln und dem Kunden neue Angebote zu machen.

Gehen Sie hier behutsam und sensibel vor, manche Menschen brauchen etwas mehr Zeit als andere.

6. Im Anschluss an das Gespräch werden die gewonnenen Erfahrungen und Erlebnisse in die Datenbanken eingepflegt, und zwar alle Daten und Fakten wie auch die so genannten weichen (persönlichen) Faktoren.

   Je höher die Qualität und Quantität Ihrer eingepflegten Daten, desto größer die Anzahl der Ansatzpunkte für die Folgekontakte.

7. Pflegen Sie nun regelmäßig diese zurückgewonnenen Kontakte. Halten Sie die getroffenen Vereinbarungen ein. Der Kunde wird Sie testen, ob Sie es tatsächlich ernst gemeint haben.

10.4 Neue Kunden durch professionelle Kaltakquisition in der Automobilbranche

Ausgangssituation

Die Automobilbranche hat sich in den letzten Jahren dramatisch verändert. Die Produktpalette bei den Herstellern wird immer größer, die Qualität der Fahrzeuge immer hochwertiger und der Konkurrenzkampf immer härter. Wir haben momentan einen Käufermarkt. Der Kunde holt sich meist über die Medien Angebote ein und prüft, welches Fahrzeug für ihn in Frage kommt. Dann geht es in die Verhandlung in den Autohäusern. Meist zählt nur noch der Preis. Gerade Privatkunden, die ihren Autokauf aus versteuertem Einkommen realisieren, wandern von Autohaus zu Autohaus, von Stadt zu Stadt, um das für sie günstigste Wunschmodell zu bekommen. Die Verkäufer in den Autohäusern sind dieser Vorgehensweise meist hilflos ausgeliefert, denn das gute alte Verkaufsgespräch findet kaum noch statt. Es geht fast nur noch um das eine. Erschwerend kommt hinzu, dass ohnehin schon sehr wenig Menschen die Autohäuser aufsuchen – vor allem Gewerbetreibende nehmen sich nicht die Zeit für das Autohaus-Hopping. Die Folge: Den meisten Automobilverkäufern geht es schlecht(er). Das führt dazu, dass die Stimmung unter den Verkäufern leidet, Konflikte zwischen Verkäufern und Autohaus-Geschäftsführern eskalieren, die Fluktuation in den Verkaufsräumen zunimmt und zahlreiche Autohäuser schließen müssen.

Nun hagelt es Schuldzuweisungen. Die Verkäufer unterstellen den Händlern und den Herstellern, dass sie nicht effektiv genug werben und dass sie nichts tun, damit die Verkäufer wieder Geld verdienen.

Die Händler und Hersteller bemängeln, dass sie Verkaufsprofis eingestellt haben, von denen sie auch oder vor allem in Krisenzeiten professionelles Engagement und aktive Lösungsideen zur Ertragssteigerung erwarten, ohne immer nur von anderen Hilfe einzufordern und die Schuld bei anderen zu suchen.

Die Fronten sind oft sehr verhärtet.

In dieser Zeit wollte ein junger Nutzfahrzeugspezialist eines Volumenherstellers einen anderen Weg gehen als seine Kollegen im Autohaus. Er verkaufte zwar ca. 100 neue Nutzfahrzeuge im Jahr – allerdings ohne bisher dafür Akquisition machen zu müssen. Durch die von seinem Hersteller angebotene Ausbildung zum Akquisitionsspezialisten ermutigt, wollte er in seinem (sehr strukturstarken) Wirtschaftsraum aktiver den Markt bearbeiten.

Seine „erfahrenen" Kollegen belächelten den „naiven" Jungspund und gaben ihm den „professionellen" Rat, seine Zeit und Energie doch lieber zu sparen, als einen „solchen Blödsinn, der überhaupt nichts bringt", anzugehen. Sein Verkaufsleiter riet ihm zu. Er wollte ihn bei seinen Aktivitäten unterstützen. Also begann der junge Nutzfahrzeugverkäufer seine Ausbildung.

Zielsetzung

- Systematische Bearbeitung des Marktverantwortungsgebietes, vorzugsweise aller Zielgruppen, die für den Gebrauch von Nutzfahrzeugen in Frage kommen.
- Generierung von Neukundengeschäft bei den Gewerbetreibenden.
- Cross Selling bei den Nutzfahrzeugkunden, d. h. der Verkauf von neuen und gebrauchten PKW, Finanzdienstleistungen des Herstellers sowie Serviceleistungen des Autohauses.
- Einholen von Empfehlungen.
- Perspektivisch der Aufbau einer professionellen Nutzfahrzeugabteilung im Autohaus (mit mehreren Verkäufern, Vertriebsassistentinnen etc.).

Strategieumsetzung

1. Die von ihm besuchte Ausbildung zum Akquisitionsspezialisten enthielt fünf Bausteine, die sich mit den speziellen Anforderungen der Akquisition auseinander setzten. Sie bestand sowohl aus theoretischen Inhalten als auch schwerpunktmäßig aus praktischer Umsetzung in Live-Akquisitionskontakten (mit Trainerbegleitung). Zwischen den Bausteinen hatten die Verkäufer sechs bis acht Wochen Zeit, das Erlernte in die Praxis umzusetzen. Die Ausbildung enthielt strategische und kommunikative Elemente der Akquisition, im Vordergrund standen aber die Entwicklung des persönlichen Auftritts und der professionelle Umgang mit persönlichen Blockaden.

2. Schon während der Ausbildung setzte der Nutzfahrzeugverkäufer seine Strategie um:
   - Er setzte sich intensiv mit seinen Produkten und denen aller Wettbewerber auseinander, definierte Unterschiede, Alleinstellungsmerkmale und Rahmenbedingungen.
   - Er analysierte systematisch sein Marktverantwortungsgebiet und alle für seine Produkte relevanten Zielgruppen.
   - Er setzte sich strategische Schwerpunkte, da er ein sehr großes Gebiet mit sehr interessanten Firmen zu betreuen hatte.
   - Er installierte im Autohaus ein professionelles Daten-Management mit Wiedervorlage.
   - Er knüpfte Beziehungen zu Spezialisten beim Hersteller selbst (Flotten-, Nutzfahrzeug-, Finanzspezialisten) und pflegte diese intensiv.
   - Er gewann in seinem Händlerbetrieb zwei Mitarbeiterinnen, die ihn zu Beginn bei Angeboten und bei Organisationsaufgaben unterstützten.
   - Er startete mit kleineren und leichter zugänglichen Firmen (z. B. Handwerker, Freiberufler), um Sicherheit und Erfahrungen zu gewinnen und steigerte von Mal zu Mal den Schwierigkeitsgrad.
   - Er wurde immer mutiger, so dass er auch die großen Firmen und Konzerne in seinem Gebiet besuchte. Sein Auftritt wurde immer sicherer und überzeugender.

3. Durch den Erfahrungsaustausch und die Reflexion seines Vorgehens durch seinen Verkaufsleiter und seinen Ausbildungsleiter wurden Korrekturen zeitnah umgesetzt.

4. Einige Akquisitionsverhandlungen mit Einkaufsgremien oder Geschäftsleitungen größerer Firmen führte er gemeinsam mit seinem Verkaufsleiter und Spezialisten des Herstellers, wobei er jeweils das Gespräch leitete.

5. Nach den Aktivitäten des ersten halben Jahres setzten sich die Verantwortlichen des Autohauses mit ihrem Nutzfahrzeugspezialisten zusammen und diskutierten ihre Erfahrungen und Ergebnisse. Da die Nutzfahrzeugverkäufe enorm anstiegen und vier weltweit operierende Konzerne als Kunden gewonnen wurden, beschloss man, ein Nutzfahrzeugzentrum, mit dem jungen Mann als Leiter, zu installieren.

6. Heute ist der junge Mann Leiter der Nutzfahrzeugabteilung, führt zwei Nutzfahrzeugverkäufer und zwei Vertriebsassistentinnen. Der Markt wird weiter intensiv bearbeitet und die Zahlen für Nutzfahrzeuge, PKW (neu und gebraucht) sowie Finanzdienstleistungen steigen stetig, wobei die PKW-Verkäufe an die „erfahrenen" PKW-Kollegen weitergereicht werden. Die halten sich mit ihren „professionellen" Ratschlägen immer mehr zurück und wundern sich darüber, wie das alles nur passieren und funktionieren konnte.

Ergebnisse

- Innerhalb der ersten acht Monate gewann der Nutzfahrzeugspezialist vier Großkunden, von denen zwei ihre Nutzfahrzeuge ausschließlich bei ihm bestellten. Er schloss dabei Verträge mit Laufzeiten von zwei bis vier Jahren ab. Diese Verträge garantierten ihm in dieser Zeit eine Abnahmemenge von durchschnittlich 50 Fahrzeugen pro Jahr pro Großkunde, d. h. er erzielte aus diesen vier Kunden pro Jahr ca. 200 neue Nutzfahrzeuge.

- Durch diese Erfolge entwickelte sich eine Sogwirkung im Autohaus. Er selbst gewann an Ansehen und Einfluss. Er bekam zwei zusätzliche Nutzfahrzeugverkäufer und zwei Vertriebsassistentinnen zugeteilt und wurde deren Leiter. Der Umsatz der Gruppe stieg stetig und die Mitarbeiter gewannen an Mut, Ausstrahlung und Kompetenz. Sie blieben dauerhaft aktiv in der Akquisition, zumal der Erfolg ihnen Recht gab.

- Mittlerweile genießt die Nutzfahrzeugabteilung in der Region einen sehr guten Ruf, so dass bei der Akquisition die Quote für Gespräche mit Entscheidern sehr hoch ist.

- Die Zahl der Empfehlungen stieg ebenfalls an.

- Des Weiteren wuchs die Anzahl an Verkäufen von PKW (Neu- und Gebrauchtwagen), Finanzdienstleistungen, Zubehör und Servicedienstleistungen.

Checkliste: Was macht den Erfolg von Kaltakquisition aus?

1. Zu Beginn ist es wichtig, das eigene Gebiet und die Wunschzielgruppen zu analysieren.
2. Im Anschluss daran werden strategische Schwerpunkte gesetzt. Es wird festgelegt, wo man zuerst starten möchte und wie der weitere Weg aussieht.
3. Herausstellen der Vorteile, Nutzen und Alleinstellungsmerkmale der eigenen Produkte. Analyse der Unterschiede zu den relevanten Mitbewerbern.
4. Entwicklung von Gesprächsaufhängern für den Erstkontakt. Diese Aufhänger sind das A und O einer erfolgreichen Kaltakquise: „Wie man startet, so liegt man im Rennen." Wenn Sie zu umständliche, langatmige oder unattraktive Aufhänger wählen, werden Sie Probleme bekommen, die nächsten Schritte einleiten zu können. Bedenken Sie, dass die durchschnittliche Dauer von Kaltakquise-Gesprächen im Erstkontakt zwei bis fünf Minuten beträgt. Sie haben also nicht viel Zeit, einen so guten und interessanten Eindruck zu vermitteln, damit es zu Folgekontakten kommt.

   Ich habe in der Kaltakquise Verkäufer erlebt, die einen Monolog von ein bis zwei Minuten gehalten haben, ohne dass für den Gesprächspartner überhaupt klar war, was der Verkäufer von ihm wollte. Die Folge war ein gereizter Gesprächspartner („Was wollen Sie denn eigentlich von mir?"), ein noch verunsicherterer Verkäufer und letztendlich ein Misserfolg, denn es gab kein Interesse des Gesprächspartners an einer Fortsetzung des Kontaktes.

   Denken Sie daran, der Gesprächspartner wird aus Ihrem Auftritt im Erstkontakt ableiten, wie eine weitere Zusammenarbeit mit Ihnen aussehen wird (siehe Kapitel „Ihr professioneller Auftritt"). Sind Sie zu umständlich, kompliziert, unsicher, unsensibel, selbstdarstellerisch o. a., so wird er Ihnen unterstellen, dass Sie das auch in den Folgekontakten sein werden.

   Gesprächsaufhänger sollten kurz, präzise und attraktiv sein, damit die zur Verfügung stehende Zeit für einen Dialog genutzt wird. In diesem werden dann Informationen ausgetauscht, Fragen beantwortet, Wünsche formuliert und Vereinbarungen getroffen.

   Die effektivsten Aufhänger sind oft die einfachen, offensiveren.

Nachdem Sie den Gesprächspartner begrüßt und sich selbst vorgestellt haben, sagen Sie, was der Grund Ihres Besuches ist.

Zum Beispiel:
– Ich möchte Sie als Kunde gewinnen.
– Ich möchte Ihnen ein Auto verkaufen.
– Ich möchte Ihnen unsere Dienstleistungen anbieten.
– Wir sind Spezialist für … und möchten Sie gerne … gewinnen.
– Was muss ich tun, damit Sie unser Kunde werden?
– Ich möchte gerne Ihren Fuhrpark ergänzen.

Solche und ähnliche Einstiege erklären, was Sie wollen, oder sie provozieren Fragen oder Statements des Gesprächspartners (manchmal auch ein Schmunzeln). Jetzt sind Sie im Dialog.

5. Bereiten Sie die für Sie wichtigen Fragen an den Gesprächspartner vor.

Sie haben vermutlich viele wichtige Fragen, um den Bedarf zu ermitteln, den Gesprächspartner und seinen Betrieb kennen zu lernen o. Ä. Diese Fragen sollen dem Kunden auch alle gestellt werden – nur nicht beim Erstkontakt.

Sie haben wahrscheinlich zwei bis fünf Minuten Zeit. Nutzen Sie diese Zeit für die wichtigsten Fragen. Zum Beispiel:
– Besteht überhaupt grundsätzliches Interesse an Ihren Produkten?
– Nutzt er andere schon? Von wem?
– Wie sind dort die Rahmenbedingungen?
– Welche Anforderungen und Wünsche stellt er an solche Produkte?
– Wie zufrieden ist er mit seinem jetzigen Lieferanten?
– Wie hoch ist die Chance Ihrerseits, diesen Wettbewerber zu ergänzen oder gar zu ersetzen?
– Nach welchen Kriterien entscheidet sich der Gesprächspartner?
– Wann steht ein Kauf an?

6. Seien Sie nett zu der Sekretärin Ihres Ansprechpartners.

Es gibt viele Anekdoten über das Verhältnis von Sekretärinnen und Verkäufern. Befragungen von Sekretärinnen haben ergeben, dass es zwei Klischees von Verkäufern gibt, auf die sie negativ reagieren. Der erste Verkäufer tritt „schleimig" auf. Er macht seichte Komplimente („Sie haben ja bestimmt sooo viel zu tun", „Ja mei, sehen Sie gut aus"), gibt ihr immer Recht und bittet devot um einen Termin beim Entscheider.

Der zweite Verkäufer ist genau das Gegenteil. Er ist arrogant, fordert forsch, vorgelassen zu werden, stellt sich selbst dar und nimmt die Sekretärin nicht ernst.

Was die Verkäufer oft unterschätzen, ist der Stellenwert, den die meisten Sekretärinnen im Unternehmen haben. Manchmal sind es Ehefrauen, Geliebte, persönliche Assistentinnen, langjährige Vertraute o. Ä. Selbst wenn es dem Verkäufer gelingen sollte, durch ein Manöver an der Sekretärin vorbeizukommen, so wird der Entscheider dies in der Regel nicht durchgehen lassen.

Nehmen Sie also die Sekretärin ernst. Seien Sie nett, freundlich, zuvorkommend – wahren Sie die Höflichkeitsformen. Sagen Sie auch der Sekretärin, vor allem dann, wenn sie Sie danach fragt, was Sie von ihrem Chef wollen. Auch hier gilt die Regeln: kurz, präzise, attraktiv.

7. Beobachten Sie bei der Kaltakquise die Gepflogenheiten Ihrer Wunschzielgruppen. Richten Sie Ihre Kleidung, Ihr Equipment und Ihren Auftritt auf die zu besuchende Zielgruppe aus (siehe Kapitel „Ihr professioneller Auftritt").

8. Beherzigen Sie das Milo-Prinzip. Milo war ein Olympionike in der Antike, der zur Vorbereitung auf seine Wettkämpfe als Ringer jeden Tag ein junges Kalb mehrfach stemmte. So wie das Kalb über die Monate und Jahre älter, stärker und schwerer wurde, so wuchsen auch die Kräfte von Milo. Dieses Training führte ihn zu fünf Siegen bei fünf Olympiaden. Wenn Sie also mit der Kaltakquise beginnen möchten, gehen Sie nicht sofort in einen Großkonzern, in der Hoffnung, dadurch Ihr Jahresumsatzziel schneller generieren zu können. Sowohl mental als auch von den professionellen Rahmenbedingungen ist ein Großkonzern meist die höchste Hürde. Es gibt zahlreiche Personen, mit denen Sie in Kontakt kommen, bevor Sie vor dem Entscheider stehen. Viele Verkäufer entwickeln zudem mehr Ängste und Fantasien, je größer das Zielunternehmen ist.

Starten Sie lieber in kleineren Unternehmen, sammeln Sie Erfahrungen in dieser Art der Akquise, in Ihrer Gesprächseröffnung und Argumentation. Gewinnen Sie durch diese Gespräche Selbstvertrauen und steigern Sie von Tag zu Tag die Herausforderungen. So werden Sie mutiger, sicherer und professioneller.

9. Nutzen Sie zur Datensicherung ein System mit Wiedervorlage.

Archivieren Sie alle aufgenommenen Daten, Vereinbarungen und Ansatzpunkte für die Folgekontakte. Halten Sie Zusagen zeitnah ein, indem Sie Ihre Kontakte aufnehmen, wenn das System die Wiedervorlage meldet. Warten Sie nicht zu lange, denn dann stauen sich sehr viele Folgekontakte im System. Das raubt vielen Verkäufern die Motivation.

10. Entwickeln Sie Kennzahlen zur Erfolgskontrolle Ihrer Akquisition.
Wie viele Kontakte brauchen Sie für einen Folgetermin, für einen Auftrag, für Empfehlungen etc.?
Welche Anspracheform, welche Gesprächsstrategie, welche Methoden sind wie effektiv?
Was passt am besten zu Ihrem Typ, zu Ihrer Wunschzielgruppe?

11. Installieren Sie einen regelmäßigen Erfahrungsaustausch mit akquirierenden Kollegen und Ihren Führungskräften, um Feedback zu erhalten, Prozesse zu optimieren, sich gegenseitig zu helfen und zu motivieren.

12. Akzeptieren Sie die Tatsache, dass Kaltakquisition in den meisten Branchen ein perspektivischer Prozess ist. Sie ist kein kurzfristiger Umsatzlieferant. Wer zu schnell zu hohe Erwartungen an den Akquiseerfolg stellt, bringt sich nur unnötig unter Druck, der dann erfahrungsgemäß in den Akquisegesprächen weitergegeben wird und dann Misserfolg produziert. Ein qualitativ guter Erstkontakt und konsequent eingehaltene Folgekontakte sind das Erfolgsgeheimnis der Kaltakquise.

13. Eine fundierte Ausbildung zum Akquisitionsspezialisten, in der sowohl strategische, kommunikative und persönliche Fertigkeiten verbessert werden, bringt Ihnen ein schnelles Return on Investment und eine individuelle Persönlichkeitsentwicklung.

14. Prüfen Sie, ob sich die Akquisitionskultur in Ihrem Unternehmen unterstützend oder hemmend auf Ihre Leistung auswirkt.
DaimlerChrysler und BMW betreiben seit Jahren (zumindest in den Niederlassungen und in den großen Händlerbetrieben) systematische Neukundengewinnung per Kaltakquise. Im Lauf der Zeit wurden Systeme entwickelt und perfektioniert, bis zu dem heutigen, hoch professionellen Zustand. – Hinzu kommt, dass sich jeder Verkäufer, der bei einem der beiden Hersteller zu arbeiten beginnt, im Klaren darüber ist, dass Akquisition zu seiner täglichen Arbeit gehören wird. Auch die

Führung und die Kontrolle der Aktivitäten und Ergebnisse haben sich über Jahre bewährt.

Die anderen Automobilhersteller, die erst durch die Entwicklung des Marktes diesen Weg der Gewerbekundengewinnung bestreiten (wollen), haben viele dieser Voraussetzungen nicht. Sie haben zwar optimale Akquisitionsprozesse installiert, haben tolle Archivierungs- und Wiedervorlagesysteme, ausgeklügelte Finanzierungsmodelle und leistungsabhängige Entlohnungssysteme. Was Ihnen fehlt, sind die Erfahrungen in der aktiven Führung und Kontrolle von akquirierenden Verkäufern. Die Widerstände und die Passivität der Verkäufer sind sehr vehement, da es bisher nicht zu deren Rollenverständnis gehörte, regelmäßig Akquisition zu betreiben. Auf diese massiven Reaktionen sind die Führungskräfte nicht vorbereitet worden. Sie haben zwar Führungs-Know-how und Führungserfahrung, aber das spezielle psychologische Moment ist nicht ausgeprägt.

So werden die meisten Autohäuser momentan kräftig durchgeschüttelt.

Die Akquisition ist enorm wichtig für die weitere Existenz des Autohauses und seiner Verkäufer. Jeder weiß das, jeder hat auch schon zahlreiche Male gehört und gelesen, wie es funktioniert – aber es wird nicht getan (siehe Kapitel „Passivität"). An diesem Beispiel sehen wir, wie wichtig es ist, die Akquisitionskultur im Unternehmen langsam zu etablieren, die handelnden Personen sorgfältig auf die Akquise vorzubereiten und dann die unterstützenden Systeme zu installieren. Viele Unternehmen wählen aber den umgekehrten Weg. Sie installieren zuerst die „optimalen" Prozesse und fordern dann von den Verkäufern die „optimale" Umsetzung. Dann wundern Sie sich, dass es nicht funktioniert bzw. der hohe Widerstand der Mitarbeiter die Durchführung be- oder gar verhindert.

10.5 Die erfolgreiche Wirkung von Spezialisierung bei Trainern und Beratern

Ausgangssituation

Die schwierige wirtschaftliche Situation in Deutschland hat auch dazu geführt, dass die Weiterbildungsbudgets stark reduziert oder gar völlig heruntergefahren wurden.

Viele Trainer und Berater sind davon betroffen. Die Aufträge bei ihren bestehenden Kunden werden aufgeschoben oder gar storniert, die Akquisition neuer Kunden scheitert einmal am fehlenden bzw. stark reduzierten Budget des Wunschkunden und an den fehlenden Erfahrungen bei der Akquise selbst. Viele Trainer lebten lange Zeit von ihren bestehenden Kunden oder von Kooperationspartnern, die sie regelmäßig in ihren Projekten einsetzten. Verändert sich nun die Auslastung und müssen diese Trainer dann Neukontakte knüpfen, so tun sie sich eminent schwer, da sie es lange Zeit nicht getan haben (manche mussten noch nie selbst akquirieren). Da die meisten es zudem als unangenehm und beängstigend empfinden, wählen sie den Weg per Mailing in Verbindung mit mehr oder weniger aufwendigen Broschüren. Manche Trainer und Berater telefonieren nach, die meisten aber hoffen auf einen Rückruf des Angeschriebenen. Befragungen von Personalentwicklern, Vertriebsleitern und anderen Adressaten für den Einkauf von Weiterbildungsmaßnahmen haben ergeben, dass sie jeden Tag eine Unmenge von schriftlichen Angeboten selbstständiger Trainer und Berater erhalten. Wenige davon telefonieren hinterher und ganz wenige nehmen zuerst persönlichen Kontakt auf, um sich vorzustellen, den Bedarf zu erfragen und dann bei generellem Interesse des Gesprächspartners die Unternehmensbroschüre zuzusenden. Die zugesandten Unterlagen werden fast alle weggeworfen. Gesammelt werden nur die, die etwas Besonders, etwas Neues, etwas Spezielles beinhalten. Dass ein Adressat den Trainer oder Berater auf eine schriftliche Werbung hin zurückruft, ist eine sehr exotische Ausnahme. Bemängelt wurde von den befragten Personen zudem, dass sich die meisten Angebote nicht wirklich voneinander unterscheiden. Viele Trainer und Berater bieten alles an und machen dieselben Versprechungen. Daraus folgt, dass die Weiterbildungseinkäufer oft genervt auf die Akquise reagieren und den akquirierenden Trainern und Beratern ihre Versprechungen nicht (mehr) abnehmen.

Es gibt viele Trainer und Berater im Markt und es werden von Tag zu Tag mehr. Manche davon haben fundierte, über lange Jahre andauernde Ausbildungen absolviert, manche haben ein paar kleine Weiterbildungen besucht und manche suchen ihr Glück ganz ohne Ausbildung.

Ein Trainer hat über Jahre in einem Unternehmen als angestellter Trainer gearbeitet, bis er seinen Traum umsetzte, in die Selbstständigkeit zu gehen. So wie viele externe Trainer, die er in der Zusammenarbeit mit seinem Unternehmen kennen gelernt hatte, wollte auch er mit einem großen Dienstleistungsangebot an den Markt gehen. Hintergrund dieser Entscheidung war der Glaube, je mehr er anbieten kann, desto größer seine Chance auf einen Auftrag. Da er selbst nie akquirieren musste und diese Tätigkeit bei ihm großes Unbehagen auslöste, wählte er zwei Wege:

1. Er verschickte Mailings an einige Unternehmen und bot seine Dienstleistungen an, ohne Folgekontakte aufzunehmen.
2. Er nahm Kontakt auf zu einigen Trainern und Beratern, die er früher in seinem Unternehmen kennen gelernt hatte, und bot sich dort als Kooperationspartner an.

Die Ergebnisse waren enttäuschend.

Auf die Mailings meldete sich niemand und die Auslastung durch die Kooperationspartner verlief schleppend und unregelmäßig. Um von den Kooperationspartnern überhaupt Aufträge zu bekommen, bot er sich für einen sehr geringen Tagessatz an. Sehr schnell stiegen seine Kosten höher an als die Einnahmen. Nun wuchs auch seine Existenzangst. In dieser Zeit lernte er einen Trainer kennen, der durch Spezialisierung eine regelmäßige Auslastung erreichte. Er schien all die Probleme, die er selbst hatte, gar nicht zu kennen. Dadurch inspiriert wandte er sich an einen Berater, der ihn bei der Entwicklung einer Spezialisierung unterstützen sollte.

Zielsetzung

- Entwicklung einer stärkeren Profilierung.
- Erstellen eines Entwicklungsplanes für die Optimierung seines „neuen" Dienstleistungsangebotes (Aus-/Weiterbildung, Lektüre, Projekte, Kooperationspartner etc.).
- Akquisition eigener Aufträge.

- Akquisition von Kooperationspartnern, die seine Spezialisierung als Ergänzung benötigen.
- Ergänzende Akquisition durch Veröffentlichungen in Fachzeitschriften seiner Wunschzielgruppe.
- Identifikation geeigneter unterstützender Vereine und Verbände.

Strategieumsetzung

1. Zuerst wurden Stärken und Schwächen des Trainers analysiert. Diese Analyse beschäftigte sich zu Beginn mit der Person des Trainers, mit seinen Fähigkeiten und Fertigkeiten, seinen Neigungen und Begrenzungen.

   Des Weiteren wurde sein berufliches und privates Umfeld analysiert. Dabei wurden hemmende und unterstützende Faktoren durchleuchtet.

   Zu guter Letzt wurden seine bisherigen Dienstleistungen analysiert. Wo liegen inhaltlich die Stärken und Schwächen, was passt am besten zu den Stärken und Neigungen des Trainers?

   Das Ergebnis dieser Analyse ergab eine sehr starke Profilierung im Bereich des Einzelhandels, in dem er viele Jahre arbeitete (als Kaufmann und als Trainer) und der ihm dadurch besonders vertraut war. Es passte am besten zu den Stärken des Trainers und machte ihm obendrein sehr viel Spaß. In diesem Bereich hatte er seine besten Teilnehmerrückmeldungen und Projekterfolge. Dort fühlte er sich am sichersten.

2. Aus der Potenzialanalyse wurde das erfolgversprechendste Geschäftsfeld entwickelt. Ziel dieses Schrittes war es, den potenziellen Kunden eine Dienstleistung anzubieten, die für sie attraktiv und nutzbringend ist und die sie woanders in dieser Qualität nicht bekommen können. Dies geht nur über die Spezialisierung, da man dort die ganzen vorhandenen Ressourcen auf die Weiterentwicklung dieser Spezialisierung richten kann, während man bei der Generalisierung die Ressourcen auf viele Themen verteilen muss. Niemand kann auf allen Feldern so gut sein wie der Spezialist auf seinem. Ein Vergleich aus dem Sport ist die Fähigkeit eines Zehnkämpfers, der alle zehn Disziplinen gut beherrscht – in keiner aber so gut ist wie der Spezialist in seiner Disziplin.

   Unser Trainer spezialisierte sich auf die Beziehung zwischen Kunde und Verkäufer im Einzelhandel. Dieses Geschäftsfeld beinhaltete sowohl die Beziehungsgestaltung als auch die Kommunikation zwischen den beiden Parteien.

3. Der dritte Schritt war die Definition der Wunschzielgruppe. Der Fokus wurde hier auf die Zielgruppe gelegt, die am meisten zu den eigenen Stärken und Erfahrungen passte.

   In diesem Fallbeispiel waren es die Zielgruppen des Einzelhandels wie Baumärkte, Kaufhäuser, Bekleidungsgeschäfte etc.

4. Nun wurde das Geschäftsfeld weiterentwickelt. Die zentralen Fragen waren dabei:

   - Welche Probleme des Kunden werden mit der Spezialisierung des Trainers gelöst?
   - Wie ist seine Dienstleistung weiterzuentwickeln, so dass er einen Wettbewerbsvorsprung bekommt?
   - Mit welcher Akquisitionsmethode und mit welchen Werbemitteln ist diese Dienstleistung am effektivsten anzubieten?

   Geleitet von diesen Fragen wurden die Probleme im Einzelhandel reflektiert. Gerade in der Kundenbeziehung gab es für die Verkäufer viele Schwierigkeiten, die sich negativ auf die Ergebnisse des Unternehmens auswirkten. Für diese Probleme wurden zahlreiche Lösungen entwickelt. Je mehr sich unser Trainer mit der Materie auseinander setzte, desto mehr gute Ideen entwickelte er. Dann wurde das Leistungsangebot in einer Unternehmensbroschüre dargestellt. Im Anschluss daran wurde mit dem Coach zusammen die geeignete Akquisitionsstrategie entwickelt, intensiv trainiert und gemeinsam umgesetzt.

5. Primäre Strategie war die telefonische Kaltakquise. Der Trainer stellte dabei kurz sich und sein Anliegen vor und bat um einen persönlichen Termin zur Darstellung des speziellen Leistungsspektrums. Wenn der Gesprächspartner vorher eine Unternehmensbroschüre haben wollte, wurde ihm diese zugestellt und eine Woche danach wieder telefonisch nachgearbeitet.

6. Begleitend dazu wurden Trainings- und Beratungsunternehmen recherchiert, denen er seine spezielle Dienstleistung als Abrundung ihres Angebotes anbot.

7. Die dritte eingesetzte Akquisitionsmethode waren so genannte Zielgruppen-Interviews. Hierbei rief der Trainer die Verantwortlichen (Vorstände, Verkaufsleiter, Geschäftsführer) seiner Wunschzielgruppe an und bat sie um einen persönlichen Interviewtermin zur Recherche für redaktionelle Beiträge in Fachzeitschriften des Einzelhandels. In diesen Interviews bekam er zahlreiche Ansatzpunkte zur Weiterentwicklung seiner Spezialisierung sowie viele Ideen für die geplanten Veröffentlichungen. Bypassmäßig wurde in den Interviews bei seinen Gesprächspartnern Interesse an seinem

Dienstleistungsangebot ausgelöst, da er genau ihren „Nerv" traf. So profitierten beide Seiten von diesem Interview, da auch der Trainer ihnen einige Lösungsideen lieferte, die in anderen Unternehmen erfolgreich umgesetzt wurden. Durch diese Bypass-Akquisition wurden übrigens einige Projekte gewonnen.

8. Nach den Akquisitionskontakten wurden die Ergebnisse und Vereinbarungen archiviert und es wurden Wiedervorlagen eingerichtet. Es wurde evaluiert, wie die Ausbeute bei den verschiedenen Strategien war, und wo sich Optimierungsbedarf ergab. Des Weiteren wurde das Leistungsangebot um die Punkte ergänzt, die die Gesprächspartner als sehr wichtig erachteten.

Ergebnisse

1. Die Reaktionen der Wunschzielgruppe bestätigten die Entscheidung des Trainers auf seine Spezialisierung.
2. Aus der Akquisition resultierten einige Projekte, die sich über einen längeren Zeitraum erstreckten.
3. Durch die konsequente Pflege der akquirierten Kontakte bekam er immer wieder neue Anfragen sowie Folgeaufträge.
4. Seine Dienstleistung wurde auch qualitativ immer hochwertiger, da aus den Projekten viele neue Ideen entwickelt wurden.
5. Veröffentlichungen in Fachzeitschriften des Einzelhandels sorgten für Expertenstatus bei seiner Wunschzielgruppe sowie für neue Anfragen.
6. Mit Zunahme der Aufträge wurde ein anderer Engpass sichtbar. Er konnte die Projekte nicht mehr alleine abarbeiten. Daraufhin suchte er sich Trainerkollegen, die schon Erfahrungen im Einzelhandel gesammelt hatten, und setzte diese in seinen Projekten ein. Um seinen Qualitätsstandard hoch zu halten, coachte und trainierte er diese Trainer.
7. Es selbst wurde immer sicherer und professioneller. Um die Qualität seiner Dienstleistung zu erhöhen und sich selbst persönlich weiterzuentwickeln, besuchte er regelmäßig Aus- und Weiterbildungen.
8. Er trat verschiedenen Vereinen und Verbänden bei, denen auch seine Wunschzielgruppe angehörte (u. a. Einzelhandelsverband, IHK, Rotary Club). Durch diese Kontakte ergaben sich ebenfalls zahlreiche Anfragen.

Checkliste: Was macht den Erfolg von Spezialisierung aus?

1. Prüfen Sie, ob Ihr aktuelles Dienstleistungsangebot Ihren tatsächlichen Stärken und Neigungen entspricht. Ist es das, was Sie wollen und können? Ist es speziell oder eher verzettelt? Wer sind Ihre Mitbewerber und wie stehen Sie im Vergleich zu denen da?

2. Prüfen Sie, wie attraktiv Ihr aktuelles Dienstleistungsangebot für Ihre Wunschzielgruppe ist. Führen Sie Gespräche mit ihr, fragen Sie nach Feedback, nach Ideen, nach Verbesserungsvorschlägen.

3. Wenn Sie nun etwas korrigieren wollen oder müssen, machen Sie eine Analyse Ihrer Stärken und Schwächen. Bringen Sie in diese auch Ihre persönlichen Neigungen ein. Nur was Ihnen Spaß macht, gibt Ihnen Kraft und Energie und führt tatsächlich zu besserer Ausstrahlung, höherer Überzeugungskraft und mehr Erfolg.

4. Probieren Sie jetzt aus, ob Ihre Spezialisierung ankommt. Fragen Sie wieder Ihre Wunschzielgruppe – dort sind Ihre potenziellen Kunden. Es gibt verschiedene Arten der Spezialisierung:
   - die Spezialisierung auf ein bestimmtes Problem (z. B. Akquisition),
   - die Spezialisierung auf eine Zielgruppe (z. B. Einzelhandel) und deren Probleme,
   - die Spezialisierung auf Produkte (z. B. Energie) oder Dienstleistungen (z. B. EDV-Dienstleistungen).
   Prüfen Sie, was für Sie und Ihre Wunschzielgruppe in Frage kommt.

5. Entwickeln Sie Ihre Spezialisierung weiter.
   Nicht nur am Schreibtisch und nicht mit dem Anspruch, das Optimale beim Start bieten zu müssen – das führt Sie nämlich meist in die Passivität. Die effektivsten Entwicklungen werden durch die Praxis beeinflusst. Stellen Sie sich also sehr schnell Ihrer Zielgruppe.

6. Suchen Sie sich Kooperationspartner, die Ihre Spezialisierung abrunden. Nutzen Sie Synergieeffekte, die Ihnen helfen, gemeinsame Aktionen erfolgreich durchzuführen. Vereinbaren Sie mit Ihrem Kooperationspartner Spielregeln der Zusammenarbeit. Legen Sie die Inhalte und Verantwortungen für die geplanten Aktionen gemeinsam fest und achten Sie auf die Einhaltung der getroffenen Vereinbarungen.
   Kooperationen können sehr effektiv sein. Die meisten scheitern aber daran, dass es irgendwann ein Ungleichgewicht in der Zusammenarbeit gibt. Jeder Partner wartet dann darauf, dass der andere etwas tut,

bis man dann selbst aktiv wird (oder auch nicht). Es gibt Kooperationen, die warten heute noch auf den ersten Schritt ihres Partners – getreu dem Motto: „Partnerschaft bedeutet, dass der Partner schafft."

7. Gehen Sie nun in die Akquisition. Prüfen Sie, wer die richtigen Ansprechpartner im Unternehmen Ihrer Wunschzielgruppe sind. Wenn Sie an die falsche Person geraten, kann diese den Entscheidungsprozess lange hinauszögern bzw. verhindern. Recherchieren Sie schon an der Zentrale, wer im Unternehmen der Wunschzielgruppe für Ihre Dienstleistung zuständig ist.

8. Pflegen Sie Ihre Kontakte. Manche Entscheider werden tagtäglich zigfach angeschrieben oder angerufen. Wenn Sie nun keinen Kontakt haben, weil Sie z. B. darauf vertrauen, dass Ihr Gesprächspartner sich, wie vereinbart, bei Bedarf bei Ihnen meldet, so kann sich das bitter rächen. Es gibt viele Verkäufer, die draußen rumlaufen und Versprechungen machen, die sie nicht annähernd halten können – nur der Kunde weiß das im Erstkontakt noch nicht. Halten Sie jedoch regelmäßig Kontakt, bekommen Sie solche Einflüsse oder andere Veränderungen in der Kundenwelt zeitnah mit und können dann darauf reagieren.

9. Verbessern Sie ständig Ihre Dienstleistungen. Ruhen Sie sich nicht auf Ihren Erfolgen aus. Ein Vorsprung durch Spezialisierung ist bei Passivität schnell verspielt.

10.6   Aktivierung bestehender Kunden durch Cross Selling und Empfehlungsnahme

Ausgangssituation

Banken und Sparkassen haben einen sehr hohen Kundenbestand. In den meisten Fällen sind diese Kunden auf mehrere Berater verteilt, die dann die Aufgabe haben, diese Kunden zu betreuen.

Das führt dann dazu, dass die Berater meist nur die Kunden beraten, die zu ihnen in die Bank kommen und schon eine klare Vorstellung von ihren Wünschen haben. Eine systematische Beratung, bei der zuerst die Lebensplanung des Kunden und die bisher genutzten Produkte analysiert werden und ihm im Anschluss daran die fehlenden Stücke seines Puzzles angeboten werden, findet ganz selten statt. Die Kunden, die nicht von sich aus in die Bank kommen, werden von den meisten Beratern gar nicht aktiv betreut. So sitzen viele Banker auf sehr hohen ungenutzten Potenzialen. Dies gilt vor allem für alle Produkte rund um die Altersvorsorge, da sich viele Berater mit diesen Produkten nicht identifizieren und sie konsequenterweise auch nicht anbieten. Versuche der Führungskräfte, dieses Potenzial aktiver anzugehen, scheiterten oft am Widerstand der Berater, die zahlreiche Ausreden ins Feld führten.

Der Niederlassungsleiter einer großen deutschen Bank wollte in seiner Niederlassung den Verkauf von Versicherungs-, Bauspar- und Anlageprodukten forcieren. Er engagierte dafür ein externes Trainingsunternehmen, das die Aufgabe hatte, mit allen Beratern der Niederlassung (Privatkunden-, Firmenkundenberatern, Spezialisten) den Verkauf dieser Produkte aktiv anzukurbeln.

Zielsetzung

- Verkauf von Finanzdienstleistungen bei bestehenden Kunden. Primärer Fokus lag auf Produkten rund um die Altersvorsorge, das Bausparen und den Anlagebereich.
- Systematisches Einholen von Empfehlungen.

Strategieumsetzung

1. Jeder Berater hatte die Aufgabe, zunächst 40 seiner Kunden zu selektieren, die für die Nutzung dieser Produkte in Frage kamen. Es handelte sich hierbei um Kunden, die eine Lücke in der Altersvorsorge hatten (Privat- und Firmenkunden).
2. In Trainings wurden die Berater auf die anstehenden Aufgaben vorbereitet:
   - Die Identifikation mit der Akquisition bei bestehenden Kunden sowie die Identifikation mit den zu verkaufenden Produkten wurde erhöht.
   - Die Bedeutung dieser Aktivität für alle Beteiligten wurde eingehend diskutiert – u. a. die Chancen auf eine hohe Ertragssteigerung der Bank.
   - Die telefonische Terminvereinbarung wurde intensiv geübt und unter Trainerbegleitung live durchgeführt.
   - Die wichtigsten Verkaufsargumente wurden erarbeitet und in Rollenspielen trainiert (Fokus der ersten Welle: Altersvorsorge- und Bausparprodukte).
   - Die verschiedenen Techniken der Empfehlungsansprache wurden gesammelt und trainiert.

- Persönliche Blockaden und Widerstände der Berater wurden identifiziert und individuelle Handlungsalternativen entwickelt.
- Die Führungskräfte wurden auf die speziellen Anforderungen der Mitarbeiteraktivierung vorbereitet.

3. Aus dem Seminarraum heraus wurden die Kunden angerufen und persönliche Beratungsgespräche vereinbart. Diese Telefonate fanden unter Trainerbegleitung statt.

4. In den Beratungsgesprächen wurden die Berater von Trainern begleitet, die das Gespräch miterlebten und im Anschluss daran Feedback gaben, mit dem Berater gemeinsam Alternativen erarbeiteten und diese in den nächsten Beratungsgesprächen umsetzten.

5. Nachdem alle Beratungsgespräche abgeschlossen waren, wurde ein Workshop organisiert, bei dem Ergebnisse und Erfahrungen ausgetauscht wurden. Des Weiteren wurden Ideen für die Durchführung der zweiten Welle, mit dem Fokus Anlagegeschäft, diskutiert.

6. Training der Berater für die speziellen Anforderungen des Verkaufs von Anlagegeschäften. Der Ablauf ähnelte von der Struktur her dem ersten Training.

7. Nachdem aus dem Training heraus die Termine für die Beratungsgespräche vereinbart wurden, nahmen die Berater mit den Trainern gemeinsam die Gespräche wahr.

8. Ein Workshop schloss auch diese Welle ab. Es wurden Ergebnisse und Erfahrungen festgehalten und diskutiert. Zum Abschluss des Gesamtprojektes gab es ein großes Fest.

Ergebnisse

- Die Kunden reagierten überwiegend aufgeschlossen. Viele waren sogar dankbar, dass sie eine Beratung über dieses für sie so wichtige Thema durch ihren Bankberater erhielten. Es stellte sich heraus, dass die Kunden ihrer Bank gegenüber ein sehr hohes Vertrauen hegten, was das Beratungsgespräch sehr positiv beeinflusste. Das Verhalten der Kunden überraschte die meisten Berater. Sie gingen davon aus, dass sich die Kunden beschweren oder gar die Beziehung zum Berater abbrechen würden.
- Durch die Kundenreaktionen wurden die Berater immer sicherer und ihre Vorbehalte wichen zunehmend. Auch über dieses Projekt hinaus entwickelten viele eine länger andauernde Aktivität in der Bestandskundenakquise.

- 80 % aller angerufenen Kunden gewährten den Beratern einen Termin. Eine solche Quote ist außerhalb von Banken und Sparkassen (dort habe ich sie schon häufiger erlebt) undenkbar. Das unterstrich noch einmal den Bonus, den Banken bei der Bevölkerung immer noch haben.
- In den Beratungsgesprächen schlossen 50 % der Kunden direkt nach der Beratung einen Vertrag ab. Viele Kunden kauften im Nachhinein. Die Größenordnungen der Geschäfte waren unterschiedlich. Es gab viele kleine Abschlüsse mit Privatkunden und auch sehr große Geschäfte mit Firmen, die ihre Führungskräfte und Mitarbeiter versicherten (Pensionszusagen, betriebliche Altersvorsorge, Direktversicherungen).
- Es gab eine hohe Anzahl von Empfehlungen, die von den Kunden ausgesprochen wurden. Auch diese Ausbeute war für die Berater sehr überraschend. Sie nahmen an, dass die Kunden negativ reagierten, wenn man Sie nach Geschäftsabschluss noch auf Empfehlungen ansprechen würde. Deshalb vermieden es einige, die Frage nach dem Geschäftsabschluss zu stellen. Der Trainer, der ja das Gespräch miterlebte und sich auch am anfänglichen Small Talk mit dem Kunden beteiligte, stellte dann für ihn die Frage. Als die Berater sahen, dass es gut funktionierte, entwickelten sie in den Folgegesprächen mehr Mut und übernahmen selbst die Initiative.
- Das Projekt brachte für die Bank ein sehr hohes Return on Investment. Die verdienten Provisionen beliefen sich auf eine hohe siebenstellige Summe.
- Das Projekt erzielte zudem eine nachhaltige Wirkung auf alle Beteiligten. Viele der gemachten Erfahrungen wurden auch danach aktiv umgesetzt. Die meisten Berater entwickelten ein höheres Verständnis für den Sinn und Zweck kontinuierlicher Beziehungspflege. Zudem verbesserte sich der Auftritt der Berater sowie die Qualität der Terminvereinbarungs- und Beratungsgespräche.

Checkliste: Was macht den Erfolg der Bestandskundenaktivierung aus?

1. Die Akzeptanz, dass die größten Erfolgschancen bei bestehenden Kunden liegen. Sie gut zu betreuen, zu beraten und die Beziehung zu pflegen sichert beim Kunden hohe Zufriedenheit, Vertrauen und die Bereitschaft, auch Ihnen zu helfen (z. B. durch Cross Selling und Empfehlungen).

2. Eine weitere wichtige Voraussetzung ist der professionelle Umgang mit dem eigenen „inneren Schweinehund". Aussagen im inneren Dialog wie: „Ich komme doch ganz gut zurecht" oder „Der Kunde kommt

schon auf mich zu, wenn er etwas braucht", fördern die Passivität (siehe Kapitel „Passivität"). Da Sie nie sicher sein können, dass gerade ein Mitbewerber Ihre Kunden aufsucht, haben Wachsamkeit und Aktivität eine sehr hohe Bedeutung.

3. Pflegen Sie Ihr Kundendatenprogramm. Eine erfolgreiche Bestandskundenarbeit steht und fällt mit der Qualität und Quantität Ihrer Daten. Archivieren Sie sowohl alle Daten und Fakten als auch Hinweise zur Person und Persönlichkeit Ihres Kunden. Legen Sie sich die Kunden auf Wiedervorlage, so dass eine systematische Nacharbeit möglich ist.

4. Hinterfragen Sie die Ziele und Wünsche Ihrer Kunden. Analysieren Sie gemeinsam, was der Kunde zur Zielerreichung schon hat und was ihm noch fehlt. Ermitteln Sie die Prioritäten der noch fehlenden Teile und entwickeln Sie mit dem Kunden eine Strategie. In vielen Unternehmen existieren Kundenbeziehungen, in denen der Kunde nur ein Produkt nutzt und viel Potenzial brach liegt. Lassen Sie es nicht so weit kommen, dass der Mitbewerber diese Chance ausnutzt.

5. Warten Sie nicht so lange, bis Sie in den Kontakt zu Ihren Kunden treten. Manche Verkäufer greifen erst dann an, wenn der Leidensdruck zu groß wird. Dies führt dazu, dass entweder die eigene Ausstrahlung darunter leidet oder dass der Druck auf den Kunden projiziert wird. Beide Fälle forcieren Misserfolge.

6. Fragen Sie den Kunden nach Feedback. Fragen Sie ihn, wie er Ihre Leistungen und die Ihres Unternehmens wahrnimmt. Bitten Sie ihn um Verbesserungsvorschläge. Der Kunde fühlt sich aufgewertet und ernst genommen, und Sie bekommen die Möglichkeit, Leistungen zu verbessern, um für Ihre Kunden noch attraktiver zu werden.

7. Fragen Sie Ihre Kunden aktiv nach Empfehlungen.
Die Basis für eine erfolgreiche Empfehlungsansprache ist die Zufriedenheit des Kunden. Die zweite Voraussetzung für den Erfolg der Empfehlungsansprache ist die eigene Überzeugung von der Notwendigkeit und dem Erfolg solcher Ansprachen. In manchen Branchen leben die Verkäufer fast ausschließlich von Empfehlungen. Sie sprechen dieses Thema bei ihren Kunden mit einer Selbstverständlichkeit an, die keinen Widerspruch des Gesprächspartners provoziert. Selbst wenn Sie nicht von allen Kunden Empfehlungen bekommen, so ist die Erfolgsquote bei dieser Akquisitionsmethode mit am höchsten.

11 Der Akquisitionsratgeber

Es gibt, wie im Leistungssport auch, zahlreiche Krisen, denen Akquisiteure in ihrer täglichen Arbeit ausgesetzt sind. Die meisten dieser Krisen beeinträchtigen vor allem die Umsetzung der eigenen Leistungsfähigkeit in die Praxis, d. h. eine erfolgreiche Umsetzung von Akquisition findet nicht oder stark eingeschränkt statt. Viele Zuschriften, die ich auf die beiden ersten Auflagen bekam, richteten sich genau an dieses Problem. Damit verbunden kam immer wieder die Frage auf, wie der Einzelne eine zielgerichtetere und erfolgreichere Umsetzung in die Praxis gewährleisten kann. Hier die häufigsten Umsetzungsprobleme von Akquisiteuren aus unterschiedlichen Branchen:

11.1 Kein Erfolg bei der Umsetzung

Ich bin seit zehn Jahren als Verkäufer in der Versicherungsbranche tätig und habe bisher viele Kunden durch Empfehlungen gewonnen. In der letzten Zeit habe ich vermehrt versucht, über Telefon und Besuch Neukunden im Gewerbebereich zu akquirieren. Ich habe keine Hemmungen, jemanden anzusprechen, und habe auch schon viele Seminare besucht sowie Verkaufsbücher gelesen. Nach einigen Anfangsschwierigkeiten kam ich schließlich „ins Laufen".
Leider wollte sich der Erfolg meiner Akquise nicht so recht einstellen, so dass ich glaubte, irgendetwas Grundlegendes falsch zu machen. Daher bat ich einen meiner Kollegen, mich bei der Akquise einmal zu begleiten. Nach ein paar gemeinsamen Gesprächen meinte er, dass ich vielleicht einen Touch zu unterwürfig sei. Da ich mich in meinen täglichen Verkaufsgesprächen ganz anders erlebe, habe ich nun die Frage, ob es möglich ist, bei der Akquise von neuen Kontakten einen anderen persönlichen Auftritt zu haben als bei „normalen" Verkaufsgesprächen und ob das eine Erklärung für meine Misserfolge in der Neukundenakquise sein könnte?

Dieses Phänomen ist sogar sehr stark verbreitet. Viele Verkäufer, die in ihren täglichen Verkaufsgesprächen, vor allem in denen, wo die Kunden auf sie zukommen, einen sehr professionellen Auftritt zeigen, sind in der für die ungewohnten bzw. neuen Rolle als Akquisiteure manchmal nicht wieder zu erkennen. Das hat zum einen sicher etwas mit Routine zu tun, die sich in ihren Verkaufsgesprächen seit Jahren, Tag für Tag, entwickelt hat, im Gegensatz zur Akquisition neuer Kontakte, wo sie nicht die Zeit und Energie aufwenden (können), um auch dort die ihnen vertraute Leistungsstärke zu erreichen. Zum anderen liegt es oft auch daran, dass sich, bewusst oder unbewusst, Ängste vor Zurückweisung durch den unbekannten Gesprächspartner aufbauen. Diese mutieren teilweise zu so genannten Gruselfantasien (siehe Seite 51), d. h. eine Reaktion des Gesprächspartners wird angenommen, die in der Praxis nicht oder sehr selten vorkommt. Dies passiert auch vielen Verkaufsprofis. Es fehlen einfach die Erfahrungen. Die meisten Verkäufer, die ich bei der Akquise begleitet habe, wählen einen unterwürfigen Auftritt, wenn sie sich unsicher fühlen. Wenn ich sie dann im Anschluss an das Akquisegespräch nach dem Grund für diesen Auftritt gefragt habe, fiel ihnen das zunächst einmal gar nicht auf. Im weiteren Verlauf des Coachingprozesses stellte sich dann heraus, dass dieser Auftritt einen Schutzmechanismus gegen das vermutete Unheil darstellte. Dieses Verhalten wird als Fluchtreaktion bezeichnet. Ein unterwürfiger Auftritt ist kein lösungsorientierter Ansatz. Er signalisiert dem Gesprächspartner, dass man ihm nicht auf der gleichen Ebene begegnet. Dieses Verhalten ist nicht professionell und führt beim anderen häufig zu Desinteresse für eine weitere Zusammenarbeit. Diese Ablehnung wird von vielen Akquisiteuren persönlich genommen. Sie realisieren dabei nicht, dass sie mit ihrem eigenen Verhalten erst diese Reaktion ausgelöst haben.

Ein weiterer Grund für Unterwürfigkeit in der Akquise ist mangelnde Identifikation, vor allem mit der Rolle eines akquirierenden Verkäufers. Die meisten Verkäufer empfinden Akquisitionsarbeit als „Klinkenputzen", „Keilern", „Anbiederei", „Bettelei" o. Ä. Dementsprechend ist dann auch deren Auftritt. Sie machen sich kleiner (verbal und nonverbal), in der Hoffnung, dass sie der Gesprächspartner gut behandelt und sie eine Chance für eine Zusammenarbeit erhalten. Diese Hoffnung wird oft nicht erfüllt, weil der Gesprächspartner dem Verkäufer, bewusst oder unbewusst, unterstellt, auch in einer zukünftigen Geschäftsbeziehung diese unterwürfige Haltung einzunehmen und dadurch von ihm nicht als professioneller Gesprächspartner angesehen wird.

Sie sehen, es gibt verschiedene Gründe für einen unterwürfigen Auftritt in der Akquise, auch wenn man als Verkäufer einen professionellen Job verrichtet.

Aktionsplan: Wie können Sie sich in der Akquisition weiterentwickeln?

Vielleicht haben Sie durch die vorangegangenen Fragen bereits Lösungswege gefunden, die helfen, Ihren Stress zu reduzieren. Ich skizziere Ihnen im Folgenden weitere Möglichkeiten, mit deren Hilfe es Akquisiteuren, die ich coachte, gelang, Stress zu reduzieren beziehungsweise besser mit Stresssituationen umzugehen.

▶ Akzeptieren Sie, dass Sie zu Beginn Ihrer Akquisitionsaktivitäten nicht die Leistungsstärke haben können wie im Verkauf, den Sie schon viele Jahre professionell und erfolgreich betreiben. Dies schützt Sie vor zu hohen Erwartungen und damit verbundenen Misserfolgen.

▶ Bei der Akquisition ist die Abschlussquote naturgemäß wesentlich geringer als im Verkauf, wo der Kunde auf Sie zukommt. Akquisition ist ein perspektivischer Prozess. Sie bahnen jetzt einen Kontakt an, der bei intensiver kontinuierlicher Nacharbeit in Zukunft Erfolg abwirft. Jede Beziehung benötigt Zeit, um sich zu entwickeln. Es ist somit kein Misserfolg, wenn Sie bei Erstgesprächen weniger Abschlüsse haben als in Ihren Verkaufsgesprächen. Des Weiteren ernten Sie viele immaterielle Erfolge. Sie werden mit jedem Kontakt sicherer, mutiger, schlagfertiger, professioneller – und Sie lernen neue Leute kennen, die perspektivisch gute Kunden werden können.

▶ Wenn Sie in Akquisegesprächen dazu neigen, sich kleiner zu machen oder sich unsicher zu fühlen, prüfen Sie, ob es an der Größe des zu akquirierenden Unternehmens, an bestimmten Hierarchieebenen oder an schwierig empfundenen Zielgruppen liegt. Meist haben Verkäufer bei der Akquise einen „Heidenrespekt" vor großen Hierarchieebenen wie Vorständen, Geschäftsführern etc. oder vor Akademikern. Hintergrund ist oft die Vermutung, dass diese Zielgruppen mindestens genauso viel Wissen über die Produkte und Dienstleistungen des Verkäufers haben wie er selbst und dass sie gerne zeigen, wie gescheit sie sind. Die Praxis zeigt, dass es keinen Zusammenhang gibt zwischen der Größe und Bedeutung von Unternehmen bzw. Hierarchieebenen und der Gefahr einer Demaskierung oder eines Rauswurfes. Wenn Sie trotzdem Unbehagen verspüren, wenden Sie sich zunächst kleineren und als leichter empfundenen Zielgruppen zu. Sammeln Sie dort Erfahrungen und werden Sie immer sicherer, bevor Sie danach die Anforderungen sukzessive steigern. Im Sport nennen wir das „progressives Belastungsprinzip", d. h. die Anforderungen werden erst dann gesteigert, wenn der vorherige Trainingsreiz seine Wirkung erzielt hat. So wird der Körper (und der Geist) langsam an immer größere Herausforderungen herangeführt, ohne ihn zu überfordern.

▶ Seien Sie ehrlich zu sich.

Eine Leistungssteigerung kann nur dann optimal erzielt werden, wenn die Ausgangssituation richtig eingeschätzt wird und die Ziele realistisch gesetzt werden. Viele Verkäufer schätzen ihre Leistungen besser ein, als es ihr Umfeld tut (Selbstbild/Fremdbild). Sie glauben, alles zu wissen und auch alles richtig umzusetzen. Dadurch verschließen sie sich oft Feedback von anderen und treten, entwicklungs- und ergebnismäßig, auf der Stelle. Zu wissen, wie Akquise oder Verkauf abläuft, ist das eine, es erfolgreich umzusetzen, ist das alles Entscheidende.

Nutzen Sie, wie in diesem Leserbrief geschildert, die Chance eines Feedbacks durch andere, um Ihre Wirkung auf Ihre Gesprächspartner zu erfahren und individuelle Tipps zur Leistungssteigerung zu erhalten.

▶ Prüfen Sie Ihre aktuelle Einstellung zum Thema Akquisition.

Empfinden Sie tatsächlich Identifikationsprobleme, die Ihre Ausstrahlung negativ beeinflussen? In der Begleitung von Akquisiteuren on the job stelle ich immer wieder fest, dass der zu akquirierende Gesprächspartner keineswegs das Gefühl hat, einen „Klinkenputzer" oder einen „Bettler" vor sich zu haben, wenn ein Verkäufer ihn aufsucht, um seinen Job zu machen.

Es ist ausschließlich die Fantasie des Verkäufers.

Prüfen Sie einmal Ihren inneren Dialog vor Akquisegesprächen.

Stoppen Sie die negative Denkspirale. Halten Sie sich vor Augen, dass Ihre fantasierten Gedanken in der Praxis fast nie vorkommen, dass sie aber Ihre Haltung und Ausstrahlung (verbal und nonverbal) entscheidend verändern können. Kehren Sie stattdessen den inneren Dialog um. Visualisieren Sie einen positiven Gesprächsverlauf. Gehen Sie in Gedanken durch, wie Sie lächelnderweise, argumentativ sicher Ihren Gesprächspartner überzeugen. Diese Gedanken werden sich in Ihrem Unterbewusstsein festsetzen.

Nutzen Sie die im Buch beschriebenen Hinweise und probieren Sie diese in Ihren Gesprächen aus. Halten Sie nach den Gesprächen schriftlich fest, welche Strategie Sie gewählt haben, welche zum Erfolg führte und welche nicht. So entwickelt sich immer größere Sicherheit und Ihre Blockaden verschwinden sukzessive.

Wie im sportlichen Training geht es auch hier um systematische und kontrollierte Wiederholungen. Diese sorgen für die erhoffte Leistungssteigerung. Es wird Rückschläge geben, es kann zur teilweisen Stagnation der Leistung kommen, aber das gehört zur Entwicklung dazu. Weiterzumachen, aus Fehlern zu lernen, neue Erfahrungen zu sammeln – das ist die Basis für exzellente Akquisitionsleistungen in der Zukunft.

11.2   Hemmungen in der Neukundenakquise

Mit Interesse habe ich Ihr Buch gelesen. Ich fand dort zahlreiche Er-klärungen für meine persönlichen Akquiseengpässe und auch viele Ideen zur Lösung meiner Probleme. Ich bin mittlerweile über 20 Jahre im Vertrieb tätig und habe bisher nie kontinuierliche Neukunden-akquise betreiben müssen, da ich genug Kunden zu betreuen hatte. Diese Situation hat sich über die letzten Jahre drastisch verändert. Viele Kunden schauen fast nur noch auf den Preis. Eine intensive per-sönliche Betreuung wird zwar nach wie vor geschätzt, macht das bessere Angebot des Wettbewerbers aber oft nicht wett. Ich habe manchmal bei den Kunden sehr viele Zugeständnisse gemacht, aber auch das half nicht immer, diese zu halten. Aus dieser Not heraus muss ich nun neue Kunden gewinnen, um den verlorenen Teil wieder aus-zugleichen. Da ich bisher kaum Erfahrung damit gemacht habe, sind meine Hemmungen nach wie vor sehr groß. Sie potenzieren sich aktuell sogar noch, da mir mein Chef Druck macht, die verlorenen Umsätze wieder einzuholen. Was raten Sie mir?

Sie beschreiben ein Problem, das leider sehr viele Verkäufer erleben (müssen). Aus den unterschiedlichsten Gründen wird mit der Neukundenakquisition erst begonnen, wenn der Leidensdruck am größten ist. Dies provoziert oft Misserfolg, weil die persönliche Ausstrahlung unter Druck enorm leidet. Ent-weder wird der selbst empfundene Druck auf den Gesprächspartner projiziert (wir nennen das Parallelprozess, d. h. das selbst Erlebte/Empfundene wird in anderen Kontexten gleichfalls ausgelöst) oder der Verkäufer versucht, sich beim Gesprächspartner anzubiedern. Diese beiden Facetten sind am häufigs-ten anzutreffen. Es gibt nur ganz wenige Verkäufer, die auch unter Druck pro-fessionell akquirieren können. Es wäre somit am besten, man akquiriert, wenn kein Druck die eigene Leistung negativ beeinflussen kann, also im Erfolgsfall. Dort ist unsere Ausstrahlung am besten. Das macht auch deshalb Sinn, weil es in jeder Branche, bei jedem Verkäufer, bei jedem Unternehmen Kunden gibt, die wechseln, illoyal werden oder kleinere Mengen einkaufen. Dieser Verlust muss durch neues Potenzial ausgeglichen werden. Wenn ich diese Kontakte frühzeitig auf- und ausbaue, bekomme ich als Verkäufer erfahrungsgemäß keine (großen) Krisen. Es ist also eminent wichtig, den Aufbau neuer Kontakte in die tagtägliche Verkaufsarbeit zu integrieren. Bei Ihnen ist das Stadium leider viel weiter fortgeschritten. Sie haben schon erhebliche Umsatzeinbußen zu verzeichnen und haben keine Erfahrungen in der Neukundenakquise. Erschwerend kommt hinzu, dass Ihr Chef den ohnehin schon großen Druck erheblich verstärkt. Somit entsteht bei Ihnen das Phänomen der Angst vor der Angst, d. h. es ängstig Sie zum einen, neue Kunden zu akquirieren, und zum anderen ängstigen Sie die Konsequenzen Ihres Chefs, wenn Sie diese Akquise nicht betreiben (siehe auch Seite 56).

Die Lösung liegt hier in der Bearbeitung der Ängste vor der Akquise. Diese zu lösen zieht eine positive Veränderung der anderen angstbesetzten Situation nach sich.

Aktionsplan: Wie können Sie mit Ängsten in der Akquise umgehen?

▶ Häufig hängen Menschen in ihren negativen inneren Dialogen fest. Sie sehen nur noch die negativen Dinge um sich herum (selektive Wahrnehmung) und blenden die ebenfalls vorhandenen positiven Aspekte aus. Das hat natürlich Auswirkungen auf die persönliche Ausstrahlung. Misserfolg setzt ein und der negative innere Dialog wird immer schlimmer. Selbstverständlich erleben wir momentan eine schwierige Zeit. Die Stimmung insgesamt ist eher düster, die Angst vor der Zukunft steigt bei vielen Menschen von Tag zu Tag, die Bereitschaft, Risiken einzugehen oder mutiger zu sein, ist bei vielen aktuell nicht vorhanden. Potenziert wird das durch Berichte in den Medien (die damit übrigens auch Geld verdienen, nach dem Tenor: „Bad news are good news"). In solchen Situationen fällt mir eine Beobachtung aus der Bankenwelt ein: „Geht es den Menschen gut, so sparen sie. Geht es den Menschen schlecht, so sparen sie noch mehr." Das bedeutet, dass viele Menschen versuchen, fantasierte Schäden (die Zukunft ist ja nicht bekannt) zu vermeiden bzw. gegen sie gewappnet zu sein. Verloren geht dabei jede Menge Lebensqualität im Hier und Jetzt und oft auch die Fähigkeit, sein Schicksal heute aktiv in die Hand zu nehmen. Dazu gehört eben, Kontakte zu potenziellen Geschäftspartnern aufzunehmen, sie kontinuierlich zu pflegen, um später daraus zusätzliche Kunden zu gewinnen.

Wir müssen also unseren inneren Dialog regelmäßig überprüfen. Verläuft er konstruktiv, sprich lösungsorientiert, oder eher destruktiv, sprich lösungsvermeidend?

Reden Sie sich vor der Akquise keine negativen Reaktionen Ihrer Gesprächspartner ein. Finden Sie neutral heraus, wer in Ihrem riesigen Verkaufsgebiet, heute und in Zukunft, ein potenzieller Kunde werden kann.

▶ Akzeptieren Sie, dass Sie im Erstkontakt zunächst einmal mehr „Neins" als „Jas" hören werden.

Dies liegt in der Natur der Sache. Eine Geschäftsbeziehung braucht Zeit, um sich zu entwickeln, und sie braucht viel Pflege, damit sich eine intensive Bindung ergibt. Die Folgekontakte entscheiden in fast allen Branchen über Erfolg und Misserfolg in der Akquise.

Ein „Nein" ist fast nie persönlich gemeint. Wenn Sie eine Absage bekommen, richtet sich diese in der Regel gegen die in Aussicht gestellte Zusammenarbeit, gegen Ihre Rolle als Repräsentant Ihres Unternehmen, gegen Ihre Produkte und Dienstleistungen u. Ä., aber nicht gegen Sie als Menschen. Dies zu berücksichtigen nimmt einer möglichen Absage die „negative Power".

▶ Machen Sie sich einen Plan.

Wie genau wollen Sie an neue Kunden herankommen? An welche Zielgruppen? Mit welchen Angeboten?

Nutzen Sie Ihre eigenen Erfahrungen, fragen Sie Ihre Führungskräfte und Kollegen, wenden Sie die Ideen in diesem Buch an. Da Ihr primärer Engpass die eigenen Hemmungen sind, prüfen Sie, ob diese von bestimmten Zielgruppen, Branchen, Hierarchieebenen, Firmengrößen abhängig sind. Wenn das so ist, starten Sie zunächst mit denen, wo Sie sich sicher(er) fühlen, machen Sie dort Ihre Erfahrungen und steigern Sie dann den Schwierigkeitsgrad. So werden sich sukzessive die Hemmungen verändern und teilweise gar verschwinden. Akquirieren lernt man nur durch Akquirieren in der Praxis.

▶ Sprechen Sie mit Ihrem Chef.

Erzählen Sie ihm, dass Sie nun die Neukundenakquise sehr forciert angehen werden und wie Sie dabei vorgehen wollen (wichtig ist hier, sich vorher einen Plan zu machen). Teilen Sie ihm mit, wo, bei wem Sie starten, woraus Ihre Angebote bestehen, wie Sie die Akquisegespräche planen und wie Sie die Ergebnisse und Erfahrungen dokumentieren werden. Fragen Sie ihn, ob er für Sie noch zusätzliche Tipps hat. Wenn Ihr Chef Ihre Idee mitträgt, vereinbaren Sie mit ihm regelmäßige Feedbackgespräche, um Ihre Erfahrungen und Ergebnisse zu schildern und von ihm professionelle Rückmeldungen und Hilfestellungen zu erhalten. Normalerweise müsste er Sie jetzt in Ruhe arbeiten lassen. Aber Vorsicht: Klären Sie, welche Erwartungen Ihr Chef an den Akquiseerfolg hat (offene, verdeckte, realistische, unrealistische – siehe Seite 15), welche Schlagzahl (Kontakte pro Tag/Woche) er wünscht und wie die Betreuung der bestehenden Kunden parallel laufen soll. Werden überzogene Erwartungen formuliert, ziehen Sie Grenzen und lassen Sie dies nicht klaglos über sich ergeben, in der Hoffnung, dadurch Ihren Job retten zu können. Es wäre unprofessionell und auch nur ein kurzer Aufschub. Wenn Sie die hohen Erwartungen Ihres Chefs dann nicht erfüllen, wird er Sie dem Arbeitsmarkt wieder zuführen und Ihnen mit Recht vorhalten können, dass Sie beim letzten Mitarbeitergespräch Grenzen hätten ziehen müssen. Zu guter Letzt: Halten Sie die Vereinbarungen ein, die Sie mit Ihrem Vorgesetzten verabredet haben.

▶ Fordern Sie nicht vor Ihrer Akquisetätigkeit Zusatzleistungen von Ihrem Chef ein. Es gibt viele Verkäufer, die von ihren Vorgesetzten erst einmal zig Dinge fordern, bevor Sie überhaupt aktiv werden (Laptop, neue Unterlagen, Firmenfahrzeug, höhere Provisionen, freie Zeiteinteilung etc.). Es gibt in solchen Situationen zwei bevorzugte Reaktionen von Führungskräften:

• Sie verweigern dem Verkäufer die Zusatzleistungen, weil sie die Akquise als originäre Aufgabe eines Verkaufsprofis ansehen und die Notwendigkeit der Zusatzleistungen anzweifeln.

• Sie gewähren dem Verkäufer die Zusatzleistungen und haben nun die (berechtigte) Erwartung, dass dieser die Akquiseaktivitäten erfüllt und sich dabei zeitnah Erfolg einstellt (Tenor: „Jetzt habe ich all Ihre Bedingungen erfüllt, jetzt halten Sie auch Ihre Versprechungen ein ...").

Bei Ihnen sich allein deshalb keine Forderung, weil Sie schon mit dem Rücken zur Wand stehen und „unberechtigte" Forderungen schnell zu Eskalationen führen können. Wohlgemerkt: Es geht hier nur um Forderungen, ohne die man auch erfolgreich akquirieren kann. Prüfen Sie für sich, was Sie wirklich brauchen. Wenn Sie später Erfolg erzielen, reagiert Ihr Chef erfahrungsgemäß mit dem Angebot, Sie noch intensiver zu unterstützen, dann bekommen Sie auch so, was Sie sich wünschen – und für Ihren Chef rechnet es sich ebenfalls.

▶ Jetzt starten Sie.

Haben Sie das Vertrauen zu sich (Selbstvertrauen), dass Sie alles getan haben, um die Akquise gut bewältigen zu können. Was Sie jetzt noch brauchen, sind Erfahrungen und regelmäßige Akquiseaktivitäten (Kontaktanzahl/-frequenz), um Routine zu entwickeln, d. h. Akquiseanforderungen in Zukunft schnell, sicher, leicht, wirksam und situationsgerecht bewältigen zu können. Nutzen Sie die Visualisierungstechnik, in der Sie positive Abläufe der Akquisetätigkeit gedanklich immer wieder durchgehen (Seite 60), sowie bei aufkommenden negativen inneren Dialogen die ab Seite 65 beschriebenen Techniken. Wenn Ihnen trotzdem Zweifel kommen, denken Sie an folgenden Spruch: *„Wenn du immer nur das tust, was du immer getan hast, bekommst du auch immer nur das, was du immer bekommen hast."*

11.3 Identifikationsprobleme bei der Kundenaktivierung

Ich bin seit einigen Jahren als Bankkauffrau bei einer Sparkasse tätig. Neben vielen administrativen Aufgaben habe ich auch Verkaufsziele zu erfüllen, die ich mit einem Teil meiner zugewiesenen Kunden auch erreiche. Die anderen Kunden, und die sind leider die Mehrzahl, werden von mir nicht persönlich aktiv angesprochen. Sie werden zwar regelmäßig angeschrieben und zu Veranstaltungen eingeladen, persönlicher Kontakt von Bankseite findet jedoch nicht statt. Meinen Kollegen geht es ähnlich. Bei unseren Diskussionen stellte sich heraus, dass viele dieser Kunden für uns fremd sind, d. h. wir sie persönlich nicht näher kennen. Eine aktive persönliche Ansprache wäre für uns aber wie „Klinkenputzen", was wir im Team alle ablehnen. Wie schaffen wir es dennoch, diese vielen potenzialträchtigen Kunden zu aktivieren?

Eine schwierige Frage. Sie beschreiben eine Situation, die ich bei vielen Banken und Sparkassen beobachte. Es gibt in Deutschland keine Branche, die einen höheren Bonus in der Bevölkerung genießt als Banken und Sparkassen. Bei Akquisitionsaktivitäten, die ich in unseren vielen Bankprojekten begleitet habe, ist die Terminquote und -loyalität der angesprochenen Personen so groß wie nirgendwo anders. Sie liegt zwischen 60 und 70 %, d. h. von zehn angerufenen Kunden, mit denen man in der Bank gerne ein Beratungsgespräch führen möchte, sagen sechs bis sieben ja!!! Wenn man die Kunden dann fragt, wie sie es gefunden haben, dass ihr Banker sie aktiv angesprochen hat, um sie zu informieren und individuell zu beraten, geben fast alle darauf ein positives Feedback. Der Grund ist einleuchtend. Die Kunden brauchen die Angebote der Bank zur Erreichung ihrer Ziele und Wünsche. Sie vertrauen ihrer Bank erfahrungsgemäß am meisten in Geldangelegenheiten. In der Regel haben sie aber nicht den Antrieb, von sich aus auf den Betreuer zuzugehen. Kommt der also nicht auf sie zu, nutzen die meisten Kunden entweder gar nichts oder sie nutzen die Angebote des Wettbewerbs, wenn der auf sie zugeht.

Erschwerend kommt dazu die Installierung der so genannten SB-Zonen in den Banken, wo die Kunden Geld und Kontoauszüge selbständig, ohne Beraterkontakt, abholen können. Einerseits eine tolle Dienstleistung. Andererseits eine vertane Chance auf einen aktiven Kundenkontakt.

Früher konnte man diese Aktionen nutzen, um den Kundenkontakt zu intensivieren, Zusatzgeschäfte zu generieren oder auch Empfehlungen einzuholen. Heute bleibt dies meist aus. Würden die Berater dieses Defizit ausgleichen, indem sie von sich aus ihre zugewiesenen Kunden regelmäßig persönlich ansprechen, wäre allen Beteiligten geholfen. Leider ist das aber nicht so. Die Berater haben, je nach Bankstruktur, zwischen 500 und 1.200 Kunden zu betreuen. Wenn sie Aktionen fahren (müssen), tun sie das in der Regel immer mit denselben Kunden, es sei denn, sie nutzen flächendeckende Mailings, wo sie alle Kunden anschreiben (hier aber kaum Response erfolgt). Die Folge: In den meisten Banken und Sparkassen liegt richtig hohes Potenzial brach. Zudem „erkaltet" der Kontakt zu den Kunden, die die Berater nicht regelmäßig persönlich ansprechen. Je länger nun mit der Kontaktaufnahme gewartet wird, desto größer werden die Hemmschwellen.

Aktionsplan: Wie können Sie „kalte Kundenkontakte" wieder aktivieren?

▶ Zunächst ist es wichtig, das eigene Bild von der aktiven Kontaktaufnahme zu bestehenden Kunden zu hinterfragen.

Sie bezeichnen es für sich als „Klinkenputzen". Andererseits rufen Sie einen Teil Ihrer Kunden ja persönlich an. Durch diese regelmäßigen Kontakte hat sich eine intensivere Beziehung entwickelt als zu den anderen. Wie wäre es für Sie, wenn Sie Ihren Fokus dahingehend verändern, dass Sie genau das mit den anderen Kunden auch erreichen wollen. So dient der erste aufzunehmende Kontakt dem Kennenlernen, um durch spätere Gespräche die Beziehung zu intensivieren. Auf diese Weise kommen Sie weg vom Gefühl des „Klinkenputzens", denn ein Kennenlerngespräch mit einem zugeteilten Kunden ist eine positive Dienstleistung und kein „Klinkenputzen".

▶ Wenn der innere Zwang dahintersteht, diesen weniger betreuten Kunden im Erstgespräch sofort ein Produkt verkaufen zu wollen bzw. zu müssen, verstärkt sich Ihr negatives Gefühl vom „Klinkenputzen" nach dem Motto: „Erst ignoriere ich ihn konsequent über lange Zeit und jetzt will ich ihm bei der ersten Kontaktaufnahme etwas verkaufen." Es ist daher leichter, den Kennenlernaspekt in den Vordergrund zu stellen, um lockerer ins Gespräch zu kommen. Wenn Sie dann merken, der Kontakt ist gut, können Sie immer noch mutiger werden.

Eine Variante, die sich in der Praxis bewährt hat, ist die telefonische Einladung des Kunden in die Bank, um sich dort, bei einer Tasse Kaffee, näher kennen zu lernen. Diese Strategie hat den Vorteil, dass Sie am Telefon schon eine gute Stimmung erzeugen können, die eine gute Basis für das Folgegespräch in der Bank darstellt. Zudem haben Sie nicht den Druck, schon alles beim Erstgespräch am Telefon erreichen zu müssen. Zu guter Letzt haben Sie ein „Heimspiel", was Ihren Auftritt ebenfalls positiv beeinflussen kann.

Wenn Sie etwas sicherer sind, können Sie dem Kunden auch anbieten, zu ihm nach Hause (oder ins Büro) zu kommen, um dort das Folgegespräch zu führen. Nun haben Sie zwar ein „Auswärtsspiel", aber viele Menschen schätzen das, denn es gibt ihnen selbst mehr Sicherheit. Sie haben dabei den zusätzlichen Vorteil, einmal die Umgebung und die Lebensgewohnheiten Ihres Gesprächspartners kennen zu lernen, um daraus Anknüpfungspunkte für ein Beratungsgespräch zu identifizieren.

Durch diese Herangehensweise verringern Sie Ihren eigenen Druck und mindern Ihre Ängste und Befürchtungen, was sich sehr positiv auf das Kundengespräch auswirken wird.

► Machen Sie Ihre Meinung nicht abhängig von der Ihrer Kollegen.

Viele Berater haben ein negatives Bild von Akquisition. Sie möchten diese Tätigkeit nicht durchführen und suchen sich oft Verbündete, die das auch nicht wollen. Dahinter steckt vielfach Eigennutz. Wenn die anderen Berater es auch nicht tun, steht man nicht allein da. Wenn die Führungskraft dann Stress macht, konzentriert sich dieser nicht allein auf eine Person. Viele Akquisitionsaktivitäten konnten auf diese Weise schon verhindert werden. Machen Sie Ihre eigenen Erfahrungen. Probieren Sie sich aus, Sie werden immer sicherer und immer professioneller – und der Return on Investment ist Ihnen auch gewiss.

11.4   Zu hohe Erwartungen der Führungskraft

Seit ein paar Wochen reserviere ich mir einen Tag in der Woche für den Außendienst. Ich mache pro Außendiensttag ca. zehn bis 15 Kontakte mit Entscheidern (Kaltakquise). Ich finde den Tag einerseits sehr anstrengend, aber andererseits bin ich sehr glücklich, dass ich meinen „inneren Schweinehund" besiegt habe und regelmäßig neue Kontakte aufbaue. Es gibt allerdings einen Wermutstropfen: Mein Chef fragt mich nach jedem Außendiensttag, ob ich schon Verkäufe realisiert habe. Er wird immer ungeduldiger, obwohl ich qualitativ hochwertige Kontakte mit wichtigen Firmen in unserer Region geknüpft habe, die an einer Zusammenarbeit grundsätzlich interessiert sind. Viele dieser Firmen sind aber aktuell noch an ihre alten Zulieferer gebunden.

Da mein Chef nie selbst Außendienst gemacht hat, fehlen ihm die Erfahrung und auch die Einsicht, dass sich mein Engagement perspektivisch auszahlen wird. Er sieht nur die kurzfristigen Ergebnisse. Was raten Sie mir?

Zunächst einmal herzlichen Glückwunsch zum Sieg über Ihren „inneren Schweinehund". Die Anzahl der qualifizierten Kontakte mit Entscheidern pro Tag bewegt sich mit zehn bis 15 genau im richtigen Rahmen. Die Ergebnisse Ihrer Gespräche scheinen zumindest perspektivisch Erfolge zu versprechen. Leider haben Sie nicht die Branche genannt, in der Sie tätig sind, denn daraus ließe sich ableiten, wie der kurzfristige Verkaufserfolg bei vergleichbaren Verkäufern aussieht. Erfahrungsgemäß dauert der Verkaufsprozess bei hochpreisigen oder erklärungsbedürftigen Produkten und Dienstleistungen länger als bei anderen. Das Gleiche gilt für Produkte/Dienstleistungen, die den Kunden über längere Zeit an den Verkäufer binden. Hintergrund ist, dass die Anschaffung dieser Produkte/Dienstleistungen organisatorisch viel mehr Zeit beansprucht z. B. durch Prüfen der Notwendigkeit dieser Investition aus Unternehmenssicht, Beschaffung von Finanzierungsmitteln, Einhaltung von Entscheidungsprozessen im Kundenunternehmen, Sichtung von Wettbewerbsangeboten etc. Erschwerend kann dazukommen, dass der Kunde schon andere Zulieferer nutzt, mit denen er bisher gute Erfahrungen gemacht hat. Viele Entscheider tun sich daher schwer, einen nicht einzuschätzenden Wechsel einzuleiten. Manchen ist das Risiko zu hoch, vor allem dann, wenn es kaum bzw. keine Unterscheidungsmerkmale gibt und die Rahmenbedingungen wie Lieferzeit, Preis etc. ähnlich sind. Zu den objektiven Entscheidungskriterien nehmen auch die Persönlichkeit des Verkäufers und die Beziehung zueinander an Bedeutung zu. Je teurer, beratungs- und beziehungsintensiver ein Produkt oder eine Dienstleistung ist, desto mehr geben diese Qualitäten den Ausschlag. Die Entwicklung von Geschäftsbeziehungen braucht also Zeit, Geduld und intensive Pflege, bis es zu einem erfolgeichen Geschäftsabschluss kommt. In manchen Branchen geht es schneller, in anderen dauert es dafür sehr lange. Wenn der Verkäufer dann zum Zuge kommt, wird er erfahrungsgemäß erst mit einem kleineren Projekt starten können, ehe der Kunde ihm so vertraut, dass er größere Aufträge erteilt, immer vorausgesetzt, der Verkäufer und sein Unternehmen halten die gemachten Leistungsversprechen auch ein. Sie sehen also, dass Sie um bestimmte Gesetzmäßigkeiten bei der Akquise nicht herumkommen. Jetzt geht es darum, genau dies noch einmal mit Ihrem Chef zu diskutieren, denn zu hohe oder unrealistische Erwartungen an den kurzfristigen Akquiseerfolg be- bzw. verhindern auch den perspektivischen Erfolg. Ich sehe für Ihr Problem zwei Hauptansatzpunkte:

- ein Gespräch mit Ihrem Chef, um bei ihm einen Perspektivenwechsel auszulösen,
- eine Veränderung der Gewichtung Ihrer Aktivitäten, wenn Ihr Chef bei seiner Meinung bleiben sollte.

Aktionsplan: Wie bekomme ich meinen Chef ins Boot?

▶ Bereiten Sie sich auf das Gespräch mit Ihrem Chef vor.

Sammeln Sie Informationen aus Ihrer Branche. Welche Akquiseaktivitäten fährt der Wettbewerb? Mit welchen Ergebnissen und Erfahrungen? Nutzen Sie dazu Gespräche mit Ihren Kunden und Ihren Akquisekontakten, denn die werden ja regelmäßig von allen auf irgendeine Art und Weise angesprochen.

Nutzen Sie die Informationen aus diesem Buch und bringen Sie diese in Zusammenhang mit Ihren Interviewergebnissen. Vorrangiges Ziel des Gesprächs sollte sein, Ihrem Chef die Bedeutung der Akquiseaktivitäten klar zu machen und ihm das Gefühl zu geben, dass Sie diese Aufgabe erfolgreich bewältigen können. Das schafft bei ihm Vertrauen und vielleicht auch die Bereitschaft, Sie Ihren Job tun zu lassen.

▶ Führen Sie das Gespräch mit Ihrem Chef.

Erläutern Sie ihm Ihre Sichtweise noch einmal, gestützt durch die vorbereiteten Informationen und Quellen. Bitten Sie ihn um sein Feedback auf Ihre Meinung und Ihre Wünsche. Fragen Sie ihn nach seiner Meinung, seinen

Wünschen, seinen Befürchtungen. Diskutieren Sie Vor- und Nachteile, Chancen und Risiken jeder möglichen Variante.

Prüfen Sie gemeinsam, ob es Lösungen gibt, die aus einer Mischung von Varianten bestehen, wenn Ihr Chef Ihren nicht voll zustimmen will, z. B. nicht jeden Tag Außendienst, sondern nur halbtags, stundenweise oder an bestimmten Wochentagen. Dadurch können Sie erst einmal weitermachen. Wenn sich dann die ersten Verkaufserfolge einstellen, können Sie nachverhandeln und auf höhere Bereitschaft Ihres Chefs setzen. Sorgen Sie zudem für akquisitionsstützende Rahmenbedingungen. Treffen Sie zum Abschluss des Gesprächs eine Vereinbarung über die weitere Vorgehensweise und halten Sie diese unbedingt ein.

▶ Bieten Sie Ihrem Chef an, Sie einmal bei der Akquise im Außendienst zu begleiten. Dadurch bekommt er einen zusätzlichen Eindruck von der Wirkung dieser Akquisitionsmethode. Des Weiteren sieht er, wie gut Sie das machen, und gewinnt dadurch noch mehr Vertrauen in Ihre Akquisearbeit. Vielleicht bekommt er ja selbst Lust auf sporadischen Außendienst, denn als Geschäftsführer ist es erfahrungsgemäß viel leichter, erfolgreich zu akquirieren. Der Status eines Geschäftsführers hat bei der Akquise eine enorme Wirkung.

▶ Halten Sie Ihren Chef regelmäßig über Ihre Akquisitionsaktivitäten und -ergebnisse auf dem Laufenden.

Dies stärkt sein Vertrauen in Ihre Arbeit und verringert Fehlinterpretationen. Darüber hinaus können Prozesse bei Bedarf zeitnah optimiert werden.

▶ Sollte Ihr Chef mit Ihren Vorschlägen nicht einverstanden sein, brauchen Sie eine andere Strategie:

Klären Sie zunächst den Rahmen, den Ihnen Ihr Chef gewährt.

- Welche Ziele und Aktivitäten sind zu verfolgen?
- Welche Ihrer Aufgaben haben welche Priorität?
- Wie viel Ihrer Arbeitszeit dürfen Sie in die Außendienstakquise investieren?
- Was haben Sie bei diesen Aktivitäten zu beachten?

Wenn Sie Klarheit haben, integrieren Sie Ihre Akquisearbeit in den vorgegebenen Rahmen. Verfolgen Sie dort die Kundengewinnung so engagiert wie bisher. Reduzieren Sie Ihre Aktivitäten auf die interessanteren Kontakte in Ihrem Gebiet. Die Ergebnisse werden sich irgendwann einstellen und dann wird Ihnen Ihr Chef sicher mehr Zugeständnisse machen.

11.5   Keine Folgekontakte

Ich bin seit zwölf Jahren als Spezialist für vermögende Privatkunden in einer großen österreichischen Bank tätig. Wir betreuen unsere Kunden sehr intensiv und profitieren von vielen Empfehlungen unserer Kunden. Darüber hinaus gestalten wir zur Neukundengewinnung spezielle Events mit den unterschiedlichsten Themenschwerpunkten. Bei diesen Events sind oft viele interessante Gäste, die mir durch die Veranstaltung auch namentlich bekannt sind. Nun zu meinem Problem.

Ich habe eine innere Sperre, diese Event-Kontakte nachzuverfolgen. Auf diese Weise sind mir schon viele Chancen verloren gegangen. Zuerst zögere ich die Anrufe hinaus und je mehr Zeit ins Land geht, desto größer wird meine Hemmschwelle, doch noch anzurufen. Ich verstehe das nicht, zumal ich bei den Events einen sehr guten Kontakt zu den Gästen habe. Können Sie mir weiterhelfen?

So wie Sie bringen sich viele Verkäufer um die Früchte ihrer Akquisitionsarbeit. Die Ängste und Befürchtungen vor dem Erstkontakt werden kurzfristig überwunden, es werden gute Gespräche geführt, Vereinbarungen für Folgekontakte getroffen – und diese dann oft nicht eingehalten. Manchmal ist es Bequemlichkeit, vor allem dann, wenn zwischenzeitlich die Ergebnisse besser werden und damit verbunden der Leidensdruck sinkt. In den meisten Fällen sind es aber persönliche Blockaden, die den Folgekontakt verhindern. Es gibt Branchen, in denen sogar bestehende Kunden von den Verkäufern nicht regelmäßig persönlich kontaktiert werden. Wenn es überhaupt Kontakt gibt, dann über Mailings, Newsletter, E-Mails oder schriftliche Einladungen zu Veranstaltungen – also durch indirekte Akquisitionsmethoden. Eine Alternative stellen oft interne oder externe Call-Center dar, die vom Unternehmen beauftragt, telefonisch Kontakt zu den bestehenden Kunden aufnehmen. Das Problem für den Verkäufer ist dabei, dass durch das Call-Center zwar die Bindung zwischen Kunden und Unternehmen gestärkt wird, nicht aber die Bindung zwischen Kunden und Verkäufer. Der persönliche Kontakt, vom Verkäufer oft mühsam aufgebaut, geht somit Schritt für Schritt verloren. Kunden fühlen sich durch solche Ignoranz enttäuscht oder gar gekränkt, die Beziehung zum Verkäufer wird dadurch erheblich geschädigt.

Was ist nun der Grund für solches Verkäuferverhalten?

Die meisten geben zu, dass sie befürchten, die Kunden könnten es als Belästigung empfinden, wenn sie vom Verkäufer regelmäßig kontaktiert werden. Als Folge dieser fantasierten Belästigung vermuten sie dann eine erhebliche Verschlechterung oder gar einen Abbruch der Beziehung. Viele Verkäufer gehen auch davon aus, dass sie es selbst auch als störend empfinden würden, wenn das jemand mit ihnen täte. Diese Einstellung führt dann zur Vermeidung des Kontaktes. Je länger die Kontaktpause, desto größer die Hemmschwelle. So bleibt den meisten Verkäufern nur die Hoffnung, dass die Kunden auf sie zukommen oder positiv auf ihre indirekten Akquisitionsmethoden reagieren.

Für Interessenten, denen im Erstkontakt vom Verkäufer intensive Kontaktpflege versprochen wurde, gilt das Gleiche. Hier zieht es meist größere Konsequenzen nach sich, weil die Beziehung zum Verkäufer noch nicht so intensiv ist wie bei einem langjährigen Kunden. Der Interessent fühlt sich in seinem Klischee über Verkäufer bestätigt (z. B. „Verkäufer wollen nur das schnelle Geschäft ...", „Verkäufer versprechen viel, halten wenig ...") und wird zukünftig noch misstrauischer.

Aktionsplan: Wie kann ich aktiver Folgekontakte gestalten?

▶   Halten Sie sich die Notwendigkeit von Folgekontakten noch einmal vor Augen:

- Jeder Verkäufer unterliegt permanent der Gefahr, dass seine bestehenden Kundenverbindungen nicht ausreichen, um den geplanten Umsatz zu erzielen. Daher ist es wichtig, neue Kontakte auf- und auszubauen, um etwaige Einbußen auszugleichen.

- Die Entwicklung von Geschäftsbeziehungen benötigt Zeit und kontinuierlichen persönlichen Einsatz des Verkäufers. Allein durch den Erstkontakt werden die wenigsten Produkte und Dienstleistungen verkauft.

- Die persönliche Ausstrahlung ist im Erfolg wesentlich attraktiver als unter dem Druck des Misserfolges. Diese beeinflusst entscheidend die Qualität des Kontaktes zum Gesprächspartner.

- Je qualitativ hochwertiger der Erstkontakt, desto leichter ist der Einstieg in die Folgekontakte.

- Beim Erstkontakt wird in der Regel entweder ein Folgekontakt direkt vereinbart oder zumindest in Aussicht gestellt. Sich auf diese Absprache zu beziehen ist viel einfacher als ein Erstkontakt. Zudem erwarten Ihre Gesprächspartner, dass Sie sich wieder bei ihnen melden werden.

- Die Einhaltung von Folgekontakten erfordert sehr viel Fleiß und Disziplin. Derjenige, der diese Faktoren beherzigt, erhöht logischerweise seine Erfolgsaussichten. Je mehr qualitativ hochwertige Kontakte Sie haben, desto größer Ihre Chancen – jetzt und in der Zukunft.

▶ Denken Sie an mögliche Konsequenzen, wenn Sie die Folgekontakte weiterhin unterlassen.

- Sie könnten bald ergebnismäßig unter Druck geraten, was Ihre Ausstrahlung und Ihre Aktivität negativ beeinflussen würde.
- Die Bank investiert viel Geld in ihre Events. Sie möchte daher sicher einen Return on Investment. Wenn die Kontakte nicht intensiviert werden und dadurch kein Geschäft zustande kommt, wird sich der Druck auf die Berater verstärken. Dies beeinflusst Ihre Ausstrahlung und Aktivität ebenfalls negativ.
- Die Interessenten kommen gerne zu anspruchsvollen Events. Sie wissen und akzeptieren, dass die Bank damit wirtschaftliche Ziele verfolgt. Wenn die Nacharbeit der Events ausbleibt, erhöht sich das Risiko, dass der Wettbewerb, der ja auch Veranstaltungen für diese Interessenten durchführt, seine Chance aktiver nutzt. Es wäre doch schade, wenn die Menschen, zu denen Sie bei Ihren Veranstaltungen einen so guten Kontakt hatten, sich für den Mitbewerber entscheiden, weil dieser ihnen etwas anbietet, was sie von Ihnen nicht bekommen haben.
- Sie werden sich später Vorwürfe machen, wenn Sie Ihr Schicksal nicht selbst in die Hand genommen haben. Viele Menschen reden immer davon, was sie gerne tun würden, was sie gerne sein möchten oder welche Ziele und Wünsche sie gerne erreichen würden. Leider setzen die wenigsten ihre Vorstellungen um, viele machen noch nicht einmal die ersten Schritte, auch weil sie glauben, ihr Vorhaben nicht erfolgreich umsetzen zu können. Später greifen sie zu Ausflüchten und Erklärungen, warum das alles nicht funktionieren konnte und kann. Typische Formulierung dafür: „Wenn ich nur ... hätte, dann ...". Solche und ähnliche Sätze werden dann zuhauf gefunden und als Erklärung für das Scheitern vorgetragen. Hintergrund dieser Strategie ist die eigene psychische Entlastung. Es hat nicht an ihnen selbst, sondern an anderen Menschen, an anderen Umständen gelegen. Es sind unsere Ängste und Befürchtungen, die uns daran hindern, unsere Ziele zu verwirklichen.

▶ Seien Sie sich Ihrer eigenen Stärken bewusst.

Sie sind erfolgreich, Sie haben viele Neukontakte durch Empfehlungen und durch die Events Ihrer Bank. Sie haben einen sehr guten Kontakt zu den Gästen Ihrer Veranstaltungen, die sogar von Ihnen erwarten, dass Sie sich wieder bei Ihnen melden werden.

Zudem haben Sie über viele Jahre Ihre Kompetenz als Berater erweitert. Diese Kompetenz und die damit errungenen Erfolge gilt es, sich in Erinnerung zu rufen. Seien Sie überzeugt von Ihren Fähigkeiten, sowohl von den beraterischen als auch von den akquisitorischen. Schauen Sie zurück auf die vielen erfolgreichen Kundengespräche sowie die gewonnenen Empfehlungen.

Diese Fakten sollten Ihr Selbstvertrauen stärken. Solche Voraussetzungen haben nicht viele Verkäufer in der heutigen Zeit.

▶ Verändern Sie Ihren inneren Dialog (siehe Seite 65).

Bisher hat Sie eine „innere Sperre" am Folgekontakt gehindert. Sie hat dafür gesorgt, dass Sie die Kontakte immer weiter hinausgezögert bzw. unterlassen haben. Hören Sie einmal in sich hinein. Finden Sie die einschränkenden Formulierungen in Ihrem inneren Dialog.

Viele Menschen werden von ihren negativen Gedanken besiegt. Diese mutieren oft zu hünenhaften Gegnern, die sie zu schneller Aufgabe einer Herausforderung zwingen. Negative Gedanken sind wie Magnete. Versucht man, den positiven Teil zu sehen, drängen sie mit noch mehr Macht zurück. Nichts kann das Selbstvertrauen mehr untergraben als die Anhäufung von Gedanken an Misserfolge, Niederlagen, Fehler und Fehlschlägen. In diesem Zustand hat man den Kampf mit der Herausforderung schon verloren. Es braucht viel Energie und Disziplin, diesen immer währenden Kampf erfolgreich zu bestreiten.

Denken Sie an positive Verläufe von Akquisitionsgesprächen. Nehmen Sie an, wie Sie die Gespräche souverän führen und abschließen, wie Ihr Gesprächspartner glücklich und zufrieden Ihre Beraterleistung würdigt, wie er sich für Ihren professionellen Vorschlag bedankt, der ihm selbst viele Vorteile beschert.

Das zentrale Nervensystem ist nicht in der Lage, zwischen einer intensiven Visualisierung und einem realen Erlebnis zu unterscheiden. Dies gilt sowohl für negative als auch für positive Vorstellungen. Nutzen Sie diese Kraft diesmal anders als bisher.

▶ Probieren Sie es aus.

Wenn es Ihnen zu Beginn schwer fällt, die individuelle Beratung des Kunden als Aufhänger für den Folgekontakt zu wählen, dann nehmen Sie die Veranstaltung selbst als Gesprächseinstieg. Fragen Sie, wie Ihrem Gesprächspartner die Veranstaltung gefallen hat, was er besonders gut fand, was er anders machen würde, was er sich für zukünftige Veranstaltungen wünscht. Dieses Gespräch können Sie am Telefon führen oder Sie vereinbaren einen Termin in den Räumen Ihres Gesprächspartners. Für die Qualität des Kontaktes wäre Letzteres die bessere Variante. Durch das Gespräch über die gemeinsame Veranstaltung werden noch einmal Emotionen ausgelöst, die Ihre Beziehung zusätzlich stärken. Auf dieser Basis können Sie Ihrem Gesprächspartner später einen Folgetermin zwecks individueller Beratung anbieten, um ihn dort von Ihren Angeboten zu überzeugen. Manchmal ist die Beratung sogar sofort möglich. Beobachten Sie die Gesprächsentwicklung sehr genau und entscheiden Sie intuitiv, wann der richtige Zeitpunkt für Ihre Taktik gekommen ist.

Um den Start zu vereinfachen, können Sie mit den Gesprächspartnern anfangen, die Sie als leichter handhabbar einstufen. Diese Vorgehensweise reduziert Ihre Befürchtungen. Sie sammeln erste Erfahrungen mit Ihrer Strategie und rüsten sich für die folgenden schwierigeren Aufgaben.

▶ Setzen Sie sich positive Handlungsziele.

Formulieren Sie, was Sie in den Beratungsgesprächen erreichen wollen, z. B. Ihren Gesprächspartner zu informieren oder ihm ein attraktives Angebot zu machen, das er nicht ausschlagen kann. Viele Verkäufer gehen den anderen Weg. Sie setzen sich Vermeidungsziele, d. h. Handlungen und Ergebnisse, die sie vermeiden wollen, z. B. den Gesprächspartner nicht zu verärgern, ihm nicht zu nahe zu treten, ihn nicht zu bedrängen o. Ä. Da das Gehirn mit dieser Art der Programmierung nichts anzufangen weiß, wird genau das ausgelöst, was der Verkäufer vermeiden wollte.

11.6   Probleme bei der Telefonakquisition

Ich bin seit kurzer Zeit bei einer gesetzlichen Krankenkasse in der Abteilung zur telefonischen Terminvereinbarung tätig. Meine Aufgabe besteht darin, für unseren Außendienst Beratungstermine mit Privat- und Firmenkunden zu vereinbaren. Ich habe oft das Problem, dass ich keinen Termin bekomme, obwohl ich meinen Gesprächspartnern alle Vorzüge unserer Krankenkasse detailliert erkläre und Fragen sehr genau beantworte. Auch sonst halte ich mich sehr an unser Telefonskript.
In meiner Ratlosigkeit habe ich einmal meine Kollegen bei ihren Telefonaten beobachtet und dabei festgestellt, dass sie mit weniger Aufwand viel mehr erreichen. Meine Frage an Sie lautet demnach: Wie viel Information am Telefon muss sein?

So wie Ihnen geht es auch vielen Verkäufern, die für ihre Beratungsgespräche Termine per Telefon vereinbaren wollen. Das vorrangige Ziel Ihrer Telefonate ist die Terminvereinbarung für den Außendienst. Das Telefonskript muss genau auf dieses Ziel ausgerichtet sein. Um dieses Ziel zu erreichen, sollten dem Gesprächspartner nur so viele Informationen gegeben werden, wie er benötigt, um die Notwendigkeit eines persönlichen Gesprächs zu erkennen. Wenn Sie ihm zu viele Informationen liefern, könnte der Grund eines Besuches überflüssig werden, da der Gesprächspartner glauben könnte, schon alles Wissenswerte zu kennen. Viele Verkäufer machen den Fehler, schon am Telefon alles preiszugeben. Sie versuchen dort, komplizierte Zusammenhänge zu erklären, alle Vorzüge der Produkte aufzuführen – und sie wundern sich, dass der Gesprächspartner den persönlichen Termin verweigert. Der Angerufene wiederum glaubt, alle relevanten Informationen zu kennen, und bewertet das Angebot danach. Im Zweifelsfall sagt er dann eher nein.

Die Kunst der telefonischen Terminvereinbarung liegt also darin, kurze, klare und attraktive Botschaften zu senden, um den Gesprächspartner neugierig zu machen, ähnlich der Werbung in den Medien. So soll bei ihm der Wunsch ausgelöst werden, mehr darüber erfahren zu wollen. Der Verkäufer sollte sich dem inneren Drang widersetzen, diese Informationen schon am Telefon zu geben, um den Verkaufserfolg nicht zu gefährden. Es argumentiert und diskutiert sich leichter im persönlichen Gespräch als am Telefon, zumal dem Verkäufer dort wichtige Hilfsmittel fehlen wie die persönliche Ausstrahlung inklusive Blickkontakt, Gestik, Mimik als auch argumentationsunterstützende Unterlagen wie Broschüren, Statistiken, Diagramme etc.

Aktionsplan: Wie führe ich effektive Terminvereinbarungsgespräche am Telefon?

▶ Erstellen Sie einen Telefonleitfaden.

Dieses Skript beinhaltet die sechs wesentlichen Eckpunkte eines Telefongespräches:

- Begrüßung, Vorstellung,
- Frage nach Entscheider,
- Interesse wecken,
- Fragen zur Aktivierung des Gesprächspartners,
- Terminvereinbarung,
- Verabschiedung.

Viele Telefonleitfäden sind bis ins Detail durchgeplant. Man schreibt den Mitarbeitern die genauen Formulierungen in jeder Phase des Skripts vor. Diese Strategie hat den entscheidenden Nachteil, dass die Authentizität des Einzelnen auf der Strecke bleibt. Jeder hat schon einmal Erfahrungen mit Anrufern gemacht, in denen der Verkäufer offensichtlich vom PC abgelesen hat. Die Folge war ein langer Monolog des Verkäufers. Es wurden keine Fragen gestellt, es wurden oft Dinge unterstellt und es wurde mit suggestiven Methoden versucht, den Gesprächspartner zu beeinflussen. Diese Art von Gesprächen hinterlässt oft einen faden Beigeschmack. Aus diesem Grund ist es sinnvoller, die Zeit des Telefonates zu kürzen, um im persönlichen Gespräch vor Ort die Details gemeinsam zu klären.

Der Leitfaden sollte demnach nur eine Struktur darstellen, die dem Anrufer eine Orientierung für das Telefonat liefert. Er sollte individuell, mit zum Typus des Verkäufers passenden Formulierungen gefüllt werden. Er sollte dem Gesprächspartner ermöglichen, seine Meinung zu dem gemachten Angebot zu erklären.

▶ Bereiten Sie sich gewissenhaft auf Ihre Telefongespräche vor.

Finden Sie heraus, welche Fragen und Argumente Sie in den Phasen des Telefonates einsetzen wollen. Da Ihr primäres Anliegen die Terminvereinbarung für Ihren Außendienst ist, kommt dem Interessewecker die größte Bedeutung zu. Hier muss herauskommen, warum der Interessent gerade Ihren Außendienstler empfangen soll.

- Was ist also das Besondere an Ihren Dienstleistungen?

- Was machen Sie anders bzw. besser als der Wettbewerb?
- Was sind Ihre speziellen Fähigkeiten und Alleinstellungsmerkmale?

Wenn Ihr Gesprächspartner dort seinen Vorteil und Nutzen erkennt, bekommen Sie auch den Termin.

Arbeiten Sie also mit Ihren Kollegen gemeinsam Argumente heraus, üben Sie diese in Trainings, bis Sie sie verinnerlicht haben.

▶ Setzen Sie Ihre Erkenntnisse in die Praxis um.

Nach der Begrüßung und der Vorstellung der eigenen Person fragen Sie nach dem zuständigen Entscheider. Wenn Sie diesen am Telefon haben, erklären Sie ihm in ein bis zwei Sätzen, warum es für ihn wichtig (und von Vorteil) ist, sich mit Ihrem Außendienstkollegen persönlich zusammenzusetzen. Danach stellen Sie ihm eine Identifikationsfrage, um zu prüfen, wie er Ihr Angebot findet.

Beispiele für Identifikationsfragen:

- Wie finden Sie das?
- Wie gefällt Ihnen mein/unser Angebot?
- Wie interessant ist das für Sie?
- Was halten Sie davon?

Gibt er Ihnen eine positive Antwort, können Sie gleich zur Terminvereinbarung überleiten:

- Wann möchten Sie das Gespräch mit meinem Kollegen führen?
- Wann soll Sie unser Spezialist besuchen?
- Wann passt Ihnen der Termin am besten?

Je klarer der Vorteil und Nutzen vom Gesprächspartner erkannt wird, desto größer der Wunsch nach einem persönlichen Gespräch.

Manchmal möchte der Angerufene direkt am Telefon Details Ihres Angebotes erfahren. In diesen Fällen können Sie darauf verweisen, dass es sehr individuelle Angebote gibt und dass Ihr Außendienstkollege der Spezialist dafür ist. Somit kann er die Fragen des Interessenten am professionellsten beantworten. Nicht alle Terminvereinbarungsgespräche laufen jedoch so glatt. Einige Gesprächspartner haben Fragen oder Widerstände. Für solche Reaktionen können Sie mit Ihren Kollegen Antwortmöglichkeiten erarbeiten und diese dann situativ in den Livegesprächen einsetzen.

▶ Arbeiten Sie regelmäßig an der Verbesserung Ihrer kommunikativen Fähigkeiten und Fertigkeiten. Einige Regeln für die Kommunikation am Telefon:

- Sorgen Sie für eine angenehme Gesprächsatmosphäre.
  Hierzu zählen eine deutliche Aussprache, angemessenes Sprechtempo, akzentuiertes statt monotones Sprechen, Lächeln, wertschätzender Umgang und hochkonzentrierte Aufmerksamkeit bis zum Ende des Gespräches.

- Fassen Sie sich kurz.
  Bringen Sie Ihr Anliegen in kurzen, klaren Botschaften auf den Punkt. Wecken Sie gezielt Neugier auf ein weiteres Gespräch. Der Termin steht im Vordergrund Ihrer Aufgabe.

- Hören Sie aufmerksam zu.
  Sie erhalten in Ihren Telefonaten Informationen Ihres Gesprächspartners, die für den persönlichen Folgetermin von großer Bedeutung sein können. Bleiben Sie aufmerksam, fragen Sie bei Unklarheiten nach, notieren Sie die wichtigsten Punkte. Machen Sie nicht den Fehler, im Gefühl des sicheren Termins gedanklich abzuschalten. So bringen Sie sich und vor allem Ihren Außendienstkollegen um verhandlungsrelevante Fakten.

- Ergreifen Sie die Initiative.
  Führen Sie Ihren Interessenten gezielt durch das Gespräch. Übernehmen Sie die Initiative. Aktivieren Sie ihn durch Fragen, machen Sie Vorschläge zur weiteren Vorgehensweise – und das auf nette, wertschätzende Art.

- Kommunizieren Sie klar und eindeutig.
  Verwenden Sie eine klare, positive Sprache. Vermeiden Sie Generalisierungen („... man kann ja mal unverbindlich ..."), Konjunktive („... wir würden Sie gerne ... informieren"), negative Formulierungen („ich bin nicht sicher, ob ...") und Einschränkungen („vielleicht", „eigentlich"). Sie nehmen Ihnen und Ihren Argumenten die Kraft und Überzeugung.

- Vermeiden Sie suggestive Fragen und manipulative Techniken. Diese erzeugen ebenso viele Widerstände wie dominantes, massives Auftreten am Telefon. Beziehen Sie Ihren Gesprächspartner mit offenen Fragen ein und nutzen Sie aktive, positive Botschaften.

► Seien Sie auf typische Störfaktoren am Telefon vorbereitet.

Es gibt ein paar Dinge, die Ihnen die telefonische Akquisition erschweren können. Darauf vorbereitet zu sein verhindert Irritationen und falsche Reaktionen.

- Der Gesprächspartner könnte sich gestört fühlen.

  Viele Verkäufer beginnen ihr Entree mit Sätzen wie: „... darf ich Sie kurz stören ...?", „Störe ich Sie gerade ...?", „... ich weiß, ich rufe ungelegen an ...". Sie tun das in dem Glauben, dass es auch sie stören würde, wenn ein fremder Verkäufer sie anruft.

  Durch diesen Einstieg bringen sie aber den Gesprächspartner oft erst darauf, dass er sich ja gestört fühlen könnte, und liefern ihm somit eine Ausstiegsmöglichkeit. Ich habe die Erfahrung gemacht, dass der Angerufene schon von sich aus sagt, wenn er das Telefonat als Störung empfindet. Bringen Sie ihn also nicht selbst darauf.

  Nichtsdestotrotz könnte der Interessent tatsächlich bei einer wichtigen Angelegenheit gestört werden. Wenn er es Ihnen sagt oder Sie das durch sein Verhalten spüren, fassen Sie sich entweder sehr kurz oder vereinbaren Sie einen neuen Telefontermin.

- Störende Geräuschkulisse.

  Sowohl beim Gesprächspartner als auch im Unternehmen des Verkäufers können laute Geräusche das Telefonat negativ beeinflussen. Der Geräuschpegel erschwert die Konzentration auf das Gespräch und manchmal forciert er Aggressionen. Sorgen Sie in Ihrem eigenen Unternehmen für gute Rahmenbedingungen, indem Sie sich einen geeigneten Platz suchen. Beeinflusst der Geräuschpegel beim Angerufenen Ihre Aufmerksamkeit, versuchen Sie zunächst, alle Konzentration auf Ihren Gesprächspartner und Ihr Anliegen zu fokussieren. Sollte das nicht gelingen, vereinbaren Sie einen neuen Telefontermin.

- Gesprächspartner ist einsilbig oder schweigt.

  Das Schreckensszenario vieler Verkäufer. Sie machen Vorschläge, stellen Fragen und ihr Gesprächspartner antwortet einsilbig oder gar nicht. Während manche Verkäufer daraufhin noch mehr reden oder das Telefonat frustriert beenden, gibt es andere, die den Gesprächspartner erfolgreich zum Termin führen. Nachdem die wichtigsten Fakten erläutert wurden, fragen Sie:

  – Ab wann wollen Sie dieses Angebot nutzen?

- Wann sollen wir uns darüber konkret unterhalten?
- Wann sollen wir das in einem persönlichen Gespräch vertiefen?
- Wann soll Sie unser Spezialist besuchen?

- Widerstände des Gesprächspartners schon zu Beginn des Gespräches. Aussagen wie „Sie sind schon der Zehnte heute ...", „Ich will mit Ihrer Branche/Ihrem Unternehmen nichts zu tun haben ..." sorgen oft dafür, dass der Verkäufer gar nicht mehr dazu kommt, sein Anliegen vorzutragen. Er ist irritiert, schockiert, er ist von dieser Reaktion völlig überrascht. Die meisten gehen in die Rechtfertigung oder sie entschuldigen sich für den Anruf.

Natürlich ist es möglich, dass gerade Unternehmen regelmäßig von Verkäufern angesprochen werden, dies gilt besonders für die Kontaktaufnahme per Mailing/Prospekt sowie per Telefon. Verständlich ist auch mancher Ärger der Angerufenen, wenn sie einmal schildern, auf welche Art und Weise Verkäufer manchmal vorgehen. Um weitere solcher Erfahrungen zu vermeiden, greifen sie dann zu den oben beschriebenen Strategien. Geht ein Verkäufer jedoch auf nette Art, unter Berücksichtigung der oben genannten Regeln für telefonische Terminvereinbarung, auf sie zu, lassen sie oft von ihrem barsch wirkenden Verhalten ab.

Bleiben Sie also ruhig, fragen Sie nett nach dem Entscheider und wenn Sie mit den oben aufgeführten Widerständen konfrontiert werden, fragen Sie nach den gemachten Erfahrungen Ihres Gegenübers. Äußern Sie Ihr Bedauern darüber, ohne jedoch Partei zu ergreifen. Beweisen Sie mit Ihrem Verhalten, dass es auch anders geht.

11.7   Persönliche Blockaden

Vielen Dank. Ihr Buch hat mich sehr ermutigt, die ersten Schritte in der Kaltakquise zu machen. Sowohl per Telefon als auch per Besuch habe ich Erstgespräche mit Neukontakten geführt. Ich stoße jedoch immer wieder auf das gleiche Problem. Sobald mein Gesprächspartner (Sekretärin oder Entscheider) distanziert oder gar abweisend reagiert, ziehe ich mich sofort zurück. Ich ertappe mich dabei, dass ich im inneren Dialog nur auf die negativen Dinge achte, sie mit anderen negativen Erlebnissen der Vergangenheit vergleiche oder mir gedanklich ausmale, dass die Reaktion meiner Gesprächspartner gleich eskalieren wird. Ich bin in solchen Situationen nur noch bei meinen negativen Gedanken und will nur noch aus dem Kontakt. Wie kann ich in Zukunft meinen inneren Dialog positiver gestalten?

Das von Ihnen beschriebene Problem ist sehr stark verbreitet. Werden Verkäufer mit scheinbar negativen Einflüssen bei der Akquise konfrontiert, setzt sie das enorm unter Stress. Die meisten haben dabei die Neigung zu Fluchtreaktionen (siehe Seite 104). Im Akquisegespräch kann sich das wie folgt äußern:

- Denk-/Sprechblockaden,
- nur das Negative suchen,
- Verdrängen eigener Fähigkeiten,
- Vermeiden von lösungsorientierten Gedanken,
- Aggressivität gegen sich und den Gesprächspartner,
- andere verantwortlich machen,
- eigene Erwartungen zu hoch schrauben,
- aus dem Kontakt/der Beziehung gehen.

Die Gründe für diese Verhaltensweisen sind sehr individuell. Meist sind es Ängste wie die vor Zurückweisung, Beziehungsabbruch, Misserfolg, Fehlern, zu hohen, unrealistischen Erwartungen (eigene, fremde), Überforderung, Gesichtsverlust, emotionalen Verletzungen etc. Diese Ängste oder Befürchtungen sind den Verkäufern oft nicht bewusst, sie machen äußere Umstände oder die eigene, aktuell schlechte Verfassung für das Scheitern verantwortlich.

In meinen Coachings vor Ort habe ich festgestellt, dass fast alle von mir begleiteten Verkäufer in ähnlich gelagerten Fällen zwar Probleme mit der distanzierten Art der Gesprächspartner hatten, die starke emotionale Reaktion aber viel tiefer lag. Das aktuelle Erlebnis löste Erinnerungen an ähnliche negative Erfahrungen in der Vergangenheit aus, die als sehr kränkend, schmerzhaft, beängstigend, bedrohlich empfunden wurden. Diese Gefühle wurden in die aktuelle Situation hineinprojiziert. Sie sorgten dafür, dass die Verkäufer mehr bei sich im inneren Dialog verweilten als im Gespräch mit dem Interessenten. Die Folgen waren Unkonzentriertheit, fahrige Argumentationen, schwächer werdender Kontakt zum Gesprächspartner, der Drang zur schnellen Verabschiedung aus dem Gespräch.

Aktionsplan: Wie verändere ich meinen inneren Dialog?

▶ Überprüfen Sie Ihre Bereitschaft und Motivation zur Veränderung.

Viele Menschen sind voller guter Vorsätze. Sie nehmen sich vor, abzunehmen, mit dem Rauchen aufzuhören, endlich mal mit Fitness-Sport zu beginnen etc. Dies passiert meist über den Jahreswechsel, im Urlaub oder wenn man besonderen Leidensdruck verspürt. Die wenigsten jedoch halten die Umsetzung dieser Vorsätze bis zum Ende durch. Je höher die Belastung empfunden wird, desto massiver äußert sich der innere Dialog. Erlebt man die Beanspruchung als zu hart, findet die Aufgabe zuerst im inneren Dialog statt, erst dann stellt man die Tätigkeit ein.

Wann und bei welcher Herausforderung jemand aufgibt, ist individuell und hat viel mit persönlichen Prägungen und Erfahrungen zu tun. Schnelle Resignation bei Herausforderungen jeglicher Art setzt sich im Unterbewusstsein fest. Sobald es wieder zu neuen Herausforderungen kommt, meldet sich der innere Dialog mit genau diesen Erfahrungen. Auf dieser Basis entscheidet sich, ob jemand aufgibt oder sich der Aufgabe stellt. Stillstände und Rückschläge sind bei jeder Art von Entwicklung zu verzeichnen. Sie gehören zum Leben dazu. Die Steigerung der eigenen Leistung hängt entscheidend vom persönlichen Durchhaltevermögen ab. Jetzt gibt es Menschen, die scheinbare K.-o.-Argumente anführen wie: „In meinem Alter kann ich mich nicht mehr ändern ...", „Ich bin, wie ich bin ...", „Ich bin nicht mehr authentisch, wenn ich mich verändere ...".

In den meisten Fällen dienen diese Argumente dazu, sich selbst psychisch zu entlasten. Es konnte ja nicht funktionieren, da es nicht zu ihrer Persönlichkeit passte. Wenn mir im Coaching jemand sagt: „Ich will so bleiben, wie ich bin", sage ich, wie in der Werbung auch: „Du darfst."

Es ist völlig in Ordnung, mit dem Erreichten zufrieden zu sein. Es ist völlig in

Ordnung, nicht nach großen beruflichen Zielen zu streben. Diese Entscheidung muss jeder für sich treffen. Wer sich aber weiterentwickeln möchte, muss bestimmte Rahmenbedingungen akzeptieren. Prüfen Sie für sich, ob und wie konsequent Sie Ihre aktuelle Situation wirklich verändern wollen. Prüfen Sie auch, ob Sie eventuell auftretende Schwierigkeiten auf Ihrem Weg zum Erfolg akzeptieren werden.

▶ Akzeptieren Sie Ihre bisherige Schwäche im inneren Dialog.

Viele Menschen verurteilen sich für eigene Schwächen, Unzulänglichkeiten, Fehler und Misserfolge. Sie zweifeln an sich und glauben, dass es den anderen Menschen nicht so geht. Sie binden ihre Energie in zweifelnden, sich selbst verurteilenden inneren Dialogen. Sie machen sich und ihr Umfeld dafür verantwortlich und suchen nach Erklärungen. Dadurch fehlt ihnen der Blick für Auswege aus ihrem Zustand, da die Konzentration mehr auf Vergangenheitsbewältigung ausgerichtet ist. Akzeptieren Sie also, dass es bei Ihnen Leistungseinschränkungen gab und nach wie vor geben wird (allerdings in veränderter, reduzierter Form). Akzeptieren Sie, dass frühere Einflüsse und Prägungen einen großen Anteil daran hatten. Suchen Sie nach hemmenden und fördernden Ursachen und richten Sie Ihre zukünftige Strategie danach aus, doch verweilen Sie nicht so viel in der Vergangenheit. Sie trübt Ihren Blick für die Gegenwart. Suchen Sie nach Lösungen für das Hier und Jetzt.

▶ Seien Sie sich bewusst, dass auch andere Menschen von ihren inneren Dialogen negativ beeinflusst werden.

Sowohl Sportlern, Künstlern, Politikern, Schauspielern als auch anderen Menschen unter Einwirkung von Stress geht es wie Ihnen.

Der erste Impuls bei einer Herausforderung, die großen Stress auslöst, ist der zweifelnde innere Dialog. In Interviews, Talkshows oder Biographien erfährt man viel über die nagenden Zweifel und Ängste erfolgreicher Menschen. Menschen, bei denen Sie das bisher in deren Professionsausübung nie gesehen oder vermutet haben. Der Schlüssel zum Erfolg liegt bei ihnen darin, dass sie daraus die für ihre Leistung notwendige Spannung aufbauen. Sie entwickeln einen individuellen Mechanismus, um den negativen inneren Dialog in einen positiven umzuwandeln – und das innerhalb kurzer Augenblicke. Diese Profis haben das über Jahre trainiert und konsequent umgesetzt.

▶ Finden Sie heraus, in welchen Situationen, bei welchen Gesprächspartnern Sie einen besonders starken negativen inneren Dialog entwickeln, der Sie dann zu den von Ihnen beschriebenen Reaktionen veranlasst. Hintergrund ist, die eigenen Engpässe, Schwächen, Verführbarkeiten und negativen Einflussfaktoren zu kennen, um ihnen zielgerichtet begegnen zu können. Eine solche Bestandsaufnahme können Sie zum Teil selbst machen, indem Sie zurückliegende Ereignisse reflektieren, Sie können sich aber auch Feedback von anderen einholen, die Sie in solchen Situationen erlebt haben.

▶ Entwickeln Sie Zutrauen in die eigenen Fähigkeiten zur Lösung Ihres Problems. Vertrauen Sie darauf, dass Sie alle Ressourcen zur Verfügung haben, um im Hier und Jetzt, in Stress-Situationen erfolgreicher agieren zu können, als das bisher der Fall war. Früher war Ihnen vielleicht der Blick versperrt, Sie haben in die falsche Richtung gedacht oder Ihnen waren bestimmte Zusammenhänge nicht bewusst. Das ist jetzt anders. Wenn Sie Ihren Zustand verändern und konsequent daran arbeiten wollen, dann schaffen Sie das auch.

▶ Probieren Sie nun Techniken aus, um herauszufinden, welche für Sie speziell am hilfreichsten sind.

Während sich die oben genannten Punkte mehr mit der Bewusstseinsveränderung auseinander setzen, geht es bei diesen Techniken um Tipps zur Verhaltensveränderung. Sie sind deshalb an das Ende gesetzt, weil sie auch in der Hierarchie zurückstehen. Es gibt keine Verhaltensänderung ohne Bewusstseinsänderung.

Entwickeln Sie bei der Umsetzung der Techniken Mut, Neues auszuprobieren, einmal andere Wege zu gehen, neue Erfahrungen zu sammeln. Dies sorgt für eine größere Vielfalt an Reaktionsmöglichkeiten, wenn Sie wieder in schwierige Situationen geraten. Wenn Sie immer nur einen bewährten Weg gehen, werden Sie auch dort nur wirklich sicher sein. Nutzen Sie die neuen Erfahrungen als Optionen zu den bisher gewählten. Dies erleichtert Ihrem Unterbewusstsein die Akzeptanz einer Veränderung. Wenn Sie rigoros versuchen, Alt durch Neu zu ersetzen, wird sich Ihr Unterbewusstsein mit aller Kraft dagegen stemmen, Ihr innerer Dialog wird immer schwieriger. Erlangen Sie Sicherheit in der Umsetzung der Techniken, indem Sie sich regelmäßig herausfordernden Situationen stellen. Dadurch erzielen Sie

Routine, auf die Sie zukünftig jederzeit zurückgreifen können. Die Situationen und Gesprächspartner, die Sie bisher verunsichert haben, werden von Tag zu Tag weniger.

Geben Sie sich Zeit zur Entwicklung der neuen Verhaltensweisen. Prüfen Sie Ihre Erwartungshaltung auf Umsetzbarkeit ab. Viele gute Vorsätze sind schnell an großer Ungeduld und fehlendem Realitätsbewusstsein gescheitert. Die Veränderung alter Programme, die Sie über Ihre Lebensjahre so perfektioniert haben, dauert ihre Zeit.

Hier nun einige Techniken zur Veränderung Ihres negativen inneren Dialogs in Stress-Situationen:

- Nutzen Sie die Hinweise aus dem Buch (Kapitel 3 „Mut zur Akquisition“).
- Ändern Sie bewusst Ihren negativen inneren Dialog, indem Sie den positiven Teil der Herausforderung in den Vordergrund stellen.
  Angst und Lust senden auf einer Wellenlänge. Die Kombination von Angst und Lust bezeichnen viele als Lampenfieber. Sportler und Schauspieler, die dieses Angst-Lust-Prinzip spüren, haben einerseits Angst vor dem Versagen, vor schlechter Kritik, vor Nichterfüllen von Erwartungen (eigene/fremde) und andererseits Lust auf die Herausforderung, auf den möglichen Erfolg, auf den Beifall etc.
  Ihre Kunst besteht darin, sich während der Belastung voll und ganz auf den positiven Teil zu konzentrieren. In Schwächephasen, wenn das Abdriften in den negativen inneren Dialog droht, halten sie sich immer wieder vor Augen, wofür sie das tun und was der Lohn dieser Anstrengung ist.
  Nutzen auch Sie diese Technik, indem Sie in den Gesprächen an den möglichen Erfolg denken, an den materiellen, vor allem aber an den immateriellen Erfolg. Jedes Gespräch macht Sie besser und sicherer.
- Verschieben Sie den Fokus Ihrer Erwartungshaltungen.
  Wenn Sie einen Verkauf, eine Probefahrt/-nutzung, ein Pilotprojekt o. Ä. als einzigen Erfolg eines Gespräches ansehen, und Sie merken, dass Ihnen die Situation entgleitet, setzen Sie sich noch mehr unter Druck, weil Ihr hohes Ziel stark gefährdet ist. Besteht Ihr Ziel daneben noch aus qualitativen Teilzielen, wie das Gewinnen von Sicherheit in solchen Gesprächen, das Steigern der Bekanntheit Ihrer Person und Ihres Unternehmens, das Anbahnen eines Kontaktes für spätere Verkaufserfolge, dann

können Sie auf jeden Fall mit Erfolg aus Ihren Gesprächen gehen – sie helfen Ihnen und Ihrer Leistungssteigerung weiter.

- Nutzen Sie die Kraft von sich selbst aufmunternden Sätzen, so genannten Affirmationen.

Positiv formulierten Anweisungen können Ihnen bei auftretenden Schwächen oder Konzentrationsverlusten helfen, wieder ins Rennen zu finden:

– Konzentrier dich auf das Gespräch!

– Bleib im Kontakt!

– Jetzt wird es spannend. Jetzt probiere ich es aus!

– Bleib jetzt dran!

– Du bist sehr gut vorbereitet. Gib dein Bestes!

- Visualisieren Sie positive Abläufe Ihrer Gespräche (siehe Seite 60).

Halten Sie sich Bilder vor Augen, die den positiven Verlauf und Ausgang des Gespräches zeigen. Diese Technik wird hauptsächlich in der Vorbereitungsphase eingesetzt. Sie ziehen sich an einen ruhigen Ort zurück und gehen Akquisegespräche mit schwierigen Gesprächspartnern gedanklich durch. Sie produzieren Bilder von erfolgreichen Gesprächen und professionellen Reaktionen Ihrerseits, wenn der Gesprächspartner wieder einmal auf Distanz geht. Üben Sie die unterschiedlichsten Varianten und wiederholen Sie dieses Prozedere regelmäßig. Ihr Unterbewusstsein wird diese Visualisierungen verinnerlichen und Sie Ihnen im tatsächlichen Gespräch wieder zur Verfügung stellen.

- Regulieren Sie Ihre Aufmerksamkeit.

Schweifen Ihre Gedanken während des Gespräches in den negativen Bereich ab, konzentrieren Sie sich wieder auf Ihre Aufgabe, das Gespräch und den Gesprächspartner. Seien Sie präsent, stellen Sie Fragen, beteiligen Sie sich aktiv an der Gesprächsführung – all dies minimiert den Konzentrationsverlust auf negative Nebenkriegsschauplätze. Sobald Sie die geringste Ablenkung verspüren, rufen Sie sich im inneren Dialog wieder zurück. Üben Sie solche Situationen per Visualisierungen in der Vorbereitungsphase. Dadurch entwickelt sich Routine und die Aufmerksamkeitsregulation funktioniert auch in der Wettkampfsituation.

12   Der Akquisitionsratgeber für Führungskräfte

Der Akquisitionserfolg von Verkäufern wird sehr stark beeinflusst von ihren Führungskräften. Viele dieser Führungskräfte haben selbst nie verkauft bzw. akquiriert. Ihnen fehlt jegliches Verständnis für die Anforderungen an eine erfolgreiche Akquisitionsleistung, denn sie haben es selbst ja nie tun müssen. Sie glauben, dass jemand, der den Verkaufsberuf eingeschlagen hat, all diese Anforderungen per se erfüllt bzw. erfüllen muss. Sie haben oft keine Einsicht darüber, dass jemand bei der Akquisition irgendwelche Ängste oder Blockaden haben könnte. Erschwerend kommt hinzu, dass sie selbst eine solche Tätigkeit abwerten, sich nicht damit identifizieren. Aber: Sie alle haben hohe Erwartungen, was den kurzfristigen materiellen Erfolg der Akquisition betrifft. Es erinnert mich manchmal an einige Präsidenten in Fußballvereinen, die selbst nie gespielt haben, aber alles wissen und zu allem eine (sehr theoretische) Meinung haben, die sie dann lautstark und medienwirksam vertreten.

Die Führungskräfte, die selbst akquiriert haben oder es aktuell noch tun, entwickeln in der Regel ein besseres Verständnis sowie einen professionelleren Umgang bei der Unterstützung ihrer Vertriebsmitarbeiter. Hier liegen die Probleme eher woanders.

- Eine Führungskraft, die selbst gut akquiriert/akquiriert hat, kann meist nicht verstehen, warum sich andere so schwertun. Sie wird zudem schnell ungeduldig.
- Eine Führungskraft, die neben der Führungsaufgabe zusätzlich einen Akquisitionsauftrag hat, investiert mehr Zeit in die eigene Akquise (vor allem dann, wenn sie auch für ihre Verkaufsleistung bezahlt bzw. daran gemessen wird).
- Eine Führungskraft, die vor vielen Jahren akquiriert hat (wo der Markt weniger stark umkämpft war), kann und will sich oft nicht mit der veränderten Situation auseinandersetzen. Getreu dem Motto: Solche Zeiten gab es schon früher, wir haben die auch gemeistert.

Viele dieser Führungskräfte haben keine Ausbildung zum Führen ihrer Mitarbeiter erhalten (manche bekommen wenigstens ein kurzes Führungsseminar), geschweige denn Unterstützung für schwierige Führungssituationen. So werden diese Führungskräfte, die selbst Unsicherheiten, Ängste, Blockaden, aber auch interne Widerstände verspüren, mit Vertriebsmitarbeitern konfrontiert, die in ihrer Rolle ähnliche Gefühle entwickeln. Die Folge: Sie reagieren vermehrt so wie ihre Verkäufer, sie entziehen sich ihrer Aufgabe, d. h., die meisten Verkäufer werden bei der Umsetzung ihrer Akquisitionsaktivitäten allein gelassen.

So befasst sich der Akquisitionsratgeber für Führungskräfte mit speziellen Problemen bei der Umsetzung dauerhafter Akquisition aus Führungssicht.

12.1   Mangelnde Führungskompetenz

Ich bin Geschäftsführer eines Unternehmens im Elektronik-Großhandel. Neben Vertriebsmitarbeitern, die ausschließlich per Telefon Kunden betreuen, beschäftigen wir zusätzlich Außendienstmitarbeiter, die größere Firmen per Besuch gewinnen und betreuen sollen.

Aus dieser Mannschaft heraus habe ich den besten Verkäufer gerade zum Verkaufsleiter befördert, damit er die Mannschaft trainiert, begleitet und führt. Hintergrund ist vor allem der Wunsch nach stärkerer Aktivität in der Ansprache neuer Kunden, denn bisher wurden eher die bestehenden besucht.

Leider nimmt er seine Aufgaben nicht so wahr, wie wir das besprochen haben. Er überlässt nach wie vor die Initiative seinen Mitarbeitern. Sie gestalten ihren Tag so wie bisher, besuchen ausschließlich bestehende Kunden.

Erschwerend kommt für mich hinzu, dass er mit einigen Mitarbeitern ein sehr inniges Verhältnis hat, bis hin zu gemeinsamen Aktivitäten in der Freizeit.

Vor ein paar Wochen habe ich mit ihm über meine Unzufriedenheit gesprochen. Ich habe ihm ebenfalls meine Bedenken über seine Solidarisierung mit den Mitarbeitern mitgeteilt. Er entgegnete daraufhin, dass die Mitarbeiter ja die Marktkenntnisse hätten, er deshalb viel Wert auf ihre Meinung lege. Im weiteren Gespräch übermittelte er mir Vorschläge, was das Unternehmen tun sollte, um Neugeschäft zu generieren, unsere Produkte/Dienstleistungen attraktiver und im Vergleich zum Wettbewerb preiswerter zu gestalten, damit die Außendienstmitarbeiter erfolgreicher neue Kunden überzeugen könnten.

Ich war sehr verärgert, ließ ihn das sichtlich spüren. Ich sagte ihm, dass es seine Aufgabe sei, die Mitarbeiter dazu zu befähigen, aktiv den Markt zu bearbeiten. Es sei nicht seine Aufgabe, die Meinung der Mitarbeiter ungefiltert an mich weiterzugeben, um so die Rahmenbedingungen zu verändern.
Nun kam das tatsächliche Dilemma meines Verkaufsleiters an den Tag. Er erzählte mir, dass es ihm sehr schwer falle, seine ehemaligen Kollegen zu führen, zumal sein früherer Ausbilder auch dazu zähle. Da er nun die Aufgabe habe, Veränderungen, wie die aktive Neukundenansprache, umzusetzen, spüre er erheblichen Widerstand, sogar Ausgrenzungen aus der Gruppe. Das mache ihm sehr zu schaffen.
Irgendwie habe ich Verständnis für meinen Verkaufsleiter, die Leute kennen sich halt schon sehr lange. Ich will ja auch keinen davon verlieren. Anderseits brauche ich das Neukundengeschäft für den Erhalt und das Wachstum unseres Unternehmens.
Wie kann ich dieses Problem lösen?

Eine schwierige Situation. Leider passiert das in Unternehmen häufig, dass die Beförderung eines guten Verkäufers, aus der bestehenden Verkaufsmannschaft heraus, nicht den erhofften Effekt erzielt. Die Gründe dafür sind sehr unterschiedlich:

• Der neue Verkaufsleiter bleibt im Denken und Handeln ein Verkäufer, tritt, wenn er selbst noch Verkaufsziele erfüllen muss, mit den anderen in den Wettbewerb und vernachlässigt seine Führungsaufgaben.
Zudem misstrauen ihm die anderen Verkäufer, da sie seinen persönlichen Vorteil hinter jeder Entscheidung vermuten.
Erschwerend kommt meist hinzu, dass sich diese Verkaufsleiter, bei der Auslegung betriebsinterner Regeln, selbst mehr Freiraum nehmen (z. B. ein Geschäft mit höheren Nachlässen zu machen, obwohl die Regeln ein Limit vorschreiben).
Dieses Verhalten führt oft zur kollektiven Überschreitung von betriebsinternen Grenzen sowie zum offenen Widerstand gegen die Führungskraft.
• Der neue Verkaufsleiter, allein für Führungsaufgaben eingesetzt, bleibt im Denken immer noch ein Verkäufer. Er denkt daran, was er als Verkäufer tun würde, was seine Mitarbeiter als Verkäufer bräuchten. Er vergisst dabei die Interessen seines Unternehmens, seiner Abteilung, d. h., er verliert seinen Auftraggeber, dessen Ziele, dessen Regeln aus dem Blick (siehe Kapitel 8.1). Dieses Verhalten führt dazu, dass die Verkäufer ihn als gute Füh-

rungskraft ansehen, da er sie gewähren und sich von ihnen beeinflussen lässt. Das Unternehmen allerdings sieht in ihm eine schlechte Führungskraft, weil er die Interessen der Mitarbeiter über die des Unternehmens stellt, diese teilweise sogar, bewusst oder unbewusst, boykottiert. Er nimmt Führung nicht wahr.

- Der neue Verkaufsleiter wird nur per Beförderung in die Rolle einer Führungskraft versetzt. Er wird nicht auf die neuen Aufgaben vorbereitet, nicht zur Führung und Aktivierung von Menschen befähigt. Dieser Fauxpas, leider sehr stark in deutschen Unternehmen verbreitet, führt dazu, dass sich der Verkaufsleiter seiner Führungsaufgabe entweder entzieht, aus Angst, Fehler zu machen, oder er führt so, wie er es für richtig hält bzw. sich von anderen Führungskräften abgeschaut hat. Beide Varianten können für die Interessen des Unternehmens eher kontraproduktiv sein.

- Der neue Verkaufsleiter will nicht aus seiner Gruppe von Verkäufern, der er ja vor Kurzem noch angehört hat, ausgeschlossen werden. Daher versucht er alles, um sich mit ihnen gutzustehen, sich für sie einzusetzen, sich mit ihnen zu solidarisieren. Er wird versuchen, die von Verkäufern als unangenehm empfundenen Dinge von ihnen fernzuhalten (dazu kann natürlich auch die Akquise gehören). Er wird schnell zurückrudern, wenn er eine Entscheidung getroffen hat, die den Unmut der Verkaufsmannschaft hervorruft, nur um keine Sanktionen der Gruppe zu erfahren. Dieses Verhalten macht den Verkaufsleiter zum Erfüllungsgehilfen seiner Verkäufer und zum Übel der Unternehmensleitung, die ihre Erwartungen an die Führungskraft nicht erfüllt sieht.

- Der neue Verkaufsleiter, schon früher ein kritischer Geist seinen ehemaligen Verkaufsleitern gegenüber, will nun alles ganz anders machen. Viel professioneller, viel strukturierter, viel vertriebsorientierter soll es nun werden. In der Erwartung, dass alle Verkäufer, die ja auch früher über die „Vertriebs-Theoretiker" geschimpft haben, die neue Vertriebsstrategie positiv aufnehmen werden, wird die Veränderung ohne Wenn und Aber umgesetzt. Nach anfänglichen Unmutsäußerungen der Verkäufer entwickelt sich kurze Zeit später offener Widerstand, der immer weiter eskaliert. Der Verkaufsleiter hat die notwendige Sorgfalt und Geduld bei der Installierung gravierender Veränderungsprozesse außer Acht gelassen und das System hat sich dagegen gewehrt.

Dies sind die am häufigsten angetroffenen Probleme bei der Installierung eines Verkaufsleiters aus der bestehenden Verkaufsmannschaft heraus. Es gibt natürlich noch viele Varianten.

Ihr Verkäufer hat sich für die Solidarisierungsstrategie entschieden, um nicht von der Gruppe ausgegrenzt zu werden. Er hat sogar schon Aktivitäten in diese Richtung erleben müssen. Auch Sie haben Verständnis für Ihren Verkaufsleiter. Dadurch, dass Sie alle Mitarbeiter schon lange kennen, Sie auch keinen davon verlieren möchten, haben Sie sich nun in eine schwierige Lage gebracht. Jede Ihrer Entscheidungen, die Sie jetzt treffen müssen, hat neben Vorteilen auch viele Nachteile für alle Beteiligten.

- Lassen Sie alles so, wie es jetzt ist, ändert sich an der Vertriebsstrategie gar nichts, d. h., Ihre Verkäufer besuchen nach wie vor ihre bestehenden Kunden. In der Beziehung zwischen Ihrem Verkaufsleiter und seiner Mannschaft bleiben die Spannungen bestehen.
- Ermuntern Sie Ihren Verkaufsleiter, Ihre ursprünglichen Erwartungen nach aktiver Neukundenakquise konsequent durchzusetzen, könnte es zu höherer Schlagzahl im Neukundengeschäft kommen, fraglich bleibt die Qualität dieser Besuche. Es besteht die Gefahr, dass die Verkäufer den Erfolg dieser Gespräche (bewusst oder unbewusst, z. B. durch „Dienst nach Vorschrift") negativ beeinflussen bzw. sabotieren. Das Verhältnis zwischen Ihrem Verkaufsleiter und seiner Mannschaft wird auf jeden Fall schlechter, da die Verkäufer andere Eskalationsstufen wählen werden (siehe Kapitel 9). Es scheint sehr fraglich, ob Ihr Verkaufsleiter dem gewachsen sein wird.
- Entlassen Sie Ihren Verkaufsleiter aus seiner Führungsverantwortung und gliedern ihn wieder in die Verkaufsmannschaft ein, brauchen Sie einen Ersatz, um Ihre Neukundenziele zu erreichen. Entweder nehmen Sie diese Aufgabe selbst wahr oder Sie suchen sich eine geeignete Person von außen (bitte keinen neuen Versuch aus der eigenen Mannschaft, denn dann geht das Spiel von Neuem los, inklusive Gesichtsverlust für Sie als Geschäftsführer). Wie sich bei dieser Variante die Beziehung zwischen Ihrem jetzigen Verkaufsleiter und den anderen Verkäufern entwickelt, hängt stark davon ab, wie Sie diesen Prozess einleiten und begleiten, sowie von der Tragfähigkeit der Beziehung aller Beteiligten untereinander. Ist der Kontakt gut, könnte es klappen, ist der Kontakt schon stark gestört, wird es neue Probleme in der Beziehung geben.

Es ist also von Ihnen abzuwägen, welche Varianten es insgesamt gibt (zu den oben beschriebenen), welche Chancen und Risiken sie beinhalten. Dies gilt für Sie selbst, für das Unternehmen und Ihre Vertriebsmitarbeiter. Wenn Sie sich dann für eine Variante entschieden haben, überlegen Sie, wie Sie diese umsetzen werden. Wie wollen Sie mit den zu erwartenden Reaktionen umgehen? Wie werden Sie Ihre Entscheidung an alle Beteiligten kommunizieren?

Aktionsplan: Wie finde ich den geeigneten Verkaufsleiter?

▶ **Erstellen Sie ein Anforderungsprofil für den Verkaufsleiter.**

Werden Sie sich zunächst darüber im Klaren, was genau der Verkaufsleiter umsetzen soll.

- Wird es etwas im Unternehmen schon Bekanntes und Bewährtes oder wird es etwas Neues, mit hohem zu erwartendem Widerstand?
- Wie werden Ihre bestehenden Mitarbeiter wohl auf die neuen Anforderungen und Erwartungen reagieren? Was kommt auf Sie selbst zu, wenn die Veränderungen umgesetzt werden?

Aus solchen und ähnlichen Fragestellungen entwickeln Sie ein Anforderungsprofil für die Position des Verkaufsleiters.

- Was genau muss die Person können und leisten?
- Was muss sie schon mitbringen, was bekommt sie bei Ihnen vor Ort?
- Welche Qualifikationen braucht die Person in strategischer, kommunikativer und vor allem persönlicher Hinsicht?
- Welche gewünschten Fähigkeiten und Fertigkeiten haben für die Einstellung welche Priorität?

Solche und ähnliche Fragen können bei der Erstellung eines Anforderungsprofils hilfreich sein. Schreiben Sie die von Ihnen gewünschten Fähigkeiten und Fertigkeiten untereinander. Neben die gewünschten Qualifikationen schreiben Sie die von Ihnen festgelegte Priorität für den Job.

Im Anschluss daran entwickeln Sie ein für sich geeignetes Bewertungsschema, um die Bewerber, so genau wie Ihnen möglich, beobachten und bewerten zu können.

▶ **Starten Sie die Suche nach dem geeigneten Bewerber.**

Es gibt viele Quellen, aus denen Sie Bewerber erhalten können. Dazu zählt auch das eigene Unternehmen. Es muss nicht immer so unglücklich ausgehen wie in diesem Fallbeispiel. Viel hängt davon ab, wie ein solcher Positionswechsel vorbereitet, eingeleitet und umgesetzt wird. Wägen Sie zunächst einmal ab, wie gut Ihr Kandidat Ihr Anforderungsprofil erfüllt. Listen Sie Chancen und Risiken einer Beförderung auf. Wenn die Chancen überwiegen und Sie viele der Risiken durch gute Einführung der Führungskraft ausschalten bzw. minimieren können, dann entscheiden Sie sich dafür. Sprechen Sie vor Veröffentlichung Ihrer Entscheidung zuerst mit Ihrem Kandidaten. Will er die Beförderung überhaupt? Was genau muss er in Zukunft tun? Was erwarten Sie von ihm? Traut er sich die neue Rolle zu? Kann er sie professionell auskleiden? Welche Widerstände und Einflüsse sind von wem zu erwarten? Wie können diese im Vorhinein abgefedert werden? Was ist zu tun, wenn sie später doch ausbrechen? Welche Unterstützung bekommt der „Neue" von Ihnen? All diese Fragen (und viele mehr) werden erörtert, Lösungen werden gesucht. Wenn nach dieser intensiven Vorbereitung beide Parteien der Überzeugung sind, dass sie es *wollen* und *können*, wenn das Unternehmen die notwendige Unterstützung gewährt (ermöglichen des *Dürfens*), dann sollten Sie in die Umsetzung gehen. Der Geschäftsführer stellt den neuen Verkaufsleiter per offizielles Ritual seiner neuen Mannschaft vor. Der Geschäftsführer erklärt allen Beteiligten die Hintergründe dieser Maßnahme (z. B. Aktivierung des Neukundengeschäftes, Intensivierung der Vertriebsunterstützung etc.) sowie die Bedeutung für das Unternehmen. Des Weiteren erläutert er die zukünftigen Aufgaben des Vertriebsleiters und der Verkäufer. Anschließend wird die Veranstaltung mit einem kleinen Umtrunk abgeschlossen. Hintergrund dieser Vorgehensweise ist, dass die „Inthronisierung" des Verkaufsleiters offiziell, per Ritual, vom Geschäftsführer selbst vorgenommen wird. Dies gibt dem Vorgang eine offizielle, bedeutungsvolle Note. Der Verkaufsleiter muss sich nicht selbst vorstellen, „verkaufen" oder gar für eine Zusammenarbeit werben, wie das leider in vielen Unternehmen üblich ist. Gibt es nun Widerstand oder Unklarheiten, so kann der Verkaufsleiter jederzeit auf die Einführungsveranstaltung und die dort formulierten Erwartungen des Geschäftsführers verweisen. Der Verkaufsleiter hat dadurch eine andere Power, seine Position ist wesentlich stärker und klarer.

Sollten Sie den Verkaufsleiter nicht im eigenen Unternehmen suchen, gibt es u. a. die Möglichkeiten per Medien, Headhunter oder gezieltes Scouting, ähnlich der Suche im Profisport, den geeigneten Bewerber zu finden. Dreh- und Angelpunkt für Ihre Auswahl ist Ihr vorher gefertigtes Anforderungsprofil. Prüfen Sie zudem, ob der Bewerber auch charakterlich zu Ihnen und Ihrem Unternehmen passt.

▶ **Entwickeln Sie, gemeinsam mit Ihrem Verkaufsleiter, die Strategie zur Marktbearbeitung.**

Nachdem Sie Ihren Verkaufsleiter ausgewählt und offiziell „inthronisiert" haben, gehen Sie gemeinsam ins Detail Ihrer geplanten Neukundenakquise. Sagen Sie Ihrem Verkaufsleiter, was genau Sie sich vorstellen, was „Muss"-, „Soll"- und „Kann"-Regeln für die Aufgabe sind. Diese Regeln bestimmen den Rahmen, den Ihr Verkaufsleiter zur Verfügung hat. Hier können Erwartungen Ihrerseits platziert werden, wie gewünschte Kontaktzahlen für die Verkäufer, Wunsch-Zielgruppen für die Akquise, Arbeits- bzw. Außendienstzeiten, Vergütungsrichtlinien, Aufgaben des Verkaufsleiters bei der Außendienst-Unterstützung, Klarheit darüber, ob der Verkaufsleiter mit verkaufen soll oder besser nicht. Auf diese Weise beugen Sie Missverständnissen und Fehlinterpretationen vor. Wenn Sie einen engen Rahmen vorgeben, ist das genauso okay wie das Nennen wichtiger Eckpunkte mit viel Gestaltungsfreiheit für den Verkaufsleiter. Die Entscheidung hängt von Ihrem Führungsverhalten und dem Erfahrungshintergrund des Verkaufsleiters ab. Wichtig ist, dass Sie das im Vorfeld geklärt haben, statt sich später zu wundern oder gar zu ärgern.

▶ **Unterstützen Sie Ihren Verkaufsleiter bei der Umsetzung des gemeinsamen Konzeptes.**

Diese Unterstützung Ihrerseits ist einer der wichtigsten Punkte für die Etablierung Ihrer Neukundenstrategie. So, wie dieser Prozess eingeführt, unterstützt und kontrolliert wird, so entwickelt er sich für die Zukunft. Lässt man zu Beginn die Zügel schleifen, so schafft sich jeder Beteiligte seinen notwendigen Freiraum. Diesen wieder zurückzuerobern ist sehr schwierig, vor allem dann, wenn man zu spät eingreift. Denken Sie daran, der menschliche Organismus sucht in der Regel den bequemsten Weg. Ihre Außendienstmitarbeiter zu fördern und zu fordern ist Aufgabe Ihres Verkaufsleiters, ihn zu fördern und zu fordern ist Ihre Aufgabe. Wie also können Sie Ihren Verkaufsleiter unterstützen?

- Tauschen Sie sich regelmäßig aus. Führen Sie, gerade zu Beginn, viele persönliche Gespräche mit Ihrem Verkaufsleiter. Fragen Sie, wie er mit der Umsetzung Ihrer gemeinsamen Strategie zurechtkommt, fragen Sie nach seinen Erfahrungen, Erlebnissen, Einschätzungen für die Zukunft. Fragen Sie nach aufgetretenen Problemen, Widerständen, Einflüssen, die Sie gemeinsam lösen wollen. Bieten Sie ihm immer wieder Ihren Rat an. Lassen Sie ihm die Entscheidung, ob er ihn annimmt, vor allem dann, wenn Sie merken, dass er es selbst schafft und er die Herausforderung gerne annimmt.

- Lassen Sie ihm Zeit, seine eigenen Erfahrungen zu machen. Viele Geschäftsführer sitzen ihren Mitarbeitern schon nach kurzer Zeit im Nacken. Sie sind voller Ungeduld, von Wunsch und Anspruch beseelt, alles zu kontrollieren, überall mitzureden, alles schnell erreichen zu wollen. So entsteht sehr schnell ein Klima von Misstrauen und Ängsten. Druck wird aufgebaut und an die Verkäufer weitergegeben, die diesen dann in den Kundengesprächen ausleben (Parallelprozess). Bei vielen Menschen erzeugt diese Art von Druck die Neigung zu Fehlern, Misserfolgen sowie zu Widerständen und Passivität. Unterstützt werden diese Nebenwirkungen durch das permanente Nachfragen der Führungskräfte, wie sich denn die Umsätze entwickeln, ob denn aus der Akquise schon Verkäufe generiert wurden. Dass wir uns nicht falsch verstehen. Es ist in Ordnung und absolut legitim, dass Sie als Geschäftsführer die Entwicklung der Umsatzerfolge hinterfragen. Probleme entstehen, wenn es *nur* um diese Kennzahlen geht, nicht um gemachte Erfahrungen, immaterielle Werte, persönliche Befindlichkeiten. Geben Sie auch solchen Faktoren Zeit. Zeit, sich zu entwickeln, und Zeit, sich für sie zu interessieren und sie wertzuschätzen.
- Reagieren Sie zeitnah, wenn sich Probleme einstellen oder die Entwicklung „aus dem Ruder läuft".
  Gerade zu Beginn eines Veränderungsprozesses sind die Widerstände am größten. Der Wunsch, den alten Status wiederherzustellen, unangenehme Dinge zu vermeiden, ist sehr stark ausgeprägt.
  In dieser Phase passieren viele Fehler, die die Installierung des Veränderungsprozesses nachhaltig stören, sogar be- bzw. verhindern können, z. B.:
  - Der Verkaufsleiter verletzt den Dreiecksvertrag (siehe Seite 157) und solidarisiert sich mit den Verkäufern.
  - Die Verkäufer verursachen (bewusst oder unbewusst) Misserfolge, um das Neukundenprojekt zu sabotieren.
  - Die von Ihnen geforderten Kontaktzahlen werden nicht eingehalten.
  - Die schriftliche Dokumentation der Neukundenaktivitäten wird nicht/nicht ausreichend ins Wiedervorlagesystem eingepflegt.
  - Die Stimmung aller Beteiligten untereinander wird von Tag zu Tag schlechter.
  Meist nehmen die Betroffenen diese Strömungen nicht sofort wahr, so dass dieser Zustand immer schlimmer wird. Mit fortschreitender Zeit wird

eine Lösung des Problems immer schwieriger, weil sich das unproduktive Verhalten stärker verinnerlicht. Entwickeln Sie ein Frühwarnsystem, das Ihnen hilft, negative Tendenzen zeitnah zu erfassen, um schnell gegensteuern zu können. Stimmen Sie diese Vorgehensweise frühzeitig mit Ihrem Verkaufsleiter ab (am besten schon vor Umsetzung des Prozesses). Wenn Sie dann tatsächlich solche Probleme erkennen, führen Sie zeitnahe Gespräche mit ihm, entwickeln Sie gemeinsam Lösungen und lassen Sie diese von ihm umsetzen. So wird nach außen sein Status, seine Autorität immer gewahrt. Es gibt für die Mitarbeiter keinen Ansatz, einen Keil zwischen Sie beide zu treiben.

- Unterbinden Sie, dass sich Mitarbeiter bei Ihnen „beschweren" wollen, statt sich mit dem Verkaufsleiter direkt auseinanderzusetzen. Wir hören es oft aus dem Profifußball, dass ein unzufriedener Spieler, der sich vom Trainer zu Unrecht behandelt fühlt, zum Sportdirektor oder zum Vorstand rennt, um deren Einfluss zu nutzen, die Trainerentscheidung zu verändern. Es gibt sogar Manager, die das unterstützen. Die Folge ist die Untergrabung der Rolle, der Verantwortung und der Autorität des Trainers. Zudem ist es ein Signal an alle anderen: Wer unzufrieden ist, muss nur den Trainer übergehen oder ihm mit dem Gang zur übergeordneten Autorität drohen. Wir wissen alle, wie oft Trainer an solchen Spielchen gescheitert sind. Machen Sie diesen Fehler nicht. Sie haben allen bei der „Inthronisierung" Ihres Verkaufsleiters gesagt, dass *er* der Verantwortliche sei, dass *er* Ansprechpartner für die Verkäufer sei. Halten Sie sich daran. Folgen Sie nicht dieser Schmeichelei (denn eine solche ist es ja, wenn die armen Mitarbeiter den großen Chef um Hilfe bitten), eine Welle solcher Aktionen wird folgen und Ihr Verkaufsleiter ist bald nur noch eine Marionette.

Verweisen Sie auf die vereinbarten Regeln und setzen Sie solchen Aktionen gegenüber klare Grenzen.

12.2   Mangelnde Aktivität bei der Akquisition

Ich bin Leiter einer Niederlassung eines größeren Zeitarbeit-Anbieters. Neben der Vermittlung von "Leiharbeitnehmern" bieten wir noch andere Dienstleistungen rund um die Personalvermittlung an.

Wir haben in unserem Gebiet viele Mitbewerber, die die ansässigen Unternehmen regelmäßig kontaktieren, um sich oftmals über Dumping-preise Eintritt zu verschaffen. Dieses Verhalten führt dazu, dass uns einige unserer Kunden verlassen und wir Mühe haben, neue Interessenten zu gewinnen.

Meine Mitarbeiter, die neben vielen organisatorischen Aufgaben auch einen Akquisitionsauftrag haben, verstecken sich eher hinter anderen, für sie angenehmeren Tätigkeiten. Dadurch bedingt muss ich sie perma-nent davon überzeugen, wie wichtig die Akquisetätigkeit für unser Unternehmen ist. Das hält dann kurze Zeit an und die Mitarbeiter ver-fallen wieder in ihr altes Verhaltensschema. Wenn sie Interessenten an-rufen, sind sie meist ungenügend vorbereitet und die Gesprächsqualität ist dementsprechend schlecht. Es ist klar zu erkennen, dass sie diesen Teil ihres Jobs ungern machen, dass sie froh sind, wenn sie die von mir gewünschte Anzahl der Kontakte hinter sich gebracht haben. Leider bringt diese Akquisition keinen Erfolg, so dass sich meine Mitarbeiter bestätigt sehen, auf diese Anrufe verzichten zu können.

Auf meine Frage, wie wir sonst an neues Geschäft kommen können, antworten Sie mir lediglich, dass es die Aufgabe der Unternehmens-leitung sei, dafür eine Lösung zu finden. Ich fühle mich ohnmächtig und hilflos, zumal mein Chef bessere Auslastung erwartet.

Wie kann ich für mehr Auslastung sorgen? Wie kann ich meine Mit-arbeiter für mehr Akquisitionstätigkeit gewinnen?

Da haben Ihre Mitarbeiter ja ihr Ziel erreicht. Zu deren Aufgaben gehören auch, so, wie Sie es in Ihrer Ausführung beschreiben, die Gewinnung neuer und der Ausbau bestehender Kundenverbindungen. Tätigkeiten, die bei den meisten Menschen Unbehagen auslösen (siehe Kapitel Angst und Stress). Zur Vermeidung dieses Zustandes werden von den Mitarbeitern vermehrt Aufga-ben wahrgenommen, die zwar auch zur Stellenbeschreibung gehören, aber nicht unbedingt die höchste Priorität für das Unternehmen genießen. Wir nennen dieses Verhalten in der Psychologie „Passivität", d. h. lösungsvermei-dendes Verhalten (siehe Kapitel Passivität). Hätten diese Menschen die freie Wahl, würden sie eher die für sie angenehmeren Aufgaben erfüllen. Hier setzt

Führung an. Die Führungskraft hat in solchen Fällen die Aufgabe, ja sogar die Verpflichtung, wieder die Balance herzustellen.

In Ihrem Fall ist es klar Ihr Auftrag, dafür zu sorgen, dass Ihre Mitarbeiter nicht die freie Entscheidung in der Bewertung ihrer Aufgaben haben. Für den Erhalt und das Wachstum Ihres Unternehmens benötigen Sie dringend neues Geschäft, ob aus bestehenden oder neuen Kundenverbindungen. Dort liegt also eine extrem hohe Priorität, daher muss hier viel Zeit und Energie investiert werden. Dass Ihre Mitarbeiter diesen Job nicht gerne machen, ist legitim. Dass sie versuchen, sowohl das Unternehmen als auch Sie als Führungskraft in die alleinige Verantwortung zu drängen, ist ebenfalls legitim und normal. Das können Ihnen die meisten Vertriebsverantwortlichen in Deutschland leidgeprüft bestätigen. Doch hier sind von der Führung Grenzen zu setzen. Die Führungskraft muss das Wohl des Unternehmens in den Vordergrund ihrer Betrachtung stellen, denn das Unternehmen ernährt alle Beteiligten. Die Interessen und Befindlichkeiten Einzelner haben zurückzustehen, wenn das große Ganze in Not gerät. Und von diesem Zustand sind Sie, wenn es so weiterläuft, vielleicht nicht mehr so weit entfernt.

Jetzt fordern Sie von Ihren Mitarbeitern nichts, was denen fremd bzw. neu ist, denn in der Stellenbeschreibung ist die Akquisition ein wichtiger Bestandteil. Sie fordern lediglich, dass die tägliche Arbeit eine andere Gewichtung, eine andere Organisation erhält. Tun Sie also Ihren Job als Führungskraft. Übernehmen Sie nicht allein den Akquisitionsjob, binden Sie Ihre Mitarbeiter ein. Haben Sie nicht den Anspruch, dass sich alle Ihre Mitarbeiter überzeugen bzw. motivieren lassen oder dass sie gar „Hurra" schreien. Den Akquisitionsjob mag nicht jeder, das ist okay. Getan werden muss er trotzdem, da darf bei Ihnen kein Zweifel aufkommen. Machen Sie das zu Beginn Ihrer zukünftigen konsequenten Akquisitionsaktivitäten deutlich. Lassen Sie klar erkennen, dass Sie darauf bestehen, dass es den Mitarbeitern nicht weiterhilft, wenn sie den Akquisitionserfolg durch ungenügende Vorbereitung oder schlechte Gesprächsqualität gefährden bzw. Misserfolg provozieren (wie in der Vergangenheit).

Wenn Ihre Mitarbeiter diese Verbindlichkeit und die anschließende Konsequenz bei der Umsetzung erleben, entwickeln sie mehr Verständnis, mehr Sicherheit, mehr Leichtigkeit und, wer weiß, mehr Spaß und Freude an dieser früher ungeliebten Tätigkeit.

Aktionsplan: Wie aktiviere ich meine Mitarbeiter zu dauerhafter Akquisition?

► **Bereiten Sie Ihre zukünftigen Akquisitionsaktivitäten vor.**

Bevor Sie den Mitarbeitern Ihre Ideen für die zukünftige Akquisition mitteilen, machen Sie sich Gedanken darüber, wie und wo Sie und Ihre Mitarbeiter akquirieren wollen. Stellen Sie sich dabei folgende Fragen:

- Wie ist überhaupt der Status Ihrer aktuellen Kundenbeziehungen? Haben sich die Beziehungen verändert? Seit wann? Wodurch? Wie aktuell ist der Informationsstand über die Kundenbedürfnisse? Wie intensiv ist der persönliche Kontakt zu den Entscheidern?
  Solche und ähnliche Fragen können Ihnen helfen, den Status Ihrer Kundenbeziehungen zu analysieren. Sie erhalten dadurch Informationen über den Ist-Zustand und können Maßnahmen einleiten, um die Beziehung zu intensivieren bzw. auszubauen.

- Wie sollen nun Ihre bestehenden Kundenverbindungen intensiviert und ausgebaut werden? Wie soll die Betreuung der laufenden Projekte gewährleistet werden? Wer soll auf welcher Hierarchieebene im Kundenunternehmen Kontakt halten? Wie sollen alle gewonnenen Informationen dokumentiert und kommuniziert werden, damit eine intensive Kundenbetreuung gewährleistet wird? Welche zusätzlichen Potenziale gibt es noch? Wie können diese gehoben werden?
  Diese und ähnliche Fragestellungen haben den Hintergrund, die Qualität der Beziehungen zu hinterfragen und die Zusammenarbeit sowohl zu verbessern als auch auszubauen.

- Welche neuen Kunden sollen gewonnen werden?
  Auf welcher Hierarchieebene soll der Wunschkunde angesprochen werden? Mit welchen Angeboten wollen Sie ihn gewinnen? Wer soll welchen Wunschkunden ansprechen? Wie soll die Neukundenakquise organisiert werden? Wie sieht der zeitliche Rahmen aus? Wie sieht die Strategie der Erst- und Folgekontakte aus?
  Diese und ähnliche Fragen helfen Ihnen, Klarheit über Ihre zukünftige Neukundengewinnung zu erlangen und den Mitarbeitern die notwendige Struktur zu geben.

- Welche Argumentation soll die Akquisition erleichtern?
  Der Markt der Zeitarbeit ist sehr groß, sehr umkämpft. Allerdings boomt er auch. Die Vorbehalte, die viele Menschen zu Beginn hatten, haben sich aufgelöst. Die Zeitarbeit hat sich in Unternehmen durchgesetzt. Es

gibt mittlerweile zusätzliche Dienstleistungen, die die klassische Vermittlung von sogenannten Leiharbeitskräften sinnvoll abrunden. Hier könnten sich auch für Sie Ansatzpunkte für die geplante Akquisition ergeben, denn für die meisten Unternehmer ist Zeitarbeit noch die alleinige Vermittlung von Leiharbeitnehmern. Wenn Sie es schaffen, Ihre Dienstleistungen in diesem Geschäftsfeld zu verfeinern bzw. zu erweitern, entwickeln Sie gegebenenfalls Alleinstellungsmerkmale, die den Unterschied zu Ihren Mitbewerbern aufzeigen. Diese Unterschiede erleichtern Ihre Argumentation bei der Akquisition neuer und bei der Intensivierung bestehender Kundenverbindungen. Prüfen Sie, wie Sie Ihr Geschäftsfeld veredeln können, entwickeln Sie Argumentationshilfen, die diese Andersartigkeit beschreiben. Ihre Akquisition wird einfacher, weil nicht bzw. kaum vergleichbar mit den zahlreichen Anrufern anderer Anbieter. Ihr Image wird aufgewertet, Ihr Bekanntheitsgrad wächst, die Attraktivität Ihrer Dienstleistungen steigt.

- Wie soll es nun konkret losgehen?

Wer aus Ihrer Mannschaft hat welche Kunden bzw. Wunschkunden zu bearbeiten? Wie soll diese Bearbeitung konkret aussehen? Wie sieht der zeitliche und organisatorische Rahmen für die Akquisition aus? Wie werden die Ergebnisse dokumentiert, archiviert, wiedervorgelegt und kontrolliert? Was ist zu tun, wenn jemand seinem Akquisitionsauftrag nicht nachkommt? Diese und ähnliche Fragen sollen die geplante Struktur Ihrer Akquisition aufzeigen. Je klarer und unmissverständlicher, desto weniger Interpretationsmöglichkeiten für alle Beteiligten. Prüfen Sie also, welche Regeln, welche Verhaltensweisen Sie bei Ihrer Akquise von allen Beteiligten erwarten. Sichern Sie sich danach bei Ihrem Geschäftsführer ab, ob er Ihre Strategie mitträgt.

▶ **Teilen Sie Ihre Entscheidungen allen Beteiligten mit.**

Organisieren Sie eine Mitarbeiterveranstaltung, bei der Sie Ihre getroffenen Entscheidungen veröffentlichen. Erklären Sie, was Sie vorhaben, wie Sie sich den Ablauf vorstellen und welche Rolle jeder einzelne Mitarbeiter dabei zu erfüllen hat. Zeigen Sie auf, welche Bedeutung diese Akquisitionsstrategie für das Unternehmen und jeden Einzelnen hat. Menschen sind zu Verhaltensveränderungen bereit, wenn sie ihre eigenen Bedürfnisse erfüllt sehen. Der Erhalt des Arbeitsplatzes, eine sichere Einkommensgrundlage sind elementare Bedürfnisse von Menschen, gerade in der heutigen Zeit.

Diese Bedürfnisbefriedigung ist aber nur möglich, wenn es dem Unternehmen gut geht, das leuchtet jedem ein.

Gehen Sie zudem auf die Probleme ein, die aus Ihrer Erfahrung mit Ihren Mitarbeitern wieder passieren könnten, wie die fehlende Vorbereitung von Akquisegesprächen, schlechte Gesprächsqualität etc. Sagen Sie Ihren Mitarbeitern, dass Sie dieses Verhalten in der Zukunft nicht mehr tolerieren und dass Sie mit Konsequenz dagegen vorgehen werden. Zu guter Letzt verteilen Sie alle Aufgaben. Klären Sie auftretende Fragen und sichern Sie sich bei jedem Mitarbeiter ab, ob er verstanden hat, welche Aufgaben jetzt von ihm zu erfüllen sind.

▶ **Sorgen Sie dafür, dass Ihre Mitarbeiter ihre Akquisitionsqualität erhöhen.**

Dies geschieht einmal dadurch, dass Sie, mit ihnen gemeinsam, regelmäßig Akquiseerfahrungen austauschen, um Argumente zu verbessern, Probleme schneller zu erkennen bzw. zu beseitigen, die Gesprächsqualität zu erhöhen sowie Sicherheit im gesamten Akquisitionsprozess zu erlangen.

Des Weiteren können Sie die einzelnen Schritte in den Akquisegesprächen trainieren, so dass sich Argumente und Gesprächstechniken so stark verinnerlichen, dass die Mitarbeiter in den realen Akquisegesprächen spontan, flexibel und schlagfertig reagieren können. Im Sport nennen wir dies Handlungsschnelligkeit, d. h., durch schnelles Antizipieren (Voraussahnen) von Verhaltenweisen anderer wird die individuell richtige Reaktionsmöglichkeit entwickelt, ohne viel Zeit für intensives Nachdenken zu benötigen. Je sicherer die Mitarbeiter in ihren Akquisegesprächen werden, desto schneller entwickelt sich diese Fähigkeit. Dazu gehört auch, schneller auf den Punkt zu kommen, z. B. zu sagen, was man will, bzw. am Telefon direkt nach einem persönlichen Besuchstermin zu fragen, mit dem Ziel, die Alleinstellungsmerkmale dort in Ruhe, verstärkt durch die eigene persönliche Ausstrahlung, präsentieren zu können.

Um die Mitarbeiter individueller, spezieller, gezielter zu verbessern, eignet sich ebenfalls die Begleitung in der Akquisepraxis. Die Führungskraft erlebt ihre Mitarbeiter live im Kundenkontakt. Sie sieht Stärken, Schwächen und individuelle Verbesserungsmöglichkeiten. Diese können dann in den Trainingseinheiten gezielt bearbeitet werden.

Eine weitere Trainingsform ist die gemeinsame Akquise im Team. Die Gruppe wird in Zweierteams unterteilt. Diese Zweierteams rufen Neukunden an, um dort Termine zu vereinbaren. Alle Mitarbeiter telefonieren abwechselnd über einen vorher festgelegten Zeitraum. Die Ergebnisse werden dokumentiert und nach Ablauf der Zeit ausgewertet. Im Anschluss an die Akquise gibt es ein gemeinsames Essen oder einen anderen netten Abschluss des Tages. Solche oder ähnliche Aktionen fördern sowohl den Wettbewerbsgedanken als auch den Teamgeist. Gleichwohl entwickeln alle Beteiligten viel Spaß.

Sie sehen, es gibt viele Möglichkeiten, die Leistungen der Mitarbeiter zu steigern. Sorgen Sie für einen interessanten Mix Ihrer Trainingsmethoden. Ihre Mitarbeiter werden immer mehr Sicherheit, aber auch Spaß entwickeln.

► **Nehmen Sie Ihre Führung aktiver wahr.**

Wie Sie starten, so liegen Sie im Rennen.

Gerade in den ersten Tagen und Wochen einer Veränderungseinführung gibt es zahlreiche schwierige Momente, in denen die Mitarbeiter versuchen, den alten Status wieder herzustellen bzw. ihre (neuen) Grenzen auszuloten. Hier werden Sie als Führungskraft besonders gefordert. Seien Sie wachsam, reagieren Sie sofort, wenn die Entwicklung gegen Ihre Strategie laufen sollte. Halten Sie sich dabei an das, was Sie bei Ihrer Einführungsveranstaltung verkündet haben. Wenn Sie schwach werden oder fehlende Konsequenz zeigen, nutzen die Mitarbeiter dieses Signal, um ihre Interessen noch deutlicher durchzusetzen. Nutzen Sie sowohl die Teammeetings als auch Einzelgespräche, um Ihre Standpunkte deutlich zu machen. Stellen Sie immer wieder die Interessen des Unternehmens in den Vordergrund, die sich ja auch zum Wohle der Einzelnen auswirken. Setzen Sie Grenzen, wenn jemand die Regeln verletzen möchte. Wenn Ihre Mitarbeiter merken, dass Sie Ihren eingeschlagenen Weg konsequent fortsetzen, lassen sie erfahrungsgemäß von ihren Störungen ab. Wähnen Sie sich aber nie in Sicherheit. Bei den ersten Unachtsamkeiten Ihrerseits sind sie wieder da, die Störungen im Akquisitionsalltag.

12.3 Vom Berater zum Verkäufer

Ich bin seit einigen Jahren als Verkaufsleiter im technischen Handel tätig. Dabei führe ich u. a. eine Vertriebsmannschaft von acht Außendienstlern, die unser Verkaufsgebiet aktiv, vor allem in persönlichen Besuchen, bearbeiten sollen. In der Vergangenheit handelte es sich allerdings um reine Besuche zur Beziehungspflege ("Kaffeefahrten"), bei denen neue Bestellungen aufgenommen wurden. Mit zunehmendem härterem Wettbewerb wurden die Aufträge kleiner, teilweise blieben Sie sogar aus. Meine Außendienstler waren bisher nicht in der Lage, die Aufträge auf das alte Niveau anzuheben, geschweige denn zu steigern. Als Grund für den ausbleibenden Erfolg werden der umkämpfte Markt, die preiswerteren Wettbewerber u. Ä. angeführt. Bei den von mir in letzter Zeit vermehrt vorgenommenen Praxisbegleitungen (ich begleite die Außendienstler in ausgesuchten Kundengesprächen) stellte ich fest, dass meine Verkäufer eigentlich gar keine sind. Sie traten eher als Berater (sogar als guter Freund) auf und solidarisierten sich mit ihren Kunden (wie schwach die Konjunktur sei, wie hart der Wettbewerb etc.). Diese Erfahrungen waren sehr schmerzhaft, denn auch ich stehe sehr unter Druck. Nun merke ich, dass ich auf meine Außendienstler in diesem Zustand nicht zählen kann, um mehr Markt zu machen. Was kann ich tun?

Zunächst einmal macht es keinen Sinn, Ihren verständlichen Frust an den Außendienstmitarbeitern auszulassen, denn das würde das Problem noch ausweiten. Ihre Mitarbeiter haben ihr Verhalten über die vielen Jahre erworben und verstärkt, und zwar durch Ihre (unbewusste) Mithilfe. Sie haben Ihre Außendienstmitarbeiter über einen langen Zeitraum „allein gelassen", denn deren Verkaufsergebnisse gaben keine Anzeichen für ein Problem, dem Sie sich hätten stellen müssen. Somit haben Ihre Vertriebler einen Stil entwickelt, der allen Beteiligten zum damaligen Zeitpunkt gut tat. Kunde und Verkäufer hatten einen intensiven Kontakt, die Verkaufszahlen waren okay. Sie selbst konnten sich anderen wichtigen Aufgaben widmen, da Ergebnisse und Kundenzufriedenheit in Ordnung waren. Ihr Geschäftsführer war offensichtlich ebenfalls zufrieden, sonst hätte er sich bei Ihnen schon viel eher gemeldet. So, wie sich dieses „Beraterverhalten" Ihrer Außendienstmitarbeiter immer stärker verinnerlicht hat, so sehr verkümmerte der „verkäuferische Biss", denn der war ja nicht (mehr) gefragt. Dieses Phänomen ist damit vergleichbar, wenn Sie in Ihrer sportlichen Betätigung bestimmte Muskelgruppen nicht mehr trainieren und diese sich sukzessive zurückentwickeln. Sie werden ja nicht mehr beansprucht. Zudem ist auch möglich, dass Ihre Außendienstler nie aktive Verkäufer gewesen sind. Sie wurden ja von Ihnen in diesem Bereich nicht gefordert. Da Sie selbst Ihre Mitarbeiter früher nicht „on the job" begleitet haben, wähnten Sie sie auf dem richtigen Weg, umso verständlicher Ihr jetziger Frust und Ihre Enttäuschung.

Wenn Sie jetzt aber auf Ihre Mitarbeiter „einschlagen", würden diese zum einen nicht verstehen, dass jetzt alles schlecht sein soll (zumal man es ihnen vorher nie gesagt hat), zum anderen fehlen ihnen die Fähigkeiten und Fertigkeiten, das neue gewünschte Verhalten zu zeigen bzw. umzusetzen. Ihre Mitarbeiter brauchen mehr Führung und intensives Training.

Aktionsplan: Wie entwickle ich meine Außendienstmitarbeiter vom Berater zum Verkäufer?

▶ **Analysieren Sie die Qualität der Verkäuferleistungen.**

Finden Sie durch weitere Praxisbegleitungen heraus, welche Stärken und Schwächen Ihre Verkäufer haben. Besuchen Sie mit ihnen sowohl bestehende Kunden als auch neue potenzielle Interessenten. Zur besseren Orientierung empfehle ich Ihnen zuvor die Erstellung eines Anforderungsprofils. Welche Fähigkeiten und Fertigkeiten erwarten Sie in welchem Maße von Ihren Verkäufern? Was soll ein Verkäufer in Ihrer Branche mitbringen, um erfolgreich sein zu können? Welche Qualitäten haben andere erfolgreiche Verkäufer sowohl in Ihrer als auch in anderen Branchen? Anhand dieser Fragen stellen Sie Ihr gewünschtes Anforderungsprofil zusammen. Beschreiben Sie diese Anforderungen so, dass Sie sie beobachten können. Beispiel: Wenn Ihre Verkäufer mehr „Biss" entwickeln sollen, woran werden Sie den erkennen können? Je klarer und beobachtbarer Sie Ihre gewünschten Anforderungen formulieren, diese später auch an Ihre Mitarbeiter kommunizieren, desto besser sehen Sie das Ergebnis. Wenn Sie sich unsicher sind, ob Sie ein solches Profil erstellen können bzw. Sie Ihrer Einschätzung über die Qualität der Verkaufsleistungen nicht trauen, so holen Sie sich professionelle Hilfe. Es gibt sogenannte „Fitness-Checks", mit denen externe Profis Ihren Vertrieb auf allen gewünschten Ebenen analysieren können. Dies geschieht durch unterschiedliche Methoden. Wir selbst setzen vorrangig strukturierte Interviews in Kombination mit Praxisbegleitungen ein, sowohl mit Verkäufern, mit Führungskräften als auch mit allen Mitarbeitern, die Einfluss auf die Verkaufsleistungen haben.

Nachdem Sie also wissen, welcher Ihrer Verkäufer, welche Ihrer Anforderungen erfüllt (oder auch nicht), Sie ebenfalls wissen, was den Verkäufern in welchem Maße fehlt, können Sie nun prüfen, ob diese fehlenden Qualifikationen überhaupt erlangt werden können. Vieles ist erlernbar, trainierbar, manches aber nicht. Schreiben Sie Ihre Einschätzung darüber in Ihre Analyse. Finden Sie darauf keine Antwort, fragen Sie einen externen Profi, der in diesem Bereich einen großen Erfahrungsschatz hat. Ergründen Sie in Ihrer Analyse ferner die Hintergründe des aktuellen Verhaltens und der aktuellen Einstellung Ihrer Verkäufer. Stellen Sie sich und Ihren Mitarbeitern folgende Fragen:

- War sein verkäuferisches Verhalten, seine verkäuferische Einstellung schon immer so? Was hat sich wie verändert? Woran liegt das (Können, Wollen, Dürfen)?
- Wie sieht sich der Mitarbeiter selbst? Wie erklärt er sein aktuelles Verhalten/seine aktuelle Einstellung? Was braucht er seiner Einschätzung nach, um sich weiterzuentwickeln? Was wünscht er sich von Ihnen? Wovor hat er vielleicht sogar Angst (z. B. Verlust der Kunden, des Jobs, des Status u. a.)?
- Inwieweit stimmen Selbst- und Fremdbild zwischen Ihnen und Ihren Mitarbeitern überein? Wo genau gibt es Parallelen, wo gibt es (gravierende) Unterschiede?
- Wo sieht der Mitarbeiter Möglichkeiten zur Verbesserung der Gesamtsituation (bei sich selbst, in der Führung, im Unternehmen, in der Arbeit mit Kunden etc.)?
- Wie schätzt der Mitarbeiter die Führung, das Arbeitsklima unter den Kollegen, die Rahmenbedingungen in Ihrem Unternehmen ein?

Hören Sie gut zu, beobachten Sie Ihre Mitarbeiter gut. Einige werden bei sich keine Fehler entdecken und andere verantwortlich machen. Einige werden die Schuld bei sich allein suchen. Beide Pole sind erfahrungsgemäß ungesund. Die systemische Psychologie sagt: Wenn jemand nur auf andere schaut, bei sich selbst keine Schwierigkeiten sieht, liegt das Problem eher bei ihm, also widmet man seine primäre Aufmerksamkeit dem Einzelnen. Wenn hingegen jemand sich selbst für alles (vor allem für alles Schlechte) verantwortlich macht, seine eigene Leistung abwertet und andere schützt oder gar glorifiziert, liegt das Problem eher im System, also widmet man seine Aufmerksamkeit vorrangig den anderen.

▶ **Analysieren Sie Ihren Status bei den bestehenden Kunden.**

Lassen Sie sich von Ihren Verkäufern berichten, wie sich die Kundenbeziehungen in den letzten Monaten (Jahren) entwickelt haben. Wer ist abgesprungen? Wer hat seine Bestellungen reduziert? Was waren die Gründe? Wurden diese überhaupt vom Verkäufer hinterfragt? Wie stark ist der Wettbewerb schon beim Kunden aktiv? Wie hoch schätzt der Verkäufer die Chancen zur Rückgewinnung bzw. Reaktivierung bei jedem dieser Kunden ein? Wie bewertet der Verkäufer die Kundenbeziehung qualitativ?

Solche und ähnliche Fragen helfen Ihnen, herauszubekommen, was genau zu den Umsatzeinbrüchen geführt hat. Es gibt drei Gruppen von Abwanderungs- bzw. Passivitätsgründen:

- Unternehmensbezogene, d. h. Gründe, die in Ihrer Firma zu suchen sind, wie schlechter Service, höhere Preise, Nichteinhalten von Zusagen, Qualitätsprobleme etc.
- Wettbewerbsbezogene, d. h. Gründe, die der Wettbewerb verursacht hat, wie ein besseres Angebot, Zusatzleistungen, höhere Qualität etc.
- Kundenbezogene, d. h. Gründe des Kunden, wie Unzufriedenheit mit Dienstleistungen und Personen, wirtschaftliche Gründe, schwache Beziehungsebene etc.

Finden Sie heraus, welche es bei Ihren Kunden sind.

▶ **Entwickeln Sie nun einen Aktionsplan für die nächsten Wochen und Monate.**

1. Die Strategie zur Verbesserung Ihrer Marktbearbeitung

Ihre Strategie sollte auf drei Säulen stehen (siehe Seite 187):

- die Intensivierung der bestehenden Kundenbeziehungen,
- die Rückgewinnung bzw. Reaktivierung der abgewanderten/passiven Kunden,
- die Gewinnung neuer Kunden.

Die Intensivierung der bestehenden Kundenbeziehungen

Nachdem Sie in der Analyse der bestehenden Kunden herausgefunden haben, wer noch loyal und aktiv ist, prüfen Sie, gemeinsam mit Ihren Verkäufern, welcher Kunde noch welches Potenzial hat bzw. haben kann. Bei der Bearbeitung dieser Kunden liegt der Schwerpunkt auf Beziehungspflege, Ausbau des bestehenden Engagements und Empfehlungsnahme (siehe Seite 186 ff.).

Die Rückgewinnung bzw. Reaktivierung der angewanderten/passiven Kunden

Ziele dieser Maßnahme sind:

- *Steigerung der Profitabilität*
  Die derzeitigen Umsätze und Gewinne (bzw. Marktanteile) sollen erhalten bzw. gesteigert werden.

- *Vermeidung von Akquisitionskosten*
  Für den Ersatz abgewanderter bzw. passiver Kunden müssen neue Kunden gewonnen werden, was mit hohem Aufwand (personell, zeitlich, finanziell) verbunden ist.

- *Minimierung weiterer Rufschädigung*
  Unzufriedene Kunden verbreiten negative Mund-zu-Mund-Propaganda, was zu weiteren Einbußen führen kann.

- *Gewinnung von Informationen*
  Zur Beseitigung von Mängeln in der Leistung, in den Geschäftsprozessen, in der Beziehung etc. sind Hinweise und Tipps der Kunden eine unschätzbare Größe. Ebenso lassen sich Erkenntnisse über Einstellungen, Wünsche und Erwartungen für die Zukunft gewinnen.

- *Einholen von Empfehlungen*
  Eine durchdachte Rückgewinnungsaktion schafft beim Gesprächspartner Vertrauen und Zuversicht in eine „bessere" gemeinsame Zukunft. Durch diesen Vertrauensvorschuss wird die Bereitschaft, Empfehlungen auszusprechen, stark gefördert.

- *Vermeidung bzw. Reduzierung zukünftiger Rückzüge*
  Durch die Rückgewinnung und die konsequente Einhaltung der vereinbarten Schritte reduzieren sich zukünftige Abwanderungen.

Gehen Sie dabei wie in den in Bild 14 gezeigten Prozessschritten vor.

Die Gewinnung neuer Kunden

Die Arbeit mit den bestehenden sowie den abgewanderten bzw. passiven Kunden kostet nun viel Zeit. Überlegen Sie, wie viel freie Kapazität Ihre Verkäufer darüber hinaus haben, um neue Kontakte aufzubauen. Diese neuen Kontakte sind notwendig, da Sie vermutlich nicht alle Ihre Kunden überzeugen können. Dieser Ausfall muss durch neue Kunden kompensiert werden. Machen Sie eine Zielgruppen- und/oder Gebietsanalyse, um herauszufinden, welche Kunden Sie ansprechen wollen. Planen Sie, wie viele neue Kontakte Sie erfahrungsgemäß machen müssen, um diese erforderliche Kundenanzahl zu erzielen. Bedenken Sie, dass nur eine hohe Schlagzahl Ihnen die Chance auf viele Abschlüsse ermöglicht. Je mehr Kontakte, desto mehr Kontrakte. Verteilen Sie diese Menge auf Ihre Verkäufer. Geben Sie ihnen vor, wie viele Kontakte pro Tag/Woche/Monat sie zu knüpfen haben. Diese Vorgabe gilt für alle drei Säulen. Schlüsseln Sie auf, wie viele Kunden-, Rückgewinnungs- und Neugespräche jeder Verkäufer zu führen hat. Sprechen Sie täglich mit jedem Ihrer Verkäufer über die Aktivitäten des Vortages und die Planung für den aktuellen Tag. Aber bitte: Fragen Sie nicht nur nach den generierten Umsätzen, das demotiviert Ihre Verkäufer schneller, als Ihnen lieb ist. Es macht sich schnell das Gefühl breit, dass Sie nur an Zahlen interessiert sind, nicht an den Erfahrungen und Entwicklungen der Mitarbeiter.

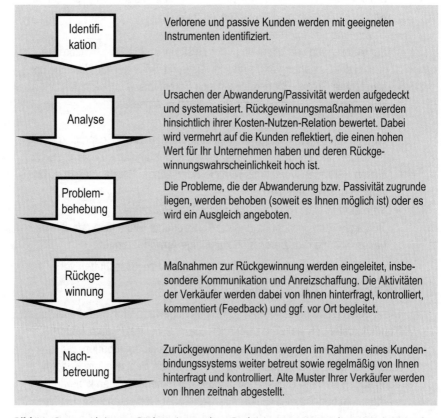

Identifi-kation   Verlorene und passive Kunden werden mit geeigneten Instrumenten identifiziert.

Analyse   Ursachen der Abwanderung/Passivität werden aufgedeckt und systematisiert. Rückgewinnungsmaßnahmen werden hinsichtlich ihrer Kosten-Nutzen-Relation bewertet. Dabei wird vermehrt auf die Kunden reflektiert, die einen hohen Wert für Ihr Unternehmen haben und deren Rückgewinnungswahrscheinlichkeit hoch ist.

Problem-behebung   Die Probleme, die der Abwanderung bzw. Passivität zugrunde liegen, werden behoben (soweit es Ihnen möglich ist) oder es wird ein Ausgleich angeboten.

Rückge-winnung   Maßnahmen zur Rückgewinnung werden eingeleitet, insbesondere Kommunikation und Anreizschaffung. Die Aktivitäten der Verkäufer werden dabei von Ihnen hinterfragt, kontrolliert, kommentiert (Feedback) und ggf. vor Ort begleitet.

Nach-betreuung   Zurückgewonnene Kunden werden im Rahmen eines Kundenbindungssystems weiter betreut sowie regelmäßig von Ihnen hinterfragt und kontrolliert. Alte Muster Ihrer Verkäufer werden von Ihnen zeitnah abgestellt.

Bild 14   Prozessschritte zur Rückgewinnung bzw. Reaktivierung angewanderter/passiver Kunden

2. Die Qualifizierung Ihrer Verkäufer

Die Gespräche mit Ihren Verkäufern, die Praxisbegleitung sowie gegebenenfalls externe Berater haben Ihnen Klarheit über den aktuellen Leistungsstand der Einzelnen gebracht.

Sie haben zudem Ihre Strategie zur Marktbearbeitung entwickelt. Stellen Sie sich nun die Frage, wer von Ihren Verkäufern die neuen Anforderungen erfüllt bzw. nach spezieller Ausbildung erfüllen könnte. Und welcher Verkäufer es nach Ihrer Einschätzung nicht schaffen wird oder gar schaffen will (auch das gibt es leider heutzutage sehr häufig).

Wenn Sie Verkäufer ersetzen müssen, bedienen Sie sich bei der Auswahl Ihres Anforderungsprofils.

Stellen Sie die Qualifizierung Ihrer Verkäufer auf mehrere Beine:

- Zielgerichtete Trainings und Coachings, sowohl auf die zukünftigen Anforderungen als auch auf die individuellen Engpässe bezogen. Diese Qualifizierung sollte die strategischen, die kommunikativen, vor allem aber die persönlichen Fähigkeiten und Fertigkeiten erhöhen. Nun ist Training nicht gleich Training. Oft wird es falsch verstanden oder missbraucht als Wissensvermittlung und/oder Wissenserarbeitung, teilweise mit kleinen Übungseinheiten garniert. Das Problem: Am Wissen mangelt es den meisten Verkäufern gar nicht. Sollen die Mitarbeiter also nach einem Training in ihrer Verkaufs-/Akquisitionspraxis das (neue) Wissen umsetzen, so greifen (vor allem unter Stress) fast alle auf ihr altes, bewährtes Vorgehen zurück (siehe Kapitel Stress). Somit verpufft der Großteil der Trainingsinhalte, was eine hohe Seminar-/Trainingsmüdigkeit nach sich zieht. Ich empfehle Ihnen daher zwei Hebel, um die Umsetzung zu verbessern.

  – Ein intensives Training, in dem es ausschließlich um das Verinnerlichen und Verfestigen der gewünschten Verhaltensweisen geht. Sobald sich das gewünschte Verhalten gesetzt hat, wird die Geschwindigkeit der Übung erhöht, immer schneller. Im Sport nennt man dies die Entwicklung von Handlungsschnelligkeit. Werden diese Übungen regelmäßig wiederholt, automatisieren sich die Abläufe derart, dass der Verkäufer, ohne viel nachdenken zu müssen, in der „Wettkampfsituation" das Richtige tut. Und er sich voll und ganz auf den Gesprächspartner und die spezielle Gesprächssituation konzentrieren kann. Mit dieser speziellen Übungsform wird der Verkäufer sicherer, mutiger und vor allem flexibler, schlagfertiger. Dieses Training lässt sich für alle beobachtbaren Verhaltensweisen in Verkaufs- und Führungsgesprächen erfolgreich anwenden. Das Trainingsprinzip auch hier: von leicht zu schwer (siehe Seite 213 „Das MILO-Prinzip").

– Der zweite Hebel ist das Training on the Job, bei dem der Verkäufer in der täglichen Akquise-/Verkaufspraxis begleitet wird. Diese Begleitung kann von internen und externen Profis durchgeführt werden. Sie beinhaltet ein qualitatives Feedback auf die gezeigte Leistung, individuelle Korrekturhinweise (passend zum Persönlichkeitstyp des Verkäufers) und die sofortige Umsetzung der Korrekturhinweise im folgenden Kundengespräch. Eine intensive Variante ist das Coaching on the Job, bei dem zusätzlich persönliche Themen bearbeitet werden (z. B. Identifikation mit der Rolle eines Akquisiteurs, Umgang mit persönlichen Ängsten, Blockaden, Widerständen, Verbesserung des persönlichen Auftritts, Erhöhung der Beziehungsqualität zum Gesprächspartner, Entwicklung vom Berater zum Verkäufer etc.).

- Eine weitere Säule bilden Praxisbegleitungen durch Sie und/oder andere Führungskräfte. Zum einen sehen Sie weiterhin, wie sich Ihre Verkäufer und die Kundenverbindungen entwickeln. Zum anderen können Sie Ihren Verkäufern zusätzliche Tipps geben, sie aufmuntern, ihre Sicht der Dinge erfahren und die Beziehung zueinander intensivieren. Des Weiteren wertet es Ihre Kundenbeziehungen auf, wenn der „Chef" mal vorbeikommt. Manchmal führt es sogar zu Zusatzverkäufen. Aber bitte: Treten Sie nicht in Konkurrenz zu Ihren Verkäufern. Halten Sie sich beim Kunden etwas im Hintergrund, Sie wirken doch schon durch Ihren Status.

- Fördern und Fordern Sie Ihre Verkäufer. Geben Sie ihnen neben qualitativen und quantitativen Zielen auch Handlungsziele, wie die Vorgaben in den täglichen Kontaktzahlen. Lassen Sie die Mitarbeiter ihre Aktivitäten dokumentieren (sogenannte Besuchsberichte). Diese Dokumentation sollte die wichtigsten Daten erhalten. Dazu gehören auch die „weichen Faktoren" wie Informationen zum Gesprächspartner, zur Beziehung zueinander, zu Vorlieben und Abneigungen des Kunden etc. Sortieren Sie die unwichtigeren Daten aus. Das fällt sicher schwer in Zeiten des gläsernen Kunden, zumal die meisten Datenarchivierungssysteme extrem umfangreich sind. In dem Zusammenhang wundere ich mich auch aus psychologischer Sicht. Ein Verkäufer, dessen vorrangige Aufgabe Verkauf sein sollte, also Beziehungsarbeit mit Kunden, verbringt in der Regel viel zu viel Zeit, um Berichte zu schreiben, Daten zu archivieren, E-Mails zu lesen und zu beantworten etc. Das Schlimme daran: Der Verkäufer nimmt diese Tätigkeit, die er selbst meist gar nicht schätzt, als Ausrede für fehlende Verkaufsaktivitäten bzw. -erfolge. Es gibt Firmen, ja ganze Branchen, denen es genau deshalb sehr schlecht geht.

Prüfen Sie also für sich, welche Daten Sie unbedingt benötigen. Verzichten Sie aber nicht auf kurze Tages- oder Besuchsberichte. Sie dienen nämlich auch der Auseinandersetzung mit der eigenen Arbeit. Der Tag wird gedanklich reflektiert, Pläne werden geschmiedet, Strategien entwickelt, die eigene Leistung wird hinterfragt.

Sie haben zudem, neben einem Instrument der Qualitätssicherung, ein zusätzliches Mittel, die Aktivitäten Ihrer Mitarbeiter zu kontrollieren und gegebenenfalls zu optimieren.

Gehen Sie diese Berichte mit Ihren Verkäufern regelmäßig durch, hinterfragen Sie, geben Sie Feedback. Ihre Verkäufer fühlen sich ernst genommen, sie merken, dass sie selbst und ihre Tätigkeit bei Ihnen einen hohen Stellenwert genießen. Dieses Gefühl verstärkt die Loyalität und das Eigen-Engagement. Sie werden feststellen, dass Ihre Verkäufer eine stärkere Identifikation mit Ihnen und Ihrem Unternehmen entwickeln und dass sie dafür kämpfen werden.

12.4 Widerstände in der Akquisitionsumsetzung

Ich bin selbständiger Verkaufstrainer, der auch Akquisitionstrainings mit anschließendem Training on the Job durchführt. Leider stoße ich bei diesen Projekten oft an Grenzen bei der dauerhaften Umsetzung. Hier ein Beispiel aus meiner Praxis: Bei der Akquise eines Projektes habe ich folgenden Auftrag erhalten: die Durchführung eines eintägigen Akquisetrainings mit anschließendem Training on the Job, also im Verkaufsgebiet des Verkäufers. Das Training sollte an einem Montag stattfinden, die Begleitung vor Ort an den Tagen Dienstag bis Freitag, jeweils zwei Verkäufer pro Tag (einer vormittags, einer nachmittags). Vier Wochen später sollten die Begleitungen wiederholt werden. In der Zwischenzeit hatten die Verkäufer die Aufgabe, eigene Erfahrungen in der Akquise zu sammeln, um diese später mit mir auszutauschen.

Das Training fand im Seminarraum der Firma statt. Schon bei der Begrüßung und der Vorstellung der Trainingsthemen gab es Fragen und Einwände der acht Verkäufer, die nicht einsehen wollten, dass das Thema Akquisition für sie von Bedeutung sein sollte. Auf meine Intervention, dass das der Wunsch ihres Geschäftsführers sei, entgegneten sie, dass dieser leicht reden könnte, da er das ja selbst nicht machen müsste.

Zudem stellte sich heraus, dass dieser sie laut Aussage der Teilnehmer noch nicht einmal über Sinn und Zweck der Maßnahme informiert habe. Er sagte lediglich, dass es ein Verkaufstraining sein würde.
Es kostete mich viel Überzeugungsarbeit, die Gruppe arbeitsfähig zu bekommen, immer wieder brach neuer Widerstand aus. Der Wettbewerb wurde stark-, die eigenen Produkte und Dienstleistungen wurden schlechtgeredet, der Markt wurde als schwierig und vom Wettbewerb beherrscht dargestellt und, und, und. Ich kam mit meinem Stoff nicht annähernd durch, viele wichtige Punkte wurden nicht bearbeitet.
Während der Trainings on the Job gab es wieder viele Grundsatz-diskussionen und Verallgemeinerungen, so dass die Zahl der geplanten Kaltakquisebesuche bei weitem nicht erfüllt werden konnte.
Insgesamt war diese Woche für mich total anstrengend und frustrierend. Als ich nach vier Wochen wieder kam, waren die Teilnehmer nicht für die Coachingtage eingeteilt. Es gab wieder lange Diskussionen, bis die Organisation stand. Zudem hatte keiner der Verkäufer die vereinbarten Kaltakquisegespräche in der Zwischenzeit geführt. Als Begründung teilten mir alle unisono mit, dass sie dafür keine Zeit hatten, es gab viele, wesentlich wichtigere Aufgaben zu erledigen.
Ich glaube, es erübrigt sich zu sagen, dass auch diese Coachingwoche sehr, sehr zäh und unbefriedigend verlief. Nach dem letzten Training on the Job hatte ich ein Abschlussgespräch mit dem Geschäftsführer. Dieser hatte in der Zwischenzeit gehört, dass das Akquiseprojekt wohl nicht so gut lief und die Verkäufer meine Qualifikation sowie den Nutzen solcher Aktionen stark infrage stellten. Zudem fühlten sich die Mitarbeiter nicht annähernd fit genug, um Akquise in Zukunft durchführen zu können. Der Geschäftsführer war sehr verärgert und sprach von "rausgeworfenem Geld" für dieses Projekt. All meine Versuche, die Hintergründe zu erläutern oder Vorschläge für die Zukunft zu machen, wurden von ihm abgebügelt. Ich fühlte mich total abgewertet und zu Unrecht behandelt. Ich stelle nun mein gesamtes Verhalten infrage.
Wie konnte es zu dieser Entwicklung kommen? Was habe ich unter-schätzt bzw. nicht beachtet? Warum sind gerade bei Akquiseprojekten die Widerstände so heftig?

Oh je, da hat es Sie leider ganz schön erwischt. Aber: Das, was Sie da erlebt haben, ist so unüblich nicht. Es gibt ein paar Stellschrauben, die, richtig gedreht, ein solches Projekt einfacher und erfolgreicher verlaufen lassen. Es fängt schon beim Auftragsgespräch an. Gerade bei Akquiseprojekten, in denen zusätzlich Liveakquise, sei es per Telefon oder per Besuch, vorgesehen ist, gibt es erfahrungsgemäß sehr viele Widerstände. Fast immer liegt es daran, dass die

Betroffenen ihr eigenes Bild von sich und ihrer „gefühlten" bzw. angenomme-
nen Leistung aufrechterhalten wollen. Würden Sie jetzt von jemandem begleitet, der ihre Leistung schlecht beurteilt, könnte das sowohl persönliche Krän-
kungen als auch Ängste vor Repressalien auslösen, z. B. Verlust des Arbeitsplatzes, des alten Status, der Freiheit in der Ausgestaltung der Arbeitszeit, Gesichtsverlust etc. Um sich also zu schützen, wehren sich die Verkäufer. Es gibt
ein paar Unternehmen in Deutschland, die es ihren Mitarbeitern freistellen, an
welchen Seminaren sie teilnehmen wollen. Da gibt es tatsächlich Verkäufer,
die den Seminarveranstalter anrufen und ihn fragen, bei welchen Seminaren
keine Liveanteile und keine Rollenspiele, vor allem mit Videounterstützung,
stattfinden. Diese werden dann gebucht. So weit reicht also das Unbehagen vor
Feedback.

Ich habe über die vielen Jahre meiner Spezialisierung viele solcher oder ähnlicher Reaktionen erlebt. Sowohl von Verkäufern, aber vor allem von Führungskräften. Die sind teilweise noch sensibler, da sie glauben, mehr zu „verlieren" zu haben. Bei meinen Gesprächen mit diesen Verkäufern/Führungs-
kräften wurden mir folgende Hintergründe für ihre Widerstände genannt:

- Die Angst, dass die Leistung schlechter eingeschätzt wird, als der Betroffene
  es selbst tut.
- Die Angst, die Vorgesetzten erfahren die „wahre Qualität" ihrer Mitarbeiter
  und ändern ihr Verhalten ihnen gegenüber.
- Die Angst, dass das externe Feedback dafür sorgt, dass man eine ungeliebte
  Tätigkeit auch in Zukunft machen muss.
- Die Angst, sein sich „hart erarbeitetes Image" zu beschädigen bzw. zu ver-
  lieren.
- Die Angst, dass im Anschluss an das Feedback, einschneidende Verände-
  rungen einziehen.
- Individuelle persönliche Ängste, wie Angst vor
  - Verlust oder Einschränkung persönlicher Freiheit in der Gestaltung der
    Arbeitszeit,
  - Mehrarbeit,
  - höheren Anforderungen, die sich zu Überforderungen entwickeln kön-
    nen,
  - Fehlern, die negative Konsequenzen nach sich ziehen können,
  - Misserfolgen,
  - ängstigenden Aufgaben wie Akquise.

Sie sehen, es steht für die Menschen eine Menge auf dem Spiel. Die genannten Befürchtungen sind nur ein Teil der Aussagen, die ich erhalten habe. Viele dieser Ängste sind für Außenstehende sicher überzeichnet bzw. übertrieben. Doch das ist nicht entscheidend. Entscheidend sind zunächst einmal die Empfindung und die Bewertung der Betroffenen. Interessant dabei: Fast alle Betroffenen befürchten negative Reaktionen anderer in der Beziehung zueinander, d. h., sie haben Angst davor, dass sie von anderen weniger geachtet, wertgeschätzt, geliebt werden (siehe auch Kapitel Angst).

Was hat das jetzt alles mit Ihrem Projekt zu tun?

Nun, es erklärt zunächst einmal die Hintergründe für das Verhalten der Verkäufer. Die waren sich zumindest darin einig, dass sie alle dieses Projekt nicht haben wollten, zudem aus der Befürchtung heraus, dass sie bei positivem Verlauf auch in Zukunft Akquisition hätten betreiben müssen. So eskalierte der Widerstand immer mehr. Es begann harmlos mit Grundsatzdiskussionen über starke Wettbewerber, schlechte Produkte, schwierige Märkte. Es ging weiter mit Störungen im Training, Problemen bei den Terminvereinbarungen bis hin zu nicht gemachten Kaltakquisegesprächen zwischen den Trainings on the Job. Die Krönung war dann die schlechte Rückmeldung für Ihr Akquiseprojekt, garniert mit der Aussage, die Verkäufer seien noch nicht „Akquise-fit". Das alles erfüllte den Zweck, Sie mürbe zu machen, dafür zu sorgen, dass Sie mit Ihrem Stoff nicht durchkommen, und das wiederum als Grund anzuführen, noch nicht fit genug zu sein, es also in der nächsten Zeit auch nicht machen zu können. Der Ärger des Geschäftsführers ist nachvollziehbar. Die Hemmschwelle, so etwas noch einmal zu machen, um die Verkäufer tatsächlich fit zu bekommen, ist nun riesengroß. So haben die Verkäufer ihre Ziele erreicht:

- Das Thema Akquise ist erst einmal vom Tisch. So schnell wird der Geschäftsführer erfahrungsgemäß keinen Vorstoß mehr wagen (auch aus finanziellen Gründen).
- Sie sind aus dem Unternehmen vorerst raus. Leider muss der Überbringer der schlechten Nachricht (und das waren Sie in vielerlei Hinsicht, denn der Geschäftsführer entzog sich seiner Verpflichtung, das Projekt professionell einzuführen) immer den Kopf hinhalten.
- Jeder Verkäufer hat wieder die freie Gestaltung seiner Arbeitszeit.
- Die Gruppe ist, ob ihres gewonnenen Kampfes, enger zusammengerückt und auf weitere „Angriffe der Unternehmensleitung" vorbereitet.

Aktionsplan: Wie können Akquisitionsprojekte erfolgreich umgesetzt werden?

▶ **Legen Sie hohen Wert auf eine genaue Auftragsklärung.**

Ist der Auftrag erteilt, breitet sich das Gefühl, dass alle notwendigen Informationen vorliegen, immer weiter aus. Die Angst, Vertiefungsfragen zu stellen, Hintergründe zu beleuchten oder gar mögliche Einflussfaktoren auf den Projektablauf anzusprechen bzw. zu klären, vernebelt oft die Professionalität. Was, wenn der potenzielle Auftraggeber den Auftrag zurückzieht, weil er den von Ihnen eingebrachten Faktor nicht berücksichtigt hat? Er vielleicht noch einmal darüber nachdenken oder sich bei anderen Menschen rückversichern muss? Was, wenn er glaubt, Sie wären nicht kompetent, weil Sie Rückfragen gestellt haben, wo er sich doch so klar ausgedrückt hat? Was, wenn Sie ein Problem ansprechen, das er gar nicht bedacht oder unterschätzt hat? Fragen über Fragen. Zweifel über Zweifel. Handeln Sie professionell und klären Sie den Auftrag, um später keine zusätzlichen Probleme bei der Umsetzung zu bekommen? Nehmen Sie in Kauf, dass es Irritationen oder Widerstände Ihres Auftraggebers geben könnte? Oder vertrauen Sie etwa darauf, dass alles auch so gut gehen wird? Sie sind doch schon lange im Geschäft, es hat doch auch früher geklappt.

Ich habe über die vielen Jahre gelernt, hohen Aufwand bei der Auftragsklärung zu betreiben. Es zahlt sich aus. Viele Auftraggeber haben nämlich keine Idee davon, was ihnen bei Akquiseprojekten alles entgegenkommen könnte. Sie sind letztlich dankbar für die Klarheit, vor allem, wenn ihnen dieses Projekt wirklich wichtig ist, also keine reine Alibiveranstaltung, um später sagen zu können: „Ich habe meinen Verkäufern alles Notwendige gegeben, sie haben halt nicht mehr daraus gemacht. Und die Schuld hat ..."

Sie sind der Profi. Sie haben einen riesigen Erfahrungsschatz, was Akquisitions-/Verkaufsprojekte betrifft. Also haben Sie auch die Verpflichtung, mit Ihrem Auftraggeber gemeinsam die verschiedenen Perspektiven des Projektes zu beleuchten und Maßnahmen vorzuschlagen, die eine erfolgreiche Umsetzung gewährleisten. Tun Sie das nicht (weil Sie den Auftrag nicht riskieren wollen) und das Projekt scheitert, wird der Auftraggeber zu Recht ärgerlich sein.

▶ **Treffen Sie klare Vereinbarungen mit dem Auftraggeber.**

Nachdem nun Ihnen und Ihrem Auftraggeber klar ist, wohin es gehen soll, braucht es Entscheidungen:

- Welche der von Ihnen vorgeschlagenen Maßnahmen sollen umgesetzt werden?
- Wie sieht der genaue Rahmen für die Umsetzung des Projektes aus (z. B. Beteiligte, Vorerfahrungen, Ziele, Abläufe, Zeitschiene, Meilensteine, Berichtswesen etc.)?
- Wer hat dabei welche Rolle und welche Verantwortung?
- Was ist zu tun, wenn es Störungen, Einflüsse, Widerstände gibt?

Solche und ähnliche Fragen werden diskutiert und schriftlich festgehalten. Auf diese Weise sind alle Beteiligten auf der sicheren Seite. Besonderes Augenmerk ist auf die Rolle des Geschäftsführers zu legen. Er darf sich bei solchen Projekten nicht seiner Verantwortung entziehen. Hätte er zu Beginn Ihres gemeinsamen Projektes die Teilnehmer in der schriftlichen Einladung und in Verkäuferbesprechungen schon auf das Thema und seine Bedeutung für alle Beteiligten hingewiesen, hätte er vor Beginn des Trainings ein paar einleitende, sein Anliegen verstärkende Worte an die Verkäufer gerichtet, hätte er seine, das Projekt begleitende und unterstützende Rolle erklärt, es wäre zu erheblich weniger Widerstand und zu wesentlich stärkerem Verständnis der Verkäufer gekommen.

Klären Sie diesen vielleicht wichtigsten Punkt bei der Umsetzung solch sensibler Projekte. Teilen Sie dem Geschäftsführer mit, was eine solche Vorgehensweise aus Ihrer Erfahrung heraus bewirkt, um wie viel leichter und erfolgreicher das Projekt laufen wird, auch über die vereinbarte Projektlaufzeit hinaus. Wenn er sich nicht beteiligen möchte, erklären Sie ihm, was dann passieren könnte (Sie haben es gerade selbst sehr schmerzhaft erlebt). Nun hat er die (scheinbar) freie Wahl.

Jetzt könnten Sie einwerfen, dass der Geschäftsführer sich vielleicht einem anderen Anbieter zuwenden könnte, da er Sie für inkompetent oder gar unfähig halten müsste. Vielleicht. Ich habe die Erfahrung gemacht, wenn ein Geschäftsführer die Akquisition wirklicht ernsthaft in seinem Unternehmen etablieren möchte, sich dafür einen Profi einkauft, der mit ihm alle Perspektiven beleuchtet, ihn gut vorbereitet und begleitet, ihm sowohl Vor-/Nachteile, als auch Chancen und Risiken aller möglichen Interventionen aufzeigt, ihm individuelle, auf sein Unternehmen bzw. die handelnden Personen zugeschnittene Hilfestellungen und Tipps gibt, dann weiß er Ihre Unterstützung sehr wohl zu schätzen. Des Weiteren wird er Sie im Projekt unterstützen, dadurch wird es weniger Widerstände geben und der Erfolg wird viel eher möglich.

Sollte sich aber Ihr Einwand bewahrheiten, d. h., der Geschäftsführer sucht sich einen neuen Anbieter, was hätten Sie tatsächlich verloren? Okay, der Umsatz wäre futsch. Aber alles, was Ihr Projekt so schwer, so unerträglich, so frustrierend gemacht hat, auch. Wenn Sie einen Auftrag annehmen, der entweder Ihre Kompetenzen, Ihre Erfahrungen übersteigt oder Probleme in der Umsetzung schon im Vorhinein signalisiert, fliegt er Ihnen über kurz oder lang sowieso um die Ohren. Die anderen werden Sie verantwortlich machen, Ihnen dadurch körperliche und seelische Schmerzen (oder Unbehagen) zufügen. Und es kostet Ihr Image. Der Markt ist oft kleiner, als wir denken. Solche Projekterfahrungen sprechen sich herum. Allerdings wird die andere Seite bei der Darstellung ihrer negativen Erfahrungen den eigenen Anteil verschweigen, d. h., alles fällt komplett auf Sie zurück. Natürlich könnten Sie jetzt einwerfen, ich hätte heute „leicht reden", doch auch ich hatte solche Erlebnisse. Ich habe allerdings gemerkt, dass auf alle schmerzhaften Verluste bzw. Verzichte kurze Zeit später etwas Besseres gekommen ist. Es ist eine Frage der eigenen Arbeitsphilosophie, ob Sie sich ein solch schwieriges oder gar aussichtsloses Projekt antun wollen oder nicht.

▶ **Sorgen Sie für die Umsetzung der getroffenen Vereinbarungen.**

Allen Beteiligten ist nun klar, was mit dem Akquiseprojekt erreicht werden soll, welche Bedeutung es für das Unternehmen und für jeden Einzelnen hat. Jetzt kann die Umsetzung beginnen. Ich empfehle Ihnen, die Inhalte des Trainings kurz, für die Teilnehmer verdaulich zu gestalten. Zum einen, weil es immer wieder Unterbrechungen geben wird durch kurzes Aufflammen von Widerständen und Nebenkriegsschauplätzen, zum anderen, weil Akquisition, insbesondere die Kaltakquise, bei den Verkäufern Neuland ist. Packen Sie zu viel in den Trainingstag, wird das die Teilnehmer überfordern. Übrigens wird auch Überforderung von Verkäufern als Grund für Passivität genannt. Liefern Sie Ihnen diese Argumente nicht selbst durch eine ehrgeizige Gestaltung des Trainings. Wenn Sie die für das Training on the Job wichtigsten Inhalte trainieren, die auch in der Praxis gemeinsam vertiefen, ist der Lernerfolg am höchsten, das Feedback auf den Trainingserfolg am besten. Und wer weiß, ob der Geschäftsführer dann nicht noch einmal in ein vertiefendes Training investiert. So hätten alle Beteiligten gewonnen.

Sollte es im Training trotzdem Widerstände gegen die Maßnahme geben, halten Sie sich nicht lange mit Grundsatzdiskussionen auf. Diese Zeit fehlt Ihnen später. Es gibt eine Interventionsform, die sich bei dieser Art von

Widerständen bewährt hat. Voraussetzung ist allerdings, dass die Maßnahme so eingeführt wurde wie oben beschrieben.

Wenn also ein (oder mehrere) Teilnehmer nach wie vor an der Sinnhaftigkeit zweifelt und das Training on the Job boykottieren will, entgegnen Sie ruhig: „Ich kann verstehen, dass Sie diese Akquisition nicht mögen. Für mich persönlich wäre es auch okay, wenn Sie das nicht tun würden. Wir müssen uns jetzt nur noch überlegen, wie wir Ihrem Chef sagen, warum Sie die Akquise nicht machen wollen. Was glauben Sie, wie er reagiert, wo ihm dieses Projekt doch so wichtig ist, wie wir ja in der Einführungsrede von ihm gehört haben?" Ich habe bisher noch niemanden erlebt, der es tatsächlich wissen wollte. Was gibt es da auch noch zu diskutieren? Der Geschäftsführer hat eine Entscheidung getroffen, die er für richtig und wichtig hält. Wenn der Verkäufer das nicht einsieht, muss er mit ihm darüber diskutieren. Das sehen die Verkäufer in der Regel auch ein. Sie als Trainer haben eine andere Rolle. Sie setzen um, was der Auftraggeber letztendlich entschieden hat. Sie sehen also, wie wichtig die Involvierung des Geschäftsführers schon vor Beginn ist. Diese Zusammenarbeit wird nach jedem Prozessschritt weiter intensiviert. Nach dem Training und nach Abschluss der Trainings on the Job geben Sie dem Geschäftsführer ein kurzes Feedback. Wie intensiv dieses Feedback wird, entscheidet sich schon bei der Auftragsklärung.

Sorgen Sie von vornherein dafür, dass jedem Beteiligten klar ist, was an wen zurückgemeldet wird. Das erspart Fantasien und Widerstände. Das Feedbackgespräch mit dem Auftraggeber hat den Zweck, aktuelle Informationen auszutauschen, gemachte Erfahrungen und Entwicklungen zu besprechen sowie Kennzahlen (soweit vorher vereinbart) gemeinsam durchzugehen. Des Weiteren werden mögliche Krisen, Engpässe, destruktive Einflussfaktoren zeitnah erkannt. Im Anschluss daran werden gemeinsam Lösungen entwickelt. So wird die Qualifizierungsmaßnahme ständig optimiert. Je größer bzw. länger eine solche Maßnahme, desto intensiver und bedeutungsvoller dieser Austausch. Manchmal sind die Ergebnisse dieser sogenannten Reflexionsschleifen wichtiger für das Unternehmen als die Trainings und Coachings an sich. Und Sie stellen für den Auftraggeber einen Mehrwert dar, der Ihre Rolle im Kundenunternehmen weiter stärkt. Eine gute Ausgangsposition für Folgeaufträge.

12.5   Probleme bei der Durchsetzung von Entscheidungen

Ich bin seit kurzer Zeit Verkaufsleiter in einem mittelständischen Unternehmen. Ich führe dort eine Verkaufsmannschaft von zehn Außendienstmitarbeitern, die die Aufgabe haben, bestehende Kunden zu betreuen sowie neue Kunden für unsere Logistikdienstleistungen zu gewinnen. Mein Vorgänger nahm seine Führungsaufgabe sehr passiv wahr, d. h., er überließ alles seinen Mitarbeitern, auch vor dem Hintergrund, dass er nicht erst genommen wurde.

Nun versuchte ich, nach meiner Philosophie von systematischer Gebietsarbeit, neue Ideen ins Unternehmen zu bringen. Primärer Fokus für die Zukunft, nach Wunsch unseres Geschäftsführers, die Neukundenakquise. Auf meine Anweisung hin bekamen die Außendienstmitarbeiter eine sehr straffe Tagesplanung. Sie mussten sich besser organisieren, nach meinen Vorgaben zehn Neukundenbesuche pro Tag absolvieren und später dokumentieren. Des Weiteren etablierte ich regelmäßige Verkaufsmeetings (einmal die Woche), Einzelgespräche mit den Verkäufern (jeden Morgen 15 Minuten) sowie Begleitungen der Außendienstler bei ihrer Akquise (Training on the Job).

Kurz nach der Einführung der Maßnahmen brach das Chaos aus. Zunächst gab es offenen Widerstand der Mitarbeiter, die alle Entscheidungen meinerseits schon vor der Umsetzung kritisierten bzw. infrage stellten, obwohl keiner von denen jemals systematische Gebietsarbeit gemacht hatte, die Wirkungsweise meiner Maßnahmen also gar nicht einschätzen konnte.

Als ich auf meinen Entscheidungen beharrte, gab es verdeckte Widerstände. Es wurden Allianzen gebildet, die die Kontaktzahlen eigenmächtig reduzierten. Es gab Mitarbeiter, die plötzlich viele Krankmeldungen abgaben. Es wurden Misserfolge provoziert und es wurde versucht, hinter meinem Rücken den Geschäftsführer unseres Unternehmens zur Zurücknahme meiner getroffenen Entscheidungen zu bewegen. Kurzum, das Klima ist nun total vergiftet. Es sind hauptsächlich zwei Wortführer ("Platzhirsche"), die die anderen beeinflussen und die, kraft ihrer langen Unternehmenszugehörigkeit, einen besonderen Status besitzen. Gespräche meinerseits mit den beiden fruchteten nicht. Mein Geschäftsführer, mit dem ich oft über dieses Problem gesprochen habe, will meinem Vorschlag, die beiden Mitarbeiter härter anzufassen, nicht folgen.

Mein Dilemma besteht darin, dass ich eine Entscheidung für mich treffen muss. So, wie es jetzt läuft, werde ich meine Ideen nicht umsetzen können. Ich werde viel Energie in diesem aussichtslosen Kampf binden, ohne die gesteckten Ziele der Unternehmensleitung erfüllen zu können. Andererseits reizt mich die Herausforderung. Ich will nicht weglaufen bzw. den Kampf aufgeben.

Meine Frage an Sie lautet: Ist das von mir geschilderte Problem überhaupt lösbar? Habe ich vielleicht etwas übersehen oder falsch eingeschätzt? Welche Optionen habe ich noch?

Die von Ihnen gewählten Interventionen zur Aktivierung der Gebietsarbeit waren absolut richtig. Um eine hohe Schlagzahl an Kontakten zu gewährleisten, braucht es eine klare Struktur. Dies gilt vor allem dann, wenn die Vertriebsmitarbeiter bisher keine hatten, wie in Ihrem Fall. Jeder tat, was er für richtig hielt, Führung fand nicht statt. Und hier liegt auch die Crux. Da, wo vorher keine Führung stattfand, wird heute, aus Mitarbeitersicht, zu viel geführt bzw. reglementiert, vorgegeben, angeordnet. Die meisten Verkäufer fühlen sich als „Freigeister" bzw. „Künstler". Sie bestehen meist darauf, ihre Zeit frei einteilen zu können, mit der Erklärung, sie wüssten ja als Profis, was zu tun sei. Als Verstärker wird dann noch angeführt, dass sie provisionsabhängig wären, sie daher aktiv sein müssten, um Geld zu verdienen. Viele Führungskräfte lassen sich von solchen Argumenten neutralisieren. Sie gewähren ihren „Verkaufsprofis" den gewünschten Freiraum. Im Anschluss sind sie dann bitter enttäuscht, da die meisten Verkäufer den Vertrauensvorschuss nicht zurückzahlen. Diese bleiben nämlich passiv, auch wenn sie nicht nur dem Unternehmen, sondern auch sich selbst (finanziell) schaden. Ob also ein Verkäufer mit seiner beruflichen Freiheit professionell umgeht, also im Sinne der Unternehmens- und der eigenen Ziele, hängt im entscheidenden Maße von seinem Reifegrad ab. Viele Verkäufer leisten unter diesen Rahmenbedingungen tolle Arbeit. Sie erzielen sehr gute Ergebnisse für sich und ihr Unternehmen. Die meisten allerdings können mit (zu viel) Freiheit nicht umgehen (siehe Kapitel Passivität).

Der Widerstand Ihrer Verkäufer ist auch darauf zurückzuführen, dass die von Ihnen initiierten Veränderungen zu schnell, vor allem aber zu einschneidend für die Einzelnen waren. Vielleicht ist bei einigen sogar das Gefühl von Bevormundung oder Gängelei entstanden. Immer dann, wenn unser Organismus zusätzliche Leistungen abrufen soll, entsteht zunächst einmal Widerstand. Die meisten Veränderungen erzeugen Unbehagen oder gar Angst vor Misserfolgen, Fehlern, Überforderung. Dazu kommt, gerade bei den sogenannten „Platzhirschen", die Angst vor Verlust des bisherigen Status. Die „Platzhirsche" gaben in der Vergangenheit den Ton an. Sie füllten das Leitungsvakuum des bisherigen Verkaufsleiters aus. Sie gaben den Verkäufern Struktur, sie waren Vorbild und Orientierung für die anderen. Viel Macht für die beiden Herren. Die anderen gliederten sich hierarchisch ein. Manche durch ihre guten Leistungen, andere durch soziale Qualitäten, einige durch ein besonderes Image wie „Widerständler", „Clowns", „Intellektuelle" o. a. So hatte jeder Mitarbeiter sein spezielles Ansehen in der Gruppe sowie eine besondere Funktion. Diese Gruppendynamik ist vergleichbar mit der in den Medien oft zitierten Hierarchie im Mannschaftssport. Nun kommen Sie, als Neuer, als Außenstehender, in diese Gruppe. Nicht nur das. Sie übernehmen sofort die Führung und kegeln alles „bisher Bewährte" über den Haufen. Alle in der Vergangenheit eingenommenen Rollen wurden durcheinandergewirbelt oder gar zerstört. Merke: Wenn ein äußerer Feind eine Gruppe bedroht, wächst diese in der Regel noch stärker zusammen, um sich gemeinsam gegen diesen Aggressor zu schützen bzw. ihn zu bekämpfen. Selbst dann, wenn die Gruppe vorher uneinig oder zerstritten war. Sie sehen also, Sie haben viel für den Zusammenhalt der Gruppe getan, auch wenn Sie sich das sicher anders vorgestellt haben. Selbst Ihr Geschäftsführer, der durch seine passive Haltung die Gruppe immer stärker macht, kann und will keine Veränderung herbeiführen. Was ist also noch möglich?

Aktionsplan: Was tun, wenn initiierte Veränderungen von den Mitarbeitern bekämpft werden?

▶   **Bereiten Sie die geplanten Veränderungen behutsam vor.**

Lassen Sie dabei Vorsicht walten. Viel zu schnell entsteht bei den Betroffenen der Eindruck, dass alles Alte schlecht gewesen sei.

Bevor Sie Ihren Plan umsetzen, sprechen Sie darüber mit Ihrem Geschäftsführer. Erklären Sie ihm, was genau Sie vorhaben. Fragen Sie nach seiner Einschätzung. In diesem Gespräch werden Sie sehr schnell herausfinden, in welche Richtung der Hase läuft. Versucht Ihr Chef, die Erfolge der Vergangenheit aufzulisten, das Alte als „sehr gut bewährt, zu unserem Unternehmen und den Mitarbeitern passend" darzustellen, Ihre geplanten Veränderungen als „gewagt bzw. riskant" einzustufen oder nur die Risiken zu fokussieren, treten Sie auf die Bremse. Veränderungen müssen systemverträglich sein, sie müssen zu den Rahmenbedingungen im Unternehmen passen. Zur Unternehmensstruktur, zur Führungsphilosophie, zur Außen- und Innendarstellung des Unternehmens, zu den Mitarbeitern etc. Wenn Sie von Ihrem Chef schon Signale auf Bewahren des Alten bekommen oder gar klare Ansagen wie „das können Sie vergessen", lassen Sie von Ihrer ursprünglichen Lösung ab. Wenn Sie versuchen, trotzdem Ihre Ideen durchzusetzen, vorausgesetzt, Ihr Chef stoppt Sie nicht vorher, passiert Ihnen, was Sie in Ihrem Brief beschrieben haben. Fragen Sie also Ihren Chef, welche Ihrer Vorschläge sofort umsetzbar wären, welche entweder modifiziert oder auf einen späteren Zeitpunkt verschoben werden sollten. Nachdem alle Punkte für Sie beide zufriedenstellend geklärt wurden, entwickeln Sie gemeinsam einen Umsetzungsplan. Dieser beinhaltet die vereinbarten Schritte zur Einführung und dauerhaften Umsetzung der systematischen Gebietsarbeit, die Verteilung der Rollen und Verantwortungsbereiche (Ihre und die Ihres Chefs), mögliche Engpässe und Einflussfaktoren, die eine erfolgreiche Umsetzung be- bzw. verhindern können, sowie Ihre Reaktionsmöglichkeiten für diese Fälle. Die Vereinbarungen werden am besten schriftlich fixiert. Wenn die „Platzhirsche" jetzt Widerstand aufbringen, ist die Vorgehensweise zumindest klar geregelt. Sowohl Ihr Chef als auch Sie selbst sind vorbereitet. Sollte sich Ihr Chef trotz Ihrer Vereinbarung seiner Verantwortung entziehen, hätten Sie zumindest alles Ihnen Mögliche getan. Sie müssten jetzt nur noch entscheiden, was Sie in Zukunft tun werden. Das Verhalten Ihres Chefs würde auch später von Rückzug geprägt sein.

► **Setzten Sie die Veränderungen sukzessive um**

Nehmen wir einmal an, Ihr Chef hat den gemeinsamen Maßnahmenkatalog akzeptiert. Sie haben grünes Licht für die Umsetzung. Berufen Sie eine Verkäuferbesprechung ein, bei der auch Ihr Chef anwesend sein wird. Dieser übernimmt den Part der Begrüßung, mit dem Hinweis, dass die von Ihnen beiden erarbeitete Strategie sowohl für das Unternehmen als auch für alle Beteiligten eine hohe Bedeutung haben wird. Für den Erhalt, das Wachstum des Unternehmens, letztlich zur Sicherung aller Arbeitsplätze sind die geplanten Maßnahmen unverzichtbar.

Nach dieser Einführungsrede übergibt der Geschäftsführer das Wort an Sie, zur Erläuterung der nächsten Schritte. Natürlich könnte der Geschäftsführer das auch selbst tun. Beides wäre okay. Während Sie also die geplanten

Schritte langsam vorstellen, begründen Sie kurz den gewählten Weg, nicht, um sich zu rechtfertigen, sondern um Klarheit zu erzeugen. Machen Sie ruhig Pausen, damit die Mitarbeiter fragen bzw. ihre Meinung äußern können. Gehen Sie ruhig und sensibel mit diesen Interventionen um. Sie können sich auch im Vorhinein mit Ihrem Chef absprechen, wer worauf antworten wird. Geben Sie den Mitarbeitern das Gefühl, dass Sie für Verbesserungsvorschläge offen sind, dass aber die Umsetzungsstruktur an sich nicht veränderbar ist. Betonen Sie immer wieder, dass das Alte, Bewährte nach wie vor wertgeschätzt, dass es in Teilen sogar weiter fortgeführt wird. Das Neue dient als sinnvolle Ergänzung, die sukzessive etabliert wird, um den Marktanforderungen auch in Zukunft gerecht zu werden. Sagen Sie Ihren Verkäufern Ihre Unterstützung zu. Machen Sie Ihnen das Angebot, jederzeit zu Ihnen kommen zu können, bedrängen Sie sie aber nicht, das wäre zu früh für die frische Beziehung.

Zu guter Letzt: Binden Sie die „Platzhirsche" intensiv mit ein, vorausgesetzt, Ihr Chef zählt tatsächlich auf sie. Geben Sie ihnen eine Aufgabe, die sie von den anderen etwas (aber nur „etwas") abhebt. Die Gruppe wird damit kein Problem haben, da sie die beiden auch vorher als „Leitwölfe" akzeptierte. Und die fühlen sich „gebauchpinselt". Aber: Seien Sie selbst sehr achtsam. Ziehen Sie schnell Grenzen, wenn die beiden übergriffig werden. So, wie Sie die zwei beschrieben haben, wird das auf jeden Fall passieren. Wenn Sie den „Platzhirschen" einen kleinen „Diven-Status" lassen, ihnen aber verdeutlichen, dass Sie die Führung innehaben, könnte es funktionieren. Denken Sie einmal an die vielen Beispiele aus dem Fußball, wo „launige Diven" und ausgeschlafene „Trainerfüchse" erfolgreich zusammenarbeiten, zum Wohl ihres Vereins.

▶ **Kontrollieren Sie die Umsetzung**
Alles ist nun in die richtigen, von Ihnen gewünschten Bahnen gelenkt worden. Alles könnte so schön sein, wenn da nicht die menschliche Bequemlichkeit wäre. Ihre Verkäufer werden auch weiterhin immer wieder mal ihre Grenzen ausloten. Seien Sie wachsam. Reagieren Sie schnell, denn sonst nimmt es eine Dynamik an, die Sie ja schon schmerzvoll erfahren mussten. Sowohl in Einzelgesprächen als auch in Verkäufermeetings können Sie, je nach Grad der Störung, das Ruder wieder zurückreißen. Tauschen Sie sich auch weiterhin viel mit Ihrem Chef aus. Je stärker Ihre Zusammenarbeit, desto weniger Chancen der Verkäufer, Sie gegeneinander auszuspielen. Wenn die Kooperation mit den „Platzhirschen" gut funktionieren sollte, könn-

ten auch diese auf dem kleinen Dienstweg „für Ruhe sorgen". Wenn nicht, sind Sie gefragt, denn Reibung mit dem Vorgesetzten gibt vielen Mitarbeitern einen besonderen Kick. Entziehen Sie sich also nicht, denn sonst wird es noch viel schlimmer. Gehen Sie offensiv auf die Leute zu.

▶ **„Verlassen Sie Ihr Unternehmen"**

Bei allen vorangegangenen Schritten bin ich davon ausgegangen, was man in der von Ihnen geschilderten Situation machen könnte, vorausgesetzt, man

- nimmt eine solche Position, unter den von Ihnen genannten Rahmenbedingungen, gerade ein,
- hat eine solche Position inne, will seinen Kurs korrigieren und hat (noch) die Möglichkeiten dazu.

Genau hier liegt der Knackpunkt.

Ihren Schilderungen nach ist die Situation dermaßen eskaliert, dass sowohl die Verkäufer als auch Ihr Chef Ihnen, meiner Einschätzung nach, nicht mehr folgen werden. Sie schreiben, dass Sie Ihre Ideen in diesem aussichtslosen Kampf so nicht umsetzen können. Andererseits haben Sie auch den Ehrgeiz, es trotzdem versuchen zu wollen. Um die „richtige Entscheidung" treffen zu können, empfehle ich Ihnen, mithilfe der SWOT-Analyse oder ähnlicher Modellen einmal die Vor- und Nachteile aller Möglichkeiten einander gegenüberzustellen und zu bewerten. Dieses Vorgehen verschafft Ihnen einen schriftlichen Überblick, der Ihre Entscheidung erleichtern wird. Berücksichtigen Sie dabei die sogenannten harten Faktoren genauso wie die weichen. Also, was sind die Vor- und Nachteile aller infrage kommenden Möglichkeiten? Wo liegen Ihre Chancen und Risiken? Wenn Sie sich für Ihr jetziges Unternehmen entscheiden sollten, klären Sie zunächst einmal alle Beziehungen. Sprechen Sie alle Störungen an, ergründen Sie, ob es noch eine Basis für eine erfolgreiche Zusammenarbeit gibt. Fangen Sie dabei mit Ihrem Chef an. Sollte er Ihnen schon die Unterstützung verweigern, gehen Sie lieber. Wenn Sie sich für einen Neuanfang entscheiden, setzen Sie dort die oben beschriebenen Tipps für die erfolgreiche Einführung und Umsetzung der systematischen Gebietsarbeit um.

13 Quo vadis Akquisition?
oder
Warum immer weniger Menschen aktive Akquise betreiben

Viele Unternehmen schlagen Alarm. Eine Entwicklung, die sich schon in den letzten Jahren andeutete, nimmt immer bedrohlichere Züge an. Immer weniger Verkäufer sind bereit, aktive persönliche Akquisition zu betreiben. Dies gilt für das bestehende Personal ebenso wie für Bewerbungskandidaten. Die Auswirkungen für die Unternehmen sind teilweise fatal. Sie sind ausschließlich darauf angewiesen, dass die Kunden von sich aus die Initiative ergreifen oder dass die Werbeaktivitäten des Unternehmens fruchten.

Schaut man sich einmal die Akquiseaktivitäten der Verkäufer an, so fällt auf, dass die meisten versuchen, im eigenen Kundenstamm Geschäft zu generieren, vor allem bei den Kunden, zu denen ein gutes, intensives Verhältnis besteht. Bei den anderen Kunden ist die Aktivität schon spürbar abgeschwächter.

Des Weiteren setzen sie auf elektronische Hilfen wie E-Mail-Anfragen, soziale Netzwerke wie Facebook, Xing, Twitter etc. Diese Art von Akquise nimmt immer mehr zu, den erwünschten Erfolg bringt sie nur ganz wenigen.

So entwickelt sich auch die Fähigkeit, persönlichen Kontakt zu anderen Menschen aufzunehmen, immer weiter zurück. Ein Phänomen, das auch in unserer Gesellschaft mittlerweile dramatische Züge annimmt.

Das beschriebene Dilemma liegt nicht nur an den Verkäufern, sondern auch an anderen Faktoren.

Um dem Umsetzungsproblem von aktivem Verkauf/aktiver Akquisition auf den Grund zu gehen, haben meine Mitarbeiter und ich zahlreiche Interviews mit betroffenen Personen geführt. Wir sprachen mit Vorständen, Geschäftsführern, Unternehmensbereichsleitern aller Art, Personalentwicklern, Trainern, Beratern und mit vielen Verkäufern. Um einen umfassenden Einblick zu erhalten, interviewten wir in vielen unterschiedlichen Branchen.

Ergänzend dazu recherchierten wir in der Neurowissenschaft, der Sport- und Humanpsychologie sowie der Sportwissenschaft, welche Erklärungen es hier für das Phänomen gibt und welche Ideen zur Veränderung sich in der Praxis bewährt haben.

Die Studie

Die Studie begann im März 2010 und wird bis Ende 2011 fertiggestellt. In dieser Zeit werden wir ca. 170 Interviews durchgeführt haben.

Zentrale Fragestellungen waren dabei u. a.:

* Welche Erfahrungen gab es bei der Umsetzung von Akquise in die Praxis?
* Wo sehen die Betroffenen selbst die Symptome, aber auch die Ursachen für die Umsetzungsproblematik?
* Welche Unterstützung wünschen sie sich, um aus diesem Dilemma wieder herauszukommen?
* Inwieweit wurden Trainings und andere Personalentwicklungsmaßnahmen zur Unterstützung eingesetzt?
* Mit welchen Erfolgen und Erfahrungen?
* Was ließ sich gut und erfolgreich, was ließ sich schlecht bzw. gar nicht umsetzen?
* Was wurde bisher noch getan, um diese Umsetzungsprobleme zu lösen?
* Welche Rolle spielten die Führungskräfte bei der Umsetzungsproblematik?
* Wie viele Führungskräfte begleiten die Verkäufer regelmäßig bei Kunden- und Akquisegesprächen und geben leistungs- bzw. umsetzungsförderndes Feedback?
* Inwieweit sind die Führungskräfte in die Weiterqualifizierungsprozesse ihrer Verkäufer mit integriert?
* Erhalten auch die Führungskräfte selbst Unterstützung im Umgang mit eigenen und fremden Umsetzungsproblemen?
* Wie unterstützt oder behindert das Unternehmen die betroffenen Personen bei der Umsetzung?

Die bisherigen Ergebnisse der Studie weisen fünf Hauptschwerpunkte für die Umsetzungsschwäche aus:

* Die Verkäufer
* Die Führungskräfte

- Die interne Personalentwicklungsabteilung
- Die externen Trainer und Berater
- Das Unternehmen

Die Verkäufer

Wie kommt es also, dass Verkäufer, obwohl meist provisionsabhängig bezahlt, nicht das tun, bzw. es nicht so gut tun, was mehr Geschäft garantiert? Die meisten von ihnen sind sehr lange im Verkauf, kennen alle Kniffe und Regeln des Geschäftes, haben zahlreiche Trainings und Coachings im Verlauf der vielen Jahre erlebt. Dennoch können sie bei der Akquise „ihre PS nicht auf die Straße bringen".

Sowohl die Führungskräfte als auch die Verkäufer selbst gaben folgende Gründe für die fehlende oder mangelhafte Umsetzung von Akquisition auf Verkäuferseite an:

- Fehlende Identifikation mit der Rolle eines aktiv akquirierenden Verkäufers („Klinkenputzer-Image").
- Vermeidung der aktiven Akquise, weil sie als unangenehm, unbequem, zu aufwendig und ähnlich empfunden wird.
- Negativer innerer Dialog vor und während der Akquise mit Gedanken des Scheiterns, des Misserfolges, des Nichterfüllens von eigenen und fremden Erwartungen sowie der Angst vor Fehlern.
- Ängste vor Zurückweisung, Beziehungsabbruch und ähnlichen Kundenreaktionen.
- Persönliche Krisen wie Leistungstief, Ergebnisdruck, Geldnot, persönlicher und beruflicher Stress.
- Denk- und Sprechblockaden, ausgelöst durch den Akquisitionsstress sowie Charakter- und Persönlichkeitsfixierungen.
- Überzogene Erwartungen (eigene und vor allem fremde), die zu latenter Überforderung führen.
- Fehlende bzw. stark eingeschränkte Konzentration im Akquisegespräch, d. h., die Gedanken und Wahrnehmungen schweifen permanent ab, man ist nicht mehr zu 100 % bei der Aufgabe.
- Fehlende Qualität sowie fehlendes Interesse an einer aktiven persönlichen Beziehungsarbeit (mit Kunden), dadurch wird der Kundenkontakt als anstrengend bis hin zu „auszehrend" erlebt.
- Unzureichende Fähigkeiten in der Ansprache von potenziellen Kunden,

obwohl die meisten Verkäufer über Jahre diesen Beruf ausüben und schon zahlreiche Qualifizierungsprozesse durchlaufen haben. Als Ursache hierfür wurde der fehlende Zugriff auf das vorhandene Wissen durch die Stress-situation der Akquise genannt.

- Zu viele Gedanken an das Ergebnis bzw. die Konsequenzen danach, statt die Konzentration zielgerichtet ausschließlich auf die Aufgabe zu fokussieren.
- Fehlende oder schwach ausgerichtete Motivation, über den kurzfristigen Erfolg hinaus zu denken und zu handeln.
- Vermehrt auftretendes ausschließlich egoistisches Denken unter Aus-blendung unternehmerischen Denkens und Handelns. Erhalt und Wachs-tum des Unternehmens, für das man arbeitet, liegt kaum oder gar nicht im Fokus.
- Fehlende Systematik in der Bearbeitung von Erst- und Folgekontakten. Es wird sporadisch besucht und wenig konsequent nachverfolgt.
- Die persönliche Einstellung des Verkäufers, dass man mit der Akquise an-deren Menschen zu nahe tritt, sie stört oder gar belästigt. Tenor: „Ich hasse es auch, wenn ich von anderen Verkäufern abends angerufen werde …"
- Destruktive Einflussfaktoren (privat und beruflich), die die Akquisearbeit be- bzw. verhindern.
- Keine Idee über die eigene Wirkung im Akquisegespräch, verstärkt durch fehlendes qualifiziertes Feedback seitens der Führungskräfte oder interner/externer Trainer. Dies gilt besonders für die Engpässe bei der Umsetzung in Stresssituationen.

Die Führungskräfte

Auf die Führung kommt bei der Umsetzung eine wichtige Aufgabe zu. Sie muss zum einen die Verkäufer aktiv halten. Sie darf nicht davon ausgehen, dass jeder Verkäufer so viel Disziplin und einen so starken Charakter hat, dass er jeden Tag von sich aus den ihm gestellten Akquisitionsauftrag erfüllt. Dazu ist der „innere Schweinehund" erfahrungsgemäß zu mächtig.

Zum anderen muss die Führungskraft den Verkäufer permanent weiterent-wickeln. Sie muss ihn trainieren, coachen, in der Praxis begleiten, ihm Feed-back geben. Die wenigsten Verkäufer zeichnen sich durch Selbstinitiative und Umsetzungsstärke bei der Akquisition aus. Hinzu kommt, dass der Mensch unter Stress auf das altbewährte Muster zurückgreift, nicht auf das neu Ge-lernte. Es sei denn, er wird unter Anleitung ermutigt, das Neue auszuprobieren und diese neue Erfahrung ins bestehende Verhaltensrepertoire aufzunehmen.

So wird er mit der Zeit immer sicherer, auch weil im Gehirn die Verankerung des Neuen mit den bestehenden Kenntnissen und Erfahrungen erfolgt. Von selbst läuft dieser Prozess nur bei wenigen Menschen ab. Dies gilt vor allem für angstbesetzte, Stress auslösende Situationen.

Hier nun die am häufigsten genannten Ursachen auf der Führungsseite:

- Die Führungskräfte interessieren sich vorrangig für Kennzahlen und Fakten ihres Jobs. Sie halten sich eher an den sachlichen Faktoren ihrer Arbeit fest. Was dabei auf der Strecke bleibt, ist die Qualifizierung ihrer Verkäufer.
- Die meisten Führungskräfte wissen gar nicht, was ihre Verkäufer draußen beim Kunden tatsächlich tun. Sie vertrauen ausschließlich auf das, was ihnen der Verkäufer darüber sagt, sowie auf ihre eigenen Vermutungen und Interpretationen.
- Es gibt kaum ein detailliertes Anforderungsprofil, welche Fähigkeiten und Fertigkeiten ein Verkäufer im Unternehmen mitbringen bzw. entwickeln muss. Daher gibt es auch keine Messgröße, die man zum Vergleich mit den vorhandenen Qualitäten hinzuziehen kann.
- Es gibt in Personal(entwicklungs)fragen oft ein blindes Vertrauen in die PE-Abteilungen, die man einerseits nicht ernst nimmt, und die andererseits selbst nie im Vertrieb, geschweige denn in der Akquisition gearbeitet haben. Die Ergebnisse verwundern deshalb nicht.
- Viele Führungskräfte sind in Führung, Mitarbeiterentwicklung, Umgang mit Mitarbeitern u. a. nur oberflächlich ausgebildet. Manche kamen in den Genuss von einzelnen Seminaren zum Thema Führungsgrundlagen. Andere erlebten einen Qualifizierungsprozess mit allen theoretischen Inhalten zur Führung von Teams und einzelnen Mitarbeitern. Was fast nie gelehrt wurde, war der Umgang mit den psychologischen Phänomenen der Verkäuferführung und -aktivierung, also dem Ursprung aller Blockaden bei der Umsetzung.
- Fehlende Identifikation der Führungskräfte mit den Themen Mitarbeiterführung, -aktivierung, -qualifizierung, -motivation. Mitarbeiter dienen hier oft als Erfüllungsgehilfen zur Erreichung der eigenen Karriereziele.
- Fehlende Identifikation mit der Verkäufer-/Akquisitiontätigkeit („das will ich selbst auch nicht machen"). Daher lässt man die Verkäufer gewähren und ist froh, sich damit nicht auseinandersetzen zu müssen.
- Eigene Ängste, Blockaden und Krisen der Führungskräfte, die dazu führen, dass sie mehr mit sich als mit allen anderen beschäftigt sind.
- Zu viele vom Unternehmen auferlegte organisatorische Aufgaben, die die

Führungskräfte auch gerne nutzen, um die Arbeit mit ihren Verkäufern reduzieren zu können.

- Fehlender Glaube, dass die Umsetzungsprobleme der Verkäufer überhaupt lösbar sind. Wird das Problem identifiziert, versucht man es darauf zu reduzieren, dass es nun mal „geborene Verkäufer" oder „Verkaufstalente" gibt. Ein Unsinn, aber er hilft erst einmal, sich selbst zu beruhigen.
- Keine Handlungsziele, die den Verkäufern Orientierung über die Ergebnisziele hinaus geben könnten.
- Keine Konsequenzen bei nicht erfüllten Kontaktzahlen. Ob der Verkäufer Besuche bei Kunden und Interessenten vorweist oder nicht, es gibt weder positive noch negative Rückmeldungen. Also lässt er es sein.

Die interne Personalentwicklungsabteilung (PE-Abteilung)

Viele Unternehmen, vor allem größere, haben eigene PE-Abteilungen. Zu deren Aufgaben gehören u. a. auch die Personalsuche, -auswahl sowie die Aus- und Weiterbildung der Mitarbeiter. PE-Abteilungen haben meist einen schweren Stand im Unternehmen, besonders beim Vertrieb. Die Hintergründe dieser „Feindschaft" liegen oft darin, dass der Vertrieb die PEler als „Theoretiker" bezeichnet, während die PEler den Vertrieb als oberflächlich beschreiben. Diese Konflikte beeinflussen den Stellenwert der PE im gesamten Unternehmen. Bei unseren Interviews sowohl mit der PE als auch mit dem Vertrieb wurden diese Klüfte zumeist bestätigt. Die Folge: Es gibt kaum eine gedeihliche Zusammenarbeit, sondern eher ein distanziertes Nebeneinander, in dem jeder seinen Aufgaben nachgeht und sich vom anderen abschottet. Dabei ist jeder für sich auch selbstkritisch genug, zuzugeben, vom Geschäftsfeld des anderen (zu) wenig zu verstehen. Statt sich konstruktiv zusammenzuraufen, um dann gemeinsam das Umsetzungsproblem zu lösen, bleibt jeder lieber bei sich. Die Unternehmensleitung lässt beide Seiten gewähren, im Zweifelsfall entscheidet sie sich für den Vertrieb, „da er das Geld verdient".

Hier nun die am häufigsten genannten Ursachen für die Rolle der PE bei der Umsetzungsproblematik:

- Das fehlende Verständnis über die speziellen Situationen und deren Anforderungen im Vertrieb sorgt oft für falsche Konzepte. Es gibt dann zu viele allgemein gehaltene oder oberflächliche PE-Maßnahmen. Das andere Extrem sind abgehobene, an den eher pragmatischen Vorstellungen des Vertriebs vorbeigehende Konzepte. Es klappt nur da gut, wo sich PE und

Vertrieb intensiv austauschen und gemeinsam praktikable Lösungen finden.

- Der Vertrieb hat seine Weiterbildungsfavoriten: Speaker, Marktschreier, Entertainer und Co., von denen sie gehört haben, sollen den Vertrieb motivieren, ihm Ideen für die dauerhafte Umsetzung liefern. Das funktioniert natürlich nicht, denn am fehlenden Wissen liegt die Umsetzungsproblematik fast nie. Solche Aktionen sind meist Alleingänge des Vertriebs, ohne Abstimmung mit der PE, und sorgen, auch durch den fehlenden Erfolg sowie die hohen Kosten, für die weitere Kultivierung der bestehenden Vorurteile.

- PE-Abteilungen mit eigenen Trainern und Beratern versuchen, das Problem selbst in den Griff zu bekommen. Abgesehen davon, dass interne Trainer fast überall beim Vertrieb Akzeptanzprobleme haben, können sie auch fachlich keine wirkliche Unterstützung liefern. Woher sollen die Kenntnisse und die Erfahrungen denn auch kommen? Neben einer Trainerausbildung, meist noch intern durchgeführt, haben sie in der Regel Weiterbildungen in Moderation, Projektmanagement, Coaching sowie in einigen Konzepten wie NLP (Neuro-Linguistische Programmierung), TZI (Themenzentrierte Interaktion), TA (Transaktionsanalyse) o. Ä. Jedoch nur über kürzere Zeit, also sehr an der Oberfläche. Es fehlen allerdings der systemische und vor allem der tiefenpsychologische Ansatz, der bei der Lösung von Umsetzungsproblemen unabdingbar ist.

- Interne geraten auch schnell in den Verdacht, dass gerade persönliche Schwächen und Blockaden, die sie bei den Verkäufern wahrgenommen haben, im Unternehmen weitergetragen werden, was wiederum zu negativen Konsequenzen führen könnte. Ganz egal, ob das nun tatsächlich passiert (ist) oder ob es sich nur um die Fantasie oder Paranoia des Vertrieblers handelt, das Arbeitsverhältnis ist so gestört, dass eine Lösung des Umsetzungsproblems unmöglich ist.

- Auch PEler gehen gerne davon aus, dass ein Vertriebler per se ein offener, aktiver, professioneller Kommunikator ist, der seinen Job beherrscht. Deshalb sehen sie oft die Notwendigkeit für teure Qualifizierungsprozesse nicht ein.

- Wenn im Unternehmen Geld eingespart werden muss, trifft es meist zuerst die PE und zuletzt den Vertrieb. Dies fördert zum einen die gepflegte Abneigung beider Parteien, zum anderen wird natürlich an aufwendigen (aber nötigen) Qualifizierungsprozessen gespart.

- PE hat die Aufgabe, das gesamte Personal im Unternehmen zu qualifizieren, nicht nur den Vertrieb. Die Praxis zeigt, dass der größte Teil des PE-Budgets allerdings in den Vertrieb geht, obwohl dieser selbst noch ein Budget hat, dies aber kaum für die Weiterqualifizierung seiner Verkäufer einsetzt. Dies geht eher in Marketinginstrumente, Werbeaktionen, Incentives u. a.

- Auch dieser Umstand sorgt für Konflikte, da auch andere Unternehmensbereiche Qualifizierung einfordern. Zudem wächst das Unverständnis, weshalb der Vertrieb nicht Teile seines Budgets in die Lösung der Umsetzungsproblematik investiert.

- PEler stehen beim Vertrieb oft im Verdacht, sich über ihre theoretischen Konzepte und Qualifizierungsprozesse selbst verwirklichen zu wollen, statt das Problem praxisnah und für Vertriebler umsetzbar anzugehen. Das sorgt für zusätzlichen Widerstand beim Vertrieb sowie für Unverständnis und Kränkung bei der PE.

- Viele PE-Abteilungen hatten klare, unterstützende Prozesse zur Optimierung der Lerntransfers. Diese beschrieben den genauen Ablauf vor, während und nach Qualifizierungsmaßnahmen. Trotzdem mussten auch sie große Schwierigkeiten bei der Umsetzung am „Point of Sale" einräumen.

- Einige Unternehmen setzten zur Unterstützung des Lerntransfers zusätzlich „E-Learning" sowie „Blended Learning" ein. Auch hier gab es nur eine geringfügige Verbesserung in der Umsetzungsqualität. Kein Wunder, es ist kein kognitives Problem.

Die externen Trainer und Berater

Ich bin nun schon 23 Jahre als Trainer und Berater im Geschäft. Ich habe viele Konzepte, Denkansätze oder Lehren kennengelernt, sowohl in der Erwachsenenbildung als auch in Disziplinen der Sport- und Humanpsychologie, der Neuro- und der Sportwissenschaft, der Sozialpädagogik, der Schmerztherapie etc. Ich habe sie mit meinem bisherigen Wissen und meinen Erfahrungen verknüpft und sie in das Geschäftsfeld der Akquisition integriert. Ich habe all mein berufliches Wirken den zwei Fragestellungen gewidmet: Wie schafft man es, dauerhaft erfolgreicher und effizienter zu verkaufen bzw. zu akquirieren? Wie schafft man es, dauerhaft erfolgreicher und effizienter Verkäufer/Akquisiteure zu führen bzw. zu aktivieren?

Dieses Vorgehen kenne ich aus dem Leistungssport. Tue das, wozu du dich berufen fühlst bzw. was dir Spaß macht – tue das mit voller Konzentration und Konsequenz –, und lerne von den Besten. Ich habe in den vielen Jahren auch viele Trainer- und Beraterkollegen kennengelernt. Fast alle von ihnen sind

Generalisten, also Spezialisten für alles. Ich habe mich oft gefragt, wie sie es wohl schaffen, in allen Bereichen auf hohem Niveau wettbewerbsfähig zu sein und vor allem zu bleiben. Wenn man sie so reden hörte, war das alles kein Problem, die Auftraggeber waren alle zufrieden, hätten nie bessere Trainer gehabt.

Gut, bei vielen sah man, dass es sich um Wunschdenken handelte, aber ich war sehr gespannt, wie potenzielle Auftraggeber in den Interviews über die Qualität von Trainer-/Beraterleistungen denken, welche Erfahrungen sie gemacht haben. Vor allem bei der Thematik: Umsetzen des Trainierten in die berufliche Praxis. Die Ergebnisse waren ernüchternd:

- Die Unterstützung bei der Umsetzung in die berufliche Praxis beschränkt sich bei den meisten Trainern und Beratern auf Hinweise, was man am besten vor, während und nach dem Training tun sollte (wie Auftragsklärung, Zielsetzung, Begleitungsgespräche mit Führungskräften, Lernpatenschaften, Mentorenunterstützung, Aktionspläne, Follow-up-Maßnahmen, Feedbackbögen etc.). Das meiste davon ist allen bekannt, auch schon in vielen Unternehmen als Prozess etabliert.
- Manche Trainer und Berater begleiten die Verkäufer in die berufliche Praxis. Sie geben Feedback zu beobachteten Verkaufs- und Akquisitionsgesprächen. Allerdings hängt die Qualität der Rückmeldung und der empfohlenen Korrekturhinweise stark davon ab, was der Trainer wahrnimmt, wie er es interpretiert, welche eigenen Kenntnisse und Erfahrungen als Grundlage dienen, ob er vom Verkäufer ernst genommen wird bzw. ob er ihn und seinen Interpretationen vertraut.
- Es gibt bei den Trainern viele Psychologen, die nichts von Vertrieb verstehen, sowie viele Vertriebstrainer, die nur oberflächliche psychologische Kenntnisse und Erfahrungen vorweisen können. Ein spezielles Know-how zur Lösung der Umsetzungsblockaden haben die wenigsten.
- Es wird viel versprochen, es wird wenig davon gehalten. Viele Interviewte glauben daher kaum noch etwas, ohne sich vorher davon überzeugt zu haben. Sei es durch Referenzen des Trainers oder des Auftraggebers selbst, Probetrainings, genauere Auswahlverfahren, intensive Begleitung während der Prozesse etc.
- Immer mehr „Modeerscheinungen" verunsichern die Beteiligten zusätzlich. Hier ein „neues" Typenmodell, dort der „sichere Weg zu mehr Erfolg". Alles wird als einfach, ohne Mühe und in kürzester Zeit erfolgreich umsetzbar dargestellt. Leider sieht die Realität anders auch. Entwicklung und Verände-

rung braucht Zeit. Somit ist die Enttäuschung (im wahrsten Sinne des Wortes) umso höher, das Vertrauen in Externe immer geringer.

- Immer weniger Trainer und Berater haben fundierte Aus- und Weiterbildungen. Der Markt ist überschwemmt, der Druck enorm hoch, die Tagessätze für einige nicht ausreichend genug, um davon, neben dem Lebensunterhalt, auch noch qualifizierte Weiterbildung finanzieren zu können. Da muss es auch mal ein Buch tun, oder es geht auch so. Die fehlende Qualität versucht man dann mit Dumpingpreisen auszugleichen. Für den Auftraggeber allerdings bleibt auch der geringe Tagessatz eine Fehlinvestition. Sein Problem wurde nicht gelöst.
- Als „clevere Gelddruckmaschinen" wurde die Garde der Speaker, Keynote Speaker, Entertrainer und Marktschreier bezeichnet. Viel Geld für Vorträge vor einer Masse von Leuten. Viele witzige, kurzweilige, aber auch interessante Ideen, die aber meist im großen Ganzen untergehen. Die Prüfung der Nachhaltigkeit ergab bei den meisten Auftraggebern: Frust, Resignation, Enttäuschung. Das Problem der Umsetzungsschwäche ist kein kognitives, somit greift der oben beschriebene Ansatz nicht.
- Am erfolgreichsten liefen Prozesse, die mittel- bis langfristig angelegt waren, aus Intervallen bestanden, eine Mischung aus Training, Praxisbegleitung, Coaching, Beratung enthielten, zwischendurch mit Feedbackschleifen angereichert wurden und sowohl die Mitarbeiter als auch die Führungskräfte in den Prozess integrierten. Sie kosten allerdings viel Geld, was nicht jedes Unternehmen aufbringen kann oder will. Auch wenn sich der Return on Investment schnell einstellt.
- Durch die vielen Weiterqualifizierungsmaßnahmen, die von den Beteiligten meist als Insellösung wahrgenommen werden, entsteht eine Müdigkeit und Abneigung dagegen, auch weil sie letzten Endes nicht helfen, wo es am meisten wehtut.

Das Unternehmen

Welchen Einfluss hat das Unternehmen auf die Umsetzungsqualität seiner Verkäufer? Welche Organisation, welche Regeln, welche Kultur hat sich als förderlich oder gar hinderlich erwiesen? Wie bewerten die unterschiedlichen Hierarchieebenen die Situation sowie deren Hintergründe und Konsequenzen? Was hat man bisher getan, um das Umsetzungsproblem zu lösen, mit welchen Ergebnissen, welchen Erfahrungen? Hier nun die häufigsten Ursachen, die von den Beteiligten dem Unternehmen zugeschrieben wurden:

- Unternehmen brauchen Umsatz. Am besten, so schnell es geht. So wird fast alles diesem Ziel untergeordnet. Es entstehen Ungeduld, Erwartungs- und Erfolgsdruck. Keine Zeit für Probleme. Keine Zeit für mittel- geschweige denn langfristige Entwicklungsprozesse. Mit der Zeit entstehen Überforderung, Hilflosigkeit und Ohnmacht beim Einzelnen. Angst, Fehler zu machen, Angst, Misserfolge zu haben, beherrschen die Gedanken aller Beteiligten. Ein schwieriges Umfeld, um aus dem Dilemma der Umsetzungsproblematik herauszukommen.
- Es wird zu viel vorausgesetzt. Während man im Sport um die Prinzipien von Training und Reflexion weiß, dort alles tut, um Leistungen sukzessive zu verbessern, werden in der Wirtschaft diese Prinzipien fast vollständig ignoriert. Viele Unternehmensleiter glauben, dass jeder Mitarbeiter entweder schon gut genug für seinen Job ist oder dass er zumindest selbst alles dafür tut, um immer besser zu werden. So wird der Mitarbeiter auf sich selbst zurückgeworfen, und dessen innerer Schweinehund übernimmt das Regiment.
- In manchen Unternehmen wird Weiterbildung gar als überflüssig angesehen, gemäß dem Tenor: Entweder man kann es jetzt oder man lernt es nie.
- Unternehmenslenker werden von ihren Mitarbeitern oft als „auf sich selbst bezogen" erlebt. In ihrer Wahrnehmung geht es „denen da oben" nur um ihre eigene Macht und Karriere, der Blick für die Basis ist dadurch versperrt.
- In den meisten Unternehmen gibt es keine Vorgaben für die Leistungssteigerung der Mitarbeiter und Führungskräfte, weder detaillierte Anforderungsprofile noch Entwicklungspläne u. Ä., somit findet Weiterbildung nur sporadisch und ins Blaue hinein statt.
- Die Unternehmen, die Mitarbeiterqualifizierung systematisch etabliert haben, sehen sich sowohl qualitativ als auch quantitativ (Ergebnisse, Kennzahlen etc.) bestätigt.
- In vielen Unternehmen finden permanent Umorganisationen, Restrukturierungen, EDV-Neueinführungen u. Ä. statt. Diese Maßnahmen beschäftigen erst einmal alle Beteiligten, lenken dadurch von anderen wichtigen Aufgaben ab. Dies beeinflusst auch die Aktivität beim Kunden. Manchmal führt es sogar dazu, dass die Verkäufer sagen; „Ich mache besser nichts, wer weiß, wie lange das Gesagte noch Bestand hat …"
- Ein weiterer Konflikt, der immer wieder genannt wird, ist der zwischen der Zentrale und dem operativen Geschäft. Oft werden von der Zentrale Dinge vorgeschlagen oder etabliert, die den Vertrieblern draußen das Leben eher schwer machen, wie die Einführung eines neuen Berichtswesens, Verände-

rung der Kundenstruktur, Einschränkung oder Ausweitung von Zuständigkeiten etc. Die Folge auch hier: noch mehr Passivität am „Point of Sale".

- Durch die Aufgabenvielfalt werden die Führungskräfte teilweise gezwungen, die Verkäufer allein laufen zu lassen. In manchen Unternehmen ist der organisatorische, verwalterische Aufwand wesentlich größer als der für die Führung, Anleitung und Qualifizierung der zugeteilten Mitarbeiter. Fairerweise muss darauf hingewiesen werden, dass ein bisschen Zeit schon übrig wäre, sich viele Führungskräfte aber allzu gerne hinter den organisatorischen Aufgaben verstecken, um die Arbeit am Mitarbeiter zu vermeiden.
- In manchen Unternehmen gibt es sogar den Verdacht, dass die Unternehmenslenker keine Weiterqualifizierung fördern, damit die Mitarbeiter nicht zu schlau (und zu bedrohlich) werden.
  Ein Schelm, der Schlechtes dabei denkt.

So viel zu den von den Betroffenen genannten Hauptgründen für die Umsetzungsschwäche in Vertrieb und Akquisition. Sie geben einen Einblick in die Vielfalt möglicher Ursachen und sie zeigen viele mögliche Wechselwirkungen auf. Nicht jedes Unternehmen hatte all diese Symptome auf einmal. Es gab auch Unternehmen, die fast alles optimal fanden. Es gab allerdings keines, das kein Umsetzungsproblem hatte, d. h., bei allen war und ist noch enormes Potenzial, sowohl beim System und seinen Chancen im Markt als auch beim Einzelnen und seinen Möglichkeiten, seine Fähigkeiten und Fertigkeiten zu verbessern.

Die Ergebnisse der Interviews decken sich in großen Teilen mit unseren Erfahrungen in vielen Qualifizierungsprozessen in unterschiedlichen Branchen. Der Anteil unserer Arbeit an der Lösung persönlicher Engpässe bei Führungskräften und Verkäufern liegt übrigens bei ca. 80 %.

Schauen wir einmal, wie andere Wissenschaftsbereiche das Umsetzungsproblem erklären, denn es betrifft die meisten Menschen, wenn sie unter Stress geraten, Sportler, Künstler aller Art, Unternehmenslenker, Verkäufer, Trainer, Ärzte etc.

Erkenntnisse aus der Neurowissenschaft

Professor Dr. Gerald Hüther, einer der bedeutendsten Hirnforscher, hat in zahlreichen Projekten die aktuellen Entwicklungen in unserer Gesellschaft und ihre Auswirkungen auf unser Gehirn untersucht. Durch die Anforderungen, denen wir täglich ausgesetzt sind, werden wir zu Getriebenen, die immer wieder funktionieren müssen. So sind wir immer nur mit dem beschäftigt, was uns gerade im Kopf herumgeht, und bekommen immer weniger von dem mit, was um uns herum passiert. Unsere Welt wird immer unpersönlicher, weniger verlässlich, oberflächlicher und egoistischer. Wir bekommen mit, wie politische und wirtschaftliche Zwänge den individuellen Bedürfnissen übergeordnet werden. Wir lernen, auch durch diverse Vorbilder, wie man am besten auf Kosten anderer durchs Leben gehen und seine Neigungen und Bedürfnisse über die anderer Menschen stellen kann. All diese Entwicklungen stressen unser Gehirn, denn es handelt sich hierbei um abgeschaute und erworbene Verhaltensweisen, nicht um angeborene. Wir kommen zur Welt mit ungeheurem Reichtum und Potenzial. Gerade in den ersten Lebensmonaten ist unsere Hirnkapazität am größten und unsere Aufnahmebereitschaft am höchsten. Wir lernen von denen, die uns dabei nahe sind, und wir lernen für diese Menschen, um ihnen zu gefallen, ihnen eine Freude zu machen und selbst dafür Anerkennung zu erhalten. Wir lernen, was gut oder schlecht für uns ist, was wir tun müssen, um anderen zu gefallen, was sich nicht gehört und was wir besser sein lassen, um keinen Nachteil zu erhalten.

So entwickeln wir mit der Zeit Vorstellungen und Bedürfnisse. Wenn diese nun nicht mehr mit der Realität übereinstimmen, wird unser Gehirn irritiert, es werden Übererregungen ausgelöst. Da unser Gehirn allerdings auf solche Übererregungen mit noch mehr Stress reagiert, hat es keinen Zugang mehr zu den Bereichen im Gehirn, wo z. B. unser Wissen gespeichert wird. Es gibt in diesem Zustand kein handlungsleitendes Denken, Fühlen und Erinnern mehr. Es gibt hier nur noch den Zugriff auf die alten Muster, die man schon als Kind eingesetzt hat. So verhalten wir uns wie früher. Wir schreien herum, wir ziehen uns gekränkt zurück, wir beschäftigen uns mit anderen Dingen, wir suchen Hilfe bzw. Verbündete etc. Ein erwachsenes, zielorientiertes Verhalten im Hier und Jetzt findet nicht (mehr) statt.

Wie bei der Akquisition:

Dort erlebe ich bei geplanter Umsetzung oft Verkäufer, die unter diesem Stress lautstark die Aussichtslosigkeit von Kaltakquise herausschreien („Das bringt doch nichts …"), die sich ins Büro zurückziehen und dort Schreibarbeit erledigen („Ich habe noch etwas Dringendes zu tun …"), die im Internet nach alternativen Akquisitionsmöglichkeiten fahnden oder die mit anderen Arbeitskollegen Allianzen bilden, die dann mit ihnen gemeinsam dem Chef die Ungehörigkeit seiner Forderung nach aktiver persönlicher Gebietsarbeit vor Augen führen („Also Chef, die anderen sind auch der Meinung, dass das nichts bringt …"). Ein erwachsenes, professionelles Bewerten der Tätigkeit, der langfristigen Erfolgsaussichten oder der Bedeutung für das Unternehmen findet nicht statt.

Die meisten Führungskräfte verhalten sich dann ähnlich: Sie schreien, sie drohen, sie resignieren, sie wenden sich ab, sie hoffen auf Einsicht (und auf eine bessere Verkäuferwelt), sie widmen sich wieder ihren anderen Aufgaben.

Diese Beispiele zeigen noch einmal, wie gefährlich es für Menschen wird, wenn sie auf Geschehnisse treffen, die sie nicht (mehr) kontrollieren können. Wie die Reaktion von fremden Menschen, auf die ein Verkäufer bei der Akquise zugehen muss (per Besuch, per Telefon etc.), oder die Reaktionen von Verkäufern, die die Führungskraft für diese Tätigkeit motivieren will. Obwohl beide Seiten einsehen, dass es wichtig wäre. Wir haben also in unserer Gesellschaft, denn dort gibt es ja viele ähnlich gelagerte Beispiele, kein Erkenntnisproblem, sondern ein Umsetzungsproblem, d. h., wir wissen ziemlich genau, was zu tun ist, können es aber nicht umsetzen. Auch weil wir Umsetzungsstrategien kaum oder gar nicht gelernt haben. Wir haben Wissen angehäuft, umgesetzt haben wir aber nur einen Bruchteil dessen. Dieser Umstand frustriert viele Menschen immer mehr. Zudem bereitet er ihnen auch Angst, verstärkt dadurch, dass die eigenen und fremden Erwartungen nicht erfüllt werden können, was wiederum zu negativen Konsequenzen führen könnte. Dies gilt für das private Umfeld genauso wie für das berufliche.

Denn überall herrscht Wettbewerb. Dieser gilt ja in unserer heutigen Gesellschaft als Volkssport. Überall wird verglichen, bewertet und ausgewählt. Dies führt nach landläufiger Meinung zu Wachstum. Gehirnforscher haben allerdings herausgefunden, dass Wettbewerb auch Angst erzeugt, vor allem bei denen, die nicht gewinnen (können), die den Herausforderungen nicht gewachsen oder gar nicht darauf vorbereitet sind.

Wie bei der Akquisition und der Führung von Verkäufern:

Die Tätigkeit an sich ist für viele ja schon beängstigend. Wenn dies jetzt noch potenziert wird durch Wettbewerb zu anderen sowie negative Konsequenzen bei Passivität, Fehlern oder Misserfolgen, wird der Stress im Gehirn extrem hoch. Wie sieht wohl in einem solchen Zustand die erbrachte Leistung aus? Wie hoch ist wohl die Erfolgsaussicht? Wie sehr wird das Dilemma dadurch noch verstärkt?

Sie können sich jetzt ungefähr vorstellen, was in einem solchen Zustand eine kognitive Hilfestellung bewirken würde? Sie würde nicht ankommen oder das Dilemma zusätzlich verstärken, wenn auch diese Strategie nicht helfen würde („Oh Gott, das sollte doch helfen, aber ich kann auch das nicht ...").

Jetzt könnte mancher sagen, dass solche Menschen im Vertrieb und in der Führung nichts zu suchen hätten, denn dort gehört der Wettbewerb in seiner Urform doch hin.

Andere könnten sagen, dass es sich bei solchen Menschen ja nicht um „geborene Verkäufer" handeln könnte, denn die hätten solche Probleme nicht.

In beiden Fällen (und bei vielen anderen Vorurteilen auch) muss ich Sie enttäuschen, im wahrsten Sinne des Wortes. Wie so viele andere Phänomene, die man uns früher immer als genetisch bedingt verkauft hat, ist auch das des geborenen Talentes falsch. Die Neurowissenschaft hat in den letzten Jahren bewiesen, dass die früheren Annahmen über Vererbung eher Spekulation denn wissenschaftlicher Beweis waren.

Für das Phänomen des Talentes wurde von den Wissenschaftlern die Art, wie wir früher gelernt haben, als Erklärung geliefert. Dies gilt sowohl für die Qualität als auch für die Quantität des Lernens. Der Schlüssel für die Qualität ist Spaß bzw. Begeisterung. Diese aktivieren Nervenzellen, schaffen Verbindungen zu anderen Nervenzellen, senden Botenstoffe aus, setzen chemische Prozesse in Gang, die dann den Rest des Gehirns versorgen und die Entwicklung forcieren. Diese Begeisterung kann früher ausgelöst worden sein durch unsere Eltern, die etwas mit uns gemeinsam ausgeübt haben oder die uns zu etwas angeleitet bzw. uns dabei unterstützt haben, oder wo wir etwas mit Freude getan haben für unsere Eltern. Im Sport gibt es dieses Phänomen häufig. Viele frühere Sportler haben heute erwachsene Kinder, die diesen Sport auch mit Begeisterung ausüben. Zuerst haben sie als Kinder ihre Eltern beim Sport interessiert beobachtet, haben ihnen nachgeeifert, erfuhren dabei viel Unterstützung und auch Anerkennung. Haben die Eltern ihre Kinder nun permanent eingeladen, ermutigt und inspiriert, weitere Erfahrungen zu sammeln, so wurden das Kind immer begeisterter und auch erfolgreicher. Das Gegenteil war der Fall, wenn die Eltern Druck ausübten, hohe Erwartungen an das Kind richteten, es überforderten, und der Spaß sowie die Begeisterung sukzessive auf der Strecke blieben.

Talent allein reicht aber nicht aus, um Spitzenleistungen zu erbringen. Hier kommt der Aspekt Quantität ins Spiel. Für jede Spitzenleistung sind viele Übungsstunden vonnöten. Dies gilt in allen Bereichen des Sports, der Musik, des Schauspiels, der Malerei etc. Alle Spitzenkönner haben Tausende von Übungsstunden hinter sich. Dies gilt auch für die „Kinderstars". Selbst Mozart, der wegen seines strengen Vaters, der selbst Komponist war, schon mit drei

Jahren ein strenges Übungsprogramm im Komponieren und Musizieren auferlegt bekam, hatte schon Tausende Übungsstunden hinter sich, ehe er mit 21 Jahren sein erstes Meisterwerk, das Klavierkonzert Nr. 9, erschuf.

Ähnliche Beispiele gibt es in anderen Disziplinen auch (siehe auch Matthew Syed: *Was heißt schon Talent?*).

Die Formel für Spitzenleistungen in allen Bereichen lautet also: „Talent und Fleiß", „Qualität und Quantität". Sie lautet nicht: „falsche Gene, für immer ohne Perspektive". Es wäre aber sicher unfair hochzurechnen, wie viele Übungsstunden Verkäufer und Führungskräfte in der Regel aufbringen.

Zusätzlich zu Talent und Fleiß des Einzelnen sind ebenfalls fördernde Rahmenbedingungen vonnöten. „Talent muss sich entfalten dürfen", sagte einmal der österreichische Oscar-Gewinner Christoph Waltz. Er meinte damit die Möglichkeiten, sich ausprobieren zu können, gemeinsam mit anderen zu wachsen, ein förderndes, unterstützendes Umfeld zu haben und keines, welches ausschließlich mit Druck, Angst und Schrecken regiert. Wir können und wollen Wettbewerb nicht verhindern, er gehört zu unserem Leben dazu. Wir können allerdings einen anderen, keine Angst und Panik produzierenden Umgang damit wählen. Die subjektive Bewertung entscheidet darüber, ob man Angst bekommt oder nicht. Diese Bewertung hängt von unseren früher gemachten Erfahrungen ab. Wenn ich früher immer behütet und beschützt war, wenn mir immer alles abgenommen wurde, wenn ich Probleme nie selbst lösen musste, entwickle ich bei Problemen oder Herausforderungen im Hier und Jetzt viel eher Ängste und Blockaden, als wenn ich mich schon früher eher allein durchsetzen und behaupten musste.

Was also bei der Akquise (und der Führung von Akquisiteuren) die Ängste und Blockaden auslöst, liegt in der Vorerfahrung der Betroffenen, und ich kann Ihnen sagen, das sieht man denen nicht an. Nach außen wirken sie in ihrem Job (in den eigenen vier Bürowänden) sehr professionell, sehr sicher. Aber innen rumort es, wenn sie ihre Komfortzone verlassen müssen, und sie tun sich schwer, das jemandem gegenüber zuzugeben, aus Angst, den Status einzubüßen, den Wettbewerb zu stärken oder andere negative Konsequenzen zu spüren zu bekommen.

Dies gilt genauso für Verkäufer wie auch für Führungskräfte. Ein Schwerpunkt meiner Arbeit liegt in solchen Fällen bei der Umdeutung der Bewertung durch den Betroffenen. Statt wie bisher den negativen Teil der Anforderung zu fokussieren, geht man dazu über, die positiven Teile zu beleuchten.

Zentrale Fragen für die Umdeutung von Anforderungen

- Was macht mir Spaß an meiner Arbeit?
- Wofür kann ich mich dabei begeistern?
- Was war der Grund dafür, dass ich mich für diesen Beruf entschieden habe?
- Wo habe ich auch bei der Akquise schon einmal Spaß und Begeisterung erlebt bzw. empfunden?
- Was an dieser Akquise war (und ist) für mich und meine Arbeit positiv?
- Wie war das damals (als ich eine richtig gute Akquise erlebt habe) genau? Was habe ich dabei wahrgenommen? Welche Gefühle haben mich dabei begleitet? Wie stark war das Erfolgsgefühl danach?

Solche und ähnliche Fragen sollen noch einmal die im Verkäufer vorhandenen und schon mehrfach unter Beweis gestellten Fähigkeiten, Fertigkeiten, aber auch den damals erlebten Spaß und die Begeisterung in den Vordergrund stellen, als Energiequelle für die kommenden Aufgaben.

Wird der Verkäufer nun aktuell mit einer noch höheren Anforderung in der Akquise konfrontiert (anspruchsvolleres Produkt, schwierigere Zielgruppe, höhere Hierarchieebene, stärkere Wettbewerbssituation etc.), die ihn noch mehr stresst bzw. ängstigt, wird die Umdeutung dazu genutzt, diesen Stress oder diese Angst für ihn nutzbar zu machen, statt sie gegen sich zu richten.

Beispiele:
- „Je gestresster oder ängstlicher ich mich fühle, desto konzentrierter werde ich."
- „Das ist jetzt genau meine Chance, die neue Technik auszuprobieren."
- „Je dominanter der andere auftritt, desto ruhiger werde ich."

Mit solchen oder ähnlichen Interventionen können Sie im inneren Dialog die vormals angstbesetzte in eine normale, Sie herausfordernde bzw. persönlich weiterbringende Situation umdeuten. Sie sollten solche Situationen regelmäßig intensiv trainieren, damit die Interventionen so stark verinnerlicht werden, dass sie in der Stresssituation tatsächlich präsent sind.

Ein solches Training beinhaltet nicht nur die Formulierung an sich und das anschließende Auswendiglernen der Interventionen. Es muss zugleich eine Verknüpfung mit der Stress auslösenden, angstbesetzten Situation erfolgen. Ein Beispiel:

Sie stellen sich also vor, eine große Firma für sich akquirieren zu wollen. Ihr Ansprechpartner ist ein großer, grauhaariger, distanziert wirkender Akademiker mit Doktortitel. Er ist sparsam in seinen Gesten, gibt Ihnen nur kurze Antworten, reagiert nicht auf Ihr Lächeln. Nach Ihrem kurzen Entree und der Nennung Ihres Besuchsanlasses fragt er Sie kurz und scharf: „Was wollen Sie denn nun von mir? Ich habe keine Zeit."

Nehmen wir nun also an, das wäre eine Situation, vor der Sie sich fürchten. Ihre Führungskraft (oder Ihr Trainer) spielt diesen Typen, so wie beschrieben. Nun entwickeln Sie sich eine für Sie passende Umdeutung. Jetzt wird trainiert, optimiert, wieder trainiert, bis diese sitzt. Jeden Tag ein paar Minuten. Ich verspreche Ihnen: Wenn Sie nun in Ihrer Akquisepraxis einen solchen Gesprächspartner oder eine ähnliche Situation antreffen sollten, erinnert sich Ihr Gehirn an das intensive Training und aktiviert die entsprechenden Nervenzellen. Durch die reale Erfahrung verfestigt sich die Konditionierung. Eine weitere Verstärkung entsteht durch die mit der Umsetzung parallel erlebten Gefühle. So entsteht die nachhaltige Ausprägung einer neuen Nervenzelle mit den Verbindungen zu altbewährten Strategien der Vergangenheit.

Mit dieser Vorgehensweise lassen sich sukzessive Fähigkeiten und Fertigkeiten entwickeln, die Ihr heutiges Repertoire sinnvoll ergänzen und dauerhaft erhalten bleiben – wenn Sie regelmäßig trainieren.

Dies gilt sowohl für die Herausforderungen des Verkaufs/der Akquisition als auch für die Herausforderungen der Führung. So lassen sich alle möglichen und denkbaren Herausforderungen darstellen, trainieren und verinnerlichen. Dabei handelt es sich um eine Mischung aus dem Training von mentalen und verhaltensorientierten Fähigkeiten und Fertigkeiten.

Ein weiterer Nutzen dieser Vorgehensweise ist, dass die heute als bedrohlich empfundene Situation, durch das Training und die Erfahrungen aus der Umsetzung, ihren Schrecken verliert. Keinen Stress, keine Angst auslöst. Dadurch reduziert sich auch der Widerstand, wenn eine solche Herausforderung wieder ansteht. Da, wo früher Zweifel und Befürchtungen auftraten, spüren Sie heute eine geringere Anspannung oder Nervosität. Die allerdings muss sein. Diese Art von Anspannung erhöht die Konzentration auf die Aufgabe, sie hält Sie wach, schärft Ihre Aufmerksamkeit, Sie bleiben fokussiert.

Diese Art zu lernen nennt die Neurowissenschaft „Erfahrungslernen".

Basis für erfolgreiches Lernen ist die Begeisterung für eine Sache. Wenn Sie etwas für sich als wichtig oder bedeutsam ansehen, so öffnen sich im Gehirn die Beziehungen und Vernetzungen. Sie nehmen das Neue auf wie ein Schwamm und verknüpfen es mit altem schon vorhandenen Wissen und Erfahrungen. Je wichtiger Ihnen etwas ist, desto mehr positive Gefühle entwickeln sich parallel dazu. Dies wiederum sorgt für eine Verstärkung des Lernprozesses.

Nehmen Sie einmal Ihr Hobby. Wie engagiert, diszipliniert, aber auch begeistert und voller Freude gehen Sie diesem nach? Wie intensiv planen Sie es in Ihr Leben ein? Wie viel Zeit investieren Sie dafür? Wie viele Rückschläge haben Sie in Kauf nehmen müssen und haben trotzdem (oder gerade deswegen) weitergemacht? Wie war das Gefühl, als Sie dann erfolgreich waren? Wie viele (Übungs-)Stunden haben Sie seit Beginn Ihres Hobbys geleistet? Hat sich das alles unter dem Strich gelohnt? Hat es Sie befriedigt, sogar stolz gemacht?

Die meisten Menschen, die intensiv einem Hobby nachgehen, werden mir zustimmen. Sie werden als Hauptantrieb Leidenschaft und Begeisterung angeben. Ich habe viele Menschen kennengelernt, die mit Hingabe und Akribie ihrem Hobby nachgehen, bei ihrer Arbeit aber müde, antriebslos in den Tag hineinleben. Würden sie nur einen Teil ihrer übersprühenden Energie, die anderswo ausgelebt wird, in ihrem Job einsetzen, was wäre da alles möglich? Im Job allerdings fehlt dieser wichtige Antrieb: Spaß, Begeisterung, Überzeugung, Leidenschaft.

Ein weiterer wichtiger Schlüssel liegt in der Fokussierung Ihrer Lernmotivation.

Eine Aufgabe gut zu meistern ist aus eigenem Spaß und eigener Begeisterung heraus wesentlich nachhaltiger und erfolgreicher, als etwas nur für andere zu tun (z. B. Vorgesetzte, Partner) oder es für ein vorher definiertes Ziel und die damit verbundene, mögliche Anerkennung zu tun (z. B. Olympiasieger zu werden, bester Verkäufer zu werden).

Ob man nämlich Letzteres tatsächlich erreicht, hängt auch noch von anderen Faktoren, neben der eigenen Leistung, ab.

Der Leitsatz könnte also lauten: Ich tue etwas, weil ich es gerne tue, ich leiste dabei mein Bestes, und währenddessen stellt sich auch der Erfolg ein.

Wäre nur das vorgenommene Ziel der Grund für Ihren Antrieb, so wäre jeder Fehler, jeder Rückschlag, jeder Stillstand, jeder Misserfolg, jede ausbleibende Belohnung und Anerkennung durch andere ein schwerer Rückschritt für Ihre Bemühungen. Ein enormer Kraftaufwand wäre vonnöten, um die eigene Energie für Ihr Weitermachen wieder aufzubringen. Hinzu kommt die Angst, dass es wieder solche negativen Erlebnisse geben könnte. So stellt sich mit der Zeit Überforderung ein. Wenn sich solche Erfahrungen dann häufen, kann es auch zu Burn-out-Phänomenen kommen. Man strengt sich an, gibt alles, und das gewünschte Ergebnis stellt sich nicht ein. Man „brennt aus", der Antrieb erlischt, das Gehirn wird übererregt und braucht Ruhe in Form von Ersatzbefriedigungen, Alternativbeschäftigungen, Schuldzuweisungen an andere, neue Herausforderungen etc.

Was raten uns nun die Neurowissenschaftler, um aus diesem Angstkreislauf herauszukommen?

Der vorrangige Ansatz: Das Gehirn benötigt Vertrauen, um wieder optimal nutzbar zu sein:

- Vertrauen in die eigenen Kompetenzen
- Vertrauen, dass es auch mit anderen Menschen gemeinsam geht
- Vertrauen, dass es wieder besser wird

Vertrauen in die eigenen Kompetenzen

Vielen Menschen sind der Glaube und das Vertrauen in die eigenen Fähigkeiten abhanden gekommen. Sie wirken zwar nach außen, als könne sie nichts erschüttern, als wären sie immer Herr (oder Frau) der Lage, doch im inneren Dialog zweifeln sie permanent an sich und ihrem Können. Sie bewerten andere Menschen oft als kompetenter, intelligenter, schöner, sicherer. Der Ursprung für diese Zweifel ist individuell, meist allerdings sehr früh angelegt. Manche Charaktere zeigen diese Unsicherheit und Zweifel deutlich nach außen, vor allem unter Stress. Andere haben sich die Fähigkeit erworben, diese „Schwäche" zu kaschieren, sie leiden darunter meist nach innen. Es geht also darum, wieder mehr Vertrauen in die eigenen Kompetenzen zu entwickeln. Sich an Situationen zu erinnern, wo man die heute benötigten Fähigkeiten schon gezeigt hat. Sich durch Techniken des „Umdeutens" oder der „Verknüpfung" (siehe dazu auch Kapitel „Sportpsychologie") diese vorhandenen Fähigkeiten im Gehirn mit den aktuellen Situationen zu vernetzen, so dass bei einer neuen Herausforderung dieses Potenzial sofort abgerufen werden kann.

Vertrauen, dass es auch mit anderen Menschen gemeinsam geht

In unserer Gesellschaft hat es in den letzten Jahren eine starke Veränderung in der Beziehungsgestaltung gegeben. Da, wo es noch vor 20 bis 25 Jahren klare

Bekenntnisse zu Familien- und Beziehungswerten gab, hat sich in den letzten Jahren immer mehr das Wirtschaftlichkeitsdenken und -handeln durchgesetzt. Um den heutigen Anforderungen gerecht zu werden, gehen meist beide Elternteile arbeiten. Erziehung und Beziehungen gestalten sich dabei oberflächlich oder bleiben ganz auf der Strecke. Als Ersatz dient den meisten Menschen heutzutage das Internet. Entweder wird es allein genutzt und man taucht ab in eine parallele Welt, oder man nutzt es zur Kontaktaufnahme in sozialen Netzwerken. Aber auch in diesen Fällen bleiben persönliche Kontakte und Beziehungen an der Oberfläche oder fallen ganz aus. Diese Entwicklung hat verheerende Folge für die Beziehungsqualität und -quantität im Verkauf, in der Akquisition und in der Führung. In vielen Unternehmen wird ausschließlich über E-Mail-Verkehr kommuniziert, sogar dort, wo man in einem Büroraum sitzt. Verkäufer versuchen ausschließlich über das Internet an Kunden zu kommen, Führungskräfte versuchen, ihre Verkäufer per E-Mail zu führen. Eine Entwicklung, die auch dazu führt, dass die Fähigkeiten zur persönlichen Gestaltung von Beziehungen bei vielen abhanden gekommen sind. Dies wiederum produziert noch mehr Ängste und Zweifel, wenn man dann persönlich aktiv werden soll.

Auch hier gilt es, sich daran zu erinnern, dass der Mensch ein dialogisches, auf persönliche Beziehungen angewiesenes Wesen ist. Das gilt für uns genauso wie für andere Menschen. Der Wunsch nach persönlichem Kontakt und intensiver Beziehung ist, trotz gegensätzlicher gesellschaftlicher Entwicklungen, nach wie vor vorhanden. Die Menschen, die das beherzigen und auf ihre Mitmenschen persönlich zugehen, können davon erfolgreich berichten. Verkäufer genauso wie Führungskräfte.

Vertrauen auch Sie wieder darauf, dass persönliche Beziehungen durch nichts zu ersetzen sind. Das gilt für das Privatleben genauso wie für das Berufsleben. Wer diese „Beziehungsarbeit" aktiv betreibt, wird dafür belohnt, mit länger währenden, tragfähigen Verbindungen, in denen jeder vom anderen profitiert, man sich gemeinsam weiterentwickelt und unterstützt.

Vertrauen, dass es wieder besser wird

Man hört das jeden Tag einmal von irgendjemandem: „Früher war es doch besser." Eine Floskel, die die Vergangenheit, die oft gar nicht so toll war, glorifiziert, verbunden mit der Sehnsucht, die Uhr noch einmal zurückdrehen zu können.

Was de facto nicht geht, lässt sich aber bei der Wiederbelebung von, in Vergessenheit geratenen, Qualitäten erfolgreich umsetzen.

Das beginnt damit, dass Sie sich noch einmal die eigenen inneren Leitbilder vor Augen führen, um eine Orientierung für die Zukunft zu erhalten.

Zentrale Fragen zur Überprüfung eigener innerer Leitbilder

- Was ist mir wichtig? Welche Überzeugungen leiten mich?
- Wofür tue ich das alles?
- Ist das, was ich tue, das, was ich schon immer tun wollte?
- Was würde ich lieber tun?
- Lässt sich das heute noch korrigieren? Wie?
- Wenn nicht, wie kann ich mich wieder für die aktuelle Aufgabe begeistern bzw. ihr wieder Bedeutung geben?
- Wie kann ich das, was mich früher einmal ausgezeichnet hat, heute wieder aktivieren?

Wenn Sie sich wieder orientiert haben, sich wieder an Ihr vorhandenes Potenzial erinnern und es wieder sukzessive freilegen, besteht die große Chance, dass es tatsächlich wieder besser wird. Wenn Sie jetzt wieder aktiver werden, neue Erfahrungen machen, die Ihr Gehirn an altbewährte Verbindungen anknüpfen kann, dann werden Sie Ihre Fähigkeiten wieder ausbauen und der Erfolg wird nicht lange auf sich warten lassen. Dieser Erfolg wird dann weitere Begeisterung erzeugen, die im Gehirn Nährstoffe produziert, die für immer mehr Wachstum der Netzwerke (Synapsen) sorgen.

Erkenntnisse aus der Sportpsychologie

Eine zentrale Aufgabestellung in der Sportpsychologie ist es, die Athleten dabei zu unterstützen, auf den Punkt genau die beste mögliche Leistung abrufen zu können. Die meisten Athleten, die sich solch professionelle Unterstützung holen, haben schon alle anderen leistungsfördernden Maßnahmen befolgt. Diese bilden die Grundvoraussetzung, die höchste Leistungsstufe überhaupt erreichen zu können. Sie haben ihr Training optimal ausgereizt, sie haben alle regenerativen Mittel ausgeschöpft, sie haben ihr Umfeld perfekt auf die täglichen Herausforderungen abgestimmt, sie werden medizinisch, physiologisch und ernährungstechnisch optimal betreut. Die Arbeit mit den Sportpsychologen hat nun das Ziel, die mentalen Bedingungen für die angestrebte Höchstleistung zu schaffen. Dies geschieht vor allem vor dem Hintergrund, dass der Wettbewerb ebenfalls die Voraussetzungen für seine Höchstleistungen geschaffen hat. Es entscheiden also nur noch Nuancen darüber, wer letztlich den Erfolg erzielen wird.

Es geht aber nicht immer nur um Sieg oder Niederlage. Es geht auch um persönliche Bestleistungen, zufriedenstellende Ergebnisse sowie um die Erreichung vorher definierter Leistungsziele.

Viele Sportler scheitern daran, dass sie es im Wettkampf nicht schaffen, ihr zweifellos vorhandenes Potenzial abrufen zu können. Diese Sportler nennt man Trainingsweltmeister. Sie könnten ein viel besseres Ergebnis erzielen, aber irgendetwas steht ihnen im Wege. Es genügt also nicht, optimal zu handeln – man muss es auch dann können, wenn es darauf ankommt. Dieses Phänomen betrifft aber nicht nur Sportler. Wie unsere Studienergebnisse zeigen, betrifft es auch andere Berufsgruppen, andere Branchen und jede Hierarchieebene. Überall da, wo hohe Anforderungen, hohe Beanspruchungen herrschen, wo ein hohes Stressniveau vorliegt.

Also auch für Verkäufer, die auf andere Menschen zugehen müssen, sowie für Führungskräfte, die ihre Verkäufer zu dieser schwierigen Aufgabe permanent und dauerhaft aktivieren müssen. Diese Art von Training fordert und strengt an. Aber es wirkt auf eine Art und Weise, dass es sich sowohl qualitativ als auch quantitativ auszahlt.

Häufige Ursachen für Leistungstiefs bzw. Leistungskrisen im Vertrieb

- Zu hohe Erwartungen (eigene, fremde),
- Krisen beruflicher und privater Art,
- Erfolgsdruck,
- Leistungs-, Ergebniseinbruch,
- Überforderung (qualitativ, quantitativ),
- Angst vor Verlust (von Geld, Einfluss, Macht, Status, Privilegien etc.),
- Identifikationsprobleme mit der Aufgabe/dem Job,
- Konflikte im Betrieb,
- Führungsvakuum (Verkäufer werden allein gelassen),
- persönliche Ängste und Blockaden bezüglich der Aufgabe/des Jobs,

- Angst vor Konsequenzen, wenn man die Aufgabe nicht (gut genug) erfüllt,
- Angst vor Misserfolg, Fehlern o. Ä.,
- schwaches Selbstbild, Unterlegenheitsgefühle u. Ä.

Das sind die individuellen Ursachen, die uns die Verkäufer in Akquiseprojekten und Interviews am häufigsten nannten, wenn es um die Frage ging: „Aus welchen (wirklichen) Gründen machen Sie keinen aktiven/aktiveren Vertrieb?"

Erschwerend kommt dazu, dass ein Verkaufsgespräch oder ein Akquiseereignis in der Regel nicht wiederholbar ist, ähnlich dem Wettkampf im Sport. Entweder habe ich ein gutes (erfolgreiches) Gespräch oder es hat nicht so gut geklappt. Diese Vorstellung erhöht den ohnehin schon vorhandenen Druck des Verkäufers, vor allem auf die folgenden Aktivitäten („Hoffentlich klappt es diesmal, sonst ..."). Das geht sogar so weit, dass einige Verkäufer ihren als klein empfundenen Markt noch mehr schrumpfen sehen („Ich habe sowie schon so wenig Zielkunden, einen extrem starken Wettbewerb ... und jetzt versaue ich mir noch den Rest ...") und für sich keine Perspektive mehr spüren. Dann wird nur noch in negativen Konsequenzen gedacht („Wenn ich keine Kunden mehr bei der Akquise gewinne, wird mich mein Chef rauswerfen. Wofür sollte er mich jetzt noch brauchen?").

Hier eignen sich zwei Trainingsformen zur Problemlösung:

- Training der Nichtwiederholbarkeit
- Interventionen zur besseren (positiven) Steuerung des inneren Dialogs

Training der Nichtwiederholbarkeit

Professor Hans Eberspächer, einer der Bahnbrecher in der Sportpsychologie, hat hierfür das so genannte Einmaligkeitstraining entwickelt, welches wir für Verkauf und Führung nutzbar gemacht haben. Sinn und Zweck dieses Trainings ist es, dass der Verkäufer schon im Training lernt, eine bestimmte Leistung zu erbringen, ohne die Option, im Falle des Misserfolges, einen weiteren Versuch zu erhalten. So wird auch der Stress produziert, der in der Realität auftritt. Man kann das Training für Akquisegespräche ebenso nutzen wie für Situationen in Verkaufsverhandlungen (oder in Führungssituationen).

Der Ablauf:

Vom Trainer (oder der Führungskraft) wird ein Zeitpunkt definiert, an dem der Verkäufer die Leistung erbringen muss. Das wichtigste Merkmal des Einmaligkeitstrainings ist die Festlegung von außen, nicht vom Verkäufer selbst. Nach dem Festlegen des Zeitpunktes hat der Verkäufer nun Zeit, sich intensiv vorzubereiten, um dann zum vereinbarten Termin, bei nur einem Versuch, die Leistung zu erbringen. Bevor er das tut, muss er noch eine Prognose abgeben, wie der Ausgang der Leistung aussehen soll.

Nach dem Versuch ist das Training beendet, unabhängig davon, ob es erfolgreich verlief oder nicht. So geht der Verkäufer mit entweder positiv oder negativ empfundenen Konsequenzen wieder an die Arbeit oder, wenn es an den Abschluss eines Tages gelegt wurde, in den Feierabend. Letzteres wäre effektiver.

Die bei dieser Übung erfolgreichen Verkäufer nehmen somit ein positives Erlebnis in den Abend (ihre Leistungsprognose könnte beim nächsten Training dieser Art im Sinne einer besseren Leistung ausfallen). Die erfolglosen Verkäufer müssen mit der Konsequenz des Nicht-Erreichens des gesteckten Ziels umzugehen lernen. Erfahrungsgemäß wollen diese Verkäufer die „Scharte sehr schnell wieder ausmerzen".

Im Anschluss an jedes Einmaligkeitstraining wird zunächst die Ist-Soll-Diskrepanz festgestellt. Es wird überprüft, ob die prognostizierte Leistung erbracht wurde, nicht erbracht wurde oder übertroffen werden konnte.

Danach werden die Gründe analysiert und weitere Vorgehensweisen besprochen.

Wenn ein solches Training regelmäßig eingebaut wird, werden die Verkäufer systematisch dahin geführt, sich ihre Ziele selbst zu setzen und die Überzeugung aufzubauen, dass sie diese Ziele aufgrund ihrer eigenen Fähigkeiten und Anstrengungen auch erreichen können. Dies ist die notwendige Voraussetzung selbstbewusster und „wettkampfstabiler" Verkäufer.

Die Wirkung von Einmaligkeitstrainings verblasst aber, wenn man sie zu häufig und ohne ausreichenden zeitlichen Abstand durchführt. Genauso wenig sollten die Abstände und Abläufe vorhersehbar werden. Das würde

den Überraschungseffekt sowie den damit verbundenen Stress ausschalten. Der Sinn und Zweck der Übung wäre verpufft.

Interventionen zur besseren (positiven) Steuerung des inneren Dialogs

Eine weitere Möglichkeit, mit negativen Fantasien und Engpässen besser
umzugehen, ist eine Veränderung des inneren Dialogs. Da, wo Sie sich
bisher mit destruktiven Gedanken das Leben noch schwerer gemacht
haben, sollten sprachliche und gedankliche Veränderungen Erleichterung
und Verbesserung schaffen. Dazu eignen sich folgende Techniken sehr
gut:

„Zu-Ende-Denken" der eigenen Befürchtung bzw. Fantasie

Nehmen wir einmal die Situation des Vertrieblers, der keine Akquise
systematisch betreibt, aus Angst, Fehler zu machen, dadurch Misserfolge
zu erzielen, mit der Konsequenz, dass sein Chef ihn für unfähig hält und
ihn daher entlassen wird.

Bei der Technik des Zu-Ende-Denkens geht der Vertriebler einmal gedanklich durch, was dann, wenn er wirklich recht haben sollte, tatsächlich
passieren kann. Die Wirkung dieser Technik wird noch mehr verstärkt,
wenn man die Gedanken schriftlich festhält.

Also:

„Was genau passiert, wenn alles Schlechte wirklich zutrifft?"

Beim Beispiel unseres Verkäufers gilt das Zu-Ende-Denken für die Fantasien der Akquise ebenso wie für die vermuteten Konsequenzen. Wenn ich
nun Akquise machen und mich dabei dumm anstellen sollte, wird der
Gesprächspartner dann wirklich sofort auflegen oder mich beim Besuch
rauswerfen?

Wenn ja, werde ich dann nicht so viel gelernt haben, dass ich es beim
nächsten Versuch besser machen werde?

Wenn ich es wieder falsch mache und ich Misserfolg an Misserfolg reihe,
wirft mich mein Chef dann wirklich raus oder bietet er mir einen zu
meinen Fähigkeiten und Fertigkeiten besser geeigneten Job an?

Wenn ich tatsächlich gehen müsste, bekäme ich dann mit meinem Können nicht woanders einen Job?

Wenn nicht, welche Chancen hätte ich dann? Eine andere Branche? Ein anderer Job? Eine ganz andere Richtung?

So, oder ähnlich, könnte der Verkäufer seine Fantasien überprüfen und die Wahrscheinlichkeit des Eintretens realistischer einschätzen. In der Regel merkt man schnell, dass es gar nicht so spannend oder schlimm wird und dass es genug Chancen und Auswege gibt. Wenn die Situation dann ihren Schrecken verloren hat, kann man die Herausforderung wieder entspannter angehen. Die Verkrampfung, die durch die Gruselfantasien ausgelöst wurde, verschwindet, es bildet sich eine gesunde, notwendige Spannung.

Umdeutung des negativen inneren Dialoges

Bei dieser Technik geht es darum, den negativen Teil der Aufgabe sowie die negativen Konsequenzen, die bisher die Gedanken beherrscht haben, durch den positiven Teil sowie die Chancen, die dahinter stehen, zu ersetzen.

Situation	Bedrohung (negative Bewertung)	Herausforderung (positive Bewertung)
Verkäufer macht keine Akquise, aus Angst, Fehler zu machen.	„Ich kann das nicht (so gut), daher habe ich Angst, dass ich es falsch mache – und mich dabei blamiere ...“	„Bisher habe ich es nicht so oft gemacht. Das wird sich ändern. Ich werde meine Erfahrungen machen und es lernen ...“
Verkäufer hat Angst vor Misserfolgen.	„Das bringt doch eh nichts. Dabei kann man kein Geschäft machen. Die sagen sowieso Nein.“	„Andere Verkäufer glauben, dass das nichts bringt, und tun es daher nicht. Ich werde es tun und damit den Unterschied ausmachen – dadurch gibt es ja auch keinen Wettbewerb draußen.“

Situation	Bedrohung (negative Bewertung)	Herausforderung (positive Bewertung)
Verkäufer scheut den Aufwand der Akquise im Verhältnis zum kurzfristigen Nutzen.	„Der Einsatz ist viel zu hoch. Da kommen in der Zwischenzeit mehr Kunden hier ins Geschäft, da brauche ich nicht raus …"	„Der Einsatz zahlt sich in der Regel quantitativ erst mittel- bis langfristig aus. Mit jedem Gespräch werde ich aber qualitativ besser und bekannter. Das Potenzial hier im Geschäft nutze ich zusätzlich."

Ob Sie eine Situation als Bedrohung oder Herausforderung sehen, ist also eine Frage der eigenen Bewertung.

Wenn Sie mit einer schwierigen Situation konfrontiert werden, schauen Sie nicht nur nach den materiellen Werten, betrachten Sie auch die immateriellen. Was Sie daraus lernen können. Wie es Sie von anderen Verkäufern unterscheidet oder gar abhebt. Welche Erfahrungen Sie auch für andere Situationen in Ihrem Leben gebrauchen können etc.

Positive Formulierung der Herausforderung

Hier geht es darum, das zu beschreiben, was Sie tun bzw. erreichen wollen, statt zu formulieren, was Sie vermeiden wollen. Letzteres bedeutet eine negative Programmierung („Denken Sie nicht an den rosa Elefanten"), die Sie zum Gegenteil dessen führt, was Sie tatsächlich wollen.

Statt	Besser
„Ich habe Angst, bei der Akquise Fehler zu machen …"	„Ich werde bei der Akquise neue Erfahrungen sammeln, die mich auch in meinem Leben weiterbringen …"
„Hoffentlich habe ich nicht zu viele Misserfolge …"	„Ich gehe die Akquise neutral an, ich bin gespannt und zuversichtlich …"
„Wenn ich bei der Akquise nicht sofort zwei Autos verkaufe, wird mir mein Chef die Hölle heißmachen."	„Akquise braucht Zeit, das weiß auch mein Chef. Ich werde mein Bestes geben und schauen, was dabei rauskommt …"

Sich immunisieren

Bei dieser Technik geht es darum, sich im inneren Dialog von äußeren Angriffen, Verunsicherungen, „unmoralischen" Angeboten u. Ä. abzuschirmen, mit dem Ziel, weiterhin konzentriert bei der eigenen Linie zu bleiben.

Diese Technik hilft ebenfalls bei eigenen Verunsicherungen, auftretenden Ängsten und Blockaden.

Beispiele für den Umgang mit Verunsicherungen von innen:
„Je mehr die Angst vor der Akquise hochsteigt, desto konzentrierter bleibe ich bei meiner Gesprächsstruktur."
„Je mehr ich spüre, dass meine Gedanken ins Negative abschweifen, desto intensiver halte ich Blickkontakt zu meinem Gesprächspartner."
„Je wichtiger der Punkt in meiner Argumentation, desto charmanter wird mein Lächeln."

Beispiele für den Umgang mit Verunsicherungen von außen:
„Je mehr ich angegriffen werde, desto ruhiger werde ich."
„Je mehr der Gesprächspartner mich herausfordern möchte, desto cooler werde ich."
„Je mehr Gesprächspartner ich beim Akquisegespräch haben werde, desto mehr konzentriere ich mich auf meine gewohnte Struktur."

Diese Techniken wenden viele Spitzensportler an, wenn es vom Publikum Störungen gibt (auspfeifen der gegnerischen Mannschaft/Spieler, lauter Geräuschpegel, der die Konzentration auf die Aufgabe erschwert) oder wenn sie sich leicht ablenken lassen (Einlassungen des Trainers, die eigene Konzentration mehr auf die äußeren Einflüsse gerichtet etc.)

Bei Verkäufern setzen wir diese Technik oft ein, wenn der negative innere Dialog immer wieder einsetzt, wenn bestimmte Zielgruppen oder Hierarchieebenen Ängste schüren sowie wenn die Rahmenbedingungen zu imposant werden wie große Firmen, dominante Gesprächspartner etc.

Tenor dieser Technik ist immer: „Je mehr das eine, desto mehr das andere."

Das, was vorher negative Handlungen oder Gedanken produziert hat, wird jetzt als Signal für das Gegenteil genommen.

Ziel ist es, sich zu immunisieren, sich zu schützen, sich voll und ganz auf seine Aufgabe (oder den Gesprächspartner) zu konzentrieren. Wenn Sie das regelmäßig mit Ihrer Führungskraft oder einem anderen Sparringspartner trainieren, wird die Technik schnell ins Blut übergehen.

Wichtig ist, dass Sie die angstbesetzten oder als schwierig empfundenen Situationen, als Auslöser für die neue Technik, in die Übung mit integrieren.

Der innere Dialog eines Spitzensportlers

Alexander Huber, einer der berühmten „Huberbuam", ist der beste Free-Solo-Kletterer der Welt.

Free Solo ist die Besteigung einer Wand ohne jegliche technische Absicherung, d. h., der Athlet ist allein in der Wand, ausschließlich gesichert durch die eigenen Hände und Füße. Eine falsche Entscheidung, eine Unachtsamkeit, ein Verlust der Konzentration, der sichere Absturz wäre die Folge. Bei Höhen von bis zu 400 oder 500 Metern über dem Boden der sichere Tod. Ich habe Alexander Huber ein paar Mal live in Vorträgen und Gesprächen erlebt. Er hat dort sehr intensive Antworten auf die immer wieder gestellten Fragen nach Ängsten und Zweifeln sowie der Bedeutung des inneren Dialogs gegeben.

Er spricht in diesem Zusammenhang immer über „schwarze Gedanken". Je schwieriger die Herausforderung, desto stärker die schwarzen Gedanken. Sie sind hartnäckiger, nachhaltiger und brennen intensiver. Sie machen es sehr schwer, wieder ins Positive zu gelangen. Die aufkommenden Ängste und Zweifel führen im Gehirn zu Übererregungen, die Gehirnleistung reduziert sich. Schwarze Gedanken verhindern das „Einssein" mit der Wand, die Konzentration fehlt, Fehler sind vorprogrammiert.

Die mentale Stärke macht auch bei den Kletterern den Unterschied. Sowohl die körperlichen Voraussetzungen und die Klettertechnik als auch die notwendige Ausrüstung sind bei allen guten Athleten vorhanden.

Eine hohe Bedeutung schreibt Alexander Huber der Vorbereitung zu. Hier gilt es realistisch zu überprüfen, ob die Herausforderung den eigenen Fähigkeiten entspricht. Tut sie das, so bereitet man sich gewissenhaft auf die speziellen Anforderungen vor, d. h., die Wand wird analysiert, es werden Schlüsselstellen herausgearbeitet, mögliche Gefahrenquellen sowie äußere Einflüsse identifiziert. Dann wird trainiert. Schlüsselstellen oder besonders kraftraubende Passagen werden nachgebaut und intensiv begangen, bis jeder Griff, jeder Tritt traumwandlerisch sicher sitzt. Bei jeder Wand gibt es bei Alexander Huber einen so genannten „Point of no Return", die letzte Möglichkeit, die Besteigung abzubrechen, wenn er sich nicht sicher fühlt. Geht er über diesen Punkt hinaus, ist es unmöglich, später noch einmal aus der Wand auszusteigen. Kommen also die schwarzen Gedanken vor der Besteigung bzw. bis zum Point of no Return, dreht er um. Bevor er das aber tut, bereitet er sich mental intensiv auf die Herausforderung vor. Dies geschieht hauptsächlich mit Umdeutungen, Visualisierungen und Ritualen.

Überwindet er dadurch seine schwarzen Gedanken, erlebt er einen hohen Adrenalinausstoß, die Bewegungen sind fließend, die Freude, die Intensität und Lebenslust viel intensiver. Sein Fazit: Schwarze Gedanken sind gut, sie lassen uns wachsam sein. Sie lassen uns abwägen, ob wir zu einer Leistung tatsächlich imstande sind. Sie lassen uns akribisch vorbereiten, sowohl körperlich als auch mental.

Aber: Wenn die Aufgabe ansteht, müssen sie weg sein, um uns auf unsere Herausforderung konzentrieren zu können. 100 % Leistung gehen nicht unter dem Einfluss von schwarzen Gedanken. Wenn sie trotzdem kommen, braucht es vorher vorbereitete Notfallprogramme.

Notfallprogramm „schwarze Gedanken": Fragen zur Vorbereitung

- Was wäre so stark, so intensiv, so gefährlich bzw. ängstigend, dass schwarze Gedanken die anstehende Aufgabe be- bzw. verhindern könnten?
- Welche Fantasien, welche Ängste, welche Zweifel herrschen vor, wenn die Herausforderung ansteht?
- Wo stützen sich diese auf Fantasien, wo sind reale Erfahrungen die Grundlage dieser Ängste und Zweifel?
- Wie stark ist die Motivation, die Herausforderung trotz aller fantasierten oder realen Ängste und Zweifel anzugehen?

Alexander Hubers Tipp:

- Wenn man sich einer großen Herausforderung stellt, muss man wissen, warum man das will und ob man es intensiv genug will.
- Wenn man nun das (Rest-)Risiko dagegenstellt und das immense Glücksgefühl, wenn es erfolgreich war, dann sollte man es professionell angehen.

Dies sind einige Beispiele zur besseren Steuerung des inneren Dialogs. Er ist der zentrale Ansatzpunkt zur Lösung der Umsetzungsschwäche. Dabei ist es unerheblich, ob Können, Wille und Möglichkeiten vorhanden sind. Selbst dort hat der innere Dialog einen immensen Einfluss auf die gezeigte Leistung. Der Ansatz, durch die Optimierung der Prozesse im Unternehmen die individuelle Leistungssteigerung des Einzelnen verbessern zu wollen, greift zu kurz oder gar nicht. Beim Kunden ist der Verkäufer allein. Er ist darauf angewiesen, zu diesem Zeitpunkt seine optimale Leistung bringen zu können. Prozesse sind wünschenswerte kognitive Unterstützungen. Der Verkäufer benötigt allerdings mentale Stärke und ein hohes Vertrauen in die eigene Person und die eigenen Fähigkeiten. Dies muss immer wieder trainiert und begleitet werden. Dafür braucht es einen kompetenten Trainer bzw. Coach. Diese Rolle kann aber auch eine speziell ausgebildete Führungskraft ausfüllen. Wie auch immer Ihre Auswahl aussieht: Die wenigsten Verkäufer (wie auch Athleten, Künstler, Trainer, Politiker, Manager etc.) kommen allein aus dieser schwierigen Situation. Sie brauchen regelmäßige intensive Unterstützung, Austausch, Training, Praxisbegleitung, Feedback. Sie brauchen Führungskräfte, die ihre primäre Aufgabe in der Entwicklung ihrer Mitarbeiter sehen und nicht ausschließlich in Kennzahlen, Disposition, Organisation u. Ä.

Ein Vorbild für einen dauerhaften konstruktiven, leistungsunterstützenden inneren Dialog lieferte einst Willi Wülbeck, Weltmeister und mehrfacher Deutscher Meister über 800 Meter. Sobald sich bei ihm im Training Schwierigkeiten einstellten wie Sauerstoffmangel, Übersäuerung, Schmerzen, mentale Schwächen o. Ä., sagte er sich: „Bei den anderen tut es jetzt auch weh. Auch sie müssen mit diesen Problemen kämpfen. Die meisten werden dem nachgeben und aufhören. Ich mache jetzt weiter, das Problem geht gleich vorbei. Das macht später den Unterschied im Wettkampf aus. Ich werde dafür belohnt …"

So war es dann auch. Wir anderen in der Trainingsgruppe gaben den Schwierigkeiten oft nach, vor allem, wenn der Trainer nicht in der Nähe war. Willi Wülbeck hätte keinen Trainer gebraucht, er verstand es wunderbar, seinen inneren Dialog wieder positiv auszurichten. Die vielen Erfolge waren der Lohn dafür.

Auch im Vertrieb gibt es solche Profis. Sie sind aber, so wie es Willi Wülbeck war, in der absoluten Minderheit.

So ist zu erklären, warum es in stressbesetzten Bereichen des Vertriebes, wie in der Akquise, so wenig gute, dauerhaft aktive Verkäufer gibt. Wenn es in der

Führung sowie der Aus- und Weiterbildung von Verkäufern kein Umdenken gibt, wird persönliche Akquisition bald der Vergangenheit angehören. Nicht nur bei der Neukundengewinnung, sondern auch bei der Bestandskundenaktivierung und der Rückgewinnung abgewanderter Kunden. Lassen Sie es nicht so weit kommen. Der Hunger unserer Gesellschaft (auch unserer potenziellen Kunden) nach persönlicher Beziehung ist nach wie vor enorm hoch. Soziale Netzwerke, E-Mail-Kontakte u. Ä. können das nicht wirklich kompensieren. Ein weiterer Grund für Ihre Anstrengungen könnte Ihre Zukunftsaussicht sein. Da der Markt für gute aktive Verkäufer sehr klein geworden ist, weil immer weniger Menschen die erforderlichen Fähigkeiten besitzen, ergeben sich hervorragende Perspektiven, sowohl materiell als auch immateriell.

14   Sie entscheiden, ob Sie gewinnen

Ob Sie Erfolg in der Akquisition haben, liegt in Ihrer Hand. Ihr Chef, das System, die Kunden, Ihre Strategien haben nur begrenzten Einfluss darauf. Die Hauptentscheidung darüber treffen Sie. Haben Sie sich mit der Rolle des Verlierers („Akquisition ist nichts für mich, klappt eh nicht, bringt nichts") abgefunden, so werden Sie „Opfer" Ihrer eigenen Erwartungen werden. Haben Sie sich dagegen entschieden, Gewinner zu werden, so wird sich das in Ihrer Ausstrahlung zeigen. Man wird Ihnen anmerken, dass Sie etwas erreichen wollen, mit Engagement und Willen dabei sind, und Sie als „Gewinner" akzeptieren. Ihre persönliche Meinung über sich ist entscheidend. Was Sie über sich denken, liegt in Ihrer Verantwortung. Ich hoffe, dass die Inhalte dieses Buches Sie dazu anregen können, diese Verantwortung für sich selbst zu übernehmen, den Gewinnertyp in sich zu entdecken und nach Kräften zu fördern!

Literatur

Baumann, Sigurd: Mannschaftspsychologie. Methoden und Techniken. Meyer und Meyer Verlag, Aachen 2002

Baumann, Sigurd: Psychologie im Sport. Meyer und Meyer Verlag, Aachen 2000

Büsing, Rolf: Stress vor dem Wettkampf. Analyse und Bewältigung. Schmidt Römhild, Lübeck 1990

Draksal, Michael: Mit mentaler Wettkampfvorbereitung zum Erfolg. Draksal-Verlag, Linden 2000

Eberspächer, Hans: Mentales Training. Ein Handbuch für Trainer und Sportler. Sportinform Verlag, München 2001

Eberspächer, Hans: Ressource Ich. Der ökonomische Umgang mit Stress. Hanser Verlag, München/Wien 1998

Eberspächer, Hans: Gut sein, wenn's drauf ankommt. Hanser Verlag, München/Wien 2004

Friedrich, Kerstin: Erfolgreich durch Spezialisierung. Redline Wirtschaft, Verlag Moderne Industrie, München 2003

Friedrich, Kerstin; Seiwert, Lothar J.: Das 1 x 1 der Erfolgsstrategie. EKS-Erfolg durch Spezialisierung. 8. Auflage, Offenbach 2001

Huber, Alexander: Free Solo. BLV Verlag München, 2009

Hüther, Gerald: Bedienungsanleitung für ein menschliches Gehirn. Vandenhoeck und Ruprecht, Göttingen 2010

Hüther, Gerald: Biologie der Angst. Vandenhoeck und Ruprecht, Göttingen 2009

Hüther, Gerald: Die Macht der inneren Bilder. Vandenhoeck und Ruprecht, Göttingen 2009

Kogler, Alois: Die Kunst der Höchstleistung. Springer-Verlag, Wien/New York 2006

Krauthammer, Eric; Hinterhuber, Hans H.: Wettbewerbsvorteil Einzigartigkeit. Hanser Verlag, München 2002

Kunath, Paul: Sportpsychologie für alle. Meyer und Meyer Verlag, Aachen 2001

Mewes, Wolfgang; Friedrich, Kerstin: EKS – Die Strategie. Fernlehrgang, Darmstadt 1998

Neuberger, Oswald: Führen und geführt werden. Ferdinand Enke Verlag, Stuttgart 1995

Pinczolits, Karl: Der befreite Vertrieb. Campus Verlag, Frankfurt/Main 2003

Pinczolits, Karl: Der Schlagzahlmanager. Campus Verlag, Frankfurt/Main 1998

Railo, Willi: Besser sein, wenn's zählt. Pagina Verlag, Friedberg 1999 (nicht mehr lieferbar)

Röhr, Heinz-Peter: Die Angst vor Zurückweisung. Deutscher Taschenbuch Verlag, München 2010

Rückert, Hans-Werner: Schluss mit dem ewigen Aufschieben. Wie Sie umsetzen, was Sie sich vornehmen. Campus Verlag, Frankfurt/Main 2002

Schulz von Thun, Friedemann: Miteinander reden. Störungen und Klärungen (Band 1). Rowohlt Verlag, Hamburg 1981

Stewart, Jan; Joines, Vann: Die Transaktionsanalyse. Herder Verlag, Freiburg 1990

Stoll, Oliver; Pfeffer, Ines; Alfermann, Dorothee: Lehrbuch Sportpsychologie. Huber Verlag, Bern 2010

Stoll, Oliver; Ziemainz, Heiko: Mentale Trainingsformen im Langstreckenlauf. Afra Verlag, Butzbach-Griedel 2000

Syed, Matthew: Was heißt schon Talent? Riemann Verlag, München 2010

Winterhoff, Michael; Thielen, Isabel: Persönlichkeiten statt Tyrannen oder Wie junge Menschen im Leben und Beruf ankommen. Gütersloher Verlagshaus, Gütersloh 2010

Wolf, Doris: Ängste verstehen und überwinden. Gezielte Strategien für ein Leben ohne Angst. PAZ Verlagsgesellschaft, Mannheim 2002

Der Autor

Jürgen Ratzkowski, Inhaber der Bellheim-Umsetzungsberatung für Vertrieb und Service, ist seit 1988 auf Akquisition und ihre dauerhafte Umsetzung spezialisiert. Er trainiert und berät Unternehmen wie HypoVereinsbank, Deutsche Bank, Ford, RWE, BMW, AOK, Siemens und andere. Er ist ehemaliger Leistungssportler mit langjähriger Tätigkeit im Vertriebsaußendienst und als Vertriebsleiter. Er ist ausgebildet als Trainer, Berater, Coach, Supervisor sowie als Personal- und Organisationsentwickler. Aufgrund seiner speziellen Ausrichtung hat er Zusatzausbildungen in tiefpsychologischer und systemischer Transaktionsanalyse, Systemischer Beratung, Sportpsychologie sowie in sport- und neurowissenschaftlichen Konzepten zur Leistungssteigerung und Umsetzungsstärke.

Kontakt zum Autor

Bellheim-Umsetzungsberatung für Vertrieb und Service
Faukenstraße 4
82467 Garmisch-Partenkirchen
Telefon 08 82 1/96 68 86 5
Telefax 08 82 1/96 68 86 6
E-Mail: info@bellheim-akquisition.de
Internet: www.bellheim-akquisition.de